人·與·法·律 77

轉型正義

邁向民主時代的法律典範轉移

Transitional Justice

璐蒂·泰鐸 Ruti G. Teitel 著
鄭純宜 譯

導讀

政治轉型期的正義和法律

黃文雄

這是一本頗具學術野心的書，但也是一本值得「一般人」一讀的書，因為本書所處理的是一個台灣還沒有嚴肅面對的問題：**政治轉型期的正義和法律**。

從威權或極權體制到民主體制的轉型是這本書的討論重點。這是一種典範性的政治變革。任何經歷這種典範性轉變的社會和國家都不得同時面對兩個問題。第一是如何面對處理前一政權的負面遺產和壓迫的紀錄；這是面對過去。第二個問題是如何塑造人權、法律原則和民主的文化和制度；這是展望將來。在塵埃未定的政治轉型情況裡同時面對處理這兩個問題，有如在波濤起伏的海上一面修船一面航行，充滿了複雜艱難的兩難困局。正義和法律不過是這個過程的一部分，卻是極端重要且不可或缺的一面。

法律的重要性在於法律是現代國家行使權力的形式。不論實踐與實質如何，現代國家都有一部根本大法的憲法。理論上，憲法的核心是人民的權利（民權甚或人權★），政府組織

★民權是一國國內法所保障的人民權利。有些國家乾脆在憲法中列入該國憲法的解釋和適用不能違反國際人權公約的條文；換言之，列入保護範圍的不只是民權，而是人權。

圍繞這個核心而設計運作：立法部門必須依憲立法，行政部門必須依法行政，司法部門必須依憲釋法以及依法執法。因此現代國家至少在形式上是一個受法律節制的所謂「有限國家」（Limited state）。然而威權或極權國家的特徵正是其不受節制的任意或恣意（arbitrary）程度，及其所造成的侵犯人民權利的後果，而且其司法部門又多半和舊政權有或多或少的妥協或共犯關係。如果政治轉型不只是單純的政權更替，而是上述典範性的政治轉變，則法律及其背後的正義法治原則，在上述必須破舊以立新甚至「懲」先以啟後的同時過程中的重要性，可想而知；而其所面對的各種兩難困局，及其非「承平」時期對法律的瞭解所可包攝的程度，也就不難想見了。雖然不乏少數歷史先例，法律在「改期換代」中扮演的重要且有異於「承平」時期的角色，主要是二十世紀（尤其是其後半段）的新現象，以致於在法學中有一個「轉型期法學」（transitional Jurisprudence）自成領域的出現。本書正是這個法學次領域的一本開疆闢土的綜合研究。

本書的第一個優點是明白區分「平時」與政治轉型期的法律和正義，並對兩者之間的關係有所闡發。許多轉型期的獨特複雜之處，因此能夠彰顯出來。為了這個目的，作者介紹了不少必要的概念和觀點。這張概念和觀點的清單對有心思考我國政治轉型的人應該非常有用。以憲法為例，作者從轉型期法學的觀點重新檢視美國開國期間及其後的制憲過程，就有和國內久已視為當然的刻板看法極為不同的見解。另一個例子是法的安定性。作者極富辯證精神地解析不同的見解，對國內不少人也應該有振聾發聵的作用。

本書的第二個優點是作者採取比較和歷史的觀點，介紹分析了許多國家——尤其是和台灣同屬第三波民主化國家——處理文首所提出來的那兩個問題的經驗和做法。這是本書的主要部分，在七章中占了五章。所處理的問題包括對加害者刑事責任的追究，對過去歷史的釐清和重建，對受害者的賠償措施，行政領域的改革和肅清，制憲和修憲，以及國際人權法所能扮演的角色。案例的範圍含蓋了非洲、歐洲、拉丁美洲和亞洲。作者所呈現的這份國際經驗地圖，應該有助於我們找到我國經驗的相對位置。

第三個值得一提的是，作者跨科際的比較歷史的方法，顯然吸收了後現代主義對本質主義和基礎主義的質問，她的分析和結論也因此更富說服力。在她的描述和解析裡，政治轉型期的法律和正義在妥協逼人的情況裡必須同時面對過去與展望將來，必須同時處理延續與變遷的問題，必須同時考慮政治和範限政治的介入，必須兼顧法的安定性和變遷中的對正義和公平的瞭解和要求，因此不得不是局部的、受限的，高度象徵性的，而且挾帶著反而危及法律原則的風險。但是這種不盡理想的正義卻是一個朝向民主轉型中的社會所必須經歷的政治的成年禮儀式（rite of political passage），是引導和型塑政治典範轉移的獨立因素之一。沒有這個過程的中介，轉型中的國家和社會將難以真正完成朝向人權、法律原則和民主的典範轉移。儘管書中各國的做法因不同的政治與法律文化以及轉型模式而異，這是作者多面相、多層次、正向和逆向地比較解析後所獲致的結論。雖然作者沒有如此明白說出，我們甚至可以替她加上一句：**如果沒有經歷這個過程，轉型中的社會和國家恐將面對政治轉型淪為單純政**

權更替的風險。

作者這種多面向多層次的正反比較解析不易也不應在這篇短序裡摘要，必須留待讀者自己去欣賞。留下的篇幅裡只能建議幾和我國相干的考慮，以供讀者閱讀思考時參考。

首先，讀者將會發現我國狹義的政治轉型雖然已在一九九六年完成，但和書中所描述解析的許多國家相比，我國顯然只走過上述過程的一部分。這和我國所謂「寧靜革命」的性質有關。在第三波的民主化國家中，我國的轉型形式極為特殊。不論蔣經國逝世前的自由化或李登輝任內的民主化，其方向、步調、內容和範圍都是由執政黨主導操縱的，充滿了為了政權生命延續的計算所驅使的迫於形勢和適可而止的工具性格。我們從來不曾真正和威權的過去告別（百官謁陵是其最戲劇性的表現），遑論有哈維爾的捷克和曼德拉的南非為人權、法律原則和民主的奠基所作有意識的努力。有人說，「寧靜革命」是分期付款的「革命」。分期付款的特徵是長期而言，我們必須付出額外沉重的利息。這是值得我們密切觀察的可能發展。

其次，「寧靜革命」並不能完全解釋我國的特殊情形。這本書裡的案例如捷克和智利的轉型期政權，前者受限於前共產政權所遺留的許多制度和法律，後者必須面對心猶未甘的軍方勢力，但並無礙於兩者所作的比我們更多、更有意識的努力。正如本書作者所說，政治轉型的模式之外，一個國家和社會的政治文化也是一個決定轉型期正義的因素。我國事實上還在建立法律原則的傳統，★本書所討論的以舊法新釋（reinterpretation）的「修復型」不是我國能走的路，反倒是書中討論的另一些案例值得注意，換言之，以國際人權法作為一個非宗派與前瞻性的典範轉移的中介和泉源。這是陳水扁政府的人權政策（尤其是國際人權標準的國內法化）值得注意的地方。

最後，我想留下一個活生生的本土故事，獻給讀者作掩卷時的沉思之用。

著名的政治犯和作家柏楊曾經被一個調查人員拷打逼供。柏老出獄之後想起這個調查人員當年還是一個年輕人，本來想寬恕他的。可是有一次在一個餐會和他見面，這時他已經在調查機構爬到相當高的位置了，見到柏楊時滿面春風，「好像是昨天才分別的老朋友」，但就是沒有任何道歉的話語和內疚的神色；反而大談他逮捕施明德和黃信介的料事如神。當郭太太（柏楊本名郭衣洞）插口說「你們調查局會打人的，什麼口供都會招出來」時，這個調查官員緊緊靠向柏楊，握住柏楊的手說：「柏老，我們從來不做這件事，你說是不是？」

後來柏楊提名道姓地把當年被拷打逼供的詳情寫在他的回憶錄的第三十四章裡。回憶錄在中國時報連載時，這個調查官員致函中時（刊於一九九六年二月二七日），不只攻擊柏楊是「匪諜」，並且聲稱將訴諸法律。讀者可以在回憶錄的附錄裡找到柏楊的回信。（柏楊要求

★我國的司法體系源自國民黨統治的中國。遲至一九四〇年代，多數中國地方的司法仍由縣政府兼掌，一如滿清時代。一九四七年的憲法公佈不及五個月就被臨時條款所取代，其後國民黨政權繼續在台灣以行政命令治國，法律往往淪為備而不用或備而選用的統治工具，而國家與社會也各自發展出互相因應的「法外秩序」，至今遺害不斷。

這個調查官員把原函收入回憶錄和回信並列時，被拒絕了），這個官員至今仍然宦途順遂，步步高升，媒體還稱呼他為「調查界的明日之星」。而這件事記得的人不多，關懷的人更少，從此不了了之。

讀者可以選擇相不相信柏楊的故事，但不妨嘗試想像還有多少類似的案例及其意涵。也許在目前的政治、法律和文化的現實下，我們還不知道怎麼解決「寧靜革命」的負面遺產，但我們至少總該了解問題的存在和其後果吧？

（本文作者曾任國策顧問、台權會會長）

作者序

本書的寫作計畫，乃是受到二十世紀末一波接一波急速自由化的啟發。一九八〇代年初期，就有人開始辯論所謂「轉型期正義」（transitional justice）★對國家自由化的前景的種種蘊含。一九九〇年於美國紐約「外交關係委員會」（Council on Foreign Relations）舉行的一場政策會議，以「懲罰或免責」為討論重點，探究在民主轉型過程中，是否有義務要追溯懲罰，我受邀準備會議的背景討論資料。雖然我在摘要中基於道德的論述而主張懲罰，但是我認為其他替代懲罰的方式，亦可傳達政治轉型與邁向法律原則社會的規範訊息，目標即是深化民主。

隨著蘇聯的解體和柏林圍牆的倒塌，對轉型期正義問題的探討，有了新的迫切性。我們當中有些人曾參與有關拉丁美洲轉型期的論辯，現在也參加在東歐與中歐召開的論辯。後者

★編按：「transitional justice」原指社會走向自由化和民主化的過渡時期當中的正義問題，不過後來學界譯為「轉型正義」而有誤導之嫌，不過由於該用法已經約定俗成，是故在書中保留這個譯名。另一詞「transformation」才是「轉型」的正解，在本書中多處出現，因此文中「轉型」的原文可能有「transition」和「transformation」這兩個意思，謹此說明。

關於懲罰的論辯擴及於東歐、中歐區域「去共黨化」措施所造成的影響。一九九二年，在美國和平學院（U.S. Institute of Peace）的贊助下，我開始了這項轉型期正義的研究計畫，比較各政府的不同措施，並提出相關建議。藉由參與了中、東歐地區的數場相關會議，我得以型塑出研究議題的輪廓。

這些會議包括：一九九一年由美國芝加哥大學（University of Chicago）與捷克布拉格的中歐大學（Central European University）舉辦的「中、東歐政治正義與法律原則社會的建構」研討會；一九九二年由公民社會促進會（Foundation for a Civil Society）舉辦的「轉型期的正義」研討會。一九九三年我在由中歐大學所舉辦的「東歐的復原」研討會中，提出了一些論點，這些論點在本書的第四章「補償正義」中有更深入的論述。

至於我關於歷史探究的角色的探討，則來自我協辦過的一場會議，這個會議於一九九二年於匈牙利布達佩斯的中歐大學舉行；而我後來在一九九四年耶魯法學院（Yale Law School）的「審議式民主與人權」（Deliberative Democracy and Human Rights）研討會所發表的論文，更進一步探討有關歷史正義的問題。後來我在第十七屆德國研究學會（German Studies Association）年會發表〈德國統一後的轉型期的正義〉一文，更深入地進行比較。另外，多年以來本人在波士頓法學院（Boston College Law School）與紐約法學院（New York Law School）任職期間，由猶太浩劫暨人權研究專案（Holocaust-Human Rights Research Project）贊助、本人協辦的多場研討會，也促成了有關戰後轉型正義判例的研究。

我於留職進修那年，在耶魯大學法學院擔任資深書爾學人（Senior Schell Fellow），開設專題研究，內容便構成了這本書，從課堂上與課外的討論中獲益良多。

本書的許多章節都曾在多所大學法學院研習會上發表過。

我的許多同事和朋友，在我寫書期間給了我珍貴的批評、建議與鼓勵。在此深表由衷的感謝。

本書概括了二十世紀末驚人的歷史事件。儘管書必須有結尾，但轉型的過程會持續進行；舉例來說，南非廢止種族隔離政策後的轉型仍然繼續，北愛爾蘭和其他地區的情況有了突破性的改變。本書無法涵蓋這些新的發展，不免有疏漏之憾。但如此亦證明了本議題的切合時宜與持久性，雖然很遺憾無法全部深入研究探討，但也提供了無限的靈感。

璐蒂・泰鐸

美國紐約市，一九九九年十二月

CONTENTS

CONTENTS

CONTENTS

CONTENTS

緒論

近幾十年來，世界各地許多國家——拉丁美洲、東歐、前蘇聯、非洲等——紛紛推翻了軍事獨裁和專制政體，代之以自由與民主。這些大規模政治運動如火如荼地進行，爭取脫離不自由的統治，而此時另一個十萬火急的問題也重複出現。社會該如何面對邪惡的過往？此問題促使人們進而探究國家對其過去的處置和國家的未來之間究竟有什麼關聯。在一個致力於法律原則（rule-of-law）的新政府背後的社會共識，究竟是如何建立的？何種法律行為具有轉型的意義？國家對其高壓統治的過去的回應，和它對於創造一個自由秩序的展望之間，究竟有什麼關聯？法律有何種潛力開創自由化呢？[1]

對政治轉型時期正義觀念的探討，至今仍嫌不足。對於「轉型期正義」的辯論，仍在規範性的論述架構下進行，認為各種法律措施的採行，應先評估其對促進民主的效益。[2]在當代關於法律以及正義和自由化的關係的論辯中，有兩個分庭抗禮的觀念，一為現實主義，一為理想主義，各自對法律和民主發展之間的關係抱持不同的看法。一派認為政治變革必須先於法律原則的建立，另一派則持相反的意見，認為某些法律措施必須先於政治的轉型。兩派之所以會各自偏重不同的發展次序，可能是因為學派的偏見，或把特定國家的經驗概括化為普遍的標準。而政治理論主流論述在解釋「自由化」的過程如何發生時，認為政治變革先發生。以這個觀點來看，國家在轉型期中的回應，大抵上都會從相關政治與體制的種種侷限去解釋。在這段轉型期間，對正義的尋求只是附帶現象，最多只會從權力的平衡去解讀。法律僅僅是政治變革的產物。政治現實主義者通常把「為何特定國家會採取某種行動」以及「何種回應是可行的」這兩個問題混為一談。[3]這個理論論述說明了為何轉型期正義在某些國家是重要議題，但在某些國家則非如此。[4]為轉型「鋪路」的普遍的權力平衡，則被回頭用來解釋法律上的回應。然而，光說「政府只能量力而為」，並不能解釋各種截然不同的轉型期法律現象。再說，像現實主義者所主張的「國家只能量力而為」，也只是把描述性的（descriptive）解釋和它的規範性的（normative）結論混為一談。[5]在國家對於轉型的反應以及它對於自由化的展望前景之間的關係，大抵上仍然沒有合理的解釋。

相反的，由理想主義的觀點來看，轉型正義通常會溯源至關於正義的種種普遍主義（universalist）概念。[6]關於過去的全面應報式正義（retributive justice）或者是矯正式正義（corrective justice），被認為是自由化轉型的必要前驅。雖然說理論上，某些法律理想可能被視為自由化轉型的必要條件，這種理論卻無法適當解釋法律與政治變革的關聯。總之，這種觀點錯失了正義在轉型期中的特別之處。

理想主義與現實主義對轉型期正義的二律背反，就像自由主義和批判主義的理論一樣，對法律與政治的關聯有不同的認知。國際法與國際政治的主流學說主要受自由主義影響，[7]

一般都根據理想主義的觀點，認為法律不受政治環境的影響；[8]而批判法學則和現實主義的觀點一樣，強調法律和政治的密切關聯。[9]不論是自由主義或批判主義的理論，他們對於平時法律的角色的理論，都無法合理解釋法律在政治轉型期的角色；這兩者皆錯失了政治巨變時期「正義主張」（justice claim）的特殊意涵，也無法解釋對於過去的不義的規範性回應以及國家對於自由化轉型的展望之間的關聯。

本書試圖超越現行的理論論述，解釋法律在政治巨變的轉型期所扮演的角色。作者認為，在這些時期裡，法律的回應扮演了特殊且結構性的意義。本書主要採用歸納的方法，探討諸多法律回應，描述政治轉型期間法律與正義的一個特殊觀念。本書開宗明義先反駁「轉型成為自由民主的政治體系必須依循一個普遍的、理想的典範」的這種觀念。本書對法律與政治轉型之間的關係提供另外一種看法。書中討論的重要現象，都和當代政治轉型（transformation）浪潮有關，包括東歐、中歐與前蘇聯脫離共產主義體系的轉型，以及拉丁美洲與非洲的脫離高壓的軍事統治。書中並由歷史事件取材，從古代到啟蒙運動，從法國大革命、美國革命，經過本世紀戰後時期（postwar periods）迄今。

本書的探討範疇依不同的層次進行。一方面作者欲提供比較詳盡的轉型期措施的描述。關於法律在政治變革時的回應的探究，可促成對「對舊惡究責」的正面瞭解。在另一個層次上，作者也試圖探討，法律對於高壓統治的回應、與此相關的正義觀念，以及我們對於建構自由國家的想法，這三者之間究竟有什麼規範性的關係。

轉型正義這個問題，總是出現轉型期的特殊背景下——那是一個政治秩序的轉換。本書著重於以分析的方式探討法律在「轉型期」（transition）的角色，而不採一般理論家常用的「革命」（revolution）字眼。[10]本書的轉型期觀念涵蓋範圍較廣、且較明確，而不是指定義不明的革命最後階段。其分界點則在後革命時期的政治變革，如此轉型期的正義問題就被限定在跨越兩個政權之間特定的範圍內。[11]

承上所述，我們不得不問：要「轉型」成什麼？「轉型」有什麼辨識規則？政治學不只對「轉型」的定義激辯不休，對其定型階段，也就是「鞏固」（consolidation），甚至是「民主」本身的定義，都莫衷一是。某一學派認為，「轉型」是由客觀的政治判準界定的，其性質主要是程序上的。因此，有時候轉型至民主的判準是著重在選舉及其相關程序。舉例來說，杭亭頓（Samuel P. Huntington）★的理論，沿襲熊彼得（Joseph Schumpeter）†的思想，認為二十世紀的民主化，必須透過「由公平、誠實與定期的選舉選出最有權力的集體決策者」。[12]其他的學者則認為，直到所有具有政治影響力的團體都接受了法律原則，轉型才告終。除此之外，還有學者以目的論（teleological）的觀點界定民主，但這個觀點被批評為帶有西方式民主的偏見。[13]

「轉型」一詞在當代已經具有「朝向自由化的方向改變」的意思，和本書所討論的轉型議題非常一致。自由化的趨勢，從歷史的脈絡可看出端倪，二十世紀初期的德國、義大利、奧地利、法國、日本、西班牙、葡萄牙和義大利的民主轉型就是絕佳的例子。[14]現今的政治學者並未將正面的、規範性的方向包含到他們對於「轉型」的定義內。本書將會探討當代「轉型」的認知為什麼包含了由比較不民主轉型至比較民主的政體的規範性成分。本書的主題就是這種自由化轉型的現象學（phenomenology）。

本書的目標在於轉移焦點，不再注意傳統上和自由化改變有關的政治判準，而是著重於其他的行為，特別是法律現象的本質與角色。本書採用建構主義（constructivist）的方式，廣泛地探討各種意味著接受自由民主與法律原則的行為，而不僅是以民主程序（例如選舉過程）來界定轉型。本書也將檢視在政治變革中與自由化的法律原則體系有關的種種規範性認知，而不僅限於多數決的民主。[15] 關於轉型的「現象學」將會指出，對於正義的理解的轉移，以及法律在轉型的建構當中所扮演的角色，這兩者其實關係密切。並非所有的變革都具有同等程度的「規範轉移」（normative shift）。再說，我們也會根據轉型和前一個政權以及價值體系的關係，從「激進」到「保守」不同程度的變革去定義它。

若欲瞭解在轉型的背景下尋求正義時所面臨的問題，就必須特別探討這些非常時期普遍的兩難困境。一開始的兩難是發生在政治變革當中的正義脈絡：法律深陷於過去與未來之

★譯註：杭亭頓（Samuel P. Huntington），美國哈佛大學政治學教授，國際知名的政治學者，著有《第三波：二十世紀末的民主化浪潮》（*The Third Wave: Democratization in the Late Twentieth Century*）。

†譯註：熊彼得（Joseph Schumpeter, 1883-1950），奧地利經濟學家與社會哲學家，是奧地利經濟學派的知名學者，對科技創新的理論影響後來的研究者。

間、往後看和往前看、回顧與前瞻、個體與集體之間的兩難。因此，「轉型正義」指的是和這個脈絡以及政治環境有關的正義問題。「轉型」蘊含著正義觀念的典範轉移（paradigm shifts），因此法律的功能顯得格外弔詭。就法律的一般社會功能而言，法律提供了秩序與穩定；但就政治動盪的非常時期而言，法律一方面雖可維持秩序，但另一方面也促進了變革。由此推知，對於法律的一般認知和稱謂，並不適用於轉型期。在瞬息萬變的政治變革時期，法律的回應產生了自成一格的「轉型法律」（transformative law）典範。

作者認為政治變革時期的正義觀念極其特殊，也充滿了建構主義色彩：它既是由轉型建構起來的，反過來也是轉型的構成元素。如此形成的正義觀念既是脈絡化的，也是片面的：因為現在視為「正義」的，是先前的「不義」決定且預示的。對高壓統治的種種回應，預示了堅持法律原則的意義。當國家經歷政治變動時，不義所留下的各種事物都會影響到所謂的轉型。就某種程度而言，這些法律回應其實促進了轉型。隨著本書的討論，讀者將會明白，法律在政治變革時期的角色是非常複雜的。最後，本書將就兩方面提出看法：其一是關於法律在重大政治變革時期的本質；其次則是有關法律在構成轉型所扮演的角色。因為不同於時下理想主義的主張，法律其實是由政治環境型塑的；而不同於當今現實主義的看法，法律不僅是轉型的產物，它更會反過來構成轉型。這些回應與政治變革時期的關聯性，會推動建構對於正在進行中的轉型的社會理解。

本書透過檢視法律的各種形式，探討政治變革時期法律所扮演的角色：懲罰、歷史探究、賠償、肅清和制定憲法。在當前轉型正義的論辯中，懲罰舊政權被認為是民主轉型的必要條件；然而，對於政治轉移時的法律現象學探討卻顯示，這些法律雖分散且互不相干，但其中仍有共同點。法律在促成轉型的推動者角色顯而易見。這些措施不僅將舊政權「去除正當性」（delegitimate），更藉由在民主化的制度中籌組政治反對派，而將它的繼起者「正當化」。

本書的每一章皆探討在重大政治變革時的諸多法律回應如何促成建構起規範轉移。依據法律原則的審判構成了對於「公平正義」的理解。刑事的、行政的、歷史的調查，則是確認過往的罪惡。補償計畫還給受害者一個清白，也給社會一個交代。轉型期的憲政主義與行政正義，會協助變革中的政治秩序往自由化的方向發展。本書的分析著重於政治變革時期的法律現象學，故稱「轉型期法學」（transitional jurisprudence）。

第一章探討轉型期的法律原則。在成熟的民主國家，法律原則的遵守取決於是否以種種原則去約束法律的目的和應用，但這並不是法律原則在轉型期的主要角色。在政治劇烈變動時期，法律並不穩定，人們無法抽象地把法律原則解釋為理想中的規範。在轉型期法學的範疇內，法律原則可被視為規範性的價值框架，它具有歷史與政治上的偶然性，那是對過去以法律鞏固自己的高壓政治的回應。因此，轉型期法律原則具有該時期特有的不同價值。法律原則一般蘊含著對於法律的展望，而轉型期法律卻同時具有穩定性與不穩定性；它既是追溯過往也是展望未來，它棄絕過去「不自由」的價值，而要求返還自由的典範。法律原則與憲政主義兩者皆與民主社會的立法規範有關，然而在轉型期裡，這種認知卻受到極大的挑戰。雖然現行的各種相關理論很多，但不論是法律原則觀念或憲法的制定，都不被認為是理想基礎典範的來源。轉型期法學有助於闡明在不同的法律文化和時代裡的法律原則觀念有多麼南轅北轍，正如它亦指出，作為一種尺度以及和法律原則之廢除的種種影響之間的關係，法律原則的觀念有多麼的不同。

第二章探討轉型期的刑事正義。一般認為，接替者的審判在過渡到比較自由的政治制度當中扮演主要的基奠角色。人們認為唯有審判才能為由不正當到正當的統治的規範轉移劃一條分界線。然而，在政治巨變時期，國家在行使懲罰的權力時卻造成極大的兩難困境。轉型期的種種行動顯示審判其實屈指可數，特別是在當代。接替者審判的案例少之又少，這顯示了以刑法處理過往體系性且普遍的過犯，其實有種種兩難。所以在轉型期間，傳統上對個人責任的認知並不適用，因而必須發展新的法律形式。「部分制裁」（partial sanction）的出現，就不屬於傳統法律的範疇。這些新發展可讓人更瞭解法律補救措施與來自國家迫害的過犯之間的關係。「轉型期的制裁」說明了民主究責的觀念和個人權利在它們對於建立自由政體的貢獻當中的相互關係。

第三章旨在探討歷史正義的運作方式。繼高壓統治時期之後，轉型期的社會通常會出現歷史究責。歷史的探究和敘事則扮演著承先啟後的重要轉型角色。轉型期的究責具體呈現了一個國家高壓統治的餘緒，在究責中重新定義過去，並且重建國家的政治認同。轉型期的歷史正義指出了「真理政權」（truth regimes）與「政治政權」（political regimes）之間的結構性關係，闡明了知識與政治權力之間的動態關係。★

第四章討論正義的補償方面。轉型期補償正義的重點在於修補過往的過犯。補償正義可能是最常見的轉型期正義，其普遍性反映出補償正義在政治巨變時期所扮演的多重角色與複雜的功能。在自由化的一系列措施中，補償正義通常最為明確，因為它具體表現了對於個人權利的認知。個人權利的平等保障是自由化國家的基本條件；因此補償正義在重建法律原則的時期裡相當重要。當代的政治變革涵蓋了經濟與政治的轉型兩方面，補償正義扮演了直接而清楚的政治角色，在轉型期間居中調解，創造了政治圈的新重點。轉型期補償措施，除了傳統的賠償之外，在國家政治轉型時，同時具有功能性與象徵性的意義。

第五章探討行政正義，以及透過公法（public law）重新定義政治人物、政治參與以及政治領導的界線。政治上的肅清以及褫奪公權一般在革命是司空見慣的事，問題在於政治轉型期的這些舉措是否有任何原則可循。相較於其中轉型期行動，公開的政治集體措施對自由化的政權在建構法律原則時造成的挑戰要更加嚴峻。行政正義說明了，在個人與政治團體在轉型期的關係的重建當中，法律扮演了相當特別的角色。這些公法的措施，基於全面而明確的政治基礎，定義了新的邊界條件（boundary conditions）。透過行政正義，公法得以回應舊

★譯註：「真相政權」是傅柯（Michel Foucault）的說法。

政權，並重新塑造繼任的政治秩序。行政正義讓我們看到了轉型期法學最激進的形式。

第六章探討轉型期的憲政主義。轉型期的憲政主義除了提供傳統憲政主義的結構性功能外，還提供了轉型的功能。我們直覺上會認為憲法是前瞻的、基奠的文字，但在政治巨變當中，憲法變成了動態的中介文字，它往前看也往後看，包含各式各樣的憲法模式以及的形式與內容。轉型期的憲政主義、刑事正義與法律原則之間有共同點，在特定的關係下，受保護的規範可依循舊政權之例或新的政治秩序。

最後一章整合並分析新的民主政體如何回應過往不正義的負面遺產。這些回應的模式綜括所有法律形式（legal forms）[16]★，形成了「轉型期法學」的典範。本章的分析認為法律的角色在此是建構主義式的，轉型期法學以獨特的典範法律形式出現，既回應且建構了政治變革時期的非常環境。[17]轉型期法學的正義觀念是部分的、視情況而定的，至少處於兩種法律與政治秩序之間。此時法律規範是多樣的，正義永遠是妥協的產物。轉型期法學著重於法律的典範性作用，以建構新政權的規範。此處所討論的法律和政治變革之間的動態關係，挑戰了政治發展的理論，避開了一般的規範性原則。本書的研究顯示，政治變革時期法律所扮演的角色，遠超越選舉的公平、機關的穩定性或經濟發展，而以上這些都是評估新民主的準則。[18]法律的回應既是轉型期的實現，也是轉型期的象徵。

本書提供新法律的語言，它根植於舊政權的不義。將法律視為過渡性的，有助於闡明法律在政治巨變時期的本質與角色。轉型期法學亦具有超越這些非常時期的蘊含，提供另一種方式將法律概念化，影響我們對法律本質與功能的理解。政治變革時期的正義問題，有莫大的潛力，不只對社會規範的改變、並對以憲法與法律原則為基礎的新政權產生影響。懸而未決的轉型期正義問題，影響到國家長遠的未來。本書提供新的視角，以瞭解當下社會的長期政治辯論。最後，近年來在拉丁美洲、東歐與中歐、前蘇聯、非洲，以及歐盟的歷史性改變，皆提供絕佳的機會，思考對於不自由國家該做出什麼樣符合自由民主的回應，也更廣泛地思考法律在政治轉型期所具有的潛力。

★譯註：此處的法律形式（legal forms）作者是指，原則、規範、理念、法規、慣例，以及立法機關、行政機關、裁判和執行。

第一章

轉型期的法律原則

本章探討對於不自由的統治的各種法律回應，以及轉型期法律原則的指導原理。在政治巨變時期，為了遵循法律原則，會產生某種兩難困境。轉型期的法律原則在其前瞻與回顧之間，有某種緊張關係，就如安定和動態的關係一般。在這種兩難下，法律原則最終必須依情況而定；轉型期的法律原則不只是奠定法律的秩序，它也能調解在這些非常時期的種種價值的規範性轉移。在民主社會中，我們認為法律原則應該依循已知的規則，而不是恣意的政府行為。[1]但是革命總是意味著失序以及法律的不穩定。轉型期正義一開始的兩難，就在於政治巨變時期的法律原則問題。顧名思義，這些時期通常都是對於正義的理解大規模典範轉移的時期。社會在政治、法律、經濟系統的轉型上始終很掙扎。如果說，法律原則在平時意味著規律、穩定以及遵循既定法律，那麼轉型期如何和遵循法律原則的承諾相容？在轉型時期，法律原則到底代表什麼意思？

法律原則意義的兩難超越了政治轉型的環節，直接衝擊自由國家的基礎核心。就算在平時，穩定的民主也會在所謂「依法而治」的意義問題上產生困擾。轉型期法律原則的兩難，可以見於接替的政權在面臨正義、開啟新憲法以及修憲的問題上。[2]法律原則的兩難往往發生在政治爭議的問題上，而在司法改革的價值和遵守法律先例的原則之間也讓人難以取捨。在平時，因為政治、社會的改變而產生了修法需求的時候，也會出現遵守法律連續性的問題。將法律原則視為法律連續性的理想，體現於「服從先例原則」（stare decisis）中，這個原則是英美法律系統的裁判依據。「我們憲法所依據的法律原則概念，必須仰賴長時間對法律先例的尊重，這在定義上來說是絕對必要的。」[3]然而，在轉型期裡，法律連續性的價值受到嚴峻的挑戰。在轉型期當中，正當的政治和法律變革的規範性限制問題，往往會遇到一連串的二律背反。成文法（written law）相較於法律權利，實證法（positive law）相較於自然法（natural law），程序正義（procedural justice）相較於實質正義（substantive justice）等等。

我的目標在於檢視政治轉型期脈絡下的社會經驗，以探討法律原則所面臨的兩難。於此將不贅述有關法律原則的一般理想化論述。相反的，作者試圖理解法律原則對於經歷政治巨變的社會的意義為何。本章以歸納的方式討論法律原則的兩難，並在法律和政治的真實情況下來談問題。我將探討許多戰後的歷史案例，以及當代的轉型期的先例。雖然法律原則的兩難通常發生於刑事方面，這個議題也引發了在劇烈政治變動中的社會該如何論述法律、政治和正義的關係的問題。這些裁決也顯示出政治變動時期關於法律原則以及公平正義的價值的核心概念。

法律原則的兩難：戰後的轉型

在政治劇烈變化時期，產生了是否應該遵守法律原則的問題，這和接替者的正義難題息息相關。審判舊體制是否蘊含著前人和接替者在正義觀念上的矛盾與衝突？就這種衝突來看，刑事正義和法律原則是否相容？接替者的刑事正義所造成的兩難，也導致一個更大的問題，那就是法律在轉型成自由國家期間的本質與角色。

轉型的兩難出現在政治史上所有的變革中。在十八世紀由君主政體轉型到共和政體中可以看到，而在距今不遠的二次戰後審判中尤為頻繁。二次戰後時期，這個議題是英美法理學辯論的主題，由隆恩·富勒（Lon Fuller）與哈特（H.L.A. Hart）★所主導，討論開始於納粹政權垮台後的正義問題。[4]這種戰後的理論，證明了在政治劇烈變動時期，傳統的法律原則概念必須被擱置在一旁。[5]雖然轉型的背景導致許多學者形成有關法律原則意義的理論，但這些理論並沒有區隔平時與轉型期的法律原則概念。甚至，這些由辯論產生的理論，往往流於宏觀而理想化的法律原則模式。這種理論沒有認知到涉及轉型期法理學範域的例外問題。然而，對於轉型期法理學範域的認知，則又引發了轉型期法律原則與平時法律原則的關係的問題。

哈特與富勒有關法律本質的辯論，著重於戰後德國起訴納粹黨羽的一系列案例。戰後德國法院的重要議題，在於是否接受依據納粹法律所作的抗辯。[6]另一個相關的議題則是接替者的政權是否可以審判納粹黨羽，如果可以的話，那麼那是否意味宣告犯行發生當時的法律無效？在「告密者案件問題」（Problem of the Grudge Informer），問題的提出是基於一個脫離戰後情境的假設：所謂的紫衫政權（Purple Shirt regime）被推翻，由民主的立憲政府取代，而問題在於是否該處罰前朝政權的共謀者。[7]哈特提倡法律的實證主義，[8]認為所謂的法律原則必須包括承認前人法律的有效性。以前的成文法就算不道德，也應維持其法律效力，接替者的法院也必須遵守，一直到該法律被取代為止。哈特的實證主義立場認為，主導著轉型期決策的法律原則，就如平時一樣，必須以成文法的完全連續性進行下去。

富勒則認為，法律原則意味著必須和以前的納粹法律機制斷絕關係。因此，納粹黨羽應受新的法律機制的制裁，在「德國為了重建其殘破不堪的法律制度時面臨著一個兩難……德國必須重建對法律以及正義的尊重態度……在試圖同時重建這兩者時，極為痛苦的二律背反在所難免」。法律原則的二分法是以程序正義與實質正義為框架，而富勒則是試圖藉由提出實質正義的程序看法，[9] 以規避這些對立的觀念。依據德國司法制度，法律中存在二分法，也就是程序法律權利和道德權利。在「嚴重的案例」中，道德權利具有優先地位。因此，形式主義者（formalist）的法律概念，例如遵守前朝的法律，可以被這種道德權利觀念推翻。德國司法制度的自然法立場暗示著轉型期的正義必須揚棄以前推定的法律。然而，富勒認為不見得要有這樣的切割，因為過去的「法律」本身因為不符合各種程序條件而沒有資格視為法律。[10]

然而，前述的辯論忽略轉型脈絡下的法律的獨特問題。在戰後時期產生了納粹政權的法

★譯註：一九五八年，哈佛大學法學家富勒（Lon Fuller）與牛津大學法學教授哈特（H.L.A.Hart）展開一場「惡法是不是法」的大辯論，重燃尊重自然法則權利的風氣和智慧。哈特著有《法律的概念》（*The Concept of Law*），商周出版。

律連續性的兩難問題？法律原則是否一定要有法律的連續性？以轉型期的觀點來看戰後的辯論，將能澄清法律原則的重要意義。也就是說，有關以前高壓政權不義行為的獨特看法，能夠合理化法律原則的內容。這些不義行為的本質，影響了各種方案的考量，例如完全延續前朝法律、不連續性、有選擇性的不連續性，以及完全跳脫法律等等。對實證主義者而言，因為前高壓政權缺乏程序規則性，為了重建對程序的信念，而必須延續以前的法律制度；後設法律原則（meta-rule-of-law）的價值在於正當程序（due process），也就是程序的規則性，以及遵守既定法律。自然法所主張的法律原則的不連續性，也可以由以前的法律制度的本質去證明，不過是取決於對於過去暴政的定義。在法律原則的自然法觀點上，富勒的方式看來比較細膩，因為他以程序的觀點去理解實質正義的價值。因為前人政權的不道德，法律原則的基礎必須超越先前存在的法律。[11]

遵守高壓政權的法律，如何能和法律原則相容？反過來說，如果後人的正義蘊含著起訴在前人政權下合法的行為，那麼法律原則又是如何容許法律的不連續性的？轉型期的脈絡引爆了有關兩個政權之間的合法性及其相互關係的錯綜複雜的問題。

在戰後的辯論中，自然法與實證法這兩種立場，都以關於前朝的不自由統治的本質的某些假設為出發點。[12]兩種立場都由前人政權中的法律的角色找到理據；然而，在關於合法性的轉型原則的構成元素方面，他們則各執一詞。實證法的立場試圖把有關前朝政權和接替者政權下的法律的正當性分開來談。對過去暴政的回應並不在於法律的範疇，而是屬於政治的範疇。如果要賦予法律原則任何的獨立內容，那麼它會是法律原則不應服務任何轉型期的政治目的。實證主義主張遵守既定法律，是基於對前朝極權統治下的合法性本質的某些假設。[13]在轉型時期遵守前朝法律，其理由正是在以前的高壓政權下的審判並沒有遵守既定法律。實證法的觀點認為，轉型期的審判如果要「廢除」支撐前朝暴政的種種合法性概念的影響，就應該遵守過去的既定法律。

自然法的立場則強調法律在朝向更自由的政權轉移時所扮演的轉型角色。它認為暴政統治下推定的法律缺乏道德性，因此不能構成有效力的法律機制。就某種程度而言，在這種瓦解了法律和道德的規範理論裡，不同的法律制度之間的過渡問題完全消失了。只要審判遵守這種推定的法律，它自己就是不道德的，因為它支持不自由的統治。因此，告密者案件就被形容成「對執法的種種曲解」（perversions in the administration of justice）。[14]由自然法的觀點來看，轉型期的法律的角色在於回應過去執法時所產生的惡。因為司法審查也會支持高壓統治（這個議題在哈特和富勒的辯論中討論過）[15]，所以平時的的審判就無法傳達法律原則。這個轉型法律的理論倡言規範性的觀點，認為法律的角色正是在於扭轉時下的合法性意義。[16]

在戰後的辯論中，問題出現於極權統治之後的異常政治背景。但是，辯論卻抽離了該脈絡，結論似乎是描述基本且普世的法律原則性質，而沒有認知到該問題是轉型脈絡所特有的。將問題重置，應該能夠澄清我們對法律原則的認知。我現在由戰後的辯論，轉向比較當代的案例，以證明法律潛藏的轉型功用。這些案例顯示出，法律原則的理想化觀念和非常時期的政治脈絡下的偶然性之間存有著緊張關係。在轉型期如何遵守法律原則的兩難，會推論出種種替代性的架構，它們得以調解轉型期法律原則的觀念。

合法性的觀點轉移：後共產轉型期

「天鵝絨」（velvet）革命★黑暗的一面在法庭中被揭露出來，對政治轉型內容的辯論仍然持續沸騰。有關接替者政權的刑事審判的幾項爭議，證明了轉型期法律原則的兩難。在此我將著重於兩方面：第一，匈牙利的法律，允許起訴蘇聯對該國一九五六年反抗的血腥鎮壓行為；[17]第二，統一後的德國，起訴柏林圍牆邊界警察射殺企圖偷渡的平民的罪行。這些案例包含了自由與鎮壓的大量象徵；一九五六年被視為匈牙利革命的嚆矢，而柏林圍牆及其倒塌則是蘇聯對該地區的控制和崩解的中心象徵。這些案例證明了，藉由法律或在法律內影響政治的變革，必定會面臨很大的兩難。雖然這兩個案例似乎暗示著解決法律原則兩難的方法可以是南轅北轍的，但它們也顯示了共同的了解。

匈牙利的國會在一九九一年政治巨變後通過了一項法律，允許起訴前朝政權在鎮壓一九五六年反抗運動時的犯行。雖然距離犯罪當時已經有好一段時間，而法律會撤銷對叛國或其他重罪的法定時效限制[18]，而有效地對這些罪行重啟訴訟。對共產政權年代久遠的罪行重啟訴訟的立法，在中、東歐其他地區也通過，例如在捷克共和國。[19]法定時效的限制問題，通常出現在被長期佔領統治後，社會試圖起訴在前朝政權下所犯的罪行。因此，西歐的戰後轉型期，法定時效限制引發的法律原則問題，並沒有在戰後馬上出現，而是在一九六〇年代以後。[20]有關法定時效限制的爭議也衍生出一個更全面的問題：接替的政權是否應該受到前朝政權的法律約束？

匈牙利的憲法法庭以一個類似的二律背反來形容這種兩難困境：法律原則一方面被理解具有可預測性，另一方面則被視為實質正義。以這種架構來看，那似乎是魚與熊掌不可得兼的事；然而，法定時效的限制，以及一九五六年的種種追訴，最終還是被視為違憲。法律原則要求立法時的前瞻性，就算那意味著前朝政權的重罪不會遭到懲罰。判決意見書開宗明義地說明他們所面臨的兩難：「憲法法庭是個貯藏室，裡頭堆滿了『法律原則革命』的弔詭。」[21]為什麼會有弔詭現象？該憲法法庭表示，「法律原則」代表「可預測性以及可預知性」。[22]「從可預測性和可預見性的原則來看，刑法禁止使用追溯法，特別是溯及既往（ex post facto）……也就是事後的立法……唯有遵守形式化的法律程序，法律才有效力。」[23]「保障」是憲法法庭最主要的法律原則觀點[24]。「法律要有其確定性，就必須……保障先前賦予的權利。」訂定準備起訴舊體制的法律，傳統上是溯及既往的，它本身就威脅了個人

★譯註：捷克一九八九年十二月，有三十萬人在布拉格的廣場上集會，要求共黨下台，這場終結了共黨統治的和平示威，因為廣場上的紫丁香而被稱之為「紫色革命」，也因為過程的平和順利被稱為「天鵝絨革命」。

平靜的權利（right to repose）。法庭在討論保障的意義時，將平靜的權利類比為個人財產權，雖然對個人財產權利的保障通常可以被攸關國家利益的事所推翻，但法庭堅持這種利益不應推翻個人在刑法程序中的平靜權利。法庭堅持「保障」的法律原則價值免於國家的侵入，藉此傳達了一個重要的訊息，就是轉型期的個人財產權將受到保障。

在平時，法律原則作為保障的觀念，以保護個人的權利，通常被視為最低標準，是自由民主的法律原則基本認知。但是，在東歐與中歐的經濟與法律過渡期當中，這種認知代表了極大的轉型。如果說極權主義的法律系統廢除或忽略了個人與國家的分際，那麼匈牙利憲法法庭所畫出的分際，則是對國家作出新的限制：即個人保障的權利。轉型期必須堅持對於個人既有權利的保障。這個憲法法庭的決定傳達了重要的訊息，就是新的政權將比前朝更為自由。讓我們來比較第二個案例。德國的法律，在二十世紀第二次面臨政權輪替的時候，再度遇到了轉型期法律原則的兩難。東德的邊境警衛，因為在兩德統一前於柏林圍牆的射殺行為而遭到審判。法庭所面臨的問題在於，是否要認可基於前朝政權法律所做的抗辯。柏林審判法庭把這種兩難，放在「正式法」與「正義」之間的緊張狀態，並拒絕了前東德的法律，因為「並非所有正式認可的東西都是對的」。

法庭把共產法律與納粹時期的法律作比較，依循戰後的先例，認為惡法不具有法律的地位：「特別是德國納粹政權歷史的教訓……在最極端的情形下，人必須有機會，把實質正義原則（principle of material justice）看成高於法律確定原則。」就程序而言，法律權利和道德權利不同。邊界警衛的案例被當成「極端特殊的案例」，被比擬為戰後的納粹同路人，並適用同樣的判決原則。

東歐和中歐的轉型期法庭，雖然必須面對不同的法律問題，仍面臨所有接替者的政權的共同問題：起訴在前朝政權視為「合法」的行為，對法律原則會造成何等影響？從前面所提到的戰後辯論可看出，這個議題引發了（至少）兩個問題，一是有關於法律的正當性問題，不論是前朝政權或接替者的政權；另一個是有關兩者之間的關係。一般都是把法律原則當作既定的規範，而不是將法律原則視為轉型手段。在當代的案例中，就如戰後的辯論一樣，出現了對法律原則一種新的轉型認知。若合併考量，這兩個決定造成一個耐人尋味的難題。對柏林的法院來說，法律原則最重要的價值在於保障先前既有的「法律」權利。在某個案例中，法律原則需要有前瞻性的保障，結果造成了刑法方面的掣肘。在另一種觀點中，正義被視為法律原則一視同仁的執行。這兩種觀點有可能達成和解嗎？

探索後繼政權案例所使用的語言，我們發現了一種轉型時期法律原則特有的觀念。法律的用詞以看似難以調停的衝突觀點去定義多種分庭抗禮的法律原則：一種價值是相對性的，而另一種則是本質性的。這些案例的轉型期法律顯露出它們所面臨的兩難在於這兩種法律原則意義的平衡：平時的法律原則觀念，以及轉型期的法律原則觀念。究竟哪一種價值會支配轉型的平衡，則取決於特殊的歷史及政治餘緒。因此，經歷過極權主義的匈牙利，其主要的法律原則願景，在於畫出一明確的法律安全界線，個人可以受其保護，而不被國家的力量所侵犯。而統一後的德國，其轉型期法律原則存在於先前既有的法律內，並繼續回應法西斯主義下的法律。當德國的司法機構判定邊界警衛案例構成了「極端案例」時，司法機構將共產統治類比為國家社會主義。透過這種方式，對二次大戰的不義行為的法律回應，將持續引導至共產統治轉型的當代審判。就如戰後的時期一樣，後共產時期的柏林法院，引用了高於一切的自然法原則。納粹統治期間高壓的安全部門遊走在法律之外，而法律的機制本身被當作迫害的工具；納粹的統治過後，法律原則的主要意義則是在執行正義時的平等保護。這些都是轉型期的認知。

雖然理想化的論述持相反的意見，轉型的先例卻指出，沒有任何法律原則的價值是建構更自由的政治系統所必要的。對於轉型期社會法律原則價值的超越性觀念並非必然的，部分取決於國家特殊的政治與法律餘緒，尤其是法律在前朝政權所扮演的角色。對於這個問題，學者們熱烈地辯論，並比較各轉型社會的情況，包括在納粹德國高壓政權統治、軍事統治的拉丁美洲，還有種族隔離統治的南非，裁判所扮演的角色。儘管有許多理論描述關於暴政統治下各式審判原則的功能，甚至有司法在高壓統治時期的角色的實際案例研究，然而，無論是實證法或自然法的裁判原則，都和轉型期更宏觀的法律原則觀念無關。學者根據不同的情況提出截然不同的結論，由此可知不同的詮釋方式，無論是實證法或自然法，都不能解釋司法在高壓統治下的角色。因此，有些人認為納粹法官以自由放任的解釋原則支持高壓統治，但有些人則強調實證法律在法律與道德上的分隔。[25]在面對各個地區的不義及其回應的社會意義上，法律原則的意義是必須情況而定的。

本書所提出的轉型期法律原則的觀點，或許能夠說明，在關於法哲學和高壓或自由統治的種種關聯上，美國與歐陸哲學家的意見有多麼南轅北轍。在大西洋兩岸，實證主義既和高壓統治掛鉤，又和自由主義沆瀣一氣，說明了實證主義在過渡性地回應邪惡法官對它的濫用時，都是視情況而定的。因此，在美國境內，實證主義通常與支持蓄奴的法學相提並論；而在德國境內，和第三帝國（一九三三至一九四五年）狼狽為奸的，其實是自然法的詮釋而不是實證主義。[26]傳統上對暴政觀念的認知，乃是缺乏法律原則而專斷恣意，而轉型期的法律原則在現代的案例中則說明了對當代暴政獨特而規範性的回應。法律原則的理想源自古代「政權平等」（isonomy）的認知，實乃源自於對暴政的回應。在古代，為了回應專斷的暴政以及偏頗的執法，而創造出「政權平等」的理念。因為以前的暴政的立法專斷而不公平，所以古代對法律原則認知涵蓋了在法律裡的保障以及法律的平等執行這兩種價值。就如古代一樣，當代對法律原則的理想，是在高壓統治轉向自由統治的過程中確立的。[27]以前的迫害行為受到法律有系統的認可，而暴政成為了系統性的迫害，相反的，轉型期則是試圖透過法律來消弭這些濫用。[28]

轉型期正當性的建立

以上的討論推論出對法律原則更多不同的認知，並說明了轉型期對於合法性的特有理解。對法律原則的認知連結了從不自由統治到自由統治的斷裂；如此一來，我們或許可說這些價值觀與程序能夠調解轉型期。以下的討論著重於三點這種調解的觀念。這三點分別為法律原則的社會的建構；國際法在超越國內法的法律見解時所扮演的角色；最後則是法律原則的核心價值：它超越了各個時代過時的政治。

社會建構的角色

轉型期法律原則的一個調解概念，就是它的社會建構。在建立法律原則時，重點在於法律文化，而不是抽象或普遍性的正義觀念。[29]由社會建構的對於轉型期法律原則的認知，可在後共產主義的裁判中得到證實。從以上所討論的邊境警衛的案例中可知，時下對法律的社會認知被用來支持對於以前法律的抗拒的正當性。先前法律的有效性是視當時社會習慣而定，像是規範的公開與透明。[30]「在當時的東德也是這樣，正義和人道主義被描繪成理想狀態。在這個方面，普遍的自然法基本概念已經充分建立了。」[31]邊界的政策缺乏一般法律所具有的透明化，只要有外國人在境內，都會遮遮掩掩。柏林的法院不但認定國界政策有違時下社會對法律的認知，更違背了以前和西方法律一致的理解。警衛擋在地理和司法上的邊境。這個處置凸顯邊境管制在其法律文化中的不正當性。類似的情形促使匈牙利憲法法庭強調法律原則中的保障在法律的連續性方面的價值。在政治動亂的轉型期背景中，司法建立了法律連續性的認知。而這種法律原則的觀念，是由法庭本身對於程序的遵守產生出來的。

是什麼讓法律變為實證的？關於法律原則的流行理論認為，法律必須具備眾多條件，其中一個就是它必須是眾所周知的。[32]法律的知識是否等同於公告？在轉型期間，一般而言，在成文法與被理解的法律之間有很大的差距。民眾對於公領域的認知是讓法律實證化的原因。這個認知會以對於法律文化的社會參與，擴大且民主化合法性的根據。事實上，在當前的媒體時代，任何時間都有可能產生多樣化的法源，一如無數且多樣的公告，掩蓋了成文法的重要性。[33]對於公領域的社會認知成為認同法律的原則，藉著這種認知來評量不自由的政權的法律系統，是一種獨立於統治權之外的法律認知，因此，也比較不容易受到政治動亂的影響。在這個對於轉型期合法性的調解原則的引導下，前朝政權法律的正當性必須取決於時下文化對合法性的一般認知。

把法律原則理解成社會建構的產物，提供了一個評量由獨裁到民主的時期裡的合法性的方式。如果能了解成文法和社會認知的法律之間在正當性上的差距，就能有效解釋不自由統治下的法律建構。事實上，當大眾不再相信當前的政治系統，就不難想見兩者間的差距將逐漸加大，因而導至轉型。

國際法的角色

關於轉型期法律原則的另一個調解觀念則是國際法。國際法的機構和程序超越了國內法和國內政治。在政治巨變時期，國際法提供了另一個法律建構，具有連續性與持久性，儘管政治已經有了顯著的改變。當地法院依賴這些國際認知，對國際法認知的趨勢在戰後更為強化。關於戰後紐倫堡和東京的審判是否與法律原則一致，引發了法學上的辯證，特別是在美國。國際法可調解轉型期，調停由接替的的正義引起的法律原則兩難，還可為紐倫堡審判是否追溯既往的爭議辯護。[34]在當代，國際法經常被引用來連接法制認知的轉移。在上述後共產時期案例中是否要對舊政權的迫害重啟訴訟方面的爭辯，最後是訴諸國際法概念而得到解決。例如，匈牙利憲法法庭在複審一條有關重啟調查一九五六年抗暴運動的政治案件的法律時認為，這會造成先前法律的不連續。憲法法庭認為，這種不連續對接替的時期的法律認知會造成威脅；如何有選擇性地和以前的法律切割，當時並沒有任何原則可循。「在過去半個世紀中，不同政治體系的正當性是不相關的……，由法律合憲性的觀點來看，它並不構成任何有意義的分類。」[35]在一審中，憲法法庭基於國際法的原則而支持新的法令，將鎮壓一九五六年抗暴運動的行為視為「戰爭罪」或「殘害人類罪」。[36]法律原則必須有連續性。這種連續性被認為存在於國際法的規範中，例如戰後的《日內瓦戰時保護公民條約》（*Geneva Convention Relative to the Protection of Civilian Persons in Time of War*）就高於國內法。[37]波蘭也作出了類似的裁決，將追訴時效的展延視為無效，除了違反國際人權的罪行之外。[38]此處國際法優於國內法的觀念，一點也不明確，因為匈牙利憲法中，並沒有提到有關國際法與國內法的優先問題。然而，憲法法庭卻表示將依據國際法規範來解釋憲法，並宣稱「一般認可國際法原則具有優先地位」。有些憲法則明確規定國際法的優先地位。[39]在各地，國際法成為詮釋懲罰政策的司法基礎，因為這些規範被認為超越舊政權為政治服務的法律。在德國的邊境警衛案例中，法庭的審判公開地根據國際法進行。[40]

在政治巨變的時期，國際法提供了有用的調解概念。法律原則的兩難侷限很容易擺脫實證主義和自然法的二律背反。國際法以實證主義為基礎，卻同時包含與自然法相關的正義價值，所以能夠調解法律原則的兩難。實證主義的國際法規範是由慣例、條約和習慣法定義的。[41]再者，國際法在規定最嚴重的罪行方面提供了規範上的超越性，這在「殘害人類罪」的觀念上得到例證。我將在第二章刑事正義有進一步的討論，說明那些在觀念上相對卻相關的價值，在不同文化的環境裡，對象徵邪惡迫害行為提出普世規範的回應。[42]國際法不但保存了一般將法律原則視為既定法的認知，並賦予轉型的能力。因此，它調解了轉型。國際法原則可在政權轉型時期調解法律上的兩難。

法律原則對政治的限制

在政治轉變的時期，法律原則的特徵在於它保存了法律形式的某種連續性，但也促進了規範性的改變。先前為政治服務的法律本質和裁判，部分地解釋為何在轉型期不能遵守法律原則。認為法律原則是反政治化的看法，是前述當代轉型期爭論的普遍主題。邊界警衛的審判，被稱為「極端案例」，因此能夠證成其不遵守平時法律原則的考量。[43]德國的法院認定道德正確的原則高於政治考量。在這個區域的其他案例，說明了其他對法律原則類似的司法詮釋。匈牙利將一九五六年起訴的法律視為無效，顯示出對於泛政治化的反共產政策的限制。捷克的憲法法庭延伸起訴前朝政權犯罪行為的時效，認為它有助於廢除過去泛政治化的處罰政策，作為司法的基礎。該法律可以取消四十一年的時效規定（從一九四八年二月二十五日到一九八九年十二月二十九日），這些規定乃針對因「政治因素」而從前未被起訴或處罰的案件。[44]如果說，在高壓政權之下的司法僅僅是政治意志的遂行[45]，那麼接替的政權採用法律原則價值的優先性，確認一個獨立於過渡期政治的有原則的規範，就是在推翻這個說法。

將轉型期的法律原則獨立建構於政治之外，與平時的法律原則認知有類似之處。然而，在泛政治化的情況下，對轉型期正義的爭議成為是否遵守法律原則的障礙。儘管政治的巨變，法律原則仍然不應該受政治動機的影響。轉型期的法律揭露了法律原則反政治化的光明前景。

轉型期的司法

在政治轉型期間的合法性的問題，不同於平時民主國家有關法律理論的問題。對於新政權的合法性，有些核心問題必須解決，其中包括轉型期司法的本質與角色。裁判原則的選擇蘊含了相關的問題，就制度面來說，轉型的工作應該從何處進行，司法機關或立法機關？這正是我現在要探討的問題。

轉型期正義的兩難出現在重大的政治轉變期間。當一個法律系統在改變時，對法律原則的一般認知自然造成了最大的挑戰。戰後所面臨的轉型挑戰，沒有像當代從共產轉型的挑戰那麼嚴峻，當代的轉型乃是經濟、政治與法律同時進行。在這個時期，新成立的憲法法庭承擔了建立新的法律原則認知的制度性重擔。轉型到法律原則系統的重責大任已經轉移到司法機構，主要是新成立的憲法法庭。在其他近期的轉型中，也可看到類似的轉變，例如南非的案例。南非的轉型期憲法創造了新的憲法法庭。[46]大家可能會質疑，和前朝政權的連續性問題，是應該由轉型期的法官來決定，或者是要透過公民辯論。當這個問題出現在當代後共產轉型時，司法機構負起了做決定的責任。這個議題在統一的德國中，起初是以政治的問題出現，但在考量東德法律在邊境警衛的案例中是否有效時，柏林法院忽略了兩個德國的政治協定。《統一條約》（*The Unification Treaty*）顧及前東德刑法的連續性，規定東德的刑法只適用於兩德統一前的犯罪行為。然而，法院拒絕了邊境警衛依據東德刑法所做的抗辯。[47]如此一來，法院證明了其獨立於立法機關及政治議程之外。然而，因為轉型性質的不同，比起該區域的其他地方來說，統一後的德國對政治的回應並不是那麼必要。同樣的，當匈牙利的憲法法庭推翻了一九五六年的起訴法律時，它也明白傳達司法獨立於政治之外的訊息。[48]這些決定顯示了對法律原則的基本認知，這種認知乃來自轉型的司法獨立於政治外。

政論家通常從憲法來區別自由政權與不自由政權；轉型期憲政主義的角色在第六章有詳盡的討論。此處的探討說明了自由政治系統的特色比較不依賴任何特定制度，它著眼於法律是否得到真正的執行，並且對法律原則有真正的了解。儘管共產的憲法列舉了權利，但這些都是紙上談兵，很少真正執行。所以在共黨垮台後，只是通過新的權利法案，並無法在法律原則上創造轉型期。有十二個憲法法庭，為了回應不義的特定影響而實施新的憲法。[49]司法的角色就是這種「關鍵性」的法律回應，它意味著轉向自由民主的憲法系統。

憲法法庭以多種方式促成了邁向法律原則的轉型。首先，法庭從中央集權的國家權力中破繭而出；它成為在政治轉型期特別創造的新論壇，界定了與過去政治的區隔。第二，經由訴訟進入憲法法庭，促成了方興未艾的民主參與形式。過了一段時間之後，訴諸法庭可以讓大眾提供意見，參與憲法的詮釋，藉此發展出對政府和個人權利保障的社會認知。有關個人權利執行的開放式法庭，是新政府開明的有力象徵。[50]第三，在某程度上，憲法法庭被清楚授權進行司法審查，成為新憲政體制的守護者。在這個區域的大多數地方，全面的司法規則允許抽象的司法審查可由政治人物來執行，例如國家元首，或是立法機關的少數黨派。[51]區域的法庭基於法律原則，積極參與詮釋舊憲法下的新憲法規範。前述匈牙利憲法法庭審查有關國家的起訴政策即是一例。[52]憲法法庭界定國家權力，並重新定義個人權利，因此創造出權利文化。藉由轉型的裁判，轉型期的司法採用了積極的司法審查原則，使其邁向規範的轉變以及更自由的法律原則系統。

轉型的裁判引發了一個重要的問題。到目前為止，轉型期的司法機構背負著法律原則轉型的重擔，這樣的措施和民主國家中司法機關的作用是否一致？在平時的民主國家中，過於積極的司法判決通常被視為不具正當性，主要有兩個理由：第一，司法判決的追溯效力挑戰著法律原則的穩定性；[53]第二，司法判決被視為對民主政治的干預，司法判決不同於立法決策，缺乏和民主程序相關的正當性。[54]問題在於，這些和平時有關的反對意見是否適用於轉型期的判決。

我們對於立法的適當場域的認知取決一個隱含的假設：民主政治和民主的究責，不能自動地適用於不自由的政權，也不能適用於正在脫離這種統治的政權。在民主國家中，我們一般會認為轉型的立法應該由立法機構進行，而不是司法機構。司法機構不能造法，如果這樣進行立法，會背離一般民主、多數決定的立法原則。[55]在轉型期間，不合法的問題更為普遍；事實上，它一直是很普遍的。在政治轉型期間，通常伴隨著激進的法律改革，最近的一波政治變革，伴隨著經濟的變革（在後共產主義的變動中），暗示著對既定法律的大量改革。在政治巨變時期，有關「由司法機關立法會缺乏民主責任」傳統上的憂慮，似乎不是那麼重要了。在這個時期，轉型期立法機構的成員往往不是自由選舉產生的，更有甚者，轉型期的立法機構也缺乏平時立法機構具備的經驗與正當性。[56]

司法機構不適合成為立法機關的另一個原因，在於它缺乏制度上的能力和資格。戰後對於建立法律原則的辯論，就提出了這樣的看法。以實證角度來看，法律轉型的重擔應該由立法機構來負責；自然法的立場則認為裁判本身就扮演著轉型的角色。然而，戰後的辯論並沒有充分考慮到轉型期的狀況。政治轉型期通常也是法律的變動，這個時期的爭議通常都缺乏相關法律。更有甚者，在這個非常時期的爭議，通常要迅速回應，使得加速評估考慮成為必要。[57]而在平時，循序漸進的立法方式顯得緩不濟急且多變；在轉型期間，相對於立法程序，司法判決通常快很多，因為立法程序可能會為了與過去妥協或缺乏政治經驗而牛步化。再者，在政治巨變的情況下，司法機關可能比較有能力以個案方式處理轉型爭議的案件。[58]事實上，司法判決容許重大的轉變，並具有這個時期法律方向模糊的特徵。哪一種機構最能勝任、也最具有正當性的問題，是無法回答的，那要取決於前朝政權留下的不義的後遺症。

最後，轉型裁判是自主性的。藉由改變裁判原則和慣例，那些在前朝政權中為其決策作出妥協的機構也可以轉型。在受到高度關注的案例中，妥協的司法制度能夠透過改變其裁判原則來進行轉型。如果司法制度過去支持高壓統治，這種自主轉型的體制性機轉就顯得格外恰當。[59]然而，即使司法制度沒有繼承妥協的體制，轉型的裁判還是有其他好處的。

在平時有關法律原則認知的裁判理論，在轉型期是不適當的。一般對裁判的本質和角色的認知，包括關於平時司法和立法機構能力與資格的了解，完全無法適用於不穩定的轉型期。上述案例證明了法庭在運用轉型裁判原則時扮演極其特殊的角色。在平時限制著行動主義式的裁判的民主和正當性的考量，在政治變革時期，有可能支持這種裁判作為法律更加政治化的另類選擇。

轉型的裁判：結論

本章一開始就提出在政治變革期間是否要遵守法律原則的兩難。平時對於法律原則遵守既定法律的認知，與轉型期的法律原則認知，二者有很大的不同。我現在要討論的是，何種法律原則與政治轉變期間的判決相關。

正如以上所討論，在這種非常時期，法律原則的規範無法構成普遍性。這個時期因遵守法律原則而生的兩難，必須由調解的觀念來加以緩和。這個時期的合法性是由社會建構成的；在某些方面，它是由法官決定的。研究這個時期的先例顯示對於法律原則的認知建構於轉型的情況下。藉由限制法律的泛政治化，法律原則領導著民主過渡時期的法律決策。

對於轉型裁判的原則的認知，對於有關法律原則的理論具有重大意涵。首先，對這種原則的認知，減少了時下法律理論的缺失，它們沒有考慮到轉型期間的法律原則的多樣化規範。再者，轉型期的法律原則也蘊含著對主流理論裡的法律性質和角色的批評。在自由主義的政治理論中，由來已久的法律原則觀念，認為經由判決而生的法律比較中立且獨立於政治之外。[60]這種自由主義的認知受到與轉型期法律角色的挑戰，在那樣的環境下，法律原則是就它與過去的政治的建構性關係被定義的。

轉型的裁判原則對於批判法學理論可能帶來更大的挑戰。批判法學理論早已因為將法律和政治混為一談而飽受批評。因此，這種理論的方法對於為什麼、或在什麼樣的情況下，法律對社會可以有什麼特殊的主張，已經沒有什麼詮釋權。儘管批判理論宣稱將法律原則貶抑為一般事態[61]，然而以上的討論說明了在特殊的轉型期政治環境下，這樣的情況才最為真實。轉型期的法律原則說明了泛政治化的裁判的角色。從批判法學理論的觀點來看，此處所討論的轉型裁判措施的挑戰，也就是法律在政治行為上的限制。[62]這個時期的法理學塑造了轉型。對法律作用的規範性認知，會隨著轉型期的政治環境而有所不同。在轉型期的民主中可以容納有限制的政治審判。法律程序使理性的改變成為可能。

除了裁判以外，新的合法性的規範性轉變也受到其他法律形式的影響。因此，平常僅限於處罰個人罪行的刑事制裁，在轉型期會比較強烈，如此一來，法律的回應也挑戰過去國家的罪行，因而顯示出過往統治的不正當性。這些法律回應可以譴責並界定過往國家權力的濫用。

第二章

刑事正義

在民眾的觀念中，轉型期的正義往往和懲罰及審判舊政權有關。英國及法國革命從獨裁政治走向共和統治，其不變的象徵即是對英王查理一世及法王路易十六的審判。在二次大戰過後的半個世紀，紐倫堡大審一直是納粹的「戰敗紀念碑」。南歐民主戰勝軍事統治而進行轉型，其最佳例證就是希臘審判若干軍方將領。阿根廷審判軍事政權，代表了拉丁美洲地區數十年來高壓統治的結束。當代由軍事政權轉型的浪潮，不但在整個拉丁美洲、非洲、甚至在共產主義倒台後的中歐，以及前蘇聯集團，皆再度引起是否應該懲罰的辯論。

懲罰主宰了我們對轉型期正義的了解。這種法律最嚴苛的形式，是究責與法律原則的象徵；然而，其影響所及卻是人們始料未及的。對於轉型期的檢視顯示，接替的政權的刑事正義引發了令人頭痛且影響社會的問題，因此通常不被討論。這種關於轉型期刑事正義的辯論，具有嚴重的兩難困境：應該懲罰或是特赦？懲罰是對過去犯行的回顧報復，還是法律原則的重生的表現？誰才應該對於過去的高壓統治負責？究責是否及於個人，相對於集體、政權甚至整個社會的責任？

轉型的主要兩難在於如何脫離不自由的統治，而這種轉移是否應該依據民主社會的傳統法律原則以及個人究責的觀念。此處最核心的困難，在於利用法律來促進轉型，而不是它在遵守傳統法制時所扮演的角色。轉型期刑事正義在相關的社會裡的定義和裁判是被視為非常狀態，或者遵循民主國家平時的法律原則？這個核心兩難隱含了許多問題，包括有哪些相關的法律秩序？軍事法或民法、國際法或國內法？同時，暫且不論何者是相關的法律秩序，對於刑事責任的認知，應該追溯多遠？或者說推動正義的方案都只是「溯及既往」嗎？誰應該負起責任？為何種行為負責？這些轉型的兩難即為本章論述的重點所在，這些兩難都是後人社會努力面對的。正如以下所討論的，這些兩難通常會以轉型期妥協的方式作「有限度的刑事制裁」（limited criminal sanction），而這種有限度的刑事制裁，只不過是一種象徵性的處罰罷了。

轉型期刑事正義的基本論點

為何要處罰？在政治變革時期進行處罰的主要論證有後果論（consequentialist）及前瞻性的。該論點認為，有邪惡歷史遺留的社會，在脫離高壓統治時，接替的政權的審判，在奠定新的自由秩序基礎方面扮演重要的基本角色。在這個時期，對處罰的正當性，有不同於傳統「功利主義」的解釋，即處罰的基礎奠基於整個社會利益之上。[1] 傳統的論點認為平時的處罰不是傾向於迫害者，就是著重於處罰對社會所造成的影響，例如嚇阻效用，而有關轉型期的處罰論點則採用另一種形式。它不從正面探討處罰的功用，而是以相反的推論來看：如果不處罰，會有什麼結果？如果沒有處罰的話，較廣義的法律原則觀念是否會被破壞？此處就是轉型期特殊政治情況發揮作用的時候。「免責」的論點，也就是從不處罰的結果來看[2]（在平時也有這種觀點，然而在轉型期更為強烈），因為有從前的不義，所以對法律原則的期許更為強烈，甚至影響到單獨行為的究責。因為這些都是從前不義的非常狀態，它們往往都是由國家支持的。就是在這種背景下，免責的論點產生了新的意義。在這種情形下，刑事正義的實現，最多只是處理過往的國家之惡，並促進規範性的轉型，建立法律原則的系統。高壓政權通常因其罪行而被界定，例如凌虐、任意拘禁、失蹤、法外處決，主要都是由國家所支持的；就算過往之惡是由個人所為，國家通常仍會牽連在內，不論是迫害的政策，或是未能保護國民的安全，或是掩蓋犯罪行為以及免責。雖然在轉型的情況下，最主要的焦點是國家過去參與的惡行，因此主張處罰的論點遠強過免責的論點。但矛盾的是，轉型情況下舊政權之惡的隱含意義，同時也引發了嚴重的兩難，對利用刑法來有效處理國家惡行造成了嚴重挑戰。

處罰所扮演的歷史作用，就是在國際的體系下，以法律原則處置國家惡行。支持後繼政權的審判的基本論點，有其歷史淵源，可追溯至中古時代，國際法律標準將正義與非法的政治暴力作比較。審判一直是表達國際法律標準對戰爭「不義」的規定。認定前朝政治領袖發動非法戰爭或其他類似的國家暴行有刑事責任，這和古代後繼政權審判前朝暴君如出一轍，如亞里斯多德所描述的。審判英王查理一世和法王路易十六亦為典型案例，這種審判延續到當代，包括紐倫堡大審、東京戰犯大審、希臘審判陸軍上校，以及阿根廷審判其軍事領袖。[3]

就歷史而言，後繼政權的審判，根植於叛國的暴政觀念；不義的戰爭就是失敗的戰爭。這種對法律與正義的關係的早期認知，在紐倫堡大審時有了轉變。審判用來傳達廣義的規範訊息，超越了對戰敗國政權的審判，區分「正義」與「不義」的暴力行為。在當代，後繼政權的刑事正義被普遍化，超越了戰後刑事正義在其他轉型期的使用，其核心的規範力量在於譴責過去的政治暴力。認定舊政權暴行為「非法」，超越了戰後審判的範疇。審判政治領袖可以建立國家對不義的定義。因為懲罰能夠促進社會在轉型期的政治認同，創造民主法治國家的印象，所以依此理由辯護懲罰的行使。當代的理論大抵上支持轉型期的懲罰具有建立新民主政治秩序的力量。[4]後繼政權的審判，可有效劃分前後政權，透過非法化前朝政權以及合法化後繼政權，來促進轉型的政治目標。審判查理一世還有路易十六，以及紐倫堡大審，都被視為基礎性的政治行為。就如麥可．華爾澤（Michael Walzer）所寫的：「革命份子們必須隨舊政權被推翻而改變，這意味著他們必須找到某些儀式的程序，透過這些程序，公開否定其意識型態。」[5]對於審判法王路易十六，華爾澤認為：「公開的弒君是和舊政權的神話一刀兩斷的方式，也就是這個原因，弒君能夠建立新的政權。」[6]審判國王在政治上具有決斷性，因為審判建立了「國王並非在法律之上」的觀念。[7]透過後繼政權的審判，法律催生了「法律之前人人平等」，因而帶來了基本的規範轉移，意味著由君主統治轉向共和統治。剛過世的史卡勒女士（Judith Shklar）也基於相同的理由支持後繼政權的審判，她指出：「審判實際上具有促進自由的目的，審判提倡了法律的價值，對憲法政治與適當的法律系統作出貢獻。」[8]用奧圖．基希海默（Otto Kirchheimer）的話來說，審判促使「在新的開始和舊的暴行之間建立永久而明確無誤的界線」。[9]

流行的政治理論認為，後繼政權的審判有其特殊的角色，在舊的暴政與新的開始之間劃分界線。刑事正義提供了規範性的守法主義，可以為法治積弱不振的時期承先啟後。審判提供了一個方式，既可以公開譴責過去的暴力，也可以合法化法律原則，而法律原則是鞏固未來民主所必需的。與建立法律原則和鞏固民主相關的前瞻性與後果論的目標，通常能合理化後繼政權的刑事正義。[10]這種關於轉型期後果論者的論調，是對於懲罰的「民主」正當性辯護，它是以轉型的目標為依據，而刑事程序很適合確認有關個人權利和責任要件的核心訊息。

然而，後繼政權的審判在這種時期所扮演的角色比較不具基奠性，而是過渡性的。利用刑事正義來劃分前後政權，它所引發的兩難，主要和法律與政治的蘊含關係有關。在這種政治情況下，審判是為了政治目的而進行的，轉型期正義的不尋常訊息在於建立政治轉型的基礎，否定舊政權的政治規範，並建立新的法律秩序，這些特質與法治的傳統認知起了衝突。核心的兩難和轉型期主要特質變革的政治情況有關。這個核心兩難出現在從不自由轉向自由的統治時，在政權更替時，無可避免地陷入了追溯既往的相關規範問題，以及後繼政權新規範的推行，以便改變舊政權的行為。檢視該兩難的所有細節，可以看到非常弔詭的結果：若要發揮審判的建設性力量，審判必須依照民主國家平時的法律進行，同樣的一場審判有可能會有反擊，造成政治迫害的錯誤印象，而危及方興未艾的民主國家。因此，後繼政權的審判往往遊走於重新遵守法律原則以及政治迫害之間。很明顯地，為了達成轉型期法律原則而使用刑法是很棘手的事，這說明了其後的社會為何經常放棄刑事正義的使用，而出現了比較「有限的」刑事制裁。

轉型期的規範性訊息，透過國際法律秩序明白表達出來，其強項在於規範性的機制具有理解踰越平時法律秩序的特殊政治暴力的能力，而國際法律秩序很適合表現轉型期規範性轉移的訊息。很弔詭的是，國際法律秩序的力量也是其缺失，其獨特的本質超越了傳統的法律，為了肯定民主的轉型，最終無法有效遵守一般對法律原則的認知。

紐倫堡大審的歷史影響

自從二次大戰以來，對後繼正義的認知一直受到紐倫堡大審的歷史傳承的影響。若要了解紐倫堡大審的重要性，其整體的歷史與政治環境，最好是回到一次大戰後的轉型期正義，從當時失敗的國家審判政策來看。[11] 凡爾賽的正義政策（justice policy）和紐倫堡比較起來明顯嚴苛許多，該政策也說明了為什麼國家審判會被認為是無可救藥地充滿政治性，且注定要失敗。一次大戰後國家審判的失敗，解釋了後來德國侵略的再度崛起；究責的失敗導致自由化的失敗。全國籠罩著戰爭的罪惡感，邁向民主的轉型受到了阻隔。認為國家正義無可救藥地充滿政治性的看法，代表了一次大戰後的政策，這在二十世紀引發了明顯的迴響。

所以在紐倫堡大審時，戰後回應的對立面反而變成了標準。就如一次戰後一樣，審判是究責的機制，主要仍針對侵略行為的罪行。然而，一、二次大戰後審判的相似性也僅止於此。紐倫堡大審不同的地方，在於究責仍在同盟國的手中；法律管轄不是國內的，而是國際的。而且目標不是懲罰戰敗國，而是找出應負責任的個人。不過，接下來我們將見到，紐倫堡大審的實際狀況距離原意甚遠。

學者對紐倫堡大審這先例獨一無二的理想性觀點，和大審的實際狀況之間有顯著的差距，紐倫堡大審的歷史因而變得複雜。半個世紀後，大審的迴響仍然可見。紐倫堡大審如何尋求正義，包括其深層的不當，已經變成了後來的正義的同義語。在當時，大審是違反法律常態的，後來就一直作為異常狀態的先例，為二十世紀的後繼措施提供紀錄。然而，要更進一步了解紐倫堡大審的先例性意義，就必須區分各種對先例的不同認知，舉例來說，區分紐倫堡大審的程序部分，設立國際軍事法庭（International Military Tribunal）和國際刑事正義程序，以及紐倫堡大審的學理部分，也就是紐倫堡的裁決。一開始是由先例程序的部分著手，此處最不穩定。自紐倫堡大審以來的五十年，是否該設立這樣法庭並在戰爭期間增強其功能，這樣的討論一直不斷，但很少推論到審判，雖然到了二十世紀末，已經有了建立永久國際刑事法庭的契機。[12]

先例的重要性並非在於程序，而是在於它型塑了一般對轉型期刑事正義的認知。在二十世紀後半葉，紐倫堡促成了對後繼正義的主要學術性認知，其方式有所轉移，由國內轉向國際，同時也由集體轉向個人。後繼政權的刑事正義（紐倫堡式的）蘊含著全新的國際司法論壇、跨國的形式程序，以及諸如「殘害人類罪」這樣的罪行。尋求後繼正義的方式，在相關的罪行、司法管轄的依據和法律原則方面，完全是國際性的。

由史學方面來看，先例對於學術性的論述有著極大的影響，特別是由國際法的角度來解釋究責。如果檢視一下有關國家嚴重罪行責任的學術著作，可看出自二次大戰後，討論由國際法回應暴行的著作急速增長，尤其是英語的著作方面，而相較之下，比較各國國內經驗的著作則幾乎被忽略了。[13]由歷史上來說，有關戰後後繼正義的研究之所以會那麼重要，其原因在於它們反映了國際法的平行發展。戰後時期見證了前所未有的多邊合作成功的例子，如紐倫堡的國際軍事法庭、聯合國的建立，以及通過諸多有關國際犯罪的公約和決議案。納粹黨徒與其共犯暴行的嚴重性，刺激了前所未有的國際共識。對於國際犯罪以及審判的國際合作，新的共識帶來了樂觀的想法與契機，促使創立國際刑事組織，以處理有關國家迫害的事件，並由某種形式的國際法庭來進行。法律著作反映出國際法結構和判決方面的進步。探討有關回應國家迫害行為的國際法著作風起雲湧，涵蓋了尚在成形中的國際刑事法的主題，包括罪行界定的方式、國際軍事法庭的重要性、管轄權擴張及於某些罪行，以及或許是最重要的，也就是國家權利和義務在新的國際社會中的出現。這一切都變成了研究的主要方向，一直到今日都是如此。

然而，以國際法的架構來討論後繼正義問題的歷史正當性，卻已經消失無蹤。戰後對發展國際刑事法的殷切期望，到了今天仍是無法達成。早期對國際法進展的熱誠，現在已經不再，而變成對於回應國家暴行的國際機制不具效率的問題的謹慎思考。國際的刑法仍停留在嬰兒狀態；國際的刑法典仍然不存在。而且，儘管建立國際刑事法庭的呼聲不斷，甚至還有要求建立國際法庭（International Court of Justice，簡稱 ICJ，位於荷蘭海牙的和平宮）的刑事管轄權，但這一切都有待努力。最近的發展是，國際社會出現了一種共識，支持在二十世紀結束以前，制定國際刑事常務法庭的原則。[14] 除了種族屠殺的問題以外，賦予國際組織刑事犯罪的管轄權，是一件很棘手的事情，特別是有些國家堅決反對，例如美國。就算發生非刑事的國際法爭議時，國際管轄權應該是眾所同意的，但實際上根本不是如此。[15] 因此，已經被界定的國際犯罪，並不代表具有伴隨而生的普遍管轄權。在國際法庭，只有國家才有資格擁有起訴權，而國家也有不想受到訴訟影響的誘因，所以現在的國際法律結構，並沒有對於人民免受種族屠殺的公約或其他國際法作出任何的保障。那些大聲疾呼增加國際標準與執法機制的學術著作，依循戰後共識與國際法系統的特色而有所延伸。[16] 然而國際法對犯罪的界定，和其執法機制之間的差距仍舊很大。然而，儘管國際法具有獨特的本質，它還是提供了規範性的詞彙，並調解了轉型期正義的諸多兩難困境。

轉型期的兩難與紐倫堡大審的典範轉移

紐倫堡大審所建立的正義典範以及國際法的詞彙，雖然有些缺失，但仍持續型塑後繼者的正義的辯論。在國際法系統內，後繼者的正義的兩難消失了。認為國內正義無可救藥地被政治化的看法，主要來自一次戰後的政策經驗，這在整個世紀產生了明顯的迴響。由抽象層面來看，後繼者的正義的兩難似乎只能由獨立的法律系統得到解決。在國內法律系統內，正義的問題似乎和政治無法分割，而由國際法的觀點來看，正義的問題可以和國家的政治分開來看。[17]就算國際正義完全是視情況而定的，例如針對巴爾幹半島爭端的暴行，相較於該地區的其他方式而言，國際法比較不具政治性。一般認為，國際法能將正義從國內政治化的狀況中分離出來。

國際法與追溯既往的正義的兩難

轉型期的核心兩難在於，如何在規範劇烈轉移的情況下去定義正義。該問題可由國際法解決，因為國際法提供了法律的連續性，特別是在究責的認定標準方面。因此，戰後對國際法標準的鞏固，一般認為能夠提供管轄權的基礎，並超越國內刑法的限制。國際法似乎提供了一個管道，避開轉型期正義追溯既往的問題。國際標準和國際法庭都支持法律原則，並儘量滿足基本的公平與中立原則。國際法律行為的先例性與約束性價值，通常被認為超越以國家為基礎的行動。國內法的差異，意味著有些罪行在某些國家會受到制裁，在其他國家則不會。再者，對於真正窮凶惡極的犯罪，例如殘暴的行為，國內法並不適用，因為這種罪行乃是以完全不同的方式去定義的，而不同於國內法規定的犯罪行為。特定的犯罪，例如凌虐，要不是以彆扭的方式適用國內法，不然就是不被國內法所認可，將國際法標準納入國內法的動作，或許可消除這樣的問題。

國際刑事法提供了可理解的方式，將「邪惡政權在法律之下的責任」這種有點弔詭的可能性加以概念化。因此，國際法所建立戰後正義的歷史詞彙主導了紐倫堡大審。它界定了紐倫堡大審的正義觀，最嚴重的罪行就是發動戰爭罪。而且，根據其憲章所規定，審判的目的是為了起訴主要戰犯的罪行，它們全部都和戰爭有關。審判的法庭就是國際軍事法庭，最重大的罪行為侵略行為。就連「殘害人類罪」對平民的暴行，也在紐倫堡受到起訴，因為這也和戰爭相關。但是，法庭謹慎地遵循這樣的限制，造成了一種歷史觀點，認為國家的不義乃由外國的勢力所造成。這種限定紐倫堡大審的狹隘界線，限制了判決先例對促成轉型期正義的潛在能力。

國家罪惡卻由個人負責的兩難

轉型期刑事正義引發了一個核心兩難，也就是如何界定國家高壓政策下刑事罪責的歸屬。國際的管轄權為紐倫堡大審的原則提供了一個標準。「紐倫堡大審原則」是聯合國大會提出的要求，在審判過後才整理完成，內容包含紐倫堡判決要旨，是將國家罪行責任概念化的關鍵性轉捩點。法庭和接續的審判首度依國際法規定確立了構成犯罪的殘暴行為，可以究責到個人：「任何人犯下了依國際法規定構成犯罪行為的罪行，必須負責並受到處罰。」[18] 更進一步來說，紐倫堡大審拒絕了傳統個人不應為國家暴行負責的辯護，並戲劇性地擴張了個人在國家罪行中的刑事責任。傳統上，國家元首享有統治免責權，但依紐倫堡原則，公職人員不能再用基於職責所在不得不從事暴行這種「國家元首」式的抗辯理由，而有可能必須負起刑事責任。[19]雖然在傳統軍事規則的命令結構下，「正當服從」（due obedience）可以當作抗辯的理由，但依據紐倫堡大審原則，那些聽命行事的人也必須負起責任。[20]★紐倫堡大審原則廢除了「國家行為」（act of state）與「上級命令」（superior orders）的抗辯理由，改變了傳統對極權政權罪行的分散責任（diffused responsibility）觀念。依據戰爭法的規定，以及服從上級命令的責任原則，罪行的責任歸屬為上級，這是有所根據的。而由於紐倫堡大審原則的強化，國家元首免責權的抗辯理由被廢除。依據職權起訴的最極端例子，就是審判日軍在菲律賓暴行的東京戰犯大審，上級命令的責任原則再度被強化。在東京的大審中，山下將軍（Tomoyuki Yamashita）†被判必須為其屬下部隊所犯的暴行負起刑責，山下將軍被定罪並處死，沒有任何事件顯示其個人參與暴行，或甚至知道部下的犯行。[21]從後來歷史的制高點來看，山下將軍因為忽略了作為上級的責任，沒有約束部下的行為，這種標準可說是自成一格的，是上級必須對部下的暴行負責的極端案例。在東京大審之後，審判高階德國陸軍

★譯註：如果一個有理性的人認為上級命令明顯違法，則「適當服從」不成立。紐倫堡大審原則的第四條指出：「若某人依據其政府或上級的命令而行事，只要實際上仍具有道德的選擇餘地，並不能免除其國際法所規定的責任。」

†譯註：山下將軍（Tomoyuki Yamashita，1888-1946），號稱「馬來亞之虎」的日本將軍在二次大戰期間佔領了馬來亞、新加坡與汶萊。於一九四五年向同盟國投降，後來因戰爭罪被審判並絞死。

軍官的相關案件中，山下案的標準被排除，法庭堅持個人必須參與或知情，或默認罪行的進行，或過失犯罪（criminal negligence）：「在這一連串的階級之中，並不是每個人都有罪……。其中必定有個人的疏失。」[22]

越南的情形，重新引發了學術界對領導人嚴重國家罪行責任的研究。越南的政治高層明顯縱容暴行，符合了上級命令的責任原則。[23]而有關美萊村（Mylai）暴行的案例卻導致了上級命令責任原則的縮減。最高指揮官所控制的地區的暴行，必須和其本身的某種錯誤有關聯才能算數。[24]這種新版的上級命令責任原則，現在為國際法慣例所採用，即為：未能採取措施以避免特定的傷害，這種行為是法律所禁止的。戰後的日內瓦公約第八十六條，很明確地排除了山下將軍案中「理應知情」（should have known）的標準，「知情」引發了義務，必須採取「各種可行措施」以防止暴行，或阻攔侵害的行為。[25]

國際人道法提供了規範性的架構與詞彙，以思考後繼者正義的問題。[26]政權的錯誤行為，可在戰爭法的規定之下加以概念化並調解。因此，紐倫堡大審的個人責任原則非常複雜，可見於上級命令責任原則的發展，以及該原則本身對個人與集體責任的調解。另外還見於國際軍事法庭對於原則的仰賴，例如有關共謀的法律，個人僅僅因為加入了特定團體而必須遭受起訴。[27]然而，要調整國際法以及有關軍事法庭的類似規定，並將其納入完全的後繼正義中，是非常困難的。因為國際的典範標準，隱含了根據職權來判定後繼政權的刑事正義，和個人在政權內的政治地位緊密相關。但是，一種根據職權來決定責任的較寬標準，就如山下將軍案所顯示，讓上級為其部屬的行為負責，有可能造成反效果。當刑事責任的標準依職位而定時，就威脅到個人責任的原則。

紐倫堡大審之後，我們對於後繼政權的責任認知不同以往。紐倫堡大審的原則大幅擴張了潛藏於權力體系兩端的個人刑責。戰後的法學顯示出個人刑責的巨幅擴張並沒有一個明確的終點，這甚至在當時就被承認了。紐倫堡大審是由起訴主要戰犯開始，紐倫堡憲章中沒有任何一條規定，將責任歸屬到納粹政權的最高階層。相反地，憲章明確將「由領導人負起刑責」當作一個開端，其後還會有許多後續的審判。[28]在戰後，對於嚴重國家暴行中個人責任的認知經歷了轉變，出現以下的兩難困境：紐倫堡大審所提出的原則，巨幅地擴張了潛藏的個人刑責，但並沒有提供任何依據，以決定在那些負有潛藏刑責的人當中該起訴哪一位。

紐倫堡大審後的責任擴張影響甚巨，迄今尚未完全解消。對政治分析家和法律學者而言，紐倫堡大審造成了深層的改變，改變了國際法對於個人刑責的認知，但是並沒有人欣見這種改變帶來的責任兩難。當代潛藏刑事責任方面的擴張給後繼政權製造的困難，在於難以決定要起訴誰、起訴哪種罪行。實際上，該問題在有關轉型期懲罰的學術論述中，[29]非常明顯論及超越一國特殊政治環境的理由，並且討論了當代有關法律責任的概念發展。甚至發展到了有可行指導原則的程度，也就是隱含的比例（proportionality）原則。優先次序是先起訴那些「對最嚴重罪行最應負責的人」，由最高責任階層所犯最駭人的罪行開始。[30]然而，抽象的等比相稱原則，並不能應付因之而來的兩難，它源於刑法對於高壓統治下的普遍罪行的回應，以下會有較完整的討論。正如轉型期措施討論所指出的，懲罰的優先次序並不是普遍的理想，而是因特定國家的政治狀況產生，其規範轉移也是如此。

國內法院運用紐倫堡大審的先例

雖然在戰後的情況下，採用軍方的責任原則可能是合理的，而轉型期通常在戰後發生，也有可能產生其他方式，紐倫堡大審的標準並不見得能夠順利地引導後繼正義。然而，國際刑事正義的訴求超越了戰後的審判，影響了其他後繼正義的模式。

轉型期正義處在類似戰爭與和平的夾縫中，同時也夾在國際人道法和國內法之間。當後繼政權的審判政策，以起訴前朝政權領導人作為開端時，軍隊的類比就非常明顯易懂。以政治地位來界定刑事責任，延伸了以下的類比邏輯：將戰爭罪類比為獨裁或其他高壓統治下所犯的罪行。我們對於非民主統治的看法，可能認為對最高領導人究責是很公正的，但是若將轉型期正義放入特殊的國際法典範以及戰爭法當中，就會和我們對刑事正義的認知格格不入。此處所提出的問題是，若把高壓政權所犯之惡的責任歸屬於一國最高政治階層，這樣是否公正。獨裁者究竟霸佔政治權威到何種程度？或是高壓政權本身是否就構成了刑事責任？由犯罪者的政治地位來決定其刑事責任，不符合我們對民主國家刑法的認知，也對法律原則造成了重大的挑戰。

後繼政權的審判當中，依據國際法對戰爭法的依賴而進行的，少之又少。因此，拉丁美洲軍事統治的轉型，是少數的當代例證。阿根廷是因為在福克蘭（Falkland）群島戰役中失敗，才導致軍方的垮台，並實現了由軍事統治轉型至民主，這在起訴軍方領袖發動戰爭的「嚴重過失」時達到了最高點。[31]

當代的另一個例證，就是在蘇聯集團垮台後，該地區的轉型，一直為一種「曾經被佔領過」的普遍意識所籠罩，可以比擬為戰後的失敗感。所以匈牙利和捷克斯洛伐克的革命都以蘇聯與納粹的入侵開始。該區域面臨了轉型期的重要問題：誰的獨裁政權？誰的正義？在共黨垮台後，後繼正義的關鍵問題在於，是否可以利用戰後長期持續存在的典範來檢視高壓政權，即外國的佔領者？這個問題最終將由國家責任轉向個人責任。由於前朝領導人在蘇聯入侵他們的國家時與敵人合作，所以後繼政權的審判，被用來界定歷史的轉捩點，在自由與鎮壓、反抗與合作之間劃定界線。這是該區域在審判中一再重劃的界線。

前捷克斯洛伐克的歷史轉捩點，發生在一九六八年。在「天鵝絨」革命過後，第一波的起訴中，前共黨的領導人因通敵叛國罪而被起訴，其理由為濫用公權力鎮壓「布拉格之春」（Prague Spring）。[32]四年後，新的法律宣布共產主義為「非法」，奠定進一步起訴的基礎。[33]法律並定義了「參與具有外國勢力的武裝部隊」，構成犯罪行為，例如在一九六八年後，協助蘇聯佔領捷克斯洛伐克。因此，前共黨中央委員會的總書記畢拉克（Vasil Bilák），因為在一九六八年讓華沙公約組織集團的軍隊入侵，而以叛國罪被起訴。然而這些起訴的結果，最終只是對這個時期的調查而已。[34]

在波蘭，國會委員會調查該國前領導人亞魯斯基將軍（General Wojciech Jaruzelski）★[35]的核心問題為，前朝政權於一九八一年強制施行戒嚴法，鎮壓團結工聯（Solidarity Movement）的運動，是否來自蘇聯的壓力，或是波蘭人本身自願的合作。如果亞魯斯基將軍施行戒嚴法的決定，乃是來自與外國政府所達成的協議，那麼這有可能構成叛國罪的基礎。[36]其他的起訴程序則被限定在構成「戰爭罪」的罪行，依循著國際法的方式。

匈牙利的後繼者正義則正式建立在與蘇聯合作這個定義上，特別是在一九五六年的抗暴運動。[37]對於匈牙利的叛國法的憲法審查，處理了轉型期的核心困境：以刑事責任去譴責前朝政權底下合法的行為。匈牙利的憲法法庭判定新的叛國法違憲，因為有追溯既往的特性，[38]接續而立的法律限制了可起訴的罪行僅止於「戰爭罪」，[39]讓起訴可以繼續進行，就如戰後審判的方式一樣。羅馬尼亞審判其前共黨領袖時，理由乃是依據國際法所規定的戰爭罪，否則找不到法律原則的依據。軍事法庭以「種族屠殺」罪名，起訴高層領導人企圖鎮壓一九八九年人民的反抗，儘管最後是以比較輕的罪名定罪。阿爾巴尼亞在轉型期間，亦引用了「殘害人類罪」來起訴前共黨官員。

現在已經有人共同致力於把戰後對國家迫害的認知加以擴張並典範化。這種努力非常明顯，舉例來說，在國際人道法律的發展方面，對戰爭迫害罪行的認知，已經超越了國際上對國內行為所作出的回應。[40]這種情況亦可見於前南斯拉夫特別國際戰犯法庭的管轄權，以及設立國際刑事法庭的管轄權問題。在這些當代的例子中，對於「殘害人類罪」的多樣認知，超越了武裝爭端，而幾乎變成「迫害」（persecution）的同義字。[41] †

一般認為，國際法在建立刑事責任方面的優勢，特別是國際人道法律與戰後的進展，讓國際刑事法變成了後繼正義的主要語言。儘管其效益在一連串國際審判的記錄中並不明顯，但是在關於國家迫害超越了國內法、而適用國際法刑責的認知上，其重大的規範性力量卻不容小覷。對於共通法律語言的認可造成一種究責形式，界定並揭露跨國界的迫害行為。[42] 當國家未能保護人民，反而從事迫害行為時，國際人權團體的主要回應，就是記錄並報導這些嚴重的侵權罪行。近年來，負責調查與公開關於暴行事跡的國際機制，已經得到強化與支持，並有顯著的發展。全球性究責的進行，主要是透過揭露並公開指責國家的迫害行為。因此，如果永久的國際刑事法庭能夠建立，可能會成為持續進行調查與起訴的機構。紐倫堡大審先例最偉大的傳承，就是對國家究責的問題永遠不會被限制在國境之內，而是變成國際的範疇。

★譯註：亞魯斯基將軍（General Wojciech Jaruzelski, 1923-2014），波蘭將軍和共產時期領導人，於一九八一至八五年擔任首相，一九八五年至八九年國家領袖，一九八九至九〇年擔任總統。

†譯註：「殘害人類罪」的定義是「廣泛或有系統地針對任何平民的攻擊行為」。構成殘害人類罪的行為包括謀殺，消滅，奴役，放逐，監禁，凌虐，強暴，因政治、種族、宗教原因的迫害，以及其他不人道的行為。

轉型期正義與國家法律秩序的比較

儘管國際法的訴求不斷，但是大多數的轉型期政權，仍然企圖把其回應放入既存的法律系統內，以正常化作為後繼者的事實。如此一來，問題就變成了後繼者的正義如何處理政權交替的問題，特別是如何配合轉型期的中心特質，也就是由政權轉移所引發的規範轉移。國內法對於轉型期的回應，依其配合政治轉型的能力而有所不同，因為這些司法程序乃是建立於當時的合法性之上。企圖對前朝政權的惡行究責，將會無限延伸國內法系統。這些對特殊政治暴力的回應考驗著核心的法律原則：法律的保障和一體適用。

政治轉型的浪潮過後，就是一連串的國家審判。在一次大戰前的鄂圖曼帝國，法院曾經審理對於亞美尼亞人的暴行。[43]一次戰後，在凡爾賽所達成的協議，決定由德國自己進行國內審判，這些審判的數目非常少。二次戰後，納粹黨徒和其共犯的行為，引發了大規模的究責行動。儘管國際典範在有關法律的學術著作上具有主導性的地位，但是針對納粹黨及其共犯的法律回應，卻主要是國內的著作。對於二次大戰的暴行的起訴仍舊是在國內法的層次，這構成了最多的刑事責任先例。這些國家審判長達五十年，包括通過一般法、公民和社會主義法制（civil and socialist legal systems），並延伸到犯罪發生的所有國家，甚至超越這些國家之外。[44]更有甚者，在整個歐洲戰後轉型期間，國內法所造成的影響，到今日都仍持續不斷。在德國，與二次大戰相關的起訴，從一九五〇年代到當代一直持續進行。[45]在法國，一九八〇年代末期審判了巴比（Klaus Barbie）之後，還有其他審判高階的法國通敵者，例如杜維爾（Paul Touvier）和波朋（Maurice Papon）；[46] 荷蘭也繼續起訴其通敵者。澳大利亞和加拿大在一九八〇年代末期起訴定居於境內的二次大戰通敵者。[47] 在英國，一九九一年通過的「戰爭犯罪法案」（War Crimes Act），對英國境內通敵嫌犯的起訴於是有了法源。

二十世紀第二波的轉型則發生在南歐，後繼政權著手審判希臘和葡萄牙的軍事政權。[48] 第三波政治轉型是在拉丁美洲和非洲。阿根廷審判軍事將領以及其他陸軍軍官；中非共和國的獨裁皇帝布卡沙（Jean-Bedel Bokassa）也遭到審判。由共產統治轉型的國家中，羅馬尼亞和保加利亞陸續審判了一些高層領袖，而前捷克斯洛伐克聯邦共和國，也審判了一些高階與中階的共黨官員。德國則是進行了對各階層的審判，一般是和柏林圍牆的槍殺有關。[49] 前南斯拉夫的崩解，導致了波士尼亞的爭端與暴行，最後也進行審判。衣索匹亞在其馬克思主義政權垮台後，審判了前朝政權的高階人士。[50] 盧安達在政治轉型開始後，就對於種族屠殺進行審判。[51]

國家犯罪變成個人正義的問題

轉型期刑事正義導致一種兩難：就是把個人責任的原則，套用於不自由統治所發生的嚴重罪行。高壓統治過後，主要的問題在於，國家應該對前朝政權的惡行作出何種回應？面對這種矛盾、妥協過後的正義情況（因為國家很可能涉及過去的犯行），國家應當如何調解政權交替的規範轉移？在這種情況下，個人責任與國家責任之間的關係為何？

在高壓統治過後的轉變中，非民主社會普遍的迫害行為通常會挑戰懲罰的原則。接下來的重要問題，就是在刑事責任的歸屬方面，何者應該優先處理？是那些主謀鎮壓的政治領導人，還是親身執行殘暴行為的基層人員？後繼者政權的懲處政策，應該起訴所有的犯錯者嗎？而選擇性的起訴是否公平呢？選擇性起訴的政策依據是什麼？

起訴政策應該從哪裡著手呢？認為懲罰可以促進法律原則的規範主張，並不見得能證成對於所有犯罪者的懲罰。的確，示範性的起訴似乎可以促進捍衛民主和確保法律原則的目標。從務實的角度來看，選擇性地起訴是不可避免的，因為在現代的國家迫害行為中，加害者的人數眾多，而轉型社會的司法資源亦非常有限，後繼政權的審判在政治成本和其他社會成本上的消耗也很大。因為有這些限制，所以選擇性或示範性的審判，似乎就能給人伸張正義的感覺。[52]然而這其中的分野微乎其微。示範性起訴的政策，可能會減損審判的民主目標，而僅僅是造成一種基於位階的政治正義。選擇性起訴的政策，更可能威脅到法律原則。

誰該為高壓社會的暴行負起責任？如何在下令迫害以及聽命行事者中間找到刑事責任的歸屬？什麼樣的原則可行？一般認為，刑事責任的先決條件是犯罪行為；傷害和個人犯行中間應該有所關聯。[53]然而，我們對刑責的認知並不見得適用轉型期兩難的特質。那些在高壓統治下的罪行是特殊案例，蘊含著一種系統性犯罪，政府因而難辭其咎，例如官員必須為下屬的行為以及國家保護人民的基本義務負責。[54]

從歷史的角度來看，那些在轉型期間被認為最該為過往之惡負起責任的，往往是政治領導人。當代的後繼政權審判證明了，要政治領導人對高壓統治下最嚴重的罪行負責，實非易事。舉例來說，在共黨垮台後的後繼政權審判當中，對前朝領導人究責意味著起訴高壓統治初期、或前朝政權最後階段的迫害罪行。也就是說，要追溯到共產黨上台的時候，回到半個世紀以前。在多年之後才要進行審判，產生了取得管轄權的困難，以及程序的不當，將威脅以審判重建法律原則的可能性。在多數的法律系統下，不論是普通法、大陸法或社會主義法，責任的歸屬都有訴訟時效；因此，在事件經過多年後才進行起訴，就必須修改現行法律。對於最殘暴罪行，包括構成種族屠殺或國際法所定義的迫害行為，相關國際法律的規範已經被納入了國內法，這正是為了調解轉型期正義在國內法律系統下獨特的兩難所引發的問題。舉例來說，匈牙利的法律規定三十年的訴訟時效，因而無法審判那些鎮壓一九五六年抗暴運動的人士，所以在事情發生後，又企圖取消該法律限制，被視為構成「溯及既往」的違憲。儘管如此，對最嚴重的罪行，國際法所規定的戰爭罪，仍作出例外判決，因此國際法被視為一種持續的規範力量。波蘭也作了類似的處理。[55]統一後的德國起訴前東德邊境的槍殺罪行，可以作為規範轉移的兩難的例證。因為現行法律而產生的挑戰，例如追溯既往原則，可以引用國際法的其他規範來取代現行法律（上一章所討論的法律原則，對國際法多有著墨）。類似的限制，妨礙了對羅馬尼亞前內政部長與祕密警察頭子一九五四年暴力罪行的審判。[56]波蘭於一九九〇年審判了前安全部門官員，包括公安部部長，他們於一九四六年至一九五二年間凌虐政治犯致死。由於時效已過，為了起訴這些史達林時代的罪行，國會必須取消訴訟時效限制。這些通融措施最終將受某種限制。[57]在匈牙利，根據國際法規定，該措施僅限於戰爭罪的起訴。捷克共和國的憲法法庭則支持修改從前訴訟時效的法律。[58]該法庭支持修改時效限制的法律，並表示在作決定時面臨了很大的困難，要不就認同前共產政權的法制，不然就譴責之。為了調解這種明顯的兩難，法庭認為遵守過去的訴訟時效和過去的合法性僅及於「程序」，因而決定以政治轉型之名進行起訴。

對於前極權鎮壓的刑事責任作出類似通融處理的案例，最極端的或許就是德國起訴前東德國家安全警察頭子密爾克（Erich Mielke）。這個案子必須追溯到一九三一年，密爾克在威瑪共和政權的最後幾天謀殺了兩個警察，這是六十一年前的罪行。[59]但是，起訴密爾克在前朝政權所犯的罪，而且是在他擔任共黨領導人很久之前的罪行，這和他在統治期間所進行的迫害很難扯上關係。這個轉型期的先例，證明了在一般的刑法正義認知下處理有關迫害的刑責，其實困難重重。

起訴高層人士所犯的最殘暴罪行，後來變成了起訴「為了維持共黨統治的最後掙扎」所犯的暴行。因此，舉例來說，在羅馬尼亞，西奧塞古（Nicolae Ceauescu）★的助手們，因為企圖鎮壓一九八九年的反共示威而遭起訴。[60]在捷克共和國，前共黨領導人、布拉格的前安全頭子、以及前內政部長和其副官，都因對一九八八和八九年的示威活動進行殘暴鎮壓而遭到起訴。[61]在俄國屈指可數的刑事訴訟，就是針對鎮壓一九九一年八月示威的罪行。[62]然而，這些審判看來似乎失去了重點。起訴前朝政權在最後階段的罪行，不太能表達對極權統治的重要規範性訊息。

刑事責任另外還轉到「不當統治」（bad rule），在共黨垮台後，這意味著經濟犯罪。在由計畫經濟轉型到自由市場經濟時，起訴經濟犯罪具有獨特的轉型效力。正如十八世紀君主統治轉型時的審判打擊君主制度一樣，二十世紀轉型期的審判也被用來認定共產主義之非法。後共產經濟犯罪的審判則是譴責前朝政權操弄經濟與國家之間的規範關係。對前朝領導人的起訴，涵蓋了各式的經濟犯罪，例如，保加利亞以侵佔國有財產的罪名，起訴統治該國已久的托鐸．茲弗霍夫（Todor Zhivhov）。[63]在另外一個起訴國家元首的案例中（一共只有兩件），阿爾巴尼亞的前總統拉米茲．阿利亞（Ramiz Alia），以濫權與侵佔國有財產的罪名遭到起訴。[64]在德國，前東德的勞工聯盟領袖，因盜用聯盟的金錢被起訴，並判以「詐欺社會主義的財產」罪名。[65]在捷克共和國，前共黨領袖受到有關逃稅的刑事調查。[66]經濟犯罪行為一般著重於竊取「公共財產」（communal property），雖然這些財產和相關的罪行已不存在於後共產政權。

另一個例子是莫斯科審判其共產黨。[67]儘管存在著加諸罪名於組織的先例，例如紐倫堡

★譯註：西奧塞古（Nicolae Ceauescu, 1918-1989），曾擔任羅馬尼亞社會主義共和國的首任總統。在位期間，不受蘇聯控制，進行個人崇拜運動，任命其妻擔任副手，其家人並出任政府要職。政權日益專斷、高壓與腐敗。一九八九年十二月的起義推翻其政權，西奧塞古遭到逮捕並起訴，與其妻雙雙被處死。

大審，這些對組織的定罪，乃是作為其後起訴個人的依據，[68]起訴個人乃因為其隸屬於犯罪組織。「伯內斯的創意」（Bernay's brain-child）是依策畫該程序的律師而命名，它被用來克服那些因為起訴數千名德國納粹黨衛軍的罪行而可能引起實務和舉證方面的難題。莫斯科審判，以非傳統的方式進行刑事訴訟，測試了轉型期正義的刑事法界線。政黨的行為，可以被視為腐敗且違法，這裡所企圖達到的是，將共產主義排除在合法的政治選擇之外（也就是把共產主義當成違法）。衣索匹亞在後馬克斯的轉型期間也針對前朝政權進行類似的審判。[69]

在對於舊經濟系統起訴，而舊經濟系統也因為政權的移轉而失勢時，這就如同後繼正義追溯既往問題一樣，它們都缺少法律的前瞻性。後繼政權的審判經常會提出起訴前共產集團的「新罪行」（罪行在新的政權之下才成立），這種溯及既往的問題，無法遵守保障前瞻性的原則，甚或無法保護類似的傳統法制。

雖然轉型期政權經常試圖起訴前領導人，它的困難之處在於，前朝政權的嚴重迫害罪行，往往不能歸屬於前朝政權的領導人。實際上，要在高壓統治時期的政治領導人和最嚴重的罪行之間找到足夠的連結，通常很困難，所以在後繼政權的審判中，通常是以看來並非重點的理由去起訴前朝領導人。當刑事正義的政策以起訴前朝領導人罪行為重點，而這些罪行又不符合最嚴重罪行的範疇時，例如當政治責任和罪行的嚴重性不是那麼高的時候，這時後繼政權的審判，就很容易給人一種「基於政治理由尋求正義」的印象。這樣的起訴方式和我們對於遵守法律原則的認知產生了衝突。

在其他國內的後繼政權審判中，不見得都是起訴最高階層，而是在前朝政權犯下最惡劣的迫害罪的人。這種懲處政策可以向下延伸到國家特務的最低階層，那些犯下暴行的警察和警衛們。這種審判最著名的例證，就是一九七五年希臘的「施虐者審判」；[70]當代的案例則是德國在統一後審判邊界警衛。這些案例證明，要從平時的刑事架構的角度來尋求後繼正義是非常困難的事。儘管這種起訴政策可能具有確認並譴責前朝政權嚴重罪行的效用，該政策也造成了法律原則的重大兩難。因為雖然該政策具有一體及同等的法律適用性，它卻也考驗了法律原則價值的限度。執行法律之前的平等，在起訴任何人過去的罪行時，就產生了有點弔詭而任意的起訴政策，這也是用刑法來建構民主轉型所面臨的核心兩難。

轉型期的責任問題

前面討論過的後繼政權審判顯示，高壓政權過後，很難在國內法底下去定義刑事犯罪，或用平時的角度來理解，因為後繼政權的刑事正義引發了「誰是懲處政策適合的對象」的難題。政權更替時，在傾向將犯罪歸屬於個人的情況下，什麼才是刑責的正確標準？究竟刑法應該依循極權政權時代對責任的認知，還是應該扮演轉型的角色，依循自由國家對責任的認知呢？而刑法在政治轉移中又具有何種作用呢？在二十世紀的末期，刑法的發展方向有擴張解釋可能刑責的趨勢。在紐倫堡大審過後，領導人和士兵都有可能必須為國家罪行負責。如何以權力層級的角度來界定刑責呢？為同樣的罪行，領導者和部屬必須負起何種責任呢？如果把較多的刑責歸到一方，是否另一方的刑責就相對減少呢？起訴上級長官，是否就免除了下屬的刑責；或是起訴下屬，長官就免除刑責呢？以實務的觀點來看，在舉證的方面，領導者和下屬的責任具有不可否認的關聯。下命令的責任，可以是由上而下的，通常必須證明是上層制定了違法的政策；相反的，如果下層官員採用適當服從的抗辯理由，則必須藉由低階人員的犯罪證據來證明罪行是「由下到上」。

這項轉型期的問題，在戰後的審判以及當代的後繼政權審判中得到例證，例如阿根廷審判其軍事政權，統一後的德國審判有關柏林圍牆的槍殺罪行。從歷史的角度而言，高壓統治下的迫害罪行，其刑責的相對性問題，出現在德國針對二次大戰暴行所做的國內審判中。關於如何在權力的連續結構（power continuum）下界定刑事責任，這些案例直接提出問題。舉例而言，在審理有關立陶宛邊境發生殘暴屠殺四千人的案例時，如何界定被告的責任，烏爾姆（Ulm）★地方法院面臨了很大的難題。希特勒和他的核心幹部被視為相關種族滅絕的「主要迫害者」，而該案的被告僅是「共犯」：協助「主要迫害者」的惡行。在這些案例中，國內法院採用了明顯的「零和」（zero-sum）方式來界定刑事責任，最終限縮了過往之惡的全部刑責。[71]

轉型時期刑責的相對性問題，統一後的德國起訴柏林圍牆的槍殺罪行是最典型的案例。長達半世紀之久，柏林圍牆被視為共黨壓迫的主要國際象徵。柏林圍牆不斷發生投奔自由的事件，以及依照國家命令執行的槍殺事件，柏林圍牆象徵了共產黨的高壓箝制，其倒塌亦代表了該地區的政治巨變。柏林圍牆倒塌後，就出現了如何歸屬刑責的問題，因為鎮壓乃是國家政治領袖所策畫，由邊界警衛來執行的。

起訴柏林圍牆槍殺罪行的判決明顯偏向一邊，許多低階的警衛被審判，而高層幾乎不需負任何責任。在最重要的案件中，兩名警衛因槍殺致死而被判刑，雖然他們辯稱僅是服從命令罷了。[72] 這些判決，再度使紐倫堡大審的原則成為可能，就是正當服從的抗辯理由，必須讓位給個人責任原則；然而，法庭卻沒有對上層做類似的究責，因而架空了這個原則的有效性。儘管前東德領袖何內克（Erich Honecker）†與其他五名資深官員被指控主謀邊境的「槍殺」（shoot-to-kill）政策，大多數的訴訟都被撤銷。在少數被定罪的人士中，刑期都很輕。[73] 當國家「槍殺」政策的主謀者都可以避開刑責時，個人責任原則就受到了損害。讓我們思考一下為何會這樣。邊境警衛的案例說明了在系統性的高壓統治下，指揮官和下屬的刑責之間有密切關係。以類似的方式起訴所謂的「沙發椅上」（armchair，坐著下命令，但沒有親身執行）的迫害者與職業殺手，將極權統治的犯罪刑責依照罪行比例歸屬到所有涉嫌者身上，這樣才能解決個人責任的兩難。

★譯註：烏爾姆（Ulm），德國南部一城市，一八〇五年拿破崙在烏爾姆戰役打敗了奧地利。一八七九年愛因斯坦誕生於此。

†譯註：何內克（Erich Honecker, 1912-1994），前東德領袖。在一九八九年東德民主示威熱潮中，被迫下台。一九九二年被捕，被控殺人與侵佔罪名，後來因健康情況的考量而撤銷。

上述後極權時代出現的兩難，在其他轉型期也明顯可見。軍事統治過後，我們如何界定在警察國家的殘暴統治下，指揮官和其部屬的刑責？當一個人命令其他人去從事犯罪行為，究竟誰才是「迫害者」？這是阿根廷在審判前軍事政權時所面臨的主要問題。阿根廷的地方法院所引用的「共謀」（coauthorship）理論，認為對於同樣的犯罪行為，高層所需負的責任和下屬的責任應該一致，這是依據德國的「行為自主」（control of the act）原則，刑事責任應同時歸屬於間接與直接加害人。因此，阿根廷的軍事政權必須為策畫並下令進行凌虐與失蹤政策負起「間接迫害行為」的刑責，而其他涉嫌犯罪的人士則必須負起「直接迫害行為」的刑責。[74]然而，在上訴時，這種「共謀」理論被該國的最高法院加以修正，在意見分歧下，試圖將一般刑責觀念運用在高壓政權的罪行。最高法院認為：「兩造同時具有刑責的狀態，此說毫無根據。」因為如果某人必須為特定犯罪行為而負責，他就具有該行為的自主權，而不該讓指揮階層負起迫害的個人責任。這樣一來，指揮階層僅變成了迫害行為的「共謀」。[75]很奇怪的是，這種界定刑責的方式顯然把國家鎮壓行為的委託人（principals）變成了行為人（agent）。也就是說：為了要起訴指揮官，必須把他們當成行為人或共犯，而非只是設計迫害政策的謀士。阿根廷軍事政權的審判先例，忽略了高階官員在從事迫害行為時的共謀角色。這種責任觀點具有很深刻的影響。雖然前指揮官的罪行不必負起太多的刑責，但將之以「間接共謀者」（indirect authors）起訴，似乎僅僅將責任限於安全部門的低階官員，最終導致了起訴政策的瓦解。認定指揮官對於上層所制定高壓政策的迫害罪行負有刑責，則是鼓勵下屬使用所謂的「正當服從」抗辯，明顯限制了個人責任。軍方對其遭受起訴不停地反抗，正當服從的抗辯再度被用來限制審判的數量，除了最殘忍而超越了上級命令範圍的行為外，都不加以起訴。最後，這些審判也都中輟。阿根廷後繼政權審判的失敗，證明了如果依照當代對個人責任的擴張認知來進行懲罰的話，可能有極大的風險，雖然這是在轉型的情況下進行的。因為缺乏明顯的限制原則，該國大部分的軍隊都有可能受到起訴，這樣的陰影造成了極大的不安，最終導致了遍及整個系統的赦免和特赦。[76]

在軍事統治過後，阿根廷的起訴政策岌岌可危，因為一開始是針對軍事政權，到了審判低階軍官時卻停止了。相反地，德國在後共產時期的起訴政策，其脆弱性乃在於未能起訴高階人士。這兩種後繼政權的審判經驗顯示，在專制、獨裁統治過後，想要用刑事正義來建立自由化轉移的規範，真是難上加難。起訴在系統鎮壓下犯罪行為的個人責任，蘊含了深層的究責兩難。問題在於是否要對於遵守系統性的高壓統治的行為究責。以上所討論的後繼措施，說明了這些系統性的犯罪挑戰了一般對刑責與相關原則的認知。系統性的犯罪跨越了權力結構兩端的領導者和追隨者，對刑事制裁構成了挑戰。最後，責任歸屬的適當層次就表現在因為當代高壓政權政策所引起的罪行方面。

有限度的刑事制裁

過去半個世紀以來的轉型措施，說明了因為轉型期的規範轉移而出現了一再發生的正義問題。這些妥協的正義蘊含著轉型期懲罰權必須受到限制，並且要克制地運用。儘管抽象的刑事責任有了戲劇性的擴張，在執行上卻是遙遙落後。後繼措施顯示出刑事調查與起訴的模式通常不包含懲罰，就算有也是很少。平時的懲罰被認為是單一的措施，是基於犯罪事實的建立和懲罰，而在轉型期的刑事制裁，犯罪事實和制裁兩者的關係已經脫鉤。接下來所討論的「部分」（partial）刑事程序，在此稱為「有限的」（limited）制裁，乃是轉型期刑事正義所特有的。

「有限的刑事制裁」的起訴程序，不見得會導致完全的處罰。在有限的制裁中，確立罪行和懲處的歸屬是分開來的。它取決於制裁程序的限制，有可能調查但不一定會起訴、裁判以及定罪。再者，定罪之後也往往只有輕微的處罰，甚至不處罰。因此，在轉型期間，刑事制裁可能僅限於調查並建立罪行而已。判定罪行本身而不是判定被告的罪行，這種觀念也存在於某些大陸法體系的國家中。[77]德國的司法機關即負有「調查澄清」（Aufklärungspflicht）罪行的獨立義務，和「把罪行歸屬於被告」（判定被告罪名）的工作是分開來的。[78]但是有限的刑事制裁也進而產生了轉型期特有的刑事正義形式。

轉型期有限的刑事制裁，在歷史中可以找到例證：在一次戰後的審判[79]、二次戰後的案例、後軍事統治的南歐所進行的審判、當代拉丁美洲與非洲後繼政權的刑事正義，還有在蘇聯崩解後中歐的政治變革浪潮。二次戰後的後繼者正義，就是有限的刑事制裁最好的例證，雖然這通常是有關戰後正義的認知受到壓制的部分。在國際軍事法庭審判過後，以及同盟國管制理事會（Allied Control Council）的第十次後續審判中，開始出現懲罰政策的翻案。

在一九四六年至一九五八年間，審查與赦免的程序最後導致對德國戰犯的大量減刑。許多在管制理事會第十次審判中被佔領當局定罪的人士，依據美國最高專員約翰．麥考羅（John McCloy）所監督的減刑計畫，[80]幾乎沒有受到任何處罰。同樣的程序改變也發生於德國的國內審判中。在一九五五年至一九六九年間審理的一千多件案子中，被定罪的案子只有不到一百件是判處終身監禁，而不到三百件是被判有期徒刑。[81]

多年以後，南歐的轉型期也發生了類似的程序改變。希臘對其憲兵部隊的審判，最後結果是緩刑或可減刑。希臘政府的立場是審判和定罪，正義的執行已經達成了，而在「最後的階段，必須要有高度的政治責任感」。[82]類似的模式也發生在脫離軍事統治的拉丁美洲轉型期。在一九八〇年代過後不久，阿根廷對軍事政權的審判，開始限制後續的審判並進行赦免。[83]在轉型一開始的時候，懲罰的力量威脅著軍方，但很快就被消除；首先是總統赦免，後來是透過立法限制管轄權，並給予全面特赦。最後，總統的赦免及於所有被判定暴行罪者，甚至是高階的軍方將領。特赦變成了整個拉丁美洲的典範，例如在智利、尼加拉瓜以及薩爾瓦多，其影響將在本章後節繼續討論。

共黨垮台後的後繼正義，同樣的故事又重演一遍。在革命結束後十年，整個地區都可以看到轉型期有限的刑事制裁的例證。在德國的邊境警衛審判中，緩刑乃是一種典範，[84]而在捷克為數甚少的起訴案件中亦是如此。在羅馬尼亞，因涉及一九八九年十二月屠殺的前共黨領導人和警察，也在兩年後獲釋，無論是基於健康理由或是總統特赦。在保加利亞的懲罰行動也以失敗告終；前領導人茲弗霍夫並沒有為侵佔罪服刑，而其他人也得到赦免。在阿爾巴尼亞，特赦法案的通過讓許多因濫權而被判刑的前朝政權領導人得以免受懲罰，其中包括該國最後一任共黨總統。在該區域轉型的五年間，發展的路線顯示最後階段的處罰政策受到限制。如歷史殷鑑，對於刑事制裁實際上存在著限制。

在別的地方也可以看到同樣的現象，如獨裁政權結束後的南韓，被判貪污罪的領導人（總統）在短暫服刑後，很快就被赦免。在智利，雖然有法律免除軍方遭起訴，但這種免除是有條件的，軍官必須配合有關軍事統治惡行的刑事調查。[85]處罰直接被撤銷，條件是必須認罪。同樣的，在廢除種族隔離政策後的南非，特赦犯罪被認為具有政治性，但是仍為調查過往之惡留下了一個窗口，允許有限度的起訴程序。[86]

其他的當代法律回應，例如為了裁定種族屠殺罪行與戰爭罪而設立的特別國際法庭，也反映出類似的發展。國際刑事法庭的建立，是為了審理前南斯拉夫和盧安達的暴行，表現出這種對有限制裁的認知。[87]在脆弱的和平下追尋正義具有重要的意義，它影響了刑法的有效實行，也就是說，審判和處罰敵人的可能性，導致了這種情況下刑事制裁的限制。舉例來說，國際法庭一般都沒有羈押被告，也沒有控制證據，另外還有關於起訴戰爭罪的限制，這代表了它通常沒有任何選擇，只能調查和起訴，然後就到此為止。所以，這種國際程序也造成了國際法庭的獨特性，它介於起訴和定罪之間的混合程序，成為有限的制裁的例證。在法庭規定所謂的起訴程序之下，所有的證據都要整理並公開宣讀；[88]儘管被告缺席，也要確認控告，公開建立爭議事件的真相並譴責罪行。這個過程能夠建立潛在的罪行並作出正式公開的判決。

有限度的刑事正義與轉型期的建構

讓我們來思考一下有限刑事制裁對政治轉型的重要性。儘管如以上討論的，後繼者的審判過後餘波蕩漾，但為什麼一般都認為紐倫堡大審、希臘的軍事法庭、布宜諾斯艾利斯的聯邦法庭已經伸張了正義呢？儘管缺乏完整或持續的懲罰，轉型期的刑事制裁似乎構成了法律原則的象徵。

我們對於懲罰的一般認知，都是從懲罰特定罪行的目的以及懲罰個別迫害者的功能去證成它；但是有限的刑事制裁的正當性，大抵上都是在於它超越特定罪行以符合轉型的環境。我們認為刑事制裁的本質和功能是固定的，而法律原則的核心價值具有穩定性；但是轉型期的制裁卻顯示刑事正義在促進規範轉移方面扮演的推動者角色。這個時期的懲罰措施具有促進轉型的功用。在有限的刑事制裁中，法律調解了轉型。其目的是回顧與前瞻的，追溯既往與開啟未來的，不連續與連續的。懲罰能夠促進與前朝政權的區隔；起訴前朝政權的罪惡，使之成為過去。就算過往之惡的刑責未能完全釐清，但證實過往的犯罪事實，有助於達成和懲罰相關的目的，例如釐清過去有爭議的罪行。[89]有限度的制裁有助於調查並譴責過去的罪惡；刑事程序的作用是調查、證實並揭發罪行，它具有重大的意義，超越特定爭議事件的加害者與被害者，而擴及政治巨變時的整個社會。轉型期的刑事調查具有釐清作用，這種「知識」（epistemic）上的目的，源自十六世紀早期有關「起訴」（prosecute）這個字的解釋，它代表正確地知道、對事情的細節進行鑽研。[90]正式的刑事調查有助於找出有爭議的事件的犯罪事實；而調查乃是透過正式、公開的程序，以充分的資訊為背景，依循刑事程序來進行。在政治巨變時，前朝政權的罪行具有公共的層面，通常蘊含著國家政策，所以刑事調查能讓一個破碎不堪的國家透過集體的公開儀式，建構過去共有的歷史。藉由審判記錄或刑事調查得到的陳述，或許和詳細的歷史敘述比較起來，似乎有點受限的感覺，但這種陳述在轉型期較具優勢。轉型期刑事正義，使得對過去的調查能夠以相當自制而有限的方式進行。藉由起訴的過程，國家的後繼政權有效控制了歷史調查的方向，釐清了國家過去不堪聞問的政治歷史。轉型期的刑事制裁，就算屬於有限的形式，仍有助於證實並揭發過往之惡。

轉型期的有限制裁，為轉型期的兩難——也就是前高壓統治下的系統性迫害罪行個人責任歸屬的問題——提供了務實的解決之道。有限度制裁的出現，表示已經能用不同的方式思考處罰的作用，釐清惡行，而不一定要歸咎責任或施以刑罰。在時下的刑罰理論中，懲罰的正當性，在於處罰通常被視為單一的措施，而轉型期的制裁則促使我們重新思考刑罰的理論與其正當性，和諸多個別刑事程序階段有比較密切的關係。轉型期的制裁顯示出懲罰的另類意涵。[91]雖然轉型期的制裁具有受限制的特質，本書所討論過的例子顯示，由減量的懲罰，甚至象徵性的懲罰，就可以達成懲罰的主要目的。藉由有限度的刑事程序所達成的懲罰目標，主要在於承認過去的罪行並加以譴責。譴責過去的罪行具有轉型作用。在審慎的轉型程序中，公開地把罪行「個人化」，可以孤立加害者而解放了集體。僅僅是揭露罪行，就能譴責當事人，並剝奪其在後繼政權中參與公共或私人領域、擔任政治領導人、或類似職位的資格。這樣的揭露明確地建構了公領域的過往惡行，並且對前朝政權究責。面對政治巨變的特殊情況，傳統刑事程序的某些作用則以有限的形式進行。此類「部分的排除」（partial exclusions）同時也構成了民事制裁，本書第五章將對此進行討論。

有限制裁的出現，能說明轉型情況下的刑事責任的定義。儘管我們認為處罰的正當性在於找出必須負責的當事人，[92]而對於轉型期而言，問題則在於是否有任何關於個人責任的理論可以跨越由高壓政權邁向自由政權的進程。轉型期的有限制裁就是答案，它就是那個調解的方式。脫離高壓統治的轉型時期，在牽涉到系統性犯罪刑事責任的情況下，並沒有進行全面而完全的處罰，這代表了在引用個人責任原則時，有著較為複雜的了解。

對有限度個人責任的承認，出現在懲罰減量的階段。在這個時期被廣為接受的減量懲罰，說明一般人已經承認責備是無濟於事的，也承認了與非民主統治相關的刑責必須減量；這對於轉型期法律責任原則的引用產生了影響。最後，如果說刑事正義的執行機關與程序缺乏法律原則相關的正當性，這種「部分的」刑事責任的形式則是證明了法律原則的特質已經產生作用。在轉型期間，以刑法來促進與自由化統治相關的規範轉移造成了兩難，此時這種有限的制裁就可以提供實際的解答。

轉型期的特赦

此處所討論的措施，指出了刑法在回應國家過往之惡時所具有寬容的特質。實際上，對刑事程序的限制，常見於對國家過往罪行的特赦，也就是轉型期的特赦。當代的政治變革的確顯示出轉型與特赦之間的對應，至少在描述性的層次上。因為是否要執行刑事正義的兩難選擇，並不是憑空而生，而是在戰爭結束、內戰停止、脫離獨裁或其他高壓統治之後才出現。這時，轉型通常是透過談判而來，在這種狀況下，刑事正義常成為談判的籌碼，而同意特赦則是政治秩序解放、政權交替的依據。所以從一開始，特赦就具有促進政治轉型的作用。

和平或正義：難以取捨

讓我們思考一下，追求和平和解與追求正義是否相容？如何調停保障和平以及伸張正義這兩個目標呢？[93]在轉型期經常出現和平或正義的兩難選擇，無論是涉及戰爭、其他形式的內部衝突或政權的更迭。保障和平與伸張正義之間的矛盾，最清楚的例證大概出現於戰爭期間或戰後；發生敵對行為時，在保障和平與伸張正義之間通常有明顯的矛盾，因為和平談判順利進展的同時，總是籠罩著究責威脅的陰影。二次大戰期間，有關紐倫堡大審的辯論，就顯示出這種兩難；而在當代有關起訴前南斯拉夫戰犯的辯論，更是赤裸裸地顯示出這樣的兩難。[94]巴爾幹半島的衝突，生動地證明了這種同時追求和平與正義的困難。因此，為了將領導者繩之以法，不免作出弔詭的努力，而那些應該被起訴的人士卻也參與了由聯合國所監督的和平談判，問題也就變得更加複雜了。在對前波士尼亞的塞爾維亞領袖拉多凡・卡拉吉奇（Radovan Karadzi）以及其軍隊將領米拉迪次（Ratko Mladic）提出國際起訴的時候，這個問題變得更為急迫了，雖然仍尋求在持續進行中的和平談判上，能夠與其合作。從一方面來看，因為不能讓正義屈服於政治考量之下，所以要起訴；但是，如果和平談判的結果是特赦的話，就無可避免地造成了把問題政治化的印象。這個例子，讓我們看到了轉型期刑事正義的優點和缺點。如果戰犯不是和平協議的合法當事人，那麼在戰爭期間，應該追求刑事正義到什麼程度？在伸張正義的計畫中，和有嫌疑或已被起訴的戰犯繼續進行和平談判，很可能會被當作政治性的安撫動作。在這樣的情形下，開始進行司法的程序可能會有反效果，並且危害正義計畫，導致人權標準降低。

然而，正義在敵對狀態下仍然有其作用，儘管正義不能完全伸張。光是對於正義的審議，在在特定的爭端中就可能發揮嚇阻效用，例如法國在一次大戰仍在進行時審判德國的士兵；同樣地，它在二次大戰期間也曾提出「處罰戰犯」的威脅。[95]同盟國開始注意到了這些暴行，但是敵對狀態仍未結束，於是「莫斯科宣言」（Moscow Declaration）中提出警告，表示同盟國將「追討罪犯，天涯海角，在所不辭，並將他們交給原告」。[96]該宣言的警告究竟有什麼樣的嚇阻效果？這個問題在當代發出對巴爾幹半島的「處罰」威脅時更形重要，但是我們很難證明這種威脅有什麼效果，因為大屠殺根本不在乎處罰的威脅，例如斯列布尼察（Srebrenica）的屠殺事件。

當敵對狀態結束，和平與正義的兩難困境的其他特徵就出現了。戰後的審判用了惡名昭彰「勝利者的正義」（victor's justice），而通常在和平與正義的利益之間必須求取平衡。兩者的利益衝突，由戰後的審判就可得到例證，例如在紐倫堡大審，個人必須負起發動「侵略戰爭」的罪名。紐倫堡的主要刑事罪行觀念明顯和戰爭與和平有關，該觀念強調訴訟程序的共同目標：伸張正義與穩固和平。[97]但是，刑事正義除了可以促進和平之外，更大的作用在於克制刑事權力，以推動政治轉型。

民主的特赦

歷史經驗和當代經驗都指出，特赦和自由化轉型之間有密切的關聯。轉型期特赦通常都是自由化政治的轉型前驅，或者是同時發生的。古老的例證就是雅典的憲法敘述，有關雅典在伯羅奔尼撒戰役失敗後的和解。其轉型期的寡頭政治以及接下來的重建民主（雖然並不是現代這種民主），衍生出是否要處罰前朝暴虐政權以及處罰的程度的問題。這個古代的和解例證，乃是依照以下的協議達成的：「所有人皆不得談論任何人過去所犯的錯，除了這三十個、這十個，和這十一個，以及比里亞斯（Piraeus，希臘的主要海港，在雅典附近）統治者的錯誤之外；就算這些過錯已經接受『詰問』。」在這個古典的陳述中，從戰爭與殘暴統治邁向民主的轉變，是以廣泛但並非普遍的特赦為基礎。對於特赦訂定了重要的限制：「某人作出殺人或傷害的行為時，對於這種殺人罪，其審判應依循『傳統』而行。」[98]特赦只限定於那些包含政治目的的案子，排除了可能涉及報復的案子，報復乃基於個人理由或宗教義務的動機。這個古代特赦的條件，預示了當代的特赦條件，因為轉型期特赦就像轉型期的處罰一樣，是為了回應並否定前朝政權的政治。

現代最重要的轉型期特赦，或許是在西班牙的後佛朗哥將軍時代。在歷經法西斯統治，西班牙避開了後繼政權的審判，但是仍然鞏固了民主統治；所以西班牙的特赦政策成為典範，昭示著轉型期特赦的潛能。[99]「逝者已矣，過去的就讓它過去吧！」是西班牙特赦的要旨；經過四十年長期的專制統治，特赦真的是一種協議，同意忘掉久遠的過去。西班牙的特赦範圍很廣，一體適用，涉及官方與非官方人士、高壓獨裁與內戰。

就如先前的歐洲轉型一樣，一九八〇年代拉丁美洲特赦的精神非常強烈。在整個地區，智利、烏拉圭、薩爾瓦多、海地和瓜地馬拉，有關前高壓軍事統治的特赦，乃是政治變革、和平與和解的先驅。拉丁美洲的特赦，證明了特赦在隨著談判而來的轉型期所扮演的角色。[100]承諾特赦過去的罪行，似乎能處理政治僵局，促成自由化的轉型。[101]舉例來說，在烏拉圭、海地、薩爾瓦多和瓜地馬拉，轉型都是透過談判而來，而談判的重要籌碼，乃是承諾特赦軍事統治時期的人權侵害罪行。透過談判，起訴的權力被拿來交換和平。和軍事政權所達成的協議，以普遍特赦作為交換。[102]協議達成了以後，接著開始有關立法規定特赦範圍的辯論。由聯合國所主持的薩爾瓦多和平談判過程，雖然和平協定沒有載明特赦的事宜，在一九九二年一月十六日和平協定簽署一個禮拜之後，薩爾瓦多制定了國家和解法（Law on National Reconciliation）。該特赦法令的頒佈時間，顯示了在和平談判的過程中默許（sub silentio）了特赦。[103]類似的協議也促成了烏拉圭的轉型，其特赦分為數個階段進行。該國的政治領袖，在談判有關轉型至文人統治的事宜時，同意簽署「海軍俱樂部協定」（Naval Club Pact），特赦了那些侵害人權的罪犯。該協定為烏拉圭的立法機關所批准，於一九八六年制定「國家綏靖法」（Law of National Pacification）。最後過了四年，牽涉範圍更廣的「取消國家懲處特定罪行之權利法案」（Law Nullifying the State's Claim to Punish Certain Crimes）則付諸公投決定。[104]這些經由「協定」的特赦乃是轉型期談判的產物，顯示有關追求刑事正義時涉及的權益。由妥協而來的轉型，讓涉及過去衝突的軍方代表和政治反對派都必須考量自身的利益，保障自己免受司法的審判。在拉丁美洲的其他地區，不同形式的赦免和轉型則同時發生。儘管阿根廷在轉型的初期審判了軍事政權，但是在一連串的法案通過後就終止起訴軍事政權。[105]

轉型期特赦的談判，通常用來穩固並強化轉型。但是這很弔詭地蘊含著特赦是有條件的，視轉型社會的其他政治利益而定，因此「放棄懲罰」的依據通常和「進行懲罰」的依據沒有什麼不同。特赦也可以具有懲罰的作用，特別是有條件的特赦以及依個案而定的特赦。放棄懲罰和懲罰的威脅一樣，都可以有效規範轉型期政治。舉例來說，美國內戰結束後，特赦的條件是南方邦聯要繼續對聯邦政府效忠。[106]在南非，廢除種族隔離政策的協議條件是特赦前朝政權統治下的「政治」罪行。[107]「促進國家團結與和解法案」（The Promotion of National Unity and Reconciliation Bill）設定了特赦的條件，也就是必須對某些行為自首才可以得到特赦，其目標在於團結社會。這樣的交換顯示出轉型期特赦的政治特質和作用，還有特赦與社會和解以及法律原則重建的相關性。在巨變時期，刑事正義的裁定顯然是政治全面考量的一部分。這種以平衡迫害者的政治權利來交換對新聯盟的支持以及政治穩定的目標，就和懲罰的傳統目標（確保法律原則的持續）如出一轍。正因為如此，特赦能促進政治轉型的規範性計畫。

正義、寬恕、政治與法律原則

究竟要懲罰還是免責？讓我們回到本章一開始的辯論，有關特赦在轉型期間的重要角色，引發了寬恕和法律原則的關係這個更廣的問題。「寬恕」（clemency）的意思涵蓋很廣，包括特赦與赦免在內。儘管有些人以其所具有的影響力，或是發生於定罪前或定罪後來區分兩者，特赦與赦免通常是可以互通的。對於本章一開始所提出的「懲罰和鞏固民主相關」的看法，轉型期特赦提出了令人深思的挑戰。主張轉型期必須進行懲罰的強硬觀點，依其理論，好的革命不一定導致特赦，因為只要社會沒有把造成過往之惡的迫害者繩之以法，就等於延續了前朝政權的「免責」措施，攪亂了自由化的過程。[108]很明顯地，免責的情形一直持續，在政權更替時並沒有任何改變，除非有懲罰的行動。而這種形式的正義對於重建法律原則非常重要。據此也可以說，轉型期特赦「出賣」正義給短暫的政治利益，損害民主的前景。但是也有人持相反的論點認為：限制懲罰的權力，才能證明法律原則的回歸。[109]在此，規範性的主張似乎和現狀結合，特赦的執行實際上和轉型有關。這樣的說法變成了對寬恕的施行與自由法律原則關係的規範性宣示。

如果把特赦當成轉型的議題時，轉型期特赦所接受的挑戰是，起訴的權力若被撤銷，則違反了民主的法律原則觀念。但是限制刑事正義的力量，並不只發生在轉型期間而已。比較模糊不清的是，轉型期特赦相較於我們對寬恕的一般看法，有何不同？依循的準則為何？

誰有特赦的權力？依據什麼原則？這又隱含了什麼樣的權利與義務呢？這些問題乃是評估轉型期特赦的基準。

讓我們考量以下國際法對於處罰的論點，懲罰的義務被認為源自不同的公約和慣例規定。[110]然而，國際法的矯正計畫乃是以個人權利為前提，且無法建立懲罰的「必須執行性」，因為如此將加諸義務給國家。就算該論點乃是基於民主的考量，認為現在懲罰的執行，就如以下所討論的，是依大多數法律系統的自行判斷而為。而在國際法的系統內，那些國際公約被解釋為透過其他的矯正方式補足。「美洲國家法庭」（Inter-American Court）在審理一個有關免責的案件時，作出了里程碑式的決定，判定保護公民免受迫害的義務，透過許多其他矯正措施，例如調查和補償，而能夠得到平衡。[111]然而，「美洲人權委員會」（Inter-American Commission on Human Rights）在審理阿根廷和烏拉圭的特赦法律所作出的裁定中，認為對嚴重侵害人權的罪行進行特赦，違反了《美洲人權公約》（*American Convention on Human Rights*）規定國家保護並確保人權的義務，並違反了受害者尋求正義的權利。[112]

除了國際法關於懲罰義務的論點之外，民主國家法律系統內的傳統論點也發揮了影響力。但是，就如以下所討論的，這些論點並沒有指出轉型期的懲罰義務，而是提供了評估轉型期特赦的基礎。顯而易見的是，就算是在平時，法律原則也並非依據全面的刑事正義，而節制刑事正義使用的原因通常是政治性的，就像在轉型期間一樣。懲罰的應報主義並非以其能帶給社會什麼好處為出發點，而是考量到懲罰行為本身的道德意涵。德國哲學家康德

（Immanuel Kant）在著名的論述中，假定一個位於荒島上的社會即將瓦解，此時出現了思考是否懲罰的問題，並且認為有義務懲罰「最後的謀殺者」，如此一來「每個人將……得到與其行為相稱的懲罰，而……血債的罪惡，不會停留在人民身上」。[113]就算這個崩解的社會，也有義務對個人究責，以解除整個社會的道德責任。康德式「崩解」社會的懲罰論點，在缺乏前瞻性又缺乏社會連續性的情況下，考驗了懲罰的正當性，特別是轉型期的懲罰。由應報的觀點來看，沒有執行懲罰，則表示社會承載著持續的責任，這對於審判機構的合法性有影響力。刑事正義不但具有區隔個人與集體責任的作用，也界定了審判機構的合法性；因此，刑事正義可以為政權的更替畫出重要的界線。把犯罪的責任個人化，使得前朝政權的集體責任得以解除，並重新合法化國家的權威。

懲罰的論點指出了懲罰義務的重要性，但無法解釋我們對於懲罰在法律系統的角色的認知，不論是平時或轉型期。[114]在不同的法律文化中，對於處罰與法律原則之間的關鍵性認知相去甚遠。在大陸法系中，合法性的原則的考量比較接近全面執施；但是英美法系（不成文法）國家迥然不同於大陸法系，他們對於合法性的推定是：未實施的起訴權力是基本規範，而裁量則必須基於系統的公平性。[115]

因此，在政治原因與實施方面，轉型期特赦與平時的寬恕相似。在運行無礙的民主中，赦免或特赦（例如法律或稅務的特赦）通常與平時政黨行政權的政治權力移轉有關。這說明了平時的行政權移轉（新政黨上台掌權），和轉型期的政權移轉有類似性；而特赦的權力和處罰，也有類似性。特赦和處罰一樣，是一種統治權的象徵，顯示政治權力在誰的手裡。因此，寬恕重要的政治本質與作用，由機構權力的區分來認可確定，例如把赦免由司法權中分離出來。在平時，政治人物對於赦免權具有相當的裁量自由。舉例來說，美國的憲法規定，赦免的權力源自歷史上的國王赦免權，而行政機關被賦予了這個赦免權。[116]賦予行政機關而非司法機關赦免權，赦免乃是以個案的方式，依據自由裁斷原則來進行，這強調了政治性的本質。把處罰權與寬恕權分離開來，並非英美法系的專利，拉丁美洲的憲法對於赦免權的區隔更為明顯。在美國的系統中，起訴權和寬恕權都在行政機關的手裡，被認為隱含了政策性的考量；而拉丁美洲的系統中，起訴權在司法機關的手中，而赦免權則在行政機關的手中。[117]這種有關處罰權與赦免權的獨特區隔，強調了寬恕的政治作用。民主國家的機關設置，顯示出了區隔正義程序和寬恕程序的企圖。正義掌握在司法的手中，受憲法的標準所限制與正當化，而寬恕則掌握在政治的手中，可任意用來達成政治的目標，[118]並明顯地在轉型期情況下被正當化，例如根據和平與和解為基礎的寬恕。[119]

儘管寬恕看來似乎被納入了法律原則的一般觀念中，但在政治巨變時期，寬恕的施行仍有重大不同。在這個時期，通常有較多的特赦案件，而對形式制裁所做的限制也較多。在高壓統治過後，轉型期特赦顯示了結構性的問題，與承認國家在某種程度上為共犯的罪行有關。由此而生的問題變成了國家執行懲罰或特赦的權力公平性問題，甚至對後繼政權而言也是如此。該問題的另一種情況，出現於十八世紀英國哲人洛克（John Locke）與德國哲人康德有關寬恕的論述，當時的君主政權濫用赦免權。在平時，處罰的權利（以及不為處罰的權利）被認為是屬於執政當局，但在政治出現危機時，該權利似乎回歸到公民身上。[120]舉例而言，在法國大革命後，赦免的權力被撤銷，因為國王任意且非法地使用赦免權。另外一個例子則是美國行政機關的有限度赦免權，[121]這證明了憲法對於特赦權定義所具有的轉型特質，以及特赦權的行使，絕大多數依據之前的歷史經驗。

過去高壓統治的歷史餘緒，也有助於型塑國家的處罰與寬恕權。實際上，以上的討論說明了體制的缺乏合法性會影響轉型期執行處罰與寬恕的條件。轉型期特赦的盛行證明了前朝非法統治的體制連續性延伸到後繼者政權，因而削減了後繼者政權的裁判權威。後繼者政權執行處罰的權力，通常被認為是延續了不自由統治的政治性正義（正義的伸張被政治化）。如果政權的改變沒有伴隨著司法改革的話，後繼政權的處罰就必須和「不乾淨的手」（tu quoque）妥協。後繼政權審判的獨特本質可以稍微緩和轉型期正義與前朝政權政府的共犯情況，一般裁判機關的缺乏正當性亦得以解決。認知這點是正義的條件，有助於解釋拉丁美洲特赦的普遍情況，因為在該區域，司法機關和從前的高壓統治牽扯不清，所以進行了許多妥協，而轉型後只有很少甚至沒有機關進行改革。在這種情況下，缺乏合法性的審判機關，對於後繼者政權的審判可能造成不好的結果。如此一來，寬恕的行為可能有比較大的合法性，特別是新當選政治人物的寬恕行為，例如透過行政命令或通過立法來進行。轉型期所盛行的特赦，顯示出法律原則條件的重要性，它正是合法處罰的依據。

處罰與特赦之間的緊密關聯顯而易見，因為依據轉型期特赦對於犯罪的理解，政治被視為「限制巨變時期的處罰」的正當使用。政治轉型是界定特赦的原則，因此，薩爾瓦多的特赦法將被涵括的罪行定義為「包含了政治犯罪或任何具有政治影響的犯罪，或由二十人以上所犯的一般罪行」。[122]南非的「促進國家團結與和解法案」同樣把特赦的相關罪行定義為「與政治目標相關的行為」。根據政治理由的轉型期特赦引起了一種危機，類似本章一開始所提到的政治正義陰影。正如懲罰政策有可能會變成相互譴責循環的一部分，並成為政治正義的一種形式；依據政治考量所進行的寬恕政策，也是半斤八兩。

處罰與特赦對於界定政治轉型，都具有建設性的作用，但是轉型期特赦措施受到法律原則的限制，這也是使用赦免權的重要限制原則。有些限制是透過特赦的程序，較少是透過法律原則，例如所謂的「自動特赦」（auto-amnesties）即是。那些由前朝政權自行處理的特赦，例如阿根廷軍事政權，一般認為不合法且在轉型期中失效。[123]再者，處罰與特赦必須依據一般的程序，並由公共審議的過程加以正當化。由大眾共識所提出並支持「民主式」的特赦，反映出正當化轉型期赦免的企圖。古典的民主式特赦範例，可見於古代的雅典，赦免由人民投票決定，[124]在「特赦程序」（adeia）程序中規定要得到六千位公民的支持，才能赦免。雅典內戰過後，公元前四〇三年的特赦，是由多數贊成票所通過，幾乎影響了每個參與戰爭的人士。轉型期特赦通常由舊政權的代表與反對勢力談判而成，儘管特赦的協定有可能存在於談判與非立法性的程序中，但它們通常會在轉型期間被參與式的正當化程序批准。在當代的轉型中，就如同在古代的雅典一樣，公民投票與實施直接主權，讓轉型期特赦有了正當性。

透過民主程序，特赦有了政治究責的手段；伴隨立法特赦而來的政治程序創造了機會，得以全面審議有關國家過往之惡的本質與影響。烏拉圭為了特赦而舉辦公民投票，就是一個很好的例子；而南非的國會審議也可作為例證。[125]特赦的審議階段，能促成部分轉型期處罰的目的，因為這些辯論往往包括了與過去惡行相關的立法聽政會與事實調查。許多轉型期特赦的民主作法，其所代表的透明化和審議遠超過傳統的處罰。因此，就算放棄了處罰，也能夠促成轉型的目標，例如釐清與譴責前朝政權的罪惡。

轉型期特赦在其他方面，乃是由法律原則所建構。除了前面所討論過的程序限制之外，不論是在處罰政策的實施或限制方面，對於法律的平等保護原則，都有相同的承諾。憲法所規定的平等保護原則，對於政治特赦有所限制，而平等保護原則蘊含一視同仁地處理類似案件，並且排除引用某些不正當的理由，例如種族、宗教或其他類似的歸類方式；所以種族、宗教或氏族不能當作給予或拒絕特赦的依據，這點未引起任何爭議。[126]憲法上對平等保護的關切，對於刑事正義的政治化設下了更深層的限制。如此一來，政治雖然可以作為赦免的依據，但是特赦的政治理由受到限制，它必須超越了派系政治。雖然兩黨間的特赦有濫用特赦之虞，但也能促進法律原則與執行赦免的正當性。

轉型期處罰的基本論點認為，特赦會延遲法律原則的建立。但是，正如前面所討論過的，就算在穩定的民主中，刑事正義的權力也沒有受到強化。在民主國家中，赦免的措施較能遵守法律原則；然而就時間上來看，轉型期特赦常發生於一段無法治的狀態之後。儘管如此，轉型期特赦仍應放在轉型期的特殊法治狀況下來評估，而轉型期的審判機關通常都作出了某種妥協。轉型期特赦，如果是由民主程序產生的話，就具有高度的正當性，例如直接的公民投票。採納特赦的政策，並不一定代表忘卻過去的惡行，因為特赦通常都是以個案方式，經過調查之後才進行，這個過程等同於處罰的程序。在建構政治轉型的過程中，所出現的是處罰與特赦措施的系統性作用。最終，特赦和處罰將是一體的兩面，因為法律的儀式明顯有力地證明了，統治權的轉換帶來了政治的轉型。[127]轉型期的處罰與特赦措施，各自在政治轉型期發揮界定的作用。處罰與特赦都能界定政權的轉換，因為藉由建立過往的惡行，能夠建立政治的傳承。這些轉型措施劃下政治時期的分野，而轉型期的切割（在它之前和之後）同樣標示了轉型的連續性相關作用。

自由國家對寬恕的限制：殘害人類罪

自由化國家對於處罰權的政治限制，唯一的例外就是「殘害人類罪」，這是一種缺乏傳統管轄界線的政治迫害罪行。對於殘害人類罪的審判會限制並且譴責國家過去的迫害，這種限制似乎成為國內政治的免疫力。如此一來，對這個罪行的審判獲得了一種力量，也就是自由法治的管轄象徵。當代有一種明顯的企圖，就是建立永久的國際刑事法庭，以進行轉型期的處罰。將殘害人類的罪行透過憲法加以規範，此乃法治國家的要件，亦為區隔自由化政權與非自由化政權的標準。轉型期正義的規範性潛能，在此處最為明顯。

殘害人類罪乃是最極端的迫害，它超越國界，震怒了國際社會。殘害人類罪在二次戰後紐倫堡大審憲章中，首次成為成文法，該罪行包括嚴重的侵權行為，例如謀殺、驅逐出境與凌虐；只要是在戰爭期間，對平民犯下這些罪行，以及「因政治、種族或宗教理由而造成的迫害」[128]，在歷史上都是屬於被禁止的行為。紐倫堡大審超越了先前的審判戰犯程序，開啟了對「國家加諸於公民身上迫害行為」的管轄權。前面所提到的侵權行為，被認為超越了國內法的範圍，違反了萬國公法，因此國際法庭可以起訴。然而，儘管大家對於國際法的管轄權應具有法律地位的假設有所共識，而且擔心追溯既往的發生，但是在起訴殘害人類罪方面，實際上只限於和戰爭相關的部分。因此，雖然一開始是想要把它當成正式、單獨的罪行來起訴，但是殘害人類罪還是被混合到其他的戰爭罪以及發動戰爭罪之中。[129]

「侵犯人類的罪行」的殘害人類罪，在國家迫害跨越了國界之外而變成了國際大事時，其核心意義就得到例證與彰顯，它的歷史乃是現代戰後程序的依據。舉例來說，一八二七年希臘土耳其戰爭發生時，國際上對它提出告誡；在一九〇〇年代的初期，國際社會以「人道主義為名」抗議羅馬尼亞和俄國的迫害行為。一次大戰過後成立了委員會，宣告一次大戰所使用的方式是非法行為，違反了「既定的戰爭法與慣例，以及基本人道法律」，並且「警告所有敵國的人，只要作出了違反戰爭法、戰爭慣例或人道法的行為，將受到刑事起訴。」[130] 一九一七年規定的起訴標準，和後來二次戰後國際機制的規定非常類似，包括國家政府對其公民進行的謀殺、凌虐，以及基於種族理由迫害少數民族。聯合國的戰爭罪委員會在起草《倫敦憲章》（*London Charter*）與控制委員會法律的第十項時，為「殘害人類罪」的「系統性大量行為」，作出如下定義：

> 其罪行之嚴重與殘暴，數量之多，或在不同的時間與地點運用類似的犯罪模式，威脅了國際社會的安全，震驚了人類的良知，對此各國被賦予權力，得以干涉發生在其領土之外、使他國臣民受到迫害的罪行。

這是歷史性的作為，這種管轄權顯示出了以個人權利為基礎去界定國家權力的範圍。

殘害人類罪的規定，代表了有關法律促成規範轉移的一種最純粹、最理想化的觀念。當對於罪行的管轄權來自行為發生國家之外，而且管轄權不受到其他政治變革的影響時，法律的力量可說是達到了最高點。這在國家回應超越國界的暴行時得到最好的證明；因此，法律回應的形式創造了超越國界的正義典範。這些年來，對於殘害人類罪的審判塑造了當代回應迫害行為的重要意義。政治迫害的主要特徵是它超越了一般犯罪，而且國際必須有所回應。殘害人類罪的現代形式，延伸到了國家攻擊外國敵人的範疇之外，變成迫害本國國民的罪行，將本國國民視同仇敵，使得穩定的國際秩序，甚至是和平時期的國際秩序皆受到影響。適用於殘害人類罪的管轄權原則，超越了傳統的屬地管轄權限制以及時間限制。殘害人類罪被視為是侵犯所有人類的罪行，因而所有國家皆可起訴，這引發了相關的「普世」管轄權原則。刑事罪行必須明載於法律中，以免違反溯及既往原則，而殘害人類罪被「所有文明國家」公認為侵權行為，因此必須受處罰，不論是否有立法規定。這種將殘害人類罪當成例外，不受溯及既往的限制，已經在《歐洲保護人權及基本自由公約》（*European Convention for the Protection of Human Rights and Fundamental Freedoms*）中通過。該公約第七條第二款把殘害人類罪的起訴排除在溯及既往的時效限制之外：「本條不應妨礙對任何人的任何行為進行審判或懲罰，如果該行為於其發生時根據文明國家所承認的一般法律原則被定為是刑事罪。」[131]這種有關殘害人類罪的普世原則，在起訴艾希曼（Adolf Eichmann）★二次世界大戰時在歐洲所犯的罪行時得到了最好的例證。儘管審判是在罪行發生多年後，且在以色列舉行，但這並不違反溯及既往或屬地管轄權原則。[132]如果說傳統的屬地管轄權原則規定受害的對象必須和罪行發生的地點相關聯，那麼殘害人類罪的受害對象乃是所有的國家，而且是殘害所有人類的罪行。類似普世性原則的認知，出現在當代殘害人類罪的訴訟程序中。[133]在距離現在較近、與二次大戰相關的當代審判中，例如在加拿大所舉行的審判，便對那些在犯罪當時「根據加國法律規定會被起訴」的罪行具有管轄權。[134]距今更近的例子發生於西班牙，西班牙引用了同樣的普世性原則，對在阿根廷與智利軍事統治下所發生的殘害人類罪進行起訴。[135]普遍管轄權觀念的引用，包含了向後回顧與積極前瞻兩方面。這在轉型期法制的觀念中不斷出現，因為它調解了規範性變化的困境，並依循傳統法律穩定與連續的法律原則。

因為迫害罪行發生背景的政治狀況特殊，其裁判通常有兩種形式：管轄權比較自由的情況下，可在其他國家起訴罪行，如前面所討論過的；或是在罪行發生的當地起訴，這時距離犯罪已有很長的一段時間。而無論採用任何一種形式，政治情況都會影響到對這些罪行的起訴，但是政治絕對不是主要的影響，這證明了法律對嚴重罪行持續不斷的回應，以及法律所具有的規範力。

時間流逝的弔詭

讓我們來思考一下起訴殘害人類罪不受時間限制的現象。這些案例都跨越了政權的更替，在時間與空間上擴展了政治脈絡，延續對過去罪行的責任感，最終建構起對國家的持續政治認同。很顯然地，殘害人類罪不受一般管轄權原則的限制，例如時效限制。在納粹與共

★譯註：艾希曼（Adolf Eichmann, 1906-1962），奧地利的納粹官員。本為推銷員，於一九三二年加入了奧地利的納粹黨，一九三五年負責柏林的蓋世太保反猶太部門。一九四二年於柏林近郊的會議中，決議了「對猶太人問題的最終解決方案」，他被任命處理將猶太人送到集中營的後勤問題，並提出用毒氣室來進行大量謀殺。他在一九六〇年，被以色列人從阿根廷綁架，在以色列受到審判，之後被處決。

產恐怖統治與其後繼政權的審判之間，有將近半世紀的時間差距，即與我們一般對刑法規定的認知有所不同。[136]在事件發生過後半世紀，歐洲、加拿大和澳洲仍然持續審判與二次大戰相關的案件。一般的刑事正義案件，在時效過後，就不再追究，這反映在多數法律系統的時效限制上，就算是最嚴重的犯罪行為，也是如此。只有少數英美法系的國家沒有對最嚴重的罪行的這種時效限制。

有關殘害人類罪是否應該有一般訴訟時效限制的辯論，出現於戰後的刑事訴訟，一九六五年是戰後的第二十年，也就是一般和戰爭相關的罪名將不再成立的年限。雖然德國的國會企圖終止任何與二次大戰相關的審判，但是由於從前（在納粹佔領期間）德國的法院並不具有起訴權，依據這個理由，該章程被審了兩次。最後，在一九七九年，這個嚴重的問題不能再拖了：殘害人類罪，究竟該被當成一般罪行嗎？在何種程度下？在時效過後就可以宣告無效，或是這些獨特的罪行，應被獨立於一般的刑法管轄權之外來考量？

經過激烈辯論後的解答是，所有與戰爭相關的起訴都有訴訟時效限制，除了「惡意殺人」之外，也就是在種族或虐待狂式意圖的迫害動機之下的殺人罪[137]，例如殘害人類罪。在國際社會的層次上，這個兩難在制定了《聯合國戰爭罪及殘害人類罪不適用法定時效公約》（*United Nations Convention on the Non-Applicability of Statutory Limitations to War Crimes and Crimes against Humanity*）後得以解決。[138]適用殘害人類罪的特別法律標準，也被納入了國內法中。舉例來說，在法國嚴格的法定時效限制之下，「殘害人類罪」是唯一的例外。[139]

我們一般認為對於處罰的政治決心，會隨著時間的流逝而減少，但是對於起訴殘害人類罪而言，實際的情形恰恰相反，其時效性並不隨著時間流逝而減低。讓我們來思考一下原因。政治迫害的本質，特別是國家的共犯結構，對於時效性有著很矛盾的影響。系統式的迫害，挑戰了舉證與司法對於時效性的假定原則。當國家本身也參與犯罪行為時，犯罪的許多事實都被掩蓋，在犯罪當時也不為人知，其真相乃是隨著時間才慢慢出現；不但是迫害者的身分慢慢曝光，甚至連犯罪的事實與特徵也是隨著時間漸漸浮現。更有甚者，因為國家參與了這些罪行，並將之掩蓋起來，如此一來，增加了處罰政策被政治化的可能性。在與二次大戰相關的起訴中，起訴的政治決心的強弱，不斷隨著時間的流逝而循環。戰後初期，同盟國對伸張正義有高度的興趣，冷戰與伴隨而來的政治風向則消除了伸張正義的衝勁。時間的流逝代表了政權的更替，而又促成了正義的伸張。舉例來說，玻利維亞在一九八〇年代的民主轉型，促使納粹黨徒巴比在戰爭期間犯下暴行的四十多年後被引渡至法國，隨後即被起訴。[140] 政權的轉變往往會帶來證據的改變，因為對於政府檔案與其他的證據來源有了新的調閱權。舉例來說，在前共產集團所產生的政治變革，意味著現在對蘇聯國家安全委員會（Komitet Gosudarstvennoi Bezopasnosti，簡稱 KGB）或共黨的檔案有了新的調閱權，這些資訊將會促成起訴的進行。然而，有些新的證據隨著時間的流逝而出現，則純粹是偶然。因此，在一九五〇年代中期的時候，在德國的烏爾姆意外地出現一件與納粹過去相關政黨的民事案件。[141] 這項發現加上巧合，引發了一連串的事情，最後演變成德國持續進行二次大戰相關的審判計畫。

當代的案例則發生在阿根廷脫離軍事統治二十年後，一位海軍官員作出有關殘害人類罪（蓄意失蹤）的公開自白，揭發了軍事統治時期的諸多暴行。而所謂的「史季林格效應」（Scilingo Effect）[142]則開啟了一連串對蓄意失蹤的調查，並重新逮捕軍事領袖。

對於起訴殘害人類罪的強烈執著說明了，時間的流逝在這樣的情況下是非常的矛盾，與我們一般的認知相左。在世代交替、時間流逝之後，後繼政權仍然持續起訴舊政權的惡行，雖然實際的制裁並不多。對於殘害人類罪行的管轄權，其持續的效力，並無法用傳統的刑事正義的論點來解釋。迫害者與受害者的年事漸長，處罰的目的大為減弱。這些刑事訴訟在犯罪事情過後多年才進行，幾乎沒達到傳統制裁的嚇阻或矯治的目的。再者，多年以後，政治變化已經完成，正義的前瞻性目的，例如建立民主的目標，就會減弱。然而，在時間流逝的情況下，是否應該繼續對處罰殘害人類罪的辯論，以認知其罪行的嚴重性？在有關《聯合國戰爭罪及殘害人類罪不適用法定時效公約》的辯論上，取消該法定限制的理由在於，這些罪行構成了獨特的「殘暴行為」。[143]在德國有關法定時效限制的辯論中，其理由也是基於規範性的考量，也就是罪行的嚴重性。在之後有關起訴的辯論中，保障受害者的尊嚴，在寬恕加害時必須注意保障受害者的法律權利，這變成了確定的目標。[144]「要不就現在，不然就永遠不要」（now or never），以及平等保護受害者權利的要求持續出現，影響了二十世紀末與戰爭相關的正義伸張。二次大戰過後很久才在法國審判巴比、杜維爾和波朋，就是最好的例證。同樣的情況也發生在英國，受害者團體引發了政府對其境內有嫌疑的納粹戰犯的重視。[145]在各個法律文化中，受害者在轉型期正義所扮演的角色有所不同。大陸法系考慮的是受害者的起訴，受害者是私底下的檢察長，這在法國的「民事當事人」（partie civile）與拉丁美洲與戰爭相關（querellante）的訴訟程序，可得到有力的證明。然而，依據英美法系的規定，私人參與刑事訴訟程序，通常被認為是牴觸了「權力分散原則」（separation of power principle），並且威脅了法治。[146]

此處法律的回應乃是以高度象徵的方式進行，傳達了肯定法治國家的訊息。[147]這些年來，國際法的發展已經把殘害人類罪的定義加以擴張，涵蓋了現代的迫害行為，對國家的主權加諸限制，規範傳統上政府的處罰裁量權。迫害的概念化，始於「客觀」的觀點，依受不同層次保護的受害者的屬性地位來定義，所以，在歷史上，殘害人類罪乃是以平民在戰爭所應受的保護以及所遭受的相關罪行去定義的，不論是因種族或宗教理由而生的迫害。當代的對於「迫害」的觀念涵蓋更廣，超越了處置敵人與和平時期迫害國民的罪行，因此能保障人民不受因種族、宗教或政治動機而產生的迫害。因此，法國在一九八七年起訴巴比這個佔領時期里昂的納粹頭子，其罪名為下令把人送入死亡集中營，此處重要的問題在於，那些受害者是反抗勢力的武裝份子，並不符合受保護的平民範圍，但在殘害人類罪的規定下，這些武裝份子仍受到保護。法國的高等法院認為，最終問題的相關性並不在於受害者的屬性（平民或武裝份子），而是加害者的意圖。區別殘害人類罪的重要特徵，乃是迫害的目的。[148]法院定義「迫害」為以「國家實施具有意識型態的至高性的政策」，[149]系統性地進行侵權行為。在當代另外一個案例中，獨特的國際戰爭法庭的保護規範超越了戰後的時期，而且也越過了平民與交戰者、戰爭或和平的界線。有關轉型期殘害人類罪的司法觀念，持續地演變，超越了屬性地位的規定，而以迫害的動機為衡量標準。[150]

當代對非人道行為的認知，最終乃是關注於國家的政策之上，因此必須解釋為何在時間流逝後，仍認為殘害人類罪必須受到持續的處罰。雖然迫害並不見得都是由國家公開支持的，但其規模之大，就算不是由國家支持，這些罪行也是在政府政策默許下進行的。最近對該罪行的解釋，出現在定義永久的國際刑事法庭時，殘害人類罪乃就其「全面或系統性地攻擊任何的平民」來定義。[151]迫害政策隱含了集體的責任，對於國家的政治認同具有長期而持續的影響。迫害行為所造成的影響，超越了受害者與加害者，擴及整個社會。

如果國家是迫害的共犯，那麼刑事正義的基本觀念，就會加諸國家元首之上；國家的共犯、掩蓋與阻撓，影響了伸張正義的可能性。殘害人類罪揭露了國家製造過往之惡的力量，此乃是轉型期妥協的正義情況。實際上，這個原因能夠解釋，為什麼當後繼政權對不正義的情況不予以回應時，就構成了轉型期正義的非理想狀態，造成了一種無以名狀的緊張。在後繼政權成立時，該問題導致了對於持續刑事責任的「免責」觀點建立一種「自我指涉的」（self-referential）（亦即和政權有關）的認知。持續的侵犯（缺乏處罰）的觀念則重新定義了相關的罪行。更進一步來說，這樣的邏輯，可以把殘害人類罪當成例外，不受一般的時效限制所規範，就如一般的刑事法把官員的侵吞公款或共謀罪當成例外，不受有效時間的限制一樣，因為國家的介入具有明顯的後果，限制了伸張正義的可能性。該問題在迫害性的政權中更加困難，因為表面上的正義捍衛者變成了侵害正義者。

當國家是迫害的共犯時，法律的平等和保障的關鍵性觀念則會受到了損害。因此，轉型期回應的重要性超越了個案，而表達出規範性的訊息，就是平等保護乃是法律原則的基礎。起訴殘害人類罪，將有助於建立轉型期規範轉移，譴責過去的高壓統治，甚至肯定了現在恢復保障和平等保護原則的作為。

這種法律回應的規範性蘊含超越了轉型。起訴殘害人類罪證明了國家在多年後持續回應迫害罪行的重要性。在二十世紀末，迫害無庸置疑是當代暴政透過系統性政策所執行的。在殘害人類罪的管轄權方面，法律最強烈的制裁乃是對過去高壓政策的重大回應。如果說，過去的迫害藉由法律的許可而進行，那麼起訴這些罪行就構成了典範的破壞並且轉換至新的合法性。刑事正義被用來重新創造非自由與自由政權之間的區隔。執行殘害人類罪的規定，促使權利受到保護，這些權利乃是和當代對極權與自由統治的區隔相關。後繼政權的刑事正義，能夠解釋其他當代審判的重要性。舉例來說，在美國的憲法規定，由國家所支持的歧視，受到憲法高度的把關檢驗。起訴和種族相關的罪行極具重要性，就算是時間流逝後也一樣，這個觀念很容易被理解，因為在美國的歷史背景中，國家對種族歧視姑息養奸的情形持續了很長的一段時間，引發了懸而未決的轉型期正義問題。就算和種族相關的罪行是由私人所支持的，這些罪行仍使過去由國家所支持的迫害一再發生，引發了持續的集體責任的可能性，除非有轉型的回應，不然可能會造成社會的崩解。152

轉型期刑事正義：結論

轉型期刑事正義，不僅具有促進法治國家的傳統處罰目的，就如前面所提過的，轉型期的刑事正義超越了傳統的處罰之外。它超越了一般刑事正義的作用，例如嚇阻；刑事正義已經存在於轉型期的政治改革之內，並受其影響而持續進行；轉型期間，政府組織架構的改變，影響了對於未來行為可能結果的推算。然而，轉型期正義也促成了其他政治變革所獨有的目標，例如促進了轉型期法律原則的重建。就是為了達成這個目標，轉型期刑事正義引發了嚴重的兩難，主要是有關法律在政治巨變時期的角色：如何在規範的轉移以及遵守傳統法律之間作出權衡。這樣的兩難可以由前述的轉型期措施來調和，也就是將懲處罰限制在部分的、象徵性的程序，是一種相當節制的、促進轉型的懲罰。轉型期的制裁在政治變革期間扮演了複雜的角色：法律對轉型具有積極的作用，譴責了罪惡——就算法律把這些罪惡變成了過去的事——並且肯定了法律原則。因此，轉型依其促進典範轉移的程度而有所不同。如果前朝政權奠基於被法律合理化的迫害政策，那麼這種政策就會受到關鍵性的法律回應的挑戰。轉型期刑事措施的特色，在於其催生並強化了規範性的改變，超越了傳統刑法肯定、保障舊有價值觀的作用。[153]這樣的努力，很明顯地出現在轉型期為了回應前朝所做的各種措施當中，每個國家各不相同，透過調查、起訴的程序，以及隔離並否定過往之惡的集體的儀式，來「消除」已被合理化的過往政治暴力。[154]這些對過往迫害的重大回應，說明了這些政策是人為的，因此可以改變。隔離有關過往之惡的認知，並將責任歸屬於個人，就產生了自由化轉型的可能。如此一來，轉型期刑事制裁就能讓後繼者政權擺脫前朝政權的龐大邪惡餘緒。透過儀式化的分配與凍結、公開承認與否認、象徵性的損失與獲得等種種法律程序，並藉由這些催化轉型的程序和救贖的可能性，社會得以邁向自由。[155]

由轉型期的措施來看，刑事正義在某種形式上，乃是一種解放國家的儀式，因為藉由這些措施，可以公開建立規範。透過已知、固定的程序，可以劃定界線，解放過去，並使社會能夠繼續前進。傳統認為處罰主要具有報復性，然而在轉型期間，處罰則是有矯正的目的，超越了個人的迫害者，而涵蓋整個社會。這種處罰的目標，特別用於系統性的政治犯罪上，例如對殘害人類罪鍥而不捨地起訴，殘害人類罪乃是政治性的迫害罪行；處罰透過刑法，對不自由的統治作出重要的回應。再者，一般認為處罰會分裂社會，然而在轉型期間，處罰都是以有限度的形式進行，留下回歸自由國家的可能性。因此，處罰的刑事程序和其他非刑事的回應，具有密切關係，在其他章節中有討論，這些都是轉型期正義的一部分。

在轉型期正義中，因為政治巨變的獨特狀況，凸顯了法律原則的兩難。但是這種時期並非完全沒有連續性，相反地，它生動地彰顯出平時建構完備的司法系統中比較不明顯的狀況；因此，轉型期法律能夠闡明我們對刑事正義的政治性的認知。最重要的是，前述的討論和例證說明了刑法的潛力，它不僅能促進穩定，還可催化社會的轉變。

第三章

歷史正義

本章探討對於過往的邪惡餘緒的歷史回應，並研究在自由化轉型期間的歷史究責所扮演的角色。「轉型」（原意為「過渡」，transition）在定義上就蘊含著各種歷史不連續的時期。戰爭、革命、高壓統治，代表了國家歷史的裂痕，威脅其歷史的連續性。此時浮現的問題包括：以描述性的觀點來看，社會如何處理這些顯然有歷史「毛病」的時期？對過往之惡的回應是否具有歷史性？若以規範性的觀點來看，問題則是歷史的究責是否具有糾正的意味，因而促成了自由化？

當代政治分析家探究歷史正義所傾向的觀點是：在政治巨變時期，探究邪惡過往的歷史與記錄，是重建集體的必要手段。這種論點認為，建立國家過往之惡的「真相」，例如後繼政權的憲法或審判，可以為新的政治秩序奠定基礎：

> 接替的政府有義務調查並建立事實，使真相為人所知，並成為國家歷史的一部分……建立知識並公開承認：那些事件由官方承認且公諸於眾。訴說真相……能回應受害者對正義的要求，（並且）促成國家的和解。[1]

就如同轉型期對憲法與審判的規範性要求一樣，一般認為對官方的歷史解釋的規範性要求，有助於自由化的轉型。建立過去受壓迫的集體歷史，應可為新的民主秩序奠定必要的根基。該程序乃是自由化轉型最基本的一環；轉型期歷史指向一個更美好的未來，勾勒出一個辯證的、進步的過程。這個觀點具有早期時代的精神，可溯源至啟蒙時代的歷史觀，康德、馬克思認為歷史具有普遍性與贖罪性（redemptive）。據此，歷史既是老師也是法官，歷史真相本身就是正義。這種歷史促進自由化的能力，激發了當代轉型期的歷史究責論點。然而，假定「真相」與「歷史」是同一件事[2]，則出現一種信念，認為獨立、客觀的歷史是有可能存在的，這和當今的政治環境共同型塑了對歷史的探究。但是，現代歷史知識的理論卻嚴重挑戰了這種觀念。[3]當歷史作出了「詮釋的翻轉」[4]時，並無法從過去得到任何單一、清晰、確定的理解或「教訓」，而是了解到，對歷史的認知在很大的程度上受到政治與社會偶發事件的影響。

然後問題就變成了：轉型期歷史探究和想像，到底扮演何種特殊角色？什麼是轉型期歷史？進一步來說，什麼是自由化的轉型期歷史？轉型期社會所採取的措施，在探究歷史促進自由化的角色方面，又能反映出何種規範性訴求？對集體過去的追尋又如何能促進自由化的未來呢？

以下的討論將指明，這種時期的歷史構成是偶發性的，這不僅就該區域的歷史和政治遺產而言，就轉型期的特殊情況來看也是如此。理想化的觀點認為，轉型期歷史乃是「根基」，也就是說，一開始就省略了先前存在的歷史解釋。在轉型期間產生的歷史解釋並不是獨立的，而是以先前的國家解釋為基礎。連續的集體記憶背景界定了一個社會，因此，轉型期的真相是在集體記憶的過程中由社會建構成的。誠如這個時期的社會措施所反映的，歷史的解釋與其說是基奠性的，不如說是轉型的。

轉型是歷史有意識的產物的生動例子。在高度政治化的情況下，轉型是歷史的產物，由政治目的所推動，而政治也有其知識的蘊含。權力的強制和知識的支配之間的緊密關聯，在尼采（Friedrich Nietzsche）與傅柯（Michel Foucault）的作品中已多有著墨。[5]然而，就算是現代的體制，也拒絕直接、政治化的歷史探究，因為如此一來，將會挑戰理想化的觀點，也就是主張歷史獨立於政治之外的歷史哲學。所以，轉型期的歷史探究造成了重大挑戰。歷史的政治化本質經常與高壓統治息息相關，這在轉型期中尤其無所遁形。雖然特殊的歷史解釋總是與某些政權連結在一起，掌權者通常會混淆在政治中使用的知識，但歷史解釋一直都是當下的解釋；所有的政權都與「真相」政權（truth regime）相關，並由「真相」政權所建構。[6]因此，政權的改變意味著真相政權伴隨而生的改變。

集體記憶是以現在去重建和想像過去的歷程。[7]但是，重建的歷程在轉型期中具有獨特的形式。在轉型期間，建構集體歷史和政治之間的關係既是不連續又是交錯的。政治轉型期的歷史建構雖然也遵循了某些歷史和政治的連續性，不過它劃下一條不連續的界線。轉型期歷史有其自身的解釋，卻也和更久遠的國家歷史連結。我們將見到，如何在不連續性與連續性之間取得平衡，界定了建構轉型歷史的措施，那是很細膩的工程，卻也有實際的轉型力量。

在政治巨變時期，認知到自由化政治如何影響歷史的建構，將有助於了解平時的歷史。

在政治巨變時期的歷史解釋的問題，是社會如何建構共同真相的最好例證。社會對知識的共識，往往被認為是由文化傳遞（cultural transmission）機制創造出來的；在社會中，真相的意義設定了共同認知的門檻。[8]然而，在轉型期間，這些對門檻的認知通常很脆弱或根本不存在。就如在高壓統治時一樣，當某個政體崩解會變成什麼樣呢？轉型期的權威又何在？政治巨變時期所提出的問題，在於一般共同判斷的行為並不存在，這個時期並沒有對政治真相與歷史的共同觀念。一般認為，在轉型期構成新社會共識基礎的共同判斷的焦點，應該從歷史解釋中產生。

社會該以何種方式建構一個被集體認知為共有而真實的過去？社會如何建構出包含著國家犯罪行為的有爭議的國家歷史？以下將討論有關建構轉型期歷史的過程。當代的理論強調詮釋原則以及它和政治、社會環境之間的關係，轉型期歷史揭露了既有的歷史解釋和它的法律形式與措施之間的關係。法律系統內的形式與措施構成了轉型期歷史的究責。轉型期歷史揭露了某些法律形式與措施如何促成歷史的產生以及真相的轉型，揭示我們對歷史在促進政治自由化轉習型當中的角色的認知。

本章所討論的國家經驗，證明了歷史究責的多樣性，包括在政治巨變時期，社會如何奮力建構集體的歷史解釋，社會在轉型期創造共有歷史的諸多方式，以及法律在建構歷史時扮演的角色。集體記憶是藉由各種架構、象徵和儀式創造出來的。在轉型時期，那些以前共有的架構，政治、宗教、社會，受到了威脅，所以只好由法律及其程序來型塑集體記憶。在轉型期間，法律扮演了型塑社會記憶的主要角色。轉型期的歷史解釋由不同的法律措施建構而成，諸如審判舊政權，或為了該目的而設置的官僚機構，以及其他構成事實依據的法律回應。最後還有其他獨立的解釋，它們是源自民間的媒體工作者或歷史學者自發的行動，儘管這些解釋往往會引用法律支持其權威性而有所侷限。

政治轉型期的歷史敘述採用了不同的形式。轉型期的真相也採用了不同的來源與形式：審判、真相委員會（truth commissions）、官方歷史。此處所做的分析，彰顯了那些可能一直都存在、但在轉型期間特別生動而引人注意的事情：「每個社會都有其真相政權，真相的『一般政治』；也就是說，每個社會有其可以接受為真、並具有功用的論述。」[9] 真相政權的多樣性以及真相的偶發性，都在轉型的狀況下戲劇性地被證明。轉型期真相政權的內涵，端看前朝真相政權的本質，以及關鍵性的轉型進行至何種程度而定。轉型期歷史的知識合理性，界定了政治轉型的方向，而法律的架構、語言、正義的程序與詞彙也重新建構了歷史。以下將探討一些有關在轉型期建構集體記憶的案例。

法律的歷史：歷史正義與刑事審判

在建構轉型期歷史上，審判扮演了最重要、時間最長久的角色；而歷史在刑事正義的過程中，則扮演了「法官」的角色。因此在當代有關轉型期正義的辯論中，這個議題經常被視為「懲罰」對「寬恕」（punishment versus amnesty）。懲罰被視為與集體記憶相關，而放棄懲罰則是集體的失憶（collective amnesia）。[10]

讓我們探討追尋歷史正義時，懲罰所具有的功用。審判乃是一種儀式，是長時間創造集體歷史的形式。但除此之外，審判也是處理高度爭議事件的主要方式。[11] 一般刑事審判的目的在於裁定個人的責任，並找出爭議事件的真相。雖然對刑事審判的重要性而言，真相所欲達成的目的，在諸多法律系統與文化中各不相同。[12] 但在轉型期間，審判在處理歷史爭議上的功用，是不能否定的。因為轉型期充滿了政治與相關的歷史爭端，政權轉移後，後繼政權通常會以審判作為執行歷史正義的主要手段。同時，後繼政權的審判，經常在轉型期間被用來建立歷史的敘事；實際上這也是舉行這些審判的主要目的。透過這些審判，對於歷史真相的追尋，被置入一種責任與追尋正義的架構中。就某方面來說，透過審判來探尋歷史上的爭議事件，乃是依照我們對懲罰的知識性角色的想法而來。然而，透過刑事審判所建構的轉型期歷史，超越了我們對審判之於刑事責任一般作用的認知，但轉型期歷史的建構，又得透過審判設計出對未來的展望。在這種情況下，對過往的敘述，影響並建構了歷史正義的獨特觀點。而轉型期歷史必須型塑出獨特敘述，論說有關國家高度爭議性的過往。

在刑事審判的歷史敘述上建立真相與正義，這在前朝政權「去除正當性」的過程中，扮演了一定的角色，也與建立後繼政權的正當性相關。軍事或政治的崩解，或許可以成功地讓高壓政權垮台，但除非該高壓政權不僅被打敗，名聲還受到公開的污衊，不然其政治的意識型態，仍會持續下去。因此，湯瑪斯・佩恩（Thomas Paine）★認為，十八世紀對於是否審判法王路易十六的辯論，提供了建立君主制度之惡「真相」的大好機會：「當國王成了受到舉世注目的被告……，而且對國王的審判有可能讓全世界了解並唾棄君主制度的可怕，以及宮廷的狡詐險惡，那麼他就應當接受審判。」[13]後繼政權的其他重要審判，不論是紐倫堡主要戰犯的審判，或是阿根廷軍事政權的審判，直到現在都讓人印象深刻，並不是因為這些審判譴責了特定的個人，而是它們記錄了罪犯所犯下的國家暴政。

後繼政權的刑事程序，使得關於過往邪惡遺產的多樣性歷史解釋得以存在。審判能夠藉由訴訟程序，重現罪惡的過往，並將之戲劇化，以建構生動的集體歷史論述。更有甚者，該歷史敘述通常透過書寫的形式公諸於世。在當今的環境下，透過大眾媒體和電視轉播審判程序，歷史論述有絕佳的機會注入生活文化中。審判與判決的文字記載和其他形式的記錄，都是可以長久維持的陳述。

刑事的方式如何能建構真相呢？[14]這個問題，沒有單一的答案，因為真相的建立具有不同的面向，源自刑事程序的不同特徵。舉例來看，刑事審判使得歷史記錄可以在最高標準的法律確定性下建立；在英美體系的法理學中，這乃是「超越合理懷疑的真相」（truth beyond a reasonable doubt）[15]，最具代表性的例子就是紐倫堡大審和判決了。紐倫堡所引用有關暴行的證據，多半得自德國本身的檔案，包括一萬份決策文件。一般比較傾向採納文件做為證據，因為在法庭上所做的口供，通常已被政治化了。紐倫堡大審的首席檢察官羅伯特・傑克森（Robert Jackson）指出：「我們不會要求你們依照被告的敵人的證詞來起訴被告。」紐倫堡軍事法庭對戰犯的審判，建立了有關納粹迫害政策的永久記錄，並繼續為史學家及其他人所引用。[16]另外一個距今較近的例子，就是一九八三年公開播放對阿根廷軍事政權以及過往之惡的審判。因為阿根廷的司法系統，乃延續歐陸的非對抗制（non-adversarial）以及非公共系統（nonpublic system）的刑事程序，在阿根廷歷史上，審判軍事政權首次以類似的公開形式舉行。自從軍事政府垮台後，在審判軍事政權的過程中，首次把軍事鎮壓的恐怖事件公開播放給公眾與媒體，並持續了好一段時間。過去所發生事情的真相，透過受害者的證詞而建立，並經由國際性的非政府組織、人權團體以及外國政府，證實了前朝政權的殘暴行為。[17]另一個後繼政權的審判案例，就是前中非國王布卡沙（Jean-Bedel Bokassa）†，同樣因過去的獨裁統治使得審判受人矚目。經過十年的高壓統治，法國推翻了布卡沙政權，並針對其暴行進行審判，包括了政治屠殺，甚至吃人。審判布卡沙的冗長過程，透過全國電視與廣播轉播，創造了有關其獨裁暴政的生動口述歷史。[18]雖然最後還是特赦了布卡沙，但有關該審判過程的全國性報導卻確保了布卡沙政權的暴虐事實不會被遺忘。審判在型塑集體記憶

★譯註：湯瑪斯．佩恩（Thomas Paine 1737-1809），美國獨立革命時期的政治領袖與政論家。

†譯註：布卡沙（Jean-Bedel Bokassa, 1921-1996）中非共和國的政治人物和軍事領袖，於一九七二年至七六年擔任總統，一九七六年至七九年擔任皇帝。他自一九六六年發動政變起，逐漸增加個人的權力，最後自己加冕為國王，改國號為中非帝國。他於一九七九年被推翻，一九八七年因其罪行而被判死刑，但最後得到減刑。

方面的力量，就表現在這些建構起長久的轉型期社會知識的記錄裡。

關於刑事正義在建構歷史上的力量，和二次世界大戰有關的刑事程序，以及對該時期的解釋之間的關聯性，是最好的例證。戰後史學指出著名的審判在型塑與保存歷史知識方面的持續貢獻。法律的解釋讓學者和一般人更了解戰爭暴行，而且是日益明顯清晰。法律和歷史對於迫害本質的了解也是朝著類似的方向發展，指出法律在建構轉型期歷史的作用。最初，對納粹迫害的歷史認知以及戰後審判對究責的法律認知，這兩者是同時產生的。對於戰爭迫害責任的理解，從高層掌權人士開始，然後就轉向一種更全面的究責觀念。在紐倫堡大審中，最嚴重的罪行是「侵略戰爭」，因此那些接受審判的都是軍事領袖。第一波審判對象為高層的德國軍官階級，所以當時流行的歷史學派把戰爭迫害的究責視為由上到下的。「意圖派」（intentionalist school）學者認對納粹的政策是由希特勒主導的，因此戰爭暴行的責任也要歸於納粹高層。

漸漸的，隨著歷史見解的演變，我們對於責任的法律觀念也更加鞭辟入裡。紐倫堡大審過後，同盟國管制理事的第十次審判見證了究責的建構，把戰爭罪行的責任由德國的高層軍官轉移到平民菁英份子。這個時期的歷史詮釋，不再是認為責任集中於少數人身上（主要是一個人）的「意圖派」，而轉向「功能主義學派」（functionalist school），也就是認為責任遍及德國社會所有階層，甚至其他國家。[19] 比較低階的審判也都附和這個對於究責認知的改變。艾希曼的審判與希伯格（Raul Hilberg）的《歐洲猶太人之毀滅》（*The Destruction of the*

European Jews, 1961）遙相呼應。在接下來的數十年內，起訴的範圍擴張到通敵者以及低階官員。戰爭期間佔領區的歐洲國家（如荷蘭與法國）裡的通敵者也遭到審判。此類起訴最有名的例子，要算是一九八七年法國審判巴比，以及一九九〇年代審判杜維爾和波朋。而在美國、英格蘭、蘇格蘭和澳洲皆有法律訴訟，因為這些國家在戰爭末期為那些迫害者提供避風港。[20]

審判往往被認為不適合作為歷史論述，因為刑事正義的個人究責很狹隘[21]，而現代的迫害責任顯然超越了個人的範疇，當代的轉型期正義則是透過動機與政策的法律考量，調解了個人與集體的矛盾。在這些案例中，對於責任的法律和歷史方面的建構之間的互動，支持一個對於在變遷中的社會裡的個人犯行的複構觀點。這些法律方面的發展呼應了強調人道介入的理論，這再度引發了有關迫害的道德和法律責任的終極問題。無論是法律型塑歷史，或歷史型塑法律（它顯然是相當動態的），司法和歷史的認知似乎是殊途同歸。在二十世紀末，越來越多人認為現代迫害的責任源自個人在系統政策背景下的作為。在現在的架構下，歷史的認知一直不斷改變。因此，戰後審判的歷史遺產及其先例意義，也是在不斷改變當中。認為德國的審判意圖建立個人的戰爭責任的這種觀點，已經被侵害人權這個更複雜的認知取代。

在現代的法治國家，審判是揭露過去犯行的傳統儀式。在轉型期間，審判扮演了更重要的角色，因為它們代表了各種有爭議的歷史，這在巨變的時期屢見不鮮。但是這些包含了備受質疑的歷史個案的儀式，在面對龐大的系統性暴行時，往往就左支右絀了。

政治正義的兩難

後繼者政權的審判案例顯示出，這些審判的轉型形式可以型塑對於責任的全面認知。因此，儘管審判通常強調個人犯行的責任，轉型期審判的解釋，則可以調解對於個人責任和集體責任的認知。雖然後繼政權的審判承諾要建立國家惡行的歷史記錄，但利用審判來達成前述目的，也會挑戰法律原則。若懲罰政策主要是為了建立歷史記錄，而踰越了一般刑事正義的目的時，就會不斷產生兩難困境。後共產時期的審判是當代的案例，例如，有關一九五六年匈牙利反抗運動的審判，釐清了先前模糊的歷史時刻。這些審判有可能被認為是一種為政治服務的正義。透過刑法來建立公共歷史，引起了一個疑慮，認為為了歷史記錄有可能偏向社會利益，而犧牲個人權利。最極端的例子就是審判一個無辜的人以建立一個歷史觀點。如此明顯地利用審判以遂行政治目的，只會把審判變成一場「審判秀」。當新興民主以審判來追求歷史正義，很容易將審判政治化，如此一來，似乎一切都沒有改變。

就算審判是為了促進自由化的改變並且謹守正當程序，審判一旦開始，其影響通常不容易控制。以審判決定歷史詮釋的方向，是無法事先得知的，因為在對抗式的司法系統中，訴訟顯然會涉及各執一詞的歷史解釋：歷史的審判可能會遭到反擊，而且可能無法表達出規範性的自由化訊息，反而顛覆了建立民主的目的。最為惡名昭彰的案例，莫過於在耶路撒冷審判艾希曼。以色列政府在一九六一年起訴艾希曼，意圖讓在以色列出生的第一代猶太人能了解大屠殺的歷史。儘管以色列當局企圖創造有關艾希曼責任的生動歷史解釋，審判卻引發了其他更具爭議的歷史詮釋問題，例如若干猶太團體是否也有助紂為虐之嫌，就如漢娜・鄂蘭（Hannah Arendt）★在《耶路撒冷的艾希曼：有關邪惡的平庸的記錄》的轉述。[22] 同樣地，當法國在一九八八年審判巴比這個「里昂屠夫」時，民眾期待該次審判能夠再現法國被佔領時期的歷史。實際上，該審判的確也更戲劇化地呈現戰爭的歷史。有超過三十位以上的個人受害者以及反抗軍和共產團體參與起訴，並利用審判的機會公開他們的佔領時期的敘述版本。所謂的一般證人，不是像在一般的審判中一樣就系爭事實作證，而是要見證與戰爭相關的歷史解釋，這不免給人一種印象，認為這場審判的主要目的是為了統一法國分歧的政治認同。最後，該審判對法國的戰爭歷史認知並沒有多大的影響，就如艾希曼審判一樣，雖然這都不是審判的原意。巴比在對其被控殘害人類罪的抗辯中，反控法國在阿爾及利亞戰爭時的罪

★譯註：漢娜・鄂蘭（Hannah Arendt, 1906-1975）政治哲學家。出生於德國，但於納粹興起後，移民至美國。她發展出獨特的政治解讀方法，挑戰了傳統的左／右派，及其他的分類。她的第一本著作《極權主義的興起》（*The Origins of Totalitarianism*）指出了希特勒與史達林的極權政府，乃是一個新的激進現象，極權政府的特徵在於使用恐怖統治，強迫人民接受抽象的意識型態。鄂蘭從現代歐洲社會中找尋理由，解釋為何這些恐怖政權能夠默許獨裁者與受害者，尤其是集中營。她特別指出了社會與經濟的變遷造成群眾的遷移或消滅。

行，使得原本關於納粹佔領時期的通敵罪的審判，變成了五十步笑百步的屠殺比較。就算是個別當事人的證詞，也似乎是支持法國左派關於戰爭迫害的普世主義觀點。最後，在巴比案中營造的歷史解釋，似乎顛覆了國家的政治目的，反而助長了黨派觀點。[23]

這些例子顯示出，透過審判來建立轉型期歷史認知有泛政治化之虞。問題在於，為了回應在政治環境中以司法手段來回應罪行，顯然是要在眾說紛紜的歷史觀點中建立官方的歷史解釋。這種限制通常會損及審判創造歷史的目的。如前所述，有限的刑事程序會是典型的回應，它無法全面地將責任個人化，卻能建立一個公開記錄。這種「有限」的刑事制裁有助於調查和記錄，因為它蘊含著由推定中立的司法機構以最高的法律舉證標準進行官方的犯罪調查。儘管有限的刑事制裁鮮少對個人究責，但有限的刑事制裁能夠催生歷史記錄，建立有關過去的壓迫的公開知識。有限的刑事制裁可促進刑法的知識性目的。更有甚者，在司法環境下建構知識有解放的作用：當審判象徵性地孤立審理個人的犯行，社會就得到了救贖。

失蹤與再現

高壓統治時期通常被看成國家歷史時代的中斷，在軍事統治與遍及整個南美大陸的失蹤（disappearance）政策結束後，拉丁美洲這種中斷的感覺最為明顯。拉丁美洲的轉型期始於數十年的軍事獨裁與殘暴鎮壓之後，包括處處可見的綁架、拘禁、凌虐以及失蹤，這些全都是在「國家安全」的大帽子下祕密進行。轉型期揭露過往行為，顯示國家犯罪的無遠弗屆，而其特徵則是「免責」。拉丁美洲的失蹤事件似乎重新定義了免責的意義，以阿根廷的失蹤政策為例，它模仿二次大戰法西斯的「祕密行動」（night and fog）政策，「不著痕跡」地拘禁並祕密除掉受害者，這個政策原本是納粹黨用以摧毀其政治敵人並製造恐怖統治。

讓我們思考一下，刑案的受害者屍體失蹤了是什麼意思？或許這個案子從來就沒發生過？失蹤意味著犯罪的最終證據，也就是受害者的屍體，就此不見了。[24] 傅柯認為「身體是……直接參與政治的；權力的關係直接附著在身體上；權力關係投資、標示、訓練、凌虐身體。」[25] 除了這些社會控制的形式之外，一九七〇年代拉丁美洲的鎮壓顯示了國家的迫害，讓身體失蹤、讓國民消失、讓國民失蹤（desaparecidos）。在阿根廷的軍事統治期間，一萬多人被綁架、拘禁、凌虐，不著痕跡地失蹤。就像綁架和拘禁的祕密性一樣，受害者最後的失蹤是很普遍的「免責性罪行」。軍事統治過程的每一步，綁架、拘禁、凌虐，最後變本加厲成謀殺，都以失蹤為藉口掩飾。只要國民一直處於失蹤狀態，那麼軍方就勝利，得以維持其統治權力。國民的失蹤展現了變態的殘暴與絕極權統治。

在與轉型呼應的自由恢復過程中，失蹤的受害者變成了獨裁的象徵。失蹤者是不幸的受害者，而同時失蹤的，似乎還有受到軍事高壓箝制而消失的整個國家；另外已經停頓的國家也一起失蹤了。因為失蹤本質的緣故，罪行無法明確界定。如果國家無法解釋受害者的遭遇與下落，那麼這種罪惡有可能一直繼續而永不停止嗎？因此，失蹤事件直接衍生出後繼政權的持續責任問題。風險在於痛苦的抉擇，該選擇正義或免責，懲罰軍方或似乎永不停息地重蹈覆轍。權力上的脆弱平衡加上沒有辦法懲罰軍方，是否意味著剝奪了受害者與倖存者任何刑事調查的機會？無法懲罰是否就等同於對前朝政權的犯行一無所知，是否等同於國家持續成為失蹤政策的共犯？

那些剛脫離殘暴統治的國家所面臨最棘手的問題，就是如何處理現代高壓統治之下，國家免責特性所造成的歷史斷裂。如何回應失蹤政策所造成的斷裂？如何發掘執政當局和安全部門不可勝數的失蹤事件和謀殺，而又該如何報導這些暴行？審判的有限運用說明了國家罪行程度過於龐大，遠超過刑事正義系統的負荷。同樣地，大眾對失蹤的回應指出了一種新形式的發展：對官僚的謀殺，作出官僚的回應。

如何對「免責」的行為定罪？當失蹤意味著消失的受害者、被威脅的證人以及政府的全面掩蓋事實時，如何證明高壓政權底下究竟發生了什麼事？如何「證明」的問題，也就促成了所謂真相委員會的誕生。[26]暴力行為規模之龐大，通常有數萬件之多，真相委員會的調查是為了建立大量官僚謀殺的事實。調查委員會變成了主要的機制，以處理現代高壓統治國家的犯行，因為官僚謀殺需要有相對的機關單位來處理，需要有一種回應方式，能掌握大規模而系統性的迫害政策。

當失蹤的倖存者與代表們要求後繼政權揭露軍事統治的事實真相時，就刺激了調查委員會的創立。「國家失蹤者委員會」（National Commission on the Disappeared，簡稱 CONADEP）

的宗旨，就是建立有關失蹤者與被壓迫者的遭遇真相，而如何彌補的問題，則留待處理。雖然受害者團體曾經請願要求建立官方的委員會，而「國家失蹤者委員會」是政治妥協的產物，僅屬於半官方性質。該委員會沒有刑事權，是「發現事實」的機構，而不是調查機構；委員會的宗旨是報告軍事統治下所發生的事情。委員會成立九個月後，發表了一份連篇累冊的報告，確認了被假定已經死亡的失蹤者，報告並記錄了軍事鎮壓的系統性特質。儘管該報告列出了失蹤者的名單，但備受爭議的是，該報告並沒有列出迫害者的名單，而究責於軍事政權的各個派系。這種責任歸屬後來變成了起訴軍方將領的刑事訴訟依據。[27]

設立真相委員會以回應過去的軍事鎮壓，很快就傳到其他國家。只要國家由殘暴的軍事統治轉型時，為了避開對前朝政權的懲罰而迫切面臨的問題即是：過往的錯誤是否就輕易地被遺忘了？真相委員會以「免責」的對策和類似特赦的樣貌出現。在整個拉丁美洲，阿根廷、智利、薩爾瓦多、宏都拉斯、海地和瓜地馬拉，由於大規模的暴力，刑事懲罰的可能性因而微乎極微，這個時候真相委員會就變成了主要的政治轉型機制。[28]智利的後繼政權為了執行自由化的政治轉變，因此對過去的高壓軍事統治作出了回應，設立「國家真相與和解委員會」（National Commission on Truth and Reconciliation），進行歷史的調查。[29]調查僅限於那些在軍方的失蹤政策下，迄今下落不明人士的遭遇，調查報告指出失蹤政策影響了數以萬計的人民。當薩爾瓦多的血腥內戰，在歷經了十年左右終於結束時，有七萬五千人被殺，數萬人流離失所，最後簽訂的和平協定，明訂要創立國際的「真相委員會」，以調查過去的惡行。經過漫長的內戰與訂定和平協定之後，才設立了委員會，其宗旨為記錄那些由支持與反對政府派雙方的部隊，在漫長的內戰中所犯下的「嚴重惡行」。[30]這是二次世界大戰之後的各個轉型期中，首度由外界國際組織對一個國家的惡行進行中立的調查。同樣地，瓜地馬拉經過三十六年的內戰後，終於達成停火協議，漫長的內戰導致了數以萬計人民的死亡與失蹤，停火協議乃是建立在「找出真相」的承諾之上。[31]「澄清歷史委員會」（Commission on Historical Clarification）找到了種族迫害的例證，甚至種族屠殺。宏都拉斯在經歷了十年以上的失蹤政策後，終於在一九九二年設立了「人權保護委員會」（Commission for the Protection of Human Rights），以調查真相。該委員會在一九九四年出版的報告中列出調查結果，約有兩百件失蹤的案例，並列舉了數名軍方高級將領為劊子手。[32]海地的「國家真相與正義委員會」（National Commission on Truth and Justice）於一九九五年創立，調查有關在一九九一年至一九九四年間，在海地國內外發生的嚴重侵害人權事件，幫助所有海地人民的和解。[33]

就像拉丁美洲的情形一樣，非洲經歷高壓統治後，由於新興的民主羽翼未豐，烏干達、查德和廢除種族隔離政策後的南非，都設立了類似的委員會。[34]烏干達在歷經了由專橫的阿敏（Idi Amin）和歐不特（Milton Obote）長達二十多年、造成了幾乎一百萬人民死亡的殘暴統治後，於一九八六年設立了調查委員會。諸多真相委員會對具爭議的事件進行了鉅細靡遺的調查與記錄，其所指出的歷史和刑事責任，以及對個人責任歸屬的處理，具有諸多類似性。查德於一九九〇年推翻了哈布雷（Habré）政權後，採納了國際組織的建議，設立了調查委員會，負責調查並報告前朝政權統治期間所犯下的暴行。該委員會推論有大約四萬人民，曾遭受哈布雷政權安全組織的凌虐與處決。該記錄報告所造成的影響，類似於刑事制裁的羞辱作用：迫害者的個別名字被公開，甚至連照片都被放在報告當中。[35]

廢除種族隔離政策後的南非，亦是採用行政調查來代替處罰。南非的真相與和解委員會對種族隔離時期的調查，乃是依照非懲罰性政策的決心。只要在真相調查的過程中保持合作，就可以得到特赦。[36]真相與和解委員會所出版的許多本報告，都處理了「衝突的兩造所犯下之重大侵害人權罪」，以及範圍較大的種族隔離制度的歷史、機關結構和社會結構。在南非這個高度分歧的社會中，建立真相就是建立和解的基礎。

在缺乏政治動力來進行官方調查時，則是由公民社會的非政府組織，例如教會，來擔任建立集體記憶的工作，調查並記錄過去鎮壓的歷史真相。遭受失蹤政策迫害最深、迄今懸而未決失蹤案人數最多的，大概就是瓜地馬拉的馬雅族了。在長達三十年的內戰結束前，調查失蹤的工作由教會組織「總主教人權辦公室」（英文為 Archbishop Office of Human Rights，簡稱 ODHA；西班牙文為 Oficina de Derechos Humanos del Arzobispado，簡稱 REHMI）一肩挑起。該辦公室所出版的非官方版報告旨在根據受害者的證詞「重建歷史記憶」，而在停火協議達成之後，很可能會出現官方版的報告，將這份非官方版的報告納入。[37]這些非官方版的調查結果，發現種族迫害的驚人程度足以撼動全國，後來這些調查結果也被官方版的報告《沉默的記憶》（*The Memory of Silence*）所確認。同樣的，在南美大陸其他國家，軍事統治的結束並沒有跟著政治轉型（例如在巴西）或進行艱鉅的談判（例如在烏拉圭），政府根本不可能從事調查工作。在巴西只有勇敢的教士們才敢從事調查過往之惡的工作，這些教士們撰寫了一報告，標題為《一不可再》（*Never Again*），內容主要來自軍方控制的檔案，祕密地被揭露出來。一直到今日，教士們的報告仍是少數一九七〇年代巴西軍事鎮壓的記錄，這些報告被散布到國家各個角落。[38]儘管巴西和烏拉圭的真相敘述屬於非官方性質，它們可以等同於南美大陸其他國家的官方報告，例如阿根廷，這證明了只要依循可靠的轉型形式，就算非官方版的報告也會被當成社會真相。巴西和烏拉圭的報告，都很適合當成官方版的報告。這兩國的報告都叫做《一不可再》（*Nunca Más*），兩份報告都明白沿襲阿根廷的第一份真相報告，無論在名稱、組織、對調查前朝統治下發生之事的範圍規定，以及證據的來源（源自正式的官方資料）方面。這樣一來，非官方版的報告也建立「正式」的真相。巴西的報告完全由政府檔案中取得資料，雖然不是審判記錄，但實際上也等於是國家罪惡的告白，由巴西主要的教士們完成。而烏拉圭鎮壓的特徵主要為非法的監禁與凌虐（而不是處決），所以那些從前遭受監禁的倖存者，可以提供證詞作為歷史記錄的直接證據。[39]這些拉丁美洲的真相報告《一不可再》，提出了承諾，嚇阻未來的刑事犯罪，這通常被視為處罰的職責範圍。[40]阻卻未來的罪行，通常是懲罰的主要正當理由；然而，在轉型時期則是以其他替代方式（行政調查）替代這種法律原則的問題。在前述追求刑事正義的國家中，這些報告受重視的程度，指出了轉型期在刑事和行政方面的連續性。

被委任的真相：官方真相的知識論

轉型期的調查可以告訴我們官方真相是如何產生的。真相委員會的出現（非傳統的審判，而是半官方的調查）挑戰了我們對歷史正義的本質與形式的概念。就如待會將加以詳細闡述的，轉型期真相的知識論，和真相委員會的行政結構、權力與程序息息相關。民眾對過去歷史的知識，是由縝密的程序產生的，藉由迫害者、受害者、社會的陳述，讓歷史調查具有社會共識的基礎。真相是在沒有爭議的程序中得知且正當化，這種程序能夠連結歷史判斷和可能的共識。真相委員會旨在「處罰或免責」的轉型問題問題上作出有原則的妥協。半官方性質的委員會被行政機關賦予權力，而行政機關一般是檢察權的來源。有些真相委員會具有較大的調查權，比方說發出傳票權，例如南非的真相與和解委員會，但沒有一個真相委員會具有完全的司法權。公共真相的建立仰賴政府外的其他批准程序，而且是由人民授予的。能為社會所接受的轉型期真相，在新興的民主結構內產生，透過兩種敘述管道：人民和菁英代表。真相委員會的委員們通常由著名的人士擔任，他們因為正直、高道德的菁英身分而雀屏中選。而且委員會則要做到政治的平衡並維持中立。中立的問題對於剛脫離內戰的轉型期而言特別重要；舉例來說，內戰過後薩爾瓦多的政治中立問題，導致了真相委員會成員必須由非薩爾瓦多籍人士擔任，也就是沒有捲入薩國兩極化對立的外國人。同樣的情形也發生在瓜地馬拉的「澄清歷史委員會」。此處一直重複出現的是，真相必須是中立的、不偏不倚，因此是「外來」的。[41]

什麼構成了「官方版的敘述」？如果說真相委員會的委員們提供在政治上維持冷靜與中立的道德性權威，那麼受害者就是以慷慨激昂的聲音提供道德權威，因為他們親身經驗了國家暴行。前朝高壓統治的受害者提供歷史調查最主要的證據，為國家新歷史而服務。真相委員會依賴受害者的證詞，而且是全盤依賴，因為它不同於審判，沒有挑戰的質疑或交互詰問。先前受到國家迫害最多的，現在變成了最可信的證人，發出權威的聲音。當受害者的證詞由類似半官方作者身分的委員們記錄下來時，就形成了共有的國家真相的敘述，以及轉型期共識的基礎。

社會對於過去的了解是透過公共過程建立的。這些程序產生了民主的真相，有助於建立一種社會共識的氣氛。這些程序也是履踐式的（performative），它們採取了一種深度批判和轉型的認知，這是一種儀式，它會轉化以前高壓統治的知識政策。高壓政權濫用免責權，而軍事政權則擅長掩蓋事實真相，相較之下，後繼政權則重視正當程序。接受審訊的權利是政府行政程序傳統的一部分，公開肯定政治參與的權利以及個人尊嚴。行政調查必須仰賴人民的參與，由國家提供強烈誘因鼓勵人民參與，例如受害者的賠償和迫害者的免責。南非的例子可以作為政府提供誘因的範例，那意味著行政委員會必須仰賴有條件交換的證詞和告白，而這些條件則是承諾賠償和特赦。進一步來看，除了這些誘因之外，作證的過程本身也被認為有滌清（cathartic）的作用。如果前朝政權未能保障人民免於安全受到侵犯，那麼在自由的統治下，政府的審訊可以復原從前受損的尊嚴。如果委員會的審訊在以前鎮壓的地點公開舉行，受害者證詞的影響會更加有力。這樣的公開程序也在某種程度上正當化了新政權。那些從前被凌虐、被迫保持沉默的人，現在可以公開討論他們在高壓統治時期的經歷。[42]倖存者的敘述被拿來互相比較，而系統化的迫害方式也被揭露。這些敘述和其他的證據結合在一起，構成了官方的真相。真相委員會的委員們熟練地將受害者及其他證人的證詞重新整理成國家鎮壓的單一敘述。官方的真相報告具有獨特的敘述形式，所以真相委員會的主席通常由重要的作家來擔任，就一點也不令人感到意外了，例如阿根廷的指標性委員會「全國失蹤者委員會」（CONADEP）的主席，就是知名作家恩尼斯・薩巴多（Ernesto Sábato）。

轉型期的真相調查必須確立在先前的邪惡統治下事情的真相。真相委員會的措施，一般都是遵守記錄事實的原則；而真相報告則使用官方記錄的文體風格。讓我們來思考一下「官方真相」是依據何種標準來確定。美國的法律強調「提供證據的準則」（standard of proof）是作為區分刑事和民事的實情調查的主要根據。然而，這種不同的「提供證據的準則」觀念，若由其他的法律文化觀點來看，不免覺得奇怪。因此大陸法系統的作法恰恰相反，其真相乃是一種普遍單一的認知，超越了特定的訴訟程序。[43]轉型期真相委員會混合刑事與民事的調查，企圖用同樣的單一模式來調查「真相」。大部分的委員會都省略所謂適當的證據標準的問題。當薩爾瓦多的真相委員會面臨這個問題時，該委員會採用了雙重來源（two-source）規則，也是歷史學家和新聞工作者一般所採取的原則。最低的證據標準，「充分證據」（sufficient evidence）如同「佔優勢的證據」（preponderance of evidence），必須有多於一個以上的來源。[44]

真相報告不是概述，而是鉅細靡遺的記錄。報告包含了無數的細節，它們記錄了在綁架事件發生時失蹤者所在的街道、拘留中心的名稱、施虐者的綽號、獄友的姓名，以及證人的姓名。[45] 每個細節都用簡單平實的文字記述，沒有任何文字的雕琢。透過平鋪直敘的記實文字，那些令人難以置信的恐怖罪行，成了可信的事實。細節記錄得越詳細，越能夠反駁前朝的沉默暴行；記錄越精確，就越少有詮釋的空間或否認的機會。在所有的轉型期歷史中，我們看到官方的真相必須很準確。準確的了解，才能修補過去事件所造成的缺口，因為這些事件的恐怖程度和國家主導的範圍，令人無法相信而容易遺忘。因此，有關國家暴行的官方真相，必須仔細地記錄，官方敘述國家暴行的典範，乃是文字的敘述。儀式性的究責廢除種種「祕密行動」而翻轉了失蹤政策。文字的解釋回應並限制了其他可能的敘事。這些「報告」成了記述侵害人權事件與暴行的主要方式。對其記述風格的最佳描述，莫過於「司法性」（juridical）敘述。[46]

記憶的政治：歷史政權與政治政權的聯繫

我的夢就像是你的徹夜不眠的守夜。

喬治・路易斯・波赫士（Jorge Luis Borges）★
《個人文選》（*A Personal Anthology*）

要讓真相成為「官方真相」，需要某個程度的民主共識；然而，在轉型期，民主過程通常尚未完全鞏固，它意味著轉型期知識生產的權威和正當性。因此，在轉型期的真相訴說中，總會有人嘗試結合歷史與政治的究責。轉型期的真相政權不是自主性的，而是和特定的知識創造過程以及轉型前的歷史敘事牽扯不清的。對所創造出歷史的共識，可以從公領域中真相的散播與接納來斷定。這個「官方真相」是從哪裡獲得權力的呢？在民主化過程中，公開報告（presentment）與批准（ratification）的立法過程，展示了權威與正當性。在真相調查完成後，報告會呈給任命調查委員會的政府單位，通常就是新政府的首長。[47]接下來就是真相的發佈；以智利為例，「瑞亭格調查委員會」（Rettig Commission）將真相調查報告呈給總統之後，報告才正式對全國公民發佈。[48]調查薩爾瓦多的國際委員會，將報告呈給聯合國，也是類似的過程。[49]

究責是個公開的儀式，通常會伴隨著政府的公開道歉。舉例來說，軍事統治後的智利，總統在大型體育館中公開對全國報告真相委員會調查報告的重點，這個體育館也是軍事統治

★譯註：喬治・路易斯・波赫士（Jorge Luis Borges, 1899-1986），阿根廷的詩人、散文家、短篇小說家。

時代，政府逮捕與虐待政治犯的地點，再再顯示出關鍵的公開儀式是種反轉過程，它收編了前統治者壓迫的儀式，在執行過程中摻入新的意義。[50]在報告的演說中，總統派崔西歐・艾爾文（Patricio Aylwin）承認過去「政府情治人員」造成的許多「失蹤人口」，也就是正式承認國家的責任，並對社會道歉。艾爾文總統「以國家元首的身分，代表國家，承認國家對受難者家屬的責任。」[51]受難者的名譽被獨裁政權毀謗污衊，被塑造成「國民公敵」，而轉型期的道歉則提供了一個機會，公開還受難者一個清白。這些公開動作所造成的社會影響，遠比消除一般污名的行動來得深遠，並加深歷史正義與補償正義的關係。在總統代表國家對受難者負起責任時，他同時也對舉國上下強調「公開承認受難者的苦難」的重要性。

由國家元首公開提出真相報告，很微妙地表現了轉型期政治究責，也生動地傳達了後繼民主政治的兩難困境。當新的真相政權建立，民主政權的元首代表政府向全國民眾為舊政權所犯下的罪行道歉，這蘊含著國家權力與法治在某個程度上的連續。轉型期的道歉讓國家責任得以延續，但同時也容許某個程度的中斷：放下過去的苦難。當然，國家元首的正式道歉對承認政府的過錯是很重要的，特別是在國際關係方面。[52]這在國際上是普遍的慣例，不過，它對轉型期國家內部新政府與人民的關係也很重要。轉型期的道歉，可以說是發掘真相過程的高峰，幫助政權的轉移。

如果說，真相委員會的任務是重建過去獨裁政權罪行的歷史，那它的工作就遠超過事實的堆積。因為它們要處理的問題是有爭議的國家歷史。真相委員會如同後繼政權的審判一樣，是歷史究責的公共論壇，它要追溯有爭議的、充滿創傷的事件，因為轉型蘊含著真相政權的轉移或替換。真相之所以有爭議，關鍵在於前獨裁軍事政權的暴力本質。在傳統軍事報告中，暴力是以「戰爭」之名而行，失蹤的都是「亂黨」，高壓統治是「向顛覆行為宣戰」。真相報告便是回應這些表述，用民主時代發掘的真相來取代獨裁政權的說辭。[53]前朝國家想像的轉型，是透過新政權的敘事裡的兩個機制，我稱為「分類」（categorization）與「描述情節」（emplotment）。這兩個機制是轉型期新政權用來重述與重整國家用來證成過去的正當化說法的。要將舊政權的行為定義為非法，必須在陳述中強調過去與現在對事件的不同詮釋，並且對比其差異，以推翻獨裁政權的說法。舉例來說，智利的真相報告區分獨裁政權的行動，將「政治暴力」與「違反人權」兩項的受難者分開。[54]用加害者與受害者的身分與行動來呈現真相，顛覆過往獨裁政權的說法。過去所發生的事實，在不同類別的呈現下，有了新的意義。除了挖掘被隱藏的事實外，真相委員會更重要的貢獻，是重新思考描述政治暴力的語彙，如「武裝衝突」、「叛亂」、「政治恐怖主義」、「殘害人類罪」、「種族屠殺」等。所謂歷史的轉型，便是對於具爭議性的事實重新分門別類、並明確地重現，特別是對獨裁者政治暴力本質的闡述。因此，國家安全及其教條往往是關鍵的事實。後繼政權的報告，挑戰獨裁軍事政權的說辭，主張不能原諒以國家安全為由、以鎮壓暴動為名的殘酷暴行；被獨裁政府屠殺的不是政治暴民，而是平凡的老百姓；「擾亂社會治安」不能成為失蹤的理由。當阿根廷的《一不可再》真相報告嚴肅指出五分之一的失蹤人口是學生[55]，受難者是「手無寸鐵的平民」時，它便構成真相政權中推動改革或轉型的關鍵要素，並推翻了舊政權政治暴力的藉口。因此，大部分後繼政權的真相報告都致力於指認受難者，並且有系統地分類，這足以對獨裁政權造成嚴重的影響。單單指出受難者是手無寸鐵的平民，而非武裝暴民這點，就可以反駁舊政權「向恐怖主義宣戰」的說辭，同時建立軍事獨裁者「有系統地執行政治迫害」的事實。

然而，要重新界定何者是可接受的政治暴力，何者是違反人權，那並不是件容易的事，它要負擔的政治風險很高，分際十分模糊，特別是在報告中用兩者並陳的方式，容易把兩者在司法與道德方面劃上等號。真相政權本質上是支持和平、法治與新民主政權的政治目標，它不見得對歷史完全忠實，也因此真相政權可能不甚穩定，甚至很快就會結束。換句話說，真相是為特定的政治條件服務的。

上述的緊張狀態，一方面要確保歷史和平轉移，另一方面又要固守對過去暴行的轉型認知，也可以在內戰後的轉型期見到。內戰後轉型期的歷史究責通常是以特殊的方式進行，那就是「談判和解」（settlement）。類似內戰衝突後的談判協商必須仰賴歷史解釋，才能達成和解的政治目的。要讓衝突停止，端看內戰雙方是否能對調查歷史真相做出承諾，這個調查團必須由雙方的代表組成。因此內戰後的調查委員會被交付的任務，便是由交戰雙方的說辭中建立一個統一的歷史陳述。這個陳述是雙方協商後的結果，雙方同意共同擔負責任，不過，當然政府還是佔有主導的角色。這些歷史解釋最能夠清楚呈現真相政權與政治政權之間的關係。

近來在中美洲與非洲，有許多以上述談判協商來中止衝突的例子。薩爾瓦多和瓜地馬拉兩個國家的內戰，都是在交戰雙方同意共同組織委員會來調查執政者與反對者的暴力，最後共同提出一個版本的報告後才中止的。[56]內戰之後的真相委員會所擔負的斡旋調解功能，是轉型成功與否的關鍵。在近代的內戰後轉型期，同時包含軍方與「叛軍」兩方暴行的真相報告，提供了以歷史為本的和解形式。因此在薩爾瓦多的真相報告中，內戰被稱之為「嚴重的暴力行為」，報告分列兩大部分：一是政府情治人員對反對者的暴行，二是「國家解放陣線」（Frente Farabundo Marti para la Liberación Nacional，簡稱 FELN）對其反對者的暴行。報告中用各項案例來平衡政府軍與反對軍雙方的暴行。瓜地馬拉「澄清歷史委員會」的報告，則將衝突稱為國家軍隊與叛軍的「兄弟鬩牆」。[57]由於薩爾瓦多與瓜地馬拉內戰的傷亡人數太大，真相委員會也只能調查有限的個案。因此，兩種（政府與反對者雙方的）暴行，以平行的類別、平行的標題以及雙方的個案實例，並陳在同一報告中。[58]於是，一個「平衡過」的歷史出爐了，它的敘述本來就是用來支持政治協商的。

就南非的情況，這樣的協商甚至變成法律。在先前鋪天蓋地的種族隔離政策的前提下，南非真相委員會的任務是同時要調查舊政府人員與非政府人士的罪行。[59]南非「真相與和解委員會」報告中出現了在道德方面將兩者並置的問題。報告第二輯的重點是放在加害者上，它開宗明義指出舊政府在迫害行為中的角色，但接下來馬上轉到「解放運動」者的暴力行為。此外還有另一個更加複雜的並置，出現在真相重現的過程中。加害者與受害者有著平等的地位；加害者也被當成是受害者：

> 邪惡的與無辜的人，同樣都是受害者……被非法虐待、截肢、受重創等受難者的家屬，可以在發掘真相的過程中獲得力量，加害者也可以從罪惡感的重擔中得到解脫。由此國家邁向一段漫長卻必要的、治癒過往傷痕的過程……。[60]

漢娜．鄂蘭關於在以色列審判納粹的「報告」，便是其中一個例子，該書點出這類「轉型期敘事」在倫理與政治上的蘊含。[61]鄂蘭所謂的審判報告其實是用並陳的方式，不停地描述加害者，特別是納粹頭子艾希曼的罪行與責任。報告用並陳的手法重複描述艾希曼運用行政體系壓迫受害者用的方式，以突顯所謂「邪惡的平庸性」。

轉型期的歷史正義會有過於政治化的風險，這在各國的真相報告中都有例證。由於在調查展開之前，交戰雙方已達成政治協議，真相委員會對某事件的陳述就不免有「樣板」之嫌。這裡的問題是，先前已達成的政治協議是否限制了調查的獨立性，甚或會「預先決定」調查結果？政治的再現如同連續和中斷的光譜，蘊含著對於自由化改變的可能性的認知。若將這兩種（政府與反對者的）暴力並列，它所呈現的是連續性，是政府過錯的相對化，是將獨裁政府壓迫的國家機制等同於反對勢力的零星反抗。由政府與反對者共組調查委員會，並列雙方的暴力行為，即是將政府情治人員與非政府人士相提並論，這樣的比較是很有問題的：將兩種暴力並陳於同一份文件中，很明顯創造出對稱的效果，甚至將兩種不可相提並論的惡行畫上等號：這就是道德上的等同。

用不同的敘事結構與情節描述，可以讓「轉型期敘事」出現多重的版本。其中一個關鍵是把歷史鏡頭拉遠的程度。如果將歷史脈絡拉得很遠，而不是放在當下的背景來看，我們會看到循環性的暴力。如果歷史的解釋是要還原先前存在的歷史類別與判斷，那麼所分析出來的暴力本質與起因便會太過專斷，而不能包容轉變的可能。[62]

不過，轉型期的調查委員會也可以促成其他轉型更激烈的規範性真相政權。當新民主政權的真相報告採用獨裁時代的分類法來記錄其高壓暴行，它其實是做出了「批判性」的回應。這種「反面解釋」方式能否成功，端賴它是否運用獨裁政權本身在司法上的分類。用駁斥獨裁者本身的敘述來顛覆它，也是歷史究責的一種方式。這種歷史究責通常是藉由記錄、再現與確立新敘事角度等三個原則來進行。這種報告的目的，在於顛覆獨裁政權的分類法，以暴露其罪行的本質。真相委員會之所以要不厭其煩地、吃力不討好地建立詳細檔案，便是要建立「反面解釋」的權威性。由此便可建立歷史正義與刑事正義間的關聯，如果審判可以決定某過往事件的真確性，使其爭議性消失，那麼轉型期的真相調查也是以達到同樣的決斷為目的。

真相還是正義：真相是正義的前奏嗎？

現在我們來談一談在政治轉型時期中歷史敘事的角色。轉型的真相訴說是不是正義的一種形式？又或者歷史敘事是正義的先驅還是正義的替代品？歷史究責是不是轉型本身的目的，而非達到另一目的手段？真相的建構是不是「履踐式」的，它是不是工具性的？轉型期正義的建構有個重要的「履踐」功能，那就是展示「大和解」。真相委員會的審訊，將受害者與加害者齊聚一堂，用他們的證詞，來參與國家重建過程。除了受難者的證詞之外，委員會也要參考加害者的自白，因為主要的目的是在和解。把加害者跟受害者放在一起談論他們的經驗，真相委員會的調查達成了「重演」過去的目的。受害者與加害者一起作證，有自我滌清的功效，還有改變個人過去經驗的可能。然而，雖然上述過程有滌清癒傷的功能，加害者與受害者的要求以及國家的利益之間，還是有潛在的衝突。在各國的轉型期中，常可見到受難者不滿特赦法，要求保障他們對真相的求知權。阿根廷的「五月廣場之母運動」（Mothers of the Plaza de Mayo）以及南非的「畢可家族」（Biko family）便是很好的例子。[63]

除了潛在的衝突之外，真相還促成其他更深遠的影響。對過去事件詮釋的改變，為政治轉變找到正當性。一旦新的真相政權建立，它便成為設立其他主張的標準。由此可推，歷史究責是轉型期的動力。新建構出來的社會反應，會改變政治與法律版圖。因此，「真相」不是自然而然產生的社會反應；重建關鍵史實和其他社會措施是密不可分的。當「真相」為眾人所知，當某些關鍵的知識為眾人所接納，它會促成其他法律程序，例如對加害者的懲罰、對受害者的補償以及其他制度上的變革。

某些國家在開始探究過往時，其實並沒有設定探索的方向。有人視真相探尋為法律過程（如起訴控告等）的先驅；但也有人視真相探尋為完全獨立的階段，和其他的社會反應一樣。舉例來說，《不可再》報告是阿根廷處理過往傷痕的第一個步驟。一般而言，「真相委員會」不會透露個人加害者的名字，[64]但阿根廷的真相委員會卻將有嫌疑的加害者名單呈上法庭，為其後的個別審判鋪路。揭露個人過往罪行，會導致審判與定罪。這種在轉型期以調查結果作為懲罰的前奏，跟一般時期的司法程序並無不同。以加拿大和澳洲為例，在調查該國政府參與第二次世界大戰相關罪行時，最終也導致刑事訴訟。在戰後餘波中，事件的意義不會是靜止不動的。除非真相調查的過程在開始之前就受到控制，不然它難免會引導至不同的方向，如審判、刑事懲罰、對受害者的補償以及整個制度的改變等等。

到底是真相還是正義？前面已說過，在某些國家，真相探究不被視為司法懲罰的前奏，而是獨立的另類選擇。[65]在某些情況下，當司法懲罰不可行，或政治情勢不容許公開懲罰加害者時，調查歷史的過程便成為另一種選擇。舉例來說，在智利、薩爾瓦多、瓜地馬拉及南非等國，以牙還牙的正義是不可行的，他們的真相探究過程受到嚴格控制，從一開始就是為了符合新政府提倡和解的政治目的。即使如此，它還是一種「假性懲罰」，在某個程度上滿足政府的利益。在智利「真相與和解報告」所用的語彙中，真相本身即是「道德上的定罪」。

很多人認為真相和正義不可能同時並存。然而，我在前述的刑事正義提過，對過往高壓統治時期的知識建構，有各種不同的形式，因此選擇用刑事或歷史來探尋真相，並不能代表所選的是正義還是真相。問題應該在於我們要探究的是何種「真相」？

要界定轉型期真相政權的特質，要看新民主社會對「真相」再現的多元包容程度。如果轉型旨在建立未來的和解，那麼只能以共同的歷史陳述來凝聚社會裂痕。對於歷史的共識和建立政治共識的過程是息息相關的。因此，這樣的轉型期社會只能有一個版本的歷史解釋，其他的歷史解釋都會被壓下來，而且政府會用各種方式來吸引受害者與加害者一同參與所謂「官方的」歷史建構過程。向受害者正式道歉，對加害者提供特赦，這兩種方法都是為了防止「反面解釋」顛覆官方解釋的可能性，這在南非的歷史探究過程再清楚不過。壓抑另類的解釋其實是「箝制言論」的一種方式。[66]其他箝制言論的方式，會出現在轉型期其他階段，容我在本章稍後再做討論。

真相不是正義的同義詞，但它也不是獨立於正義之外，倒不如說，真相是正義的道德表現。歷史究責和其他轉型的究責有著緊密的關聯，它們都構成對過往的各種集體記憶。轉型期歷史可以達到刑事懲罰的象徵性目的。更進一步來說，歷史究責與刑事究責的另一個關聯是對個人罪行的追究。南非的「真相與和解委員會」的調查過程中再清楚不過的是：它的歷史證詞是由個別案例的個人特赦來決斷的。如同一般犯罪的司法程序一樣，個人的認罪才能作為犯罪的證據，而調查也是以偵察個人罪行為原則，之後才將調查結果公諸於世。「公佈個別加害者的罪行」本身就是一種非正式的懲罰，讓加害者「沒臉見人」，讓他們遭受被社會排斥或放逐的壓力。不過，這種懲罰還是有其缺陷，它可能讓加害者遭受無邊無界的譴責，最終可能會威脅到法律原則。67

歷史正義與刑事正義的第二個關聯是提供受難者補償，以及將新舊政權做一個明確的劃分。重述受難者的遭遇，有「翻案正名」的作用，還給原本被誣指為政治犯的受難者一個清白。在拉丁美洲的許多失蹤人口，以前就是被指控為擾亂國家安全的暴民。在東歐與前蘇聯，類似的翻案過程也在民主化過程中起了很大的作用。一直到現在，替史達林時期數以千計的政治犯正名，一直是俄國人權組織的重要工作；其中值得一提的是「紀念受難者」（Memorial）這個團體，該團體成立於一九八〇年代後期致力於為政治犯正名，揭發獨裁時期的政治壓迫。為受難者翻案正名有幾種方式，包括推翻對個人的控訴、通過立法、將真相報告公諸於世並公開道歉、出版對獨裁政權的「反面解釋」等等。這就是轉型期歷史正義和平時歷史正義不同之處，它普遍帶有一種「撥亂反正」的目的。不管是保全受難者的名譽，或是讓這個支離破碎的社會恢復和平與和解，在這些個案裡，真相的目的是個「永恆回歸」（eternal return）的故事。

再者，歷史正義連同其他轉型期正義，其功效在於推動自由化與撥亂反正，所以，許多真相報告不只揭發罪行，還會繼續提出許多結構性的建議。舉例來說，薩爾瓦多的真相委員會，不但指出軍方的高層將領要為大規模的人權侵犯罪行負責，還建議要大舉肅清國家軍隊。[68]許多拉丁美洲國家的真相報告，都將獨裁高壓統治歸咎於缺乏一個獨立的司法制度，所以他們一再建議要加強司法機制，以及整體改革法律機構文化，特別是有關於人權的法律與機制。[69]轉型期的究責通常都會「變身」為比較常態持久的機構，例如烏干達的真相委員會，最後變成常設的人權辦公室（政府部門），專職調查新民主政府下的人權侵害事件。[70]在智利也有同樣的情況，其真相與和解委員會最後成為「智利國家補償與和解法人團體」（National Chilean Corporation of Reparation and Reconciliation），它也處理新政府的人權侵害案件。[71]

最後，在獨裁後的民主社會公布真相報告，其目的也在於改變公眾對國家暴政的意見。真相報告通常會揭露過往社會對國家暴政的高容受度。社會對暴政的容受，特別是社會菁英，反映了人權侵害在控制反對勢力的理由下是可以被接受的；而且，獨裁政治在某些區域之所以橫行，就是這種姑息態度助長了軍事的高壓統治。[72]如果懲罰代表的是一個社會不能容忍某些行為，那麼其實許多獨裁後的民主社會，都缺乏「何種行為不能被容忍」的共識與標準，特別是針對獨裁政權的罪行。真相報告對獨裁政權的批判，比如說藉由起訴等方法，可以打破前獨裁政權下的「社會沉默」。由此，社會對國家暴政的容忍度會慢慢減低。

在了解真相委員會及其調查報告在轉變社會對國家暴政態度中所扮演的角色後，這個態度的轉變如何促進歷史正義與責任清償？官方真相報告的敘述方式，又如何建構出歷史責任的意識？它所建構出來的意識，可以構成歷史的「正義」嗎？雖然轉型期真相報告通常都否認自己有審判的角色，但這樣的否認只適用於狹義的「審判」。[73]因為真相調查與報告本身的形式，其鉅細靡遺的起訴報告及公開的儀式，跟一般的刑事控訴非常接近。所以真相報告可以說是以記錄歷史事件與使用法律語言的方式，對個人侵害人權行為提出一種形式上的審判。它的歷史解釋是用法律的語言寫成的，包括身分、權利、罪行、責任、請求、以及應得權益等等。如果加害者不是個人，這在真相報告中是常有的情況，那麼審判的對象往往是整個社會。這類的解釋就比一般刑事犯罪的司法系統來得合理，起碼它可以達到較廣泛的社會正義，雖然它無法追溯個別加害者的責任，也無法為個別受害者翻案正名。在刑法正義的範疇下，歷史解釋像法庭的裁決一樣，是以個案為單位的，但是審判整個社會的行政調查有其優勢，可以將歷史視界放寬，更可以全面了解國家的歷史傳承、社會結構與政策，這一切都關乎罪行的責任歸屬。在視界寬廣的歷史探究下，加害者與受害者在調查國家的起訴政策時再度連繫起來。

真相委員會的調查過程代表了歷史對某一個高壓政權的回應，具體來說，就是表現了歷史政權與政治政權的關係。因為它對舊獨裁政權的歷史、法律、與政治的再現做出嚴厲批判，官方的真相報告才能提供轉型期其中某種形式的究責，而且能有限度地回應所有政治上的訴求。在真相委員會的調查過程中，政治真相在很短時間內一次就完成它的建構，這顯示出真相政權的改變與政治政權的改變是同步的。轉型期歷史的形式與過程揭露了它工具性的、高度政治化的本質；它之所以政治化，是因為所探究的真相根本上是推動某種社會改革所需的公共認知。由於這是轉型期最迫切需要的社會反應，所以要很快就創造出新的「故事大綱」；「真相」即是一種公開的、明顯的政治建構，它塑造了轉型的方向。

讓我們回到本章一開始所提出的問題：什麼是轉型時期歷史的本質與角色？轉型啟發了歷史調查的社會架構。雖然一般都認為是當前（新民主時期的）的社會與政治架構，影響對過去的共同記憶的建構，[74]但是這種平時的關係並不適用於轉型期。在極端轉型的時代裡，共同記憶的建構過程是不同的，因為它仰賴的架構本身也是過渡性的。官方的真相調查過程，例如委員會建構的「正史」（state histories），本來就是為了達到民主化目的而寫的。所以該正史的改革性、前瞻性與它在國家和解與自由化過程中的政治角色，是不言而喻的。被建立出來的「真相」，其實就是一個「可用的」過去歷史，乃是為了「已改變的未來」所生。轉型期歷史，履行兩項主要的功能，就是對於過去被壓抑甚至消失的一切，不但不全然相信它，還要「重新解釋」它。所產生的是對自由化的「履踐性」敘事，在國家政治傳承的背景下，這的故事就具有自由化的功能。

極權主義遺毒下的歷史正義

當前極權主義制度的基石，是一個掌握所有真相與權力的中央，它是一個制度化的「歷史根據」。

在後極權主義的制度中，最廣義的真相有個十分特別的意義，是其他時代背景所沒有的。在後極權主義的制度下，真相扮演著一個比其他時期更深層的（亦是非常不同的）角色，它是影響權力結構的因素，或者，倒不如說它本身就是一個政治勢力。真相的權力是怎樣運作的呢？真相是怎樣影響權力結構的？真相的權力——作為一種勢力本身——是怎樣體現的？

哈維爾（Václav Havel）

《公開信：作品選集一九六五至一九九〇》（*Open Letters: Selected Writings, 1965-1990*）

黑格爾曾說過，所有偉大世界歷史的史實與人物，都會出現「兩次」。但他忘了提一件事：第一次發生時是悲劇，第二次就變成鬧劇了。

馬克思

《路易拿破崙的霧月十八日》（*The Eighteenth Brumaire of Louis Bonaparte*）

人類對抗權力的艱苦奮鬥，就是記憶對抗遺忘的掙扎。

米蘭・昆德拉

《笑忘書》（*The Book of Laughter and Forgetting*）

「生活在真相之內」，是許多共產國家內的反對者在挑戰極權統治時打出來的口號。[75]然而，在獨裁政權倒台、政治轉型之後，「生活在真相之內」代表的是什麼意思呢？他們又如何能從「生活在謊言中」的習慣走向一個公開、民主的社會？傳統的獨裁政權，比如說拉丁美洲的軍事獨裁者，傾向於利用地下情報、無故失蹤、免責等手法施展其權力，來避開歷史的譴責。如果舊獨裁政權對知識力量的掌握是這樣的，那在轉型時期只要清楚建構一個共同歷史記憶，便能扭轉獨裁政權所造成的影響。然而，在共產主義垮台之後的轉型社會，有不同的官方真相訴說過程。這樣的真相重建過程，完全不適用於從共產極權轉型的社會，因為共產國家的官方歷史本身就是造成高壓統治的罪魁禍首之一。馬克思主義對進步歷史（progressive history）的意識型態已經將極權統治合理化了。在柏林圍牆另一邊（指東歐與蘇聯）的共產國家，其極權高壓統治最大的表徵便是國家安全情治體系，以及全面監視的方法。所謂極權主義，就是國家的權力至高無上、無所不在，包括全面控制文化與歷史的權力。極權主義的傳統就是公然用國家歷史來達到政治目的。[76]這裡要提出一個令人苦惱的問題：舊極權制度所累積下來的歷史文件，要怎麼處理呢？從分析「檔案」（archive）這個字的字源，可以一窺它的重要性：「arche」一字原本的意思是「開始」，同時也有「政府」的意思。[77]檔案可以顯示出政府和它的規範性開端之間的關聯，在轉型期再明顯不過了。在一般的獨裁政權倒台後，社會很容易形成揭發過去歷史的共識；然而，共產國家的轉型期並沒有這樣的共識。在極權主義下台後，他們一般會對舊極權制度下遺留的國家歷史無所適從。

因為在後共產時期，「必須建構一個官方的歷史解釋才能順利轉型」這個概念，似乎是完全不適用的。在高壓極權統治的傳統下，所謂官方的轉型期真相到底有什麼意義？由於極權主義用國家歷史來達到政治目的，前共產國家在轉型到民主社會時便不能透過建構官方歷史，來揭露與挑戰過去的高壓歷史。

所以，共產國家從極權主義轉型到民主社會時，並不像前軍事獨裁國家一樣，用大規模的歷史調查，來達成政治轉變的目的。因此，對前共產國家來說，轉型期歷史正義的意義是獨特的、偶發的。拉丁美洲及其他地區，在軍事獨裁政權的高壓統治下，所造成的是無故失蹤與不確定性，而共產國家的高壓統治卻造成非常具體的效果，那就是國家對歷史事件建構的控制無所不在。這個控制到了後共產時代，還是同樣影響著轉型期社會的歷史反應。極權時代的檔案記錄不停再生、無所不在，在這種陰影之下，歷史和其他所有一切都在國家的控制中；在這種情況下，自由又有什麼意義呢？歷史又如何才能有解放的作用？這是誰的歷史？誰的知識？

因為重建官方歷史不符合後共產社會的利益，所以其轉型期社會反應會傾向於揭露極權時期某些關鍵政治時刻的真相，以及掌控之前被控制的歷史。後極權時代的歷史調查會集中在釐清舊政權扭曲歷史的手法。單單獲得這樣的知識，就可以顛覆無所不在的極權統治：如同後獨裁民主政權的歷史陳述所具有的目的，後共產時期的歷史調查也是要抵抗舊政權對某些爭議性歷史的詮釋。因此，轉型期歷史正義要放在前國家歷史的脈絡中才有意義。它應該被視為對先前國家歷史詮釋的回應，這樣的歷史解釋才能提供嚴厲的批判。

對前共產國家的歷史究責都發生在政權移交的關鍵性時刻，也就是在自由與壓迫之間有明顯的分野時。前蘇聯國家安全委員會與共產黨的檔案開放，具有高度政治敏感度。它們在審判共產黨所作所為是否合憲時扮演重要的角色，因為掌握這些檔案，就可以找到多年來共黨非法行為的證據。[78]在俄國，這些檔案的政治化程度，可以從其不需立法程序就輕率地開放上看得出來；基本上是由總統下一道命令，這些檔案就從國家安全委員會及黨庫中轉到國家檔案。[79]而東歐前共產國家在走出極權時代時，關乎歷史正義的中心議題是，到底誰是迫害者？極權政權可以說是「外敵侵略」，也可以說是內部的鎮壓。這個問題在政治與法律上所造成的影響非常深遠。所有東歐前共產國家轉型期的目標，都是要重新建構極權時代高壓統治開始時關鍵的歷史空白，以及隨之而來的政治轉捩點。在匈牙利是一九五六年的鎮壓暴動；在捷克斯洛伐克有一九六八年及一九八九年兩次鎮壓；還有一九八一年的波蘭。歷史調查的目的是為了重建在冷戰陰影下的歷史。

在前捷克斯洛伐克聯邦共和國，起碼有兩個這樣的關鍵時刻。其中之一是「布拉格之春」。捷克政府成立「一九六七至七〇年事件調查委員會」，其主要任務便是要調查這段被前蘇聯侵佔的歷史真相，直到前蘇聯解體、東歐各國脫離蘇聯控制，紛紛釋放出跟該事件有關的檔案之後，他們的工作才可能進行。該委員會成立於一九八九年，到一九九二年完成任務後，將所有的檔案交給「現代史研究院」（Institute of Modern History）保管。另一個關鍵時刻，則是一九八九年所謂的「天鵝絨革命」。另外還成立了類似的委員會，以調查一九八九年十一月十七日發生的事件，以及政府用武力鎮壓的企圖。由國會特別委任的「十一月十七日委員會」（November 17 Commission），在一九九一年完成調查報告，在同年三月二十二日舉行的全國代表大會上，公開宣讀這份報告，還由電視轉播。這個公開而高度政治化的揭露方式，有「滌清」的功效，[80]同時對過去的知識做一個摘要，就像清腸解毒的瀉藥一樣。這樣的作法，我會在第五章做詳細的討論。

一九八一年十二月十三日的華沙燃起政治變革的希望，但隨即被吹熄。那天，波蘭當時的政治領袖亞魯斯基將軍頒佈戒嚴法，鎮壓「團結工聯」反對派人士。一九八九年之後，這段歷史變成國會特別委任的「憲法究責委員會」（Sejm，Constitutional Accountability Commission）調查的重點。[81]波蘭大體上避開了「應報式正義」的政策，在這樣的前提下，國會調查一九八一年十二月的事件是很不尋常的。這個歷史調查的中心議題是：誰該為波蘭這個所謂「內部侵略」（internal invasion）的鎮壓行動負責？是「我們」，還是「他們」？波蘭的高壓統治應歸咎於內部因素還是外來干涉？不管有沒有外來干涉，「防止蘇聯入侵」這個理由，可以為這個長達十九個月鎮壓反對運動的行動找到合理的藉口嗎？當時難道沒有別的選擇嗎？就算沒有更進一步的刑事調查，亞魯斯基的政權都要負起歷史責任。[82]一九五六年十月三十一日是匈牙利的政治轉捩點，在那一天，政府對群眾抗議獨裁政府的暴動展開大規模鎮壓。同樣的，它歷史調查的中心議題也是誰該為這個鎮壓行動負責，是匈牙利的獨裁政府，還是蘇聯政府？是「我們」還是「他們」？雖然隨著前蘇聯檔案的開放，展開獨立歷史調查的希望也增加了，但是最終這些檔案對這段歷史的釐清和究責並沒有太大的幫助。到底一九五六年的鎮壓，是當時匈牙利政府引進俄軍，還是俄軍發動的全面攻擊呢？有足夠的證據可以顯示，蘇聯與匈牙利的共黨機制，在一九五六年的鎮壓行動中有共謀與合作。[83]報告指出，匈牙利的「社會工人共產黨」領袖和軍方首領應該為一九五六年鎮壓中數以千計的死亡負責。雖然匈牙利的歷史調查是源自於探查「外敵侵略者」（「他們」）的責任，但最終還是追究到內部加害者的角色，開始調查「我們的」罪魁禍首是誰。這種歷史探查最後會導致我在第二章所談到的刑事究責問題。

在統一後的德國，就像其他東歐前共產國家一樣，歷史調查由追究國家的共同責任開始。在德國，歷史調查的規模遠比其他國家都要來得大。德國的「埃帕曼國會委員會」（Eppelman Parliamentary Commssion），有遠比其他東歐國家委員會更大的任務和權限，它不只被委任調查俄軍入侵的責任，也同時調查鎮壓背後所有的因素。這個委員會是以其主席之名命名的，埃帕曼（Eppelman）是前東德知名的異議份子領袖。[84]該委員會的重任之一，是調查前東德「社會統一黨」（Socialist Unity Party，縮寫為 SED）的群眾基礎，甚至追溯到西德政府的東德政策（Ostpolitik），也就是西德為了調停兩德緊張關係而支持東德獨裁政權的政策。[85]這個歷史調查的重點是全面的歷史究責，隨後才在調查進行中漸漸導向偵查個人的合作或抵抗行為。捷克的「十一月十七日委員會」和匈牙利針對一九五六年事件的調查[86]

也都導向刑事責任調查，最後也導致大規模的行政肅清，有不少公職人員遭到起訴。[87] 從當時所發生的真相，到最終變成政治忠誠度的檢驗（或審判），或許可看成其事件主體的「真相」（真面目）吧。從整個東歐前共產國家的轉型期經驗以及歷史與行政反應的延續來看，關鍵性的法律行動與宣傳，其實是真相的重新建構以及公共知識的展現，這兩者都和政治權力與政治的重新建構密不可分。

共產主義陰影下的歷史正義

控制過去的人就能控制未來，控制當下的人就能控制過去。

喬治．歐威爾（George Orwell）

《一九八四》（*Nineteen Eighty-Four*）

在轉型期間，高壓政權下的檔案是否應該如民主體系中的政權轉移檔案一般的被採信。所謂的檔案，不僅包括政府記錄，也包括存放之處，即政府的所在地，因此當揮別極權統治的轉型發生時，對國家歷史的控制便完全與對政治權力的控制合而為一，所謂的真相則附屬在強制性的意識型態控制的背景之下。在這種情況下，什麼是規範性轉型（normative transformation）的意義？此為涉及本區域過去國家檔案的核心問題。如何看待檔案型態歷史知識的問題，已與政治方面的轉型糾結難辨；過往政治的祕辛難免和政局的發展糾纏不清，對史實的探究很快地向政治影響力屈服讓步。

要如何解決集體國家歷史遺產所面臨的兩難困境呢？最激進的方式，便是仿傚宗教裁判所的判決（auto-da-fé），[88]將所有檔案予以燒毀；燒盡檔案意味著與前朝政權劃清界線，歷史則能重新開始。由於大眾認為舊時國家檔案不甚可靠，甚至充斥謊言，燒毀檔案的舉動便顯得理所當然；保護舊有國家檔案，是讓接替的政權承繼摧毀個人名譽的巨大權力，執拗地延續極權主義的傳統，反之，焚燒檔案則意味著要永遠避免歷史一再重演。

然而燒毀檔案仍似乎過於激烈，何況倘若毀滅檔案未必能平息人們對其可能與過去政權共謀的懷疑。此舉並非充分條件，懷疑還是可能受到其他源頭的刺激而持續發生。而焚毀國家檔案還會引發另一個更棘手的後果，即國家長久以來的歷史發展記錄都可能會付之一炬。一般而言，民主體制中的政權轉移皆推定檔案的交接，[89]這正是因為國家檔案，就如同其他的國家財產，都是國家認同的形成要素；將轉型期與運作中的民主國家的類比，對檔案的連續與否起了作用。的確，這個連續性似乎是法律原則的特徵，然而這種類比恰當嗎？

法律原則的其餘考慮重點則會主張不連續性以及與舊有檔案間的完全切割。想一想，繼任政權若仰賴過去以強制、不正當侵犯隱私，甚至是嚴重損及人權的方式取得之資訊，其道德何在？在建制的民主國家中，政府蒐集資訊的方式受到限制，這些限制在某種程度上涉及個人名聲和尊嚴權利；在自由國家中，像此類在後極權國家境內所產生的檔案，完全沒有存在的空間。這些前朝政權的違法行為應否成為繼任政權的問題呢？這些對繼任政權而言，可以說重要性較低，然而當事實調查是由過去的壓迫式政權所主導，繼任政權又將其視為延續法治下的一般政權移轉，而對過去檔案照單全收，這種對舊政府不間斷的依賴，使得自由統治的鞏固更為複雜。

然而，與此同時，當後繼者的檔案對政權正當性造成的威脅殘留不去時，重啟舊政權的檔案則提供彰顯開放社會特質的功能。將近半世紀高壓的國家安全的存在，使得人們無法公開取得檔案。而拉丁美洲式的「真相委員會」則是另一種方式，即由委員會來接掌檔案；但是，在揚棄軍事獨裁的轉型期間風起雲湧的真相委員會，在後共產國家的轉型模式卻極為少見。

轉型期間各式各樣的反應，並不能單以現今盛行的現實主義觀點一概而論，因為各種的國家反應，顯然不能單純藉由計算權力平衡的方式推知；就對政治權力的一般了解而論，是否要進行公開調查，這個問題難以解釋。在轉型過程中，知識和權力難免地相互連結和型塑，因此，後共集團對措施的取擇之所以和其他轉型國家不同，那是因為它比較適合以政黨和意識型態的社會意義、歷史控制的場域及社群中的事實真相去解釋。轉型中歷史的重構，是由該區域的歷史及政治遺產所塑造的，反之亦然。現存的政治背景及文化，不僅影響歷史性矯正的選擇性本質，同時也牽動了事實真相的產生過程。

前共黨集團已不遺餘力地尋找一套處理舊時檔案的沉重遺產的獨特方式。在擁有最高壓的安全部門的國家中，如何看待國家檔案的問題，引發了最為熱烈的公共辯論；這再次顯示國家傳統在型塑轉型回應的走向上持續發揮的影響力量。統一後的德國及前捷克斯洛伐克，已嘗試各種方法來對抗高壓的國家傳統。他們都試驗著舊時政權檔案的不同程度的調閱權限。最終，兩個國家的解決之道也都捨棄了毀滅或全然接受檔案兩種絕對的方式，而以妥協折衷作為解決之道。

柏林圍牆倒塌後，共產主義鎮壓最為鮮明的象徵，非東德國家安全部的祕密檔案莫屬。該國在共產黨近五十年的庇護下，藉由國家安全部蒐集了關於民眾的文件及檔案，光是數量就令人咋舌，一千八百萬人口中，受到國家監視的人超過三分之一。[90]據說檔案數目高達「六百萬」件，和納粹大屠殺時的受難者數量相當，也因此共黨的統治與二次世界大戰時的壓迫相提並論，也為德國著手「處理」這段過去的論證獲得了支持。[91]

要如何處理國家檔案的問題，隨著政治變革而產生。自從德國統一後，社會上開始出現支持將檔案公開的強烈呼聲，因此，關於前東德國家安全部記錄的法案（the Act Regarding the Records of the State Security Service），明文規定「賦予個別公民調閱這些與自身相關私人資料的可能性，使其得以明白國家安全部特務，對其私人尊嚴造成了何種影響」。[92]但是事實顯示，即便是那些受到過去國家迫害的受害者，也不見得想要擁有取用資訊的自由，因為開啟個人檔案，將發覺過去曾受到家人或朋友的監視，而致職業、友誼甚至婚姻受創。[93]更何況，打從一開始，公布東德國家安全部檔案的想法，便揭露了期望目標的雙面性，而且必然無法達成。即便東德國家安全部檔案的立法名義是以受難者權利為出發點，但其從未改變國家保管的事實，就算是對受難者也僅允許有限的使用權。而且，雖然這些檔案指明了國家監視下的受難者，但它同時也牽連到許多當時為國家安全機構服務的人，正因為這些人含糊不明的雙面性質，公開檔案之舉不能說只是純為受難者辯白。至於其他的目的，則為「確定且促進國家安全部的歷史、政治及司法方面的重新評價」。[94] 而檔案在公共行政的肅清過程中也遭到銷毀。[95] 獨立委員會原本規範東德國家安全部檔案調閱權的工作，旋即成為除去共謀者的引導，一旦政策開始推動執行，東德國家安全部檔案的相關法案便顯得與其原先的立法目的不相符。這些檔案所包含的社會利益問題究竟是什麼，難以抽象地予以回答，且假裝社會在公佈檔案這件事上已有共識，則是虛偽不實的；即便是受難者之間，對於這些檔案都存有利益衝突，但規範這些檔案的法律卻未提供調停這些利益的指導原則。在轉型過程中，當這些國家檔案再次被用來當作將特定人士逐出公領域的工具，高壓統治的影響之深就可見一斑。

誰的檔案和誰的真相？誰在舊時國家歷史中擁有正當的利害關係？這些舊政權的檔案是否「屬於」那些被記錄在檔案中的個人呢？[96] 抑或，檔案的調閱權限是否也應提供給諸如新聞工作者、歷史學家等不相關的第三者呢？舊的國家檔案引發了超越壓迫者和被害者的各式問題，要解決這些問題，就必須在釐清過去的過程中調解社會及個人的利益。例如，在控制調閱權限以保護社會利益的同時，也保護隱私權，問題則在於，規範受難者調閱權限的政策，是否應該對較不具善意的使用加以規範？就像在德國的例子中，將舊時國家歷史私有化，形成了批評過去政權的反應；如果說，過去資訊完全受國家所掌控，那麼繼任者就應採取放開資訊的政策，而非任其成為私人的財產。

捷克則採取相反途徑，國家對檔案的控制在繼任政權統治時，仍持續存在。捷克共和國就如同德國一般，對舊時國家檔案的管理，名義上是以公開為原則；捷克政策中出現自拉丁文「lustrare」衍生的「淨化」一詞，即「照亮」過去之意，這便是最好的說明。[97]但是，從轉型的一開始，淨化的目的及危險便相當清楚，因為公開國家安全檔案，一方面意味著釐清過去，同時也是肅清相關人士，讓共產黨及其共犯不能再參與政治。因此，也許看來弔詭，但更多的調閱權限意味著政治上的排除。在檔案陰影下所舉行的第一輪自由選舉中，檔案本身成為民主的主要政治檢驗；當檔案被當作黑函使用，誘使政治候選人自我肅清或「自願」退出選舉時，隨此而來的龐大政治爭議，就有必要透過立法規範這些檔案。在淨化法下，檔案的調閱權限仍在政府手裡；更為棘手的是，這個出於淨化目的而控制檔案的委員會，也擁有決定是否應將這些「被淨化」的人解雇的權力。[98]規畫當今政治領域和建立過去事實真相的權力，全都集中在同一個機構的手上，這種情形與共產主義統治期間權力集中在內政部手上並無差別。在該地區的其他國家中，共黨時期的遺產也仍延續至今；淨化意味著記憶的政治和揭發的政治之間的微妙界線。在共黨統治時期國家記錄被當作武器，這個情況在轉型期仍未改變，只是在過去，檔案記載著對顛覆共產國家的指控，而在今日則是記錄對通敵的指控。因此，舊時國家檔案在東歐仍被用來控制政治，過去國家的歷史仍被用來處罰、排除及褫奪某些人的公權。這些立基於舊時國家歷史和淨化過去的新淨化行為，正與馬克思主義的歷史循環論點遙相呼應。

從整個地區所發生的角力衝突中，我們可以看出，應該以何種原則來管理舊時國家歷史的問題，和它在轉型時預期發揮的作用息息相關。在激烈的政治變革下，對歷史正義的追求強調重要知識的偶然性。儘管它在轉型期中相當明顯，其實，在建制民主及平時的法律體系中，我們的各種認知多半也都是視情況而定。因此，在法律知識的取捨時往往也視其目的和用途而定；規則的功能通常在於知識和法律所期望的用途是否相符。因此，相關的法律問題演變成：知識是用來定義和執行法律主張、權利還是義務的。法律規則建立了知識與權力之間的關係，舉例來說，當歷史知識被當作刑事正義的基礎時，美國法律要求符合最高標準的證據，也就是「超越所有懷疑」的；而為了其他目的，例如參與公共領域，判決必須有「清楚且具說服力的證據」支持。最後，作為公民權利或義務的基礎歷史知識，必須符合「佔有優勢的證據」原則（preponderance of the evidence），這是新聞工作者和歷史學者普遍支持的真相判準。捷克憲法法庭在討論淨化合憲與否時，認為舊時檔案適用何種證據原則的問題，端視這些檔案的可靠性及預期的效用而定；儘管其確認淨化法之合憲性，但由於部分檔案被認為可信度不高，因此不得用作褫奪公權的憲政基礎。[99]歷史知識的標準，在作為憲政討論的主題時，則與檔案的目的相關；法院在判決中，以一條細微的不連續界線，將過去極權體系和法治予以區隔。歷史正義的原則並非憑空抽象決定的問題，而是必須考量和特定政治問題相關的各種證據標準；以何種原則來管理且調閱舊體制檔案的問題，則取決於檔案的政治作用。最終採取的途徑，則是依循美國處理政治資訊時的個案處理（case-by-case）方式，而非以單一原則概括之。[100]

從該區域對於過去國家檔案持續不斷的紛爭中，可窺見極權國家歷史揮之不去的陰影，然而，在數十年的高壓統治後，政治變革雖意味著公開舊政權的檔案記錄，但公佈檔案並不必然導致開放社會的形成。提議以新的法律原則來看待舊時檔案，是充滿矛盾、似非而是的，即便規範檔案的原則已有所改變，但仍在維護現任與前任政權間的法律連續性的想像。至於更為寬容的調閱權限，則意味著將不連續性予以解放。舊時政權的檔案具有深厚的象徵力量，它能夠使極權主義持續至今似非而是的傳統復辟，也能喚醒對壓迫性統治的記憶，使得知識能夠對公共領域潛移默化。

資訊自由：確立未來的調閱權

和極權特務國家相關的真相政權，始終意味著在轉型過程中對於政府資訊的取得途徑，該途徑被視為對於解放該地區的傳統的過程中特有的回應措施。公民取用資訊規則的改變，是對於過去的高壓統治的批判性回應。在極權統治之下，國家控制檔案，而檔案調閱權大抵上是很專斷的。[101]在轉型期間，民主運動有賴公民參與，而那意味著自由取用國家所控制的資訊，因此便會在政治上推動放寬國家檔案的調閱權限。

即便是成熟的民主國家，取用資訊和保護隱私利益之間的權衡也不易拿捏。資訊自由是由法律原則加以規範的，除涉及各種國家利益外，亦包含資訊、言論及其他個人權利之間的平衡。[102]因此，以美國而言，有既保護公開政府的資訊政策、也保護個人的隱私的法律規範著政府檔案文件。舉例來說，在美國的法律下，除了因隱私或國家安全理由而禁止揭露，政府的資訊原則上一律對公民公開。無論發生什麼衝突，都能同時將個人隱私權和揭露檔案的公共利益納入考量而平衡考量。[103]在美國，「線民」擁有類似東歐安全部分共謀者的特權，甚至在揭露警方的機密文件時，政府仍有權塗銷通報者的姓名以隱匿其身分。[104]

對從前社會主義傳統的回應中，有個至為「重要」的觀念，體現在接替的政權重建公私領域的努力中。這個重建工作，主要在於對隱私及資訊自由等憲法權利的承認。許多新的憲政保護，明顯地是在回應前共產國家藉由對公民蒐集情報及資訊的範圍控制而導致侵犯隱私權的問題。因此，舉例而言，捷克斯洛伐克憲法中便規定，「所有個人資訊都應加以保護，免於未經許可的蒐集、出版或其他形式濫用」[105]；斯洛文尼亞憲法則禁止「個人資訊的使用與原先的蒐集目的相牴觸」[106]；匈牙利憲法規定所有人「擁有良好名譽、住所及通訊隱私不容侵犯和個人資訊受到保障的權利」[107]；克羅埃西亞憲法宣稱，「在未取得當事人的同意時，個人資訊僅能在法律明文規定的條件下蒐集、處理和使用」。[108]然而，雖然有上述條款的存在，人們仍然沒辦法透過憲法限制政府對於檔案文件的控制，因為它們既未禁止政府收蒐資訊，也未設定檔案的規範標準。其他型式的憲法限制則是以「合意」為標準，作為政府蒐集資料的前提。因此，俄羅斯的新憲法則明定「在未取得當事人同意時，禁止蒐集、儲存、使用及散佈其個人生活資訊」[109]；愛沙尼亞憲法也有類似的禁令，「無論是國家和地方政府當局或官員，都不能在任何愛沙尼亞公民認為是違反其自由意志的情況下，進行資訊的蒐集或儲存」。[110] 控制國家資訊的取得，是該地區憲法在企圖轉化國家過去的歷史傳統時的一種方式，其概念在於限制國家對個人資訊恣意的使用，因而區隔了公領域以及還在萌芽階段的私領域。

在轉型期，憲法既重新界定個人及隱私等法律條款，也規定且擴大了公民對國家資訊的取用權限。舉例來說，俄羅斯憲法便要求國家及地方政府「提供每位公民得取用任何影響到其權利及自由的檔案及文件」[111]；斯洛文尼亞憲法則明文規定「所有人有權知悉其私人資料」[112]；愛沙尼亞憲法賦予公民取得「國家及地方政府當局所持有」與其本人有關的資料[113]；根據保加利亞憲法，「在不涉及國家機密且未損及他人權利之情況下，公民有權自國家當局取得資料或建立符合其法律利益之文件」。[114]

在共產主義之後，益發複雜的憲法變化，表現在限制國家對公民資訊的取用權，同時擴大公民對於國家資訊的取用權。在後極權時代的轉型過程中，對於國家過去重大濫權的關鍵性轉型回應，便是剝奪國家過去被濫用的權力，並且將個人隱私權及取用資訊權入憲以預防濫權。這個建立取得資訊的權限的回應，使其向更開放的社會邁進一步。

在共產主義垮台後，這些對於舊體制檔案所作的努力，證明了在轉型過程中的歷史究責的意義顯然取決於過去不義傳統的本質。在共黨統治後的歷史正義，和其他類型政權垮台後的情況有個相同之處，便是試圖將過去國家高壓統治的罪行公諸於世。此外則有許多不同之處。在擺脫軍事政權的轉型過程中，當前任獨裁者對所作所為已全然免責，甚至不承認過去的犯行時，歷史正義便意味著國家歷史的「建構」，檔案的「建立」，這些大抵上都是透過證人的證詞。在以前的共產主義集團中，文件檔案不虞匱乏，而官方的說法大多經過篩除，所謂歷史正義，便是逐次將國家歷史檔案「揭露」。至於在後軍事統治的轉型中，接替者的體制改革主要是在回應因為國家檔案的闕如所造成的不確定，而新政權則著眼於對濫權的調查和建檔。至於其他立法及法規方面的改變，尤其是有關誹謗的法律規定，則主要是要保護公務機關以外的人民的調查、出版和政治演說，但是這在轉型過程中也可能會損及其他權利和利益。後共產國家的情況恰恰相反，制度的改革旨在限制公開調查、保護個人隱私及將公民資訊的取用權入憲。這些截然不同的反應顯示出，歷史正義的蘊含必須視轉型的背景以及高壓統治的傳統而定。而歷史正義說明了它本身也完全取決於過去的種種迫害，尤其是取決於前朝政權如何利用歷史和知識。

政治轉變期間的經驗證明，儘管法律文化各異，國家往往都會在某種型式上訴諸歷史，提供說明解釋，問題在於：轉型期的歷史正義和建制民主國家的歷史究責之間有何關聯？

這個問題的答案為：在轉型期的嚴酷考驗中，對於暴政的法律回應闡明強調建制民主在官方文件及資訊管理上的幕後價值。前面討論到的轉型期兩難以及相關的法律回應，則透露了那些往往超越了非常時期的議題及解答。舉例來講，當代公、私領域之間的界線往往是變動的，所以問題要以公開辯論的方式來討論。歷史的回應有種種深遠的蘊含，它們超越涉及的個人，來到集體和國家的層次。的確，歷史的回應有助於建構集體的政治認同，上述對於轉型兩難的回應，有助於說明那些不是在轉型期的社會在思考這些界線時該採納何種方式。

歷史法則

「歷史會是法官」，真相禁得起時間的考驗。這些諺語反映出一般人對於歷史詮釋和時間的關聯的直覺認知，說明了歷史判斷會隨著時間而演進。當然，在描述的層次上，此似乎為真。無論是在戰爭或壓迫性統治後，社會仍需經歷數個世代的凋零才能夠正視歷史。雖然對歷史正義的努力在轉型期時極為盛行，其意義卻經常被重新探討而翻轉；隨著時間的流逝，互涉的歷史事件及史學發展，都與歷史的詮釋有關，這意味著詮釋也在改變。是故，時間的流逝使得歷史正義也面臨了兩難困境，在轉型期中，無論是經由個別審判、委員會或其他過程產生出的歷史正義的理解，是否禁得起時間的考驗？這些隨著時間而變化的版本，是否可以顛覆過去國家高壓統治一言堂的、僵化的理解？這是否意味著轉型期的歷史正義只是暫時的，為政治服務的？

「歷史學者的辯論」：與過去劃清界線

截至目前為止，所討論到的歷史轉型產物，說明了政治傳統以及當今型塑集體歷史與記憶的歷史框架兩者的重要性。然而，這些解釋也有其限制。針對第二次世界大戰修正主義（revisionism）的辯論，便說明了歷史解釋在運用上的限度。

當代德國企圖將二次世界大戰的過去融入歷史的努力，是隨著時間推移而出現的歷史正義問題的典範。在戰後約莫半世紀之後的德國辯論，其核心問題在於，能夠禁得起時間試煉的歷史諒解是否存在。這場「歷史學者的辯論」發生於一九八五年，隨著約金．斐斯特（Joachim Fest）《滿是罪惡的記憶》（*The Guilt-Laden Memory*）的出版而展開，該書質疑一般人對於戰爭的普遍看法，並主張真正的敵人並非德國，而是蘇維埃；此舉引起其他歷史學家質疑戰後對納粹的究責。恩尼斯．諾特（Ernst Nolte）便在《不會繼續的過去》（*The Past Which Will Not Pass On*）比較納粹罪行與蘇聯集中營中的行為，暗示納粹的迫害毫無特殊之處。倘若斐斯特及諾特試圖將一般人對於德國戰時責任的歷史認知標準化，那麼安德列．希爾古伯（Andreas Hillgruber）的《兩種崩毀：德意志帝國的毀滅及猶太人在歐洲的終結》（*Two Kinds of Ruin: The Shattering of the German Reich and the End of European Jewry*）則是對一般的認知更為強而有力的抨擊，他讓德國從種族滅絕加害者的角色翻轉為受害者。[115]這種來自學術界的挑戰質疑，正與柯爾政府企圖轉化一般人對於德國過去普遍印象的政治努力一致。德國政府最高階層曾在同一次外交行程中，將集中營和比特堡（Bitburg）軍方墓地的訪視並置，暗示著對軍方傷亡和受它迫害的公民一視同仁。

依據自共產時代檔案得知的集中營慘狀，將和法西斯主義及共產主義「極權主義的兩種形式」相提並論的論述，則是前蘇聯崩解之後的顯著例子。[116]

這些挑戰的爭點是什麼？哈伯瑪斯（Jürgen Habermas）把歷史學者的論戰形容為「修正納粹過往的活動」。[117]問題在於，當年代久遠，對於二次大戰時納粹對猶太人的種族滅絕的歷史描述，是否會被保存為官方說法，抑或是這些描述也會隨著當代人權侵害而改變。[118]對於戰時迫害的新觀點，在許多方面挑戰了已確立的說法，包括錯誤的本質、迫害者的地位及責任和受難者的權利。針對解釋納粹過去的論戰，其重要性在於所指涉的國家自我寬恕的含義；部分歷史學者像是查爾斯．梅爾（Charles Maier），就認為歷史發展的重要性在於「比較性種族滅絕」（comparative genocide）的發端，而質疑一般的認定德國在戰時是有預謀地、有系統地滅絕其特定敵人的觀點；與蘇維埃所進行迫害的比較，則強調這個既定觀點，對德國罪行責任是極為罕見的認定。諸如哈伯斯和馬丁．布洛札特（Martin Broszat）等歷史學者及哲學家，[119]則認為在歷史正義認定上的不同觀點才是重點，這無關乎對於迫害者責任的詮譯，而是涉及受難者歷史應得權益的深層蘊含：歷史正義甚至可能對受難者提供尊嚴和終極的矯治正義，而被認為具有修復的神奇力量。

隨著時間流逝，對於大屠殺和其他迫害的不同解讀是否在所難免？歷史正義能否在任何時候都固定不變？關於戰爭與往常不同的理解問題，是在更為廣泛的、由學者對於歷史詮譯及表述的論戰背景下產生的。當代歷史的理論假設詮釋必然會改變，尤其是在時間變遷之下，而歷史學者的論戰的確就詮釋的變化方面提出了質疑。在此理論的路線中，歷史詮釋絕對不可能被認定是中立或者是客觀的，而總是有其特定的政治脈絡。[120]但是，時間一久，對於第二次世界大戰迫害的描述容許的哪些變動，這個問題引發了激烈的論戰。關於歷史化的界線是否有原則可循，這個問題在遇到納粹暴行時，論戰便成為眾矢之的：指引歷史真相探究的原則是否真的不存在，即便是真相看來不證自明的歷史也是如此？影響著歷史的詮釋、相對化、修正主義甚至「否定」的種種變數，皆不受任何限制嗎？如果在種族滅絕的情況中確實如此，那麼限制會在何時發揮作用呢？即便對於主張相對論的重要人物而言，奧辛維茲集中營證明了限制的存在。儘管歷史詮釋隨著時間的推移而顯然會改變，問題則在於講述的形式是否加諸任何限制。

重新詮釋重大政治事件的危險，同時也是歷史學者論戰的難題，從高壓統治的不義體系轉向自由民主國家的轉型過程中，其危險之處在於：因為政治及社會的變化取決於詮釋的改變。人們詮釋周遭事物的方式才是影響變化的因素。但是，歷史學者的論戰尖銳指出，不同詮釋之間的界線總是模糊不明的。約束各種歷史詮釋的努力，透露了在面對種族主義及仇外心態的新衝擊之下，保存一個自由的國家敘事（liberal state narrative）有多麼重要。

透過法律保存歷史正義

雖然說修正主義者對歷史說明的詮釋偶爾會遭受質疑，但是對於可行的歷史詮釋的限制原則，終究不是出於學術界；在受影響的社會中，那些限制原則是被法律摧毀的。就算歷史的產生不是來自官方，為了保存既有的歷史說法，往往還是會訴諸法律訴訟。檢視這些法律回應，可以使我們明瞭歷史敘事何以會如此牢不可破。

對一段醜惡的過去存在已久的歷史解釋，我們要如何去修補？轉型期的社會大多試圖確立對過去迫害的歷史解釋，如前所述，歷史解釋的產生和保存都有法律加以規範，最明確的例子就是審判以及旨在創造官方檔案的真相委員會，其本身就對可能的反面解釋設限。然而由於各種特赦法本身的緘默效應，它們也可以用來保護單一的歷史解釋。要保存特定的國家敘事，除有賴於對非主流歷史解釋的持續約束以外，也取決於官方歷史的掌握；時間一久，這些掌握益發困難，在阿根廷失蹤案件的議題，是於轉型十多年後，因涉案的前海軍上校供認而得以重見天日，便是最佳例證。[121]因此，儘管在轉型時已經形成共識，限制和過去罪行的正面衝突，但是個人由於良心不安，終究還是會重啟問題。在一段時間才提出的挑戰，反映出人們對轉型的折衷方案的不滿，而打算接受其他解釋的意願。

因對證據的要求標準，使得訴訟得以創造並保護既定的解釋。法律判決的原則依案例不同，而對歷史論戰的變數設下不同限制，「司法上的知識」（judicial notice）★原則，便屬該種策略，法院在缺乏正式證據的情況下，藉此原則以承認特定事實的真相；那些在社群中廣為人知的、或可透過一般來源加以判斷的事件，便屬於「司法上不證可知的」（judicially noticeable）事實。應用此原則與二次世界大戰迫害相關的案例，在紐倫堡大審達到巔峰，法庭有義務採取「普遍知識事實」的「司法上的知識」[122]；與戰爭攻擊行為相關的美國案件，也已對於迫害採取「司法上的知識」的認定。當法庭採取司法上的知識時，表示這些事實已經惡名昭彰而沒有爭論的餘地。[123]法官藉由「司法上的知識」原則，承認那些在社群中毫無疑問的已知事實，並且基於職權判定，在正當的法律挑戰以及合理的歷史論戰之外，還有哪些歷史爭議。透過這種機制，個別受難者的記憶才能正式地被承認和使用，並併入更重大的、正式承認的集體歷史當中。

透過立法的規範以及對於反面解釋的約束，也可以落實特定的歷史解釋。如前所述，在轉型過程中完成這個程序的一個方法，就是讓官方得以隱匿過去犯行的特赦法；正是由於這個原因，特赦立法往往會引發衝突。持異議者認為，這個立法會使得尋求更完整解釋的受難者、異議份子以及社會上其他企圖獨立解釋過去歷史的人士遭到審查。直接受到納粹波及的

★譯註：「司法上的知識」（judicial notice）亦稱審判上的知識，對若干事情無須證明，如習慣法上車輛靠左行駛等。

國家，也會訴諸法律規範以保存特定的解釋。自大戰以降，許多歐洲國家都已經有了對於戰時種族屠殺的誹謗行為提起訴訟的民法，例如，所謂「奧辛維茲集中營是個謊言」的宣傳，便是試圖否認大屠殺的歷史真相，這種行為有時會被視為有民事責任的集體誹謗。這些審查制度的法律的正當性，一般在人們認為虧欠受難者一個歷史正義，以及「反面解釋」潛在的危害。散播種族仇恨的著作在過去是違法的，而對大屠殺的否認，現在則成為刑事起訴的基礎。[124]根據新的法律，如果一個人「贊成、否認或不在乎納粹的種族滅絕行為」，而且受辱的一方是「在國家社會主義者或其他暴力及極權統治下」受迫害的團體成員，這種行為便有刑責。這些言論審查的法律，和民法一樣，其正當性也在於對受難者的虧欠以及這些「反面解釋」的危害。[125]因此，近年來德國聯邦憲法法庭主張，對大屠殺的否認不受到基本法「意見自由」（freedom of opinion）的保護；「奧辛維茲集中營謊言」的宣稱，對德國猶太裔公民構成了侵權行為而應該究責。[126]在德國，法院視大屠殺為毋需正式證據證明的已知事實。[127]無獨有偶，法國率先於一九九〇年制定法律，宣告「修正主義」或否認納粹種族滅絕等行為違法。[128]在加拿大，也制定禁止「蓄意謬誤」（knowing falsehoods）的懲罪條款，用來審查修正主義者關於二次世界大戰的著作。[129]當代立法從民事轉向刑事處罰，而免於對於二次世界大戰受難者的言論可能對社會造成的危害。將修正主義者的歷史加以定罪，顯示出其歷史不僅是對個別受難者的侮辱，同時也是對整個共同體的不當行為。法律最嚴厲的形式，則是用於保證歷史正義的明確概念；以刑法的保障，對遭受重大國家迫害的受難者提供長久的歷史解釋的權利。例如，在法國的一起訴訟中，法院主張「對於言論自由的必要限制，包括對受難者記憶的尊重」[130]；德國的一個案例則認為，「任何否認在『第三帝國』時謀殺猶太人之行為者，是侮辱了所有猶太人」。[131]不過，這個論證如何抵擋時間的考驗，則不得而知。當代歐洲立法，從否認大屠殺延伸至規範所有否認迫害的行為，包括違反人道或種族滅絕的罪行，無論是納粹或其後高壓政權。[132]當代的其他刑法都在保護遭迫害的受難者，這些法律也以更為廣義的傷害為前提，即認為保護歷史解釋能產生更大的社會利益。

透過為其他的解釋下定義，法律保護了國家迫害的既定說法。因此，舉例來說，二次世界大戰後的歐洲，全面制定規範言論的法律，認定對戰時受迫害的受難者的「仇恨言論」為有罪，過去與現在因而相連結。禁止仇恨言論的法律，將過往的迫害和當代的各種歷史解釋或政治濫用的復辟事件連結在一起。對於仇恨言論的規範，將重新對國家過去的迫害的宣傳行為定罪，這些法律反應的形式，在既存的國際法中似乎極為重要。因此，《世界人權宣言》（*Universal Declaration of Human Rights*）第二十條規定，「任何提倡國家、種族或宗教仇恨，而構成歧視、敵意或暴力的煽動行為」，應受法律禁止。[133]《消弭所有形式種族歧視國際公約》（*International Convention on the Elimination of All Forms of Racial Discrimination*）的第四條規定，國家應禁止「立基於種族優越或仇恨之上觀念的宣傳」[134]；《國際公民政治權利公約》（*International Covenant on Civil and Political Rights*）第二十條，亦有類似規定，「任何提倡國家、種族或宗教的仇恨而構成煽動歧視、敵意或暴力的行為，都應被法律禁止」。[135]許多歐洲國家已有立意相近的法律，德國的刑法禁止「以煽動對族群的仇恨來攻擊其他人的尊嚴、使用暴力對抗、惡意使其遭受詆毀等侮辱行為」。[136]在丹麥，對種族或族裔的誹謗是觸犯刑法的[137]；公開威脅或「對特定種族、膚色、（或）民族信念」的輕蔑舉止，在瑞典最高可處兩年徒刑。[138]英國的種族關係法案，則認定任何「出於膚色、種族或族裔根源的仇恨煽動，以及出版、散佈或公然使用任何威嚇、侵害或侮辱他人的工具」的行為有罪。[139]在美國，奴役、種族隔離及長久以來種族主義的歷史，促進了一系列「仇恨罪行」（hate-crime）的立法，雖然法律傳統極力保障言論自由，但在種族偏見或類似的迫害動機的案例中，關於仇恨罪行的法律將加重其罰則。[140]在一次釋憲案例中，法律因「該行為被認為造成了更嚴重的個人及社會損害」，而贊成對仇恨言論加以審查。[141]雖然這些受限制的行為，也可被視為受種族敵意驅使的私人行為，但在國家過去的歷史背景下，重蹈覆轍的迫害必須加重刑責。對這種罪行的回應，帶我們回到轉型時期的討論。

以法律來保護特定的歷史解釋，會引起嚴重的兩難，因為這種規定往往會牴觸不受任何侵犯的言論自由及自由國家中的其他社會利益。[142]轉型期的社會為解決這些兩難的做法，則會視個別的不義傳統和政治背景而定。因此，就以德國為例，其憲政架構的規範原則推翻了戰時為了宣傳種族主義而濫用的言論自由。[143]「任何人濫用意見自由而牴觸了自由民主之基本秩序……將喪失基本權利」。反之，在英美歷史中，當暴政採用箝制意見的手段時，法律的天秤則會傾向另一端。[144]專制政權和審查制度是基本惡，如前所述，決定歷史正義的基本價值的，是偶然性而非普遍性，它和特定的不義傳統有關。對於高壓統治的轉型期回應，有助於塑造出提供多元的自由政治論述一個架構的當代規範。

確立任何歷史解釋的嘗試，本身就是對自由主義的挑戰。這個問題出現在共產主義倒台後的一波波轉型浪潮中，倡議者認為，隨著共產主義的垮台，終於可以確立西方資本主義的認同，為歷史辯證法敲下喪鐘。[145]然而，這些主張沒有了解到，「後共產」時期並不是「後歷史」（post-history），因為後共產時期實際上屬於轉型期動態的一部分，也是歷史認同的一部分，並且有其獨特的背景；由於剛剛過去的高壓統治，以及轉型期正義的特殊情況，而被視為一種進步。促成歷史不斷改變的，難道不是自由國家的規範命令嗎？

理想的正義：轉型的敘事

讓我們再回到本章一開始提出的問題：歷史進程與政治轉型的自由化之間的關係為何？本章的開端探究歷史在回應國家不名譽的傳統時扮演的角色，以及國家對不自由的過去的歷史調查和未來的民主展望之間究竟有何關係。在本章的分析當中，歷史調查是否構成理想的轉型回應的這個規範性問題，似乎與主題無關，因為即便是缺少諸如審判、調查委員會和報告等自覺性的歷史產物，仍然有歷史敘事的存在。轉型期的敘事有它自己的修辭結構，而這些結構本身便構成認同的改變；轉型期的各種歷史，亦即在自由化期間對過去暴政的詮釋，構成一個截然不同的敘事。

轉型期間的敘事，最能明確支持有關歷史和民主之間關聯的規範性主張，這個敘事主軸提出歷史知識與個人和社會的變化之間的關聯性。轉型期的歷史解釋自行構成一種詮釋，可以解釋知識與從獨裁到自由化的發展之間的關聯性，這些解釋提出了一個「理想」的正義概念。

轉型期的敘事有其自成一格的形式或文類，可視為一種悲喜劇，或悲劇羅曼史。[146]這些轉型期的敘事起初雖為悲劇，但後來則以喜劇及羅曼史的風格收場。在傳統的認知中，悲劇的要素包含了涉及整個團體、城市及國家命運的苦難元素，接著則是從無知到知識的發現或改變，以及真相大白的時刻。[147]古代悲劇著眼於個人的困境，由於他們的地位，他們的命運其實影射著整個群體，而當代的悲劇則是以整體的角度探討人們遭遇的苦難。

不過以悲劇形式開端的轉型期敘事，在某個環節上會轉向非悲劇的結局；在古典文學的範疇中，它們是轉折到喜劇階段。國家過去的遭遇被翻轉，而以和平與和諧收場。在悲劇裡，知識的角色似乎只是用來證實被預言的命運，然而，轉型期的敘事則是以嚴重的苦難、不義、奴役、謀殺開始，而在這些敘事中總會發生某件事情，使當事人終究能夠避開悲劇命運，適應新的現實甚而獲致成功。結合轉型期敘事的浪漫故事中，改變往往必須有自知之明，知識的揭露是其不同於悲劇之處。在政治變革下的轉型期敘事呈現著不同的形式，在政治轉型過程中扮演明確的角色。經由委員會的調查，並透過法律的行為，整個國家都被導入轉型的情節。

接著要討論的是，無論在小說或非小說的轉型敘事中，轉型期的結構都是顯而易見的。不管是小說的描述，或是這些時期的報導文學，通常都是遵守下列基調的敘事：雖然過往政權歷經大規模的苦難，它總是被轉化為對國家有益的事物、轉型成民族的自覺，有助於長遠的民主展望。讀起來像是悲劇的民族敘事，最後都會有個救贖的結語。讓我們思考以下這些高壓政權報告中的內容，它們的標題都是《一不可再》。拉丁美洲的報告承諾說，真相的訴說可以避免未來可能的災難。例如說，在負責追查失蹤事件的阿根廷全國失蹤者委員會所做出的第一份報告中，一開始就宣稱軍方獨裁者「引起（史上）最為巨大且悲慘的悲劇」，然而，這個序曲堅稱「大災難總是發人深省」。悲劇的歷史被詮釋為前車之鑑，「一九七六年以軍方專制開端的悲劇，是我們國家所遭遇過最為嚴重的災難，它無疑讓我們了解到，唯有民主才可以讓人們脫離這種大規模的恐怖」。[148]根據這個說法，在國家是否具備民主轉型能力的問題上，有關苦難的知識扮演著決定性的角色。

其他轉型報告的敘事方式也採用類似的敘述主題，社會勇於面對它的過去，被視為是民主轉型過程不可或缺的要素。智利的「國家真相及和解委員會」聲稱，歷史的究責是國家和解的必備條件，苦難的公開和了解有助於國家的團結；關於成立該國國家委員會的法規指出，「事實真相已揭露，唯有在這個基礎上……才可能創造達成真正國家和解的必要條件」。[149]依據智利的報告，事實是民主的必要條件，這也是薩爾瓦多的「真相委員會」的報告主題。

即使在所有報告中，以敘述殘暴的內戰為主題而且最樂觀的報告《從瘋狂到希望》（*From Madness to Hope*），其「真相與和解」的敘事基調也相當明確。該報告的緒論說，唯有以真相的「創造式後果」，才能「以和解而非暴力去平息政治和社會的差異」；「和平將以……知識的透明為其基礎」。真相被形容為一道「光芒」，它有助於「追尋種種教訓以促成和諧，並且在新社會裡遏止這類行為」。[150]即便是非官方的報告，也宣稱知識的揭露本身構成了正義的手段。因此，烏拉圭非官方的《不容再犯》報告認為，書寫本身便能夠對抗高壓統治。這種說法主張說，歷史知識和民主的展望是息息相關的。他們認為，在轉型期的真相揭露會可以防範高壓統治的再度出現。「如果人們缺少重要的認知，會有災難重演的風險……拯救歷史就是學到教訓……我們應該要有回想的勇氣，不再一味遮掩集體潛意識中的經歷，如此才不致再次落入陷阱。」[151]在邁向自由化的轉型歷史敘事裡，敘述必須正確呈現。但是，這些述說的故事蘊含著許多「詩的跳躍」。究竟是真相導致自由化政治改革的，抑或是政治改革使民主政府和真相得以重建？真相究竟要如何遏止未來災難的發生？主張真相有解放的功能，並使得前進民主成為可行，這種理論似乎到哪裡都站不住腳；因為，脫離獨裁的行動是先於真相的，邁向自由選舉以及更民主的政治的運動，一般都先於真相的揭露。然而，儘管政治變革有其持續的進程，除非能夠揭穿謊言並且有足夠的自覺，否則關於過去罪行的真相一直會被隱瞞而無從得知，甚至遭到漠視。在後共產國家的轉型過程中，國家歷史的不幸是以局外人的角度講述的，這些敘事以外國的佔領和民眾的抵抗開頭，卻以通敵作結。關於獨裁統治和鎮壓的轉型期敘事，一開始總是把敵人形容為外侮，接著則漸漸發現他們和自己的國家其實有共謀關係，並徹底滲透社會。在轉型期的敘事中，不論是擺脫前蘇聯陣營的高壓極權統治或軍事威權統治，悲劇中的「發現」都是其中的重點。

知識的揭露最重要的蘊含在於：透過對人類行為的傾向的了解，指出未來變遷的種種可能；被揭露的知識，說明了瘋狂和罪行其來有自，甚至暗示未來將會發生的事。這種看法主張說，如果當時早知道，那麼事情的發展將會不同。反過來說，既然「真相」公開了，事情發展的方向將會有所變化；這種期望是自由主義的本質。因此，最近公佈有關罪行揭露的轉型期敘事，本身便透露了些許迄今無人知曉的救贖真相，而有助於推動自由化。的確，揭露未來可能的選擇，是自由化轉型的特徵；因此，在轉型期的敘事中也蘊含著預言的自由未來。

在這些報告的敘述中，「真相的揭露」這個因素，使得過去的悲劇轉化為對未來的希望的承諾。這是如何辦到的？報告的敘述中盡是災難，而災難不知怎的翻轉過來。那就像是在戲劇化的敘事中，人們以魔法阻擋了厄運的降臨。轉型期正義的推展，便是透過訴訟中的法官、委員會的委員、專家及證人，他們都知道一些別人不知道的東西；自由化和矯正的機制，使得社會的故事能夠從過去的災難轉向未來的救贖。邁向更自由的社會的發展，是從對過去的究責開始的；而且，轉型期的敘事雖然大多是進步主義且浪漫的，卻往往也蘊含著充滿諷刺意味的失敗主義和保守主義。這種情況在東歐國家的敘事中相當明顯，轉型過程中的主題似乎都有點偏離重點；那些被起訴（或肅清）的人只是剛好出現在某個地方和環節中，因而在訴訟軋上一角；表面上的角色只是犧牲品，[152]就像在德國統一後起訴邊境哨兵，他們在權力架構中只是最低層的人。在這些解釋裡，轉型過程被攤開來看，而司法界則有喪失其推定的正當性之虞。**倘若敘事只是在訴說著不斷反覆的歷史以及周期性的國家罪惡，那麼這些時期就只會是個保守的過渡期**（transitions），**而不會是翻天覆地的轉型期**（transformative period）。

邪惡時代的文學的文字解釋都有其特殊的結構。在各種政治文化中，控訴國家迫害的文學形式都是以平鋪直敘的文字表現。這種形式可在關於大屠殺和二次世界大戰迫害的作品中窺見一斑，而且大部分都傾向於「證詞式」的文體。埃利・維瑟爾（Elie Wiesel）★的《夜晚》（*Night*）就是個明顯的例子。[153]他以平淡的文字描述集中營中的慘狀，極為貼近作者的個人經驗。另一個例子則是導演藍茲曼（Lanzmann）的電影《浩劫》（*Shoah*）†，他以極端的手法呈現難以形容的領域。西班牙語世界將這種報導稱為「寫實小說」（novela-real）‡的混合形式；其中的例子就是布拿叟（Miguel Bonasso）的《死亡之記憶》（*Recuerdo de la Muerte*），敘述阿根廷獨裁統治的緊張局勢。關於史達林時代的高壓統治的小說，則首推索忍尼辛（Aleksandr Solzhenitsyn）★★的《古拉格群島》（*The Gulag Archipelago, 1918-1956: An Experiment in Literary Investigation*）。[154]書名中有個引發聯想的「文字調查」，卻在一個敘事中揭露了數千個暴力事件，這個結構讀來就像是個官方報告。這種以編年史的形式敘述暴行的方式一時蔚為風潮，後來則是以詩的形式呈現暴行。詩以「個體報導」（micro-report）的方式，具體而微地表現了人類的苦難。[155]

有關於罪惡傳統的轉型期文學，就像上面所討論的官方說法，也有著類似的轉型結構。它們以國家歷史悲劇為開端，首先談到政治或經濟失序感，顯然在為軍隊佔領作出解釋或提供理由；敘事接著談到籠罩在高壓統治當中的苦難時期，最後以發展和自覺作結，而這正是未來的改變的轉捩點。雅各伯．提摩曼（Jacobo Timerman）以阿根廷軍事鎮壓為題材的自傳性著作《沒有姓名的囚犯，沒有編號的牢房》（*Prisoner without a Name, Cell without a Number*），便是令人難忘的例子。作者講述一個悲傷的故事，自己身為阿根廷菁英份子，他支持軍方接掌政權，期望他們重建秩序。然而，軍隊卻讓國家陷入腥風血雨的不復之地，最後甚至逮捕提摩曼；唯有親身經歷背叛和苦難，作者才了解到軍隊的凶殘。個人命運的逆轉

★譯註：埃利．維瑟爾（全名為Eliezer Wiesel, 1928-2016），出生於羅馬尼亞的美籍人權工作者、小說家，以及學者。經歷奧許維茲集中營，於一九五六年移民到美國，擔任人文學科的講師。維瑟爾是猶太浩劫文學的重要作家，記錄並出版有關二次大戰期間，納粹迫害猶太人的罪行。他於一九八六年得到諾貝爾和平獎。

†譯註：《浩劫》（*Shoah*，此字為希伯來文）是一部電影記錄，有關高壓統治下，人民受到殘害，痛苦不堪的情況。

‡譯註：「寫實小說」（西班牙文novela-real），一般指拉丁美洲記錄軍事獨裁統治情形的文學作品，自成特殊文體。

★★譯註：索忍尼辛（Aleksandr Solzhenitsyn），俄國作家，著有《古拉格群島》等書，於一九七〇年得到諾貝爾文學獎，一九七四年遭蘇聯流放，移居至美國。

使他對國家有更深層的認知。

轉型期的敘事暗示著，在從高壓統治邁向自由體系的過程中，詮釋的改變是至關重要的事。當公民對周遭事件的認知改變時，社會在政治方面便起了變化，就如同哈維爾所寫的，這是「從生活在謊言中轉變為生活在真相中」。所以，許多在此時期出現的小說都是描述人們原本生活在謊話、欺騙和背叛中，因為新的認知和自覺的啟發，而重建認同和關係。就像是徐林克（Bernhard Schlink）的《我願意為你朗讀》（*The Reader*），這些敘事往往都是公民及國家間的關係的譬喻。[156] 轉型期的歷史並不只是在真空中探究事實，而是建築在過往的國家敘事之上。它們不算是什麼基奠性的，而是過渡性的，正如在政治體制的改變當中產生的真相政權的改變。如果說在高壓統治底下生活的人們對於政府的鎮壓的不同詮釋並存在同一個政權底下，那麼「異議者」詮釋的存在本身便是政治變革的跡象，而有助於更進一步的轉型。如果我們了解政治變革中的詮釋功能，我們就會明白，歷史的究責不僅是對政治變革的回應，它本身就是政治變革的一部分，構成我們對自由政治的期望。

以上關於轉型期間的討論揭示了歷史及其他形式轉型期正義的連續性，因為此處所探究的正義概念，也體現了關於揭露的知識的類似故事梗概。歷史解釋建構了一種連結社會過去和未來的規範性關係；而轉型的敘事雖以回顧和反省過去的意義為開端，但是它總是放眼未來。總有某件事需要完成。這是典型的對自由化的希望。就像是前述諸如處罰等其他法律回應，透過法律程序獲致矯正目標是其共同的傾向；在引發社會知識改變的過程中，存在著從過去的不幸和痛苦邁向救贖的顯著轉移。

渡河、海上經歷、放逐和歸返

上述的說明指出社會轉型的普遍結構及特徵。這些結構在涉及轉型的古典文學形式中也相當明顯，亦即蘊含著從悲劇到浪漫喜劇的傳統手法。人們終究盼望生活環境和欲望能有實用主義式的和解。

《聖經》裡關於雅各和以掃兩兄弟的解釋，其實是面對不幸的過去、和解及政治變革的古老故事。[157]在這篇涉及轉型的聖經故事，始於流亡異地而和兄弟疏離的雅各返回故鄉。他們之間的惡劣關係可追溯至孩提時期，而且與繼承權的衝突以及雅各被以掃欺騙的事有關。

在雅各計畫返鄉時，他便擔心與手足會面後，以掃會報復他。[158]在獲知以掃糾集一大群嘍囉前來找他時，雅各試著以禮物來安撫他，後來他歷經了個人轉變，最終與兄弟和解，共同創建了國家。

這個描述兄弟會面及和解的故事，以雅各被放逐為開端，他於夜晚渡過雅博河（Jabbok），和一個有超自然能力的陌生人扭打。他的髖關節在戰鬥中扭傷，因而在打鬥結束後，他只能跛行。但與此同時，他受到上帝賜福，被賦予一個新的名字「以色列」，這個名字的意思是「與上帝搏鬥」。後來顯然在身體和精神上有所轉變，很低姿態跛著腳去找以掃；以掃看著他走向前來，兩人含淚相擁，和好如初。

這個和解的古老故事源起於渡河，接著是以精神力量支撐搏鬥的那一晚，還有身分的改變。唯有在雅各從這場抗爭中脫身，以肉體及名字的損失換取兄弟的和解。雖然以掃怒氣沖沖地帶著一群武裝男子前來，但當他面對一個蛻變了的、有個新名字「以色列」的雅各時，他便和他的兄弟和解了。

什麼是轉型的依據？這個古老的故事訴說著「旅程」（passage，亦有變遷的意思）的關鍵象徵：在夜間橫渡雅博河，跨越了時空的界線。夜晚是心理學上典型的「刺激閾」、「臨界」、「閾限的」（liminal）時段，即一個人的重整、對抗和搏鬥的時候，而水也是變遷的古老象徵。[159]除了水和夜晚之外，另外還有身體上的缺損及獲得；在雅各變成以色列的聖經故事中，身體及姓名的蛻變表現了政治認同的轉型。

浪漫故事正足以證明轉型故事的特殊結構，莎士比亞晚期劇作《暴風雨》（*The Tempest*）便是一例。如同雅各及以掃的聖經故事，《暴風雨》也是透過放逐和歸返來描述轉型，以劇中人物的流亡為開端，而以返鄉收場，在過程中主角們發現他們與家鄉疏離，亦即字面「在海上」的含意。《暴風雨》一開始也是描述一個政治上不義的故事，在「正統」和篡位的米蘭伯爵之間的對抗。那是兩人的奪權以及正在瓦解的社會的故事。轉型為另一個政治狀態，就如聖經的故事一樣，意味著從放逐到歸鄉的「歸返」的故事。變遷有賴於各種真相的揭露，使得劇中的人物回歸他們「真正的狀態」；「她的兄長費迪南（Ferdinand）在失蹤處與妻子相遇，普洛斯佩羅（Prospero）在貧瘠小島上找到他的領地；而當所有人都迷失時，我們都找到了自我。」[160]

該劇的第一幕中，劇中人物正訴說政治不義的往事：普洛斯佩羅失去領地，愛麗兒（Ariel）被俘並因而成為普洛斯佩羅的奴隸。第二幕則為既存政權想像出替代選擇。當第三幕開始清算歷史，轉移就於焉出現。衝突透過超自然力量產生，並隨著身為精靈（harpy）的愛麗兒指控「三個罪惡之人」，並且判他們下「地獄」。[161]第四幕隨著真相的揭露，開始轉型及報復的計畫。[162]第五幕則處理了歷史、寬恕及赦罪，「懿行較報復行為來得罕見」。[163]和解意味著普洛斯佩羅在擅權時展現了自制。劇中事件的發展暗示著人類在適應環境、調解愛和現實的過程中所作出的抉擇，這點則是由戲中戲表現：費迪南和米蘭達的弈棋過程，象徵了深思熟慮的可能性。

在該戲的結尾，幾乎所有事物都已重建，不義得到矯正。而就像在其他地方一樣，在《暴風雨》中邁向新政權的轉型也包含了損失。雖然普洛斯佩羅和安東尼歐（Antonio）兩兄弟並未完全盡釋前嫌，但其他人物之間已達成和解。的確，我們由劇中了解到轉型概念的真義，即在我們得到一個新的詮釋時，便被捨棄過往的詮釋。轉型的變化除了認同的變化之外，也包括了明顯的損失。[164]

轉型期的敘事也採用類似形式；在聖經故事和莎士比亞的浪漫劇作中，故事是從流亡發展到歸鄉、真實、自然狀態。事實真相的揭露，往往是透過不可思議的過程完成的，而儀式上的否認、和過去的決裂，以及重新認識被揭露的真相，則使得社會得以重回真實的方向。轉型的真相有化合力（valence），過去被隱藏的知識在受到正視後，總是能得到解決而找到新的出路。[165]社會的自我知識不僅止於此，它更為改變未來人類行為以及自由化的轉型埋下伏筆。

轉型的歷史正義：結論

此處所討論的實際例子，說明了歷史調查的角色並不是基奠性的，而只是過渡性的。歷史無時無刻都存在於國家的生命當中，但在政治巨變中，它則有助於建構轉型。國家的歷史持續進行，而轉型期敘事的特殊處在哪裡？為什麼這些敘事具有自由化的作用呢？

此處所討論到的歷史並不是基奠性的，而是過渡性的，這句話的意思是，它們是不連續的歷史，是「袖珍」（mini）的、不是後設敘事的（metanarratives），是屬於更宏觀的國家歷史的一部分。轉型期的真相訴說，並不是原子化的單一故事，也不是極端的新天新地，而是一直取決於和國家既有歷史傳統的偶然關係。轉型的歷史需要調停各種有爭議的說法，而且在更大的敘事範疇和國家歷史中開展。轉型期的敘事是在國家歷史的脈絡中產生，它在回應普遍的歷史衝突時有重要的意義。因此，轉型期的歷史，一般而言，意味著一套解釋說法被另一套取代，或現實的政權被另一個政權取代，而在政權轉移時仍保留國家的敘事脈絡。

陳述真相的訴訟過程構成轉型期間的集體記憶。當社會共識在其他方面被磨蝕時，便會訴諸法律、訴訟及其架構；法律提供權威性的語言和變遷的既定象徵及儀式。在當代，透過審判和聽證會的法律儀式及程序，使得轉型期的歷史得以產生。這些歷史是具備民主本質的社會解釋，其影響力相當廣泛，整個國家都是潛在的聽眾。這些集體塑造歷史的儀式是構成轉型的一部分力量，它把政治時間切割為「之前」和「之後」。[166] 訴諸法律意味著歷史的主張是以正義的語言、權利及對過去罪行的責任的共有語彙來表達的。這種語言使用的重要功能在於放下對於過去高壓統治的回應、揮別用以控訴被前朝政權的片斷事實，而這正是促成政治改變的重要因素。與轉型有關的「創造歷史」的工作，往往只是公開確認社會已經明瞭的事實；歷史調查的過程使得犯罪歷史成為過去。轉型期的歷史敘事是矯正式正義的一種不連續的故事；轉型期的歷史採取了救贖式的自由化轉向。

無論是透過審判或其他形式的轉型敘事，皆強調知識、抉擇和媒介的角色。雖然一般認為對過去罪行的歷史回應在自由國家中相當普遍，他們都強調宏觀的結構性原因和解答，[167] 但轉型的歷史將複雜的解釋編織在一起，它是密集、分層的敘事，能夠調解個人與集體的責任。透過引入個人選擇的可能性，這些敘事發揮了轉型歷史的自由化功能；在揭露過去的真相時，它說明了事情可能與人們過去的認知有別，而著眼於個人的行為。這是當代的政治秩序特有的了解，它能夠避免悲劇的發生。對於個人選擇和人類行為可能性的解釋，本身就具有自由化的性質。

歷史解釋本身已經成為自由化轉型的特徵，它和國家政治認同的變遷息息相關；因此，轉型的故事會推動當代政治秩序的建立。在轉型的敘事當中，故事的方向既非註定為悲劇，亦不僅是野蠻的權力問題；它既不會迎合既存的世界秩序，也不會苟同現實主義的政治。井井有條的敘事，強調受政治環境限制的個人的身不由己。儘管種種過往罪行的歷史餘緒仍然存在，但是當代自由國家有個重要特質，就是認為社會可以有自我理解因而得到救贖。強調社會可能有自我理解、並能阻止悲劇循環發生的歷史敘事，和自由化的政治秩序密不可分。轉型期歷史的結構採取了救贖的形式，也就是「希望的故事」（a tale of hope）。

透過真相陳述而推動的自由化，必然有其不穩定性，這也和轉型期密切相關。然而此處的危險在於故事講得太好，太合理化了，亦即把過去的災難順理成章地解釋成通往未來自由化前景的必經之路。歷史敘事建立了國家對其政治秩序的認知。轉型期的歷史正義在經過一段時間，會與國家政治認同的保存互相結合；因此，時間一久，國家的自我理解就成為政治辯論中備受爭議的主題。「歷史學者的論戰」再度掀起了轉型研究的風潮，這說明了如果國家敘事和從前高壓統治的傳統分道揚鑣時，就重新確認了自由化的轉型認同。

本章所討論的歷史措施顯示，所有法律回應都在於創造轉型期的敘事。儘管這些敘事未必都那麼詳盡明確的，但總是有了歷史的敘事。在政治巨變中，轉型期的措施建立了歷史，闡明了歷史敘事在建制民主的幕後角色，它會強化政治秩序。[168]

現在既有的歷史文類也都與自由化的政治認同有關。就像此處所討論的，這些自由的歷史敘事，有其共有性的、周期循環的特徵；轉型的歷史也難免和政治背景以及環境糾纏不清。當歷史被用來促進政治變革時，其目標主要是展望未來，而現代史學也都認定歷史書寫必然有其政治意味。然而，歷史論述的參數都是在既存的社會脈絡中。轉型的歷史產物都會以先前的論述為背景，當它們取代前者時，便搖身變為主流論述（直持到被顛覆為止）。因此轉型的歷史，是一種連續性的機制，但它同時也包含著不連續性。真相政權的更迭循環，明顯表現在歷史對於過往之惡的回應的偶然性。甚而，政權的顛覆和不連續性都是肇因於微小之處，而且具有政治上的偶然性。

這個循環必然不斷重複嗎？轉型期和非轉型期的歷史型塑之間又存有何種關係？一般總是希望能有最後的解釋，亦即全面的歷史共識，最好能「超越歷史」。這在共產主義崩解、最後一波的政治變革中尤其如此。但是，修復過去，把它變成「後歷史」（posthistoire），此舉實屬無謂，因為它不可能阻止國家嘗試解釋歷史，也不可能消耗國家政治進步的力量。試圖以特定的史觀來建立認同，本身就是一種量小器淺的作法，除了讓不穩定性、政治辯證和多元敘事同時存在之外，我們別無選擇。

第四章

補償正義

在現代，大部分轉型期政權——無論是在戰後、軍事獨裁亦或共產政權——都採用過某種補償正義的形式。儘管法律文化相異，在此所回顧的實務現況顯示它在各地相當盛行。各個社會是如何考量在補償制度上所作的努力？他們的目的及職責何在？前朝政權錯誤統治的受害者以及社會的轉型期正義又是什麼呢？

接替者政權在輪替時期面臨的第一個兩難，即是新政府是否有義務賠償舊政權的過失的受害者。根據國際法規定，任何政府違背其義務，皆有明確的法律補救措施。[1] 然而，在全國爭辯如何處置過去惡行的餘緒時，補償正義的議題是接替的政權必須承擔的更複雜的問題，亦會在過去國家的濫權的受害者賠償和國家前瞻性的政治利益之間產生矛盾。補償的措施會衍生出在轉型時期特有的前瞻和回顧、集體和個人之間的兩難問題。然而不管是平時或是轉型期，補償正義（reparatory justice）由於蘊含著對於從前的過犯的匡正，因而都有向後看的性質。我在本章要闡述的轉型期補償正義，它可以調停轉型期的明顯兩難，在矯正的目標和轉型的前瞻性目標之間取得平衡。同樣地，轉型期補償正義也可以仲裁個體與集體之間的義務，而形成自由化國家的政治認同。

「補償正義」一詞說明了它的多面性，包含許多不同的形式：補償、損害賠償、補救、矯正、復原、賠償金、復權、捐贈。它會回溯古代的前例，這也顯示出轉型期補償正義扮演的繁複角色。轉型期補償的措施會調解在受害者與民眾、過去與現在之間的補救措施，更進一步建構出和巨變時期有關的重新分配的政策基礎。

聖經的賠償條例：〈出埃及記〉

你要的確知道，你的後裔必寄居別人的地，又服事那地的人；那地的人要苦待他們四百年；並且他們所要服事的那國，我要懲罰，後來他們必帶著許多財物從那裡出來。

《聖經．創世記》15:13-14

《聖經》對以色列人在埃及時由壓迫到自由的政治轉型，提供了政權輪替的證明和記錄。根據記載，古以色列人在埃及居住近四百年間，遭受奴役與迫害，歷經埃及人多年的奴役後終獲自由，建立獨立的國家，而埃及人亦遭天譴。〈出埃及記〉的故事及埃及人所受的懲罰與災難廣為流傳，但與〈出埃及記〉相關的賠償記載卻鮮為人知。它的隱藏意義顯示政治變動時期的賠償實務一直是高深莫測的。

在《聖經》對補償正義的記載中，以色列人於出埃及的那個決定性的夜晚裡，「向埃及人要了金器銀器和衣裳」。[2] 神指示以色列人奪走埃及人的財物：「以色列人照著摩西的話行，向埃及人要金器、銀器，和衣裳。耶和華叫百姓在埃及人眼前蒙恩，以致埃及人給他們所要的。他們就把埃及人的財物奪去了。」[3] 這段內容暗示財物是埃及人自願給予的，而不是暴力奪取。然而，這段聖經故事卻有各種南轅北轍的詮釋，因為經文既提到「借」和「要求」，也說以色列人「我必叫你們在埃及人眼前蒙恩，你們去的時候就不至於空手而去。但各婦女必向他的鄰舍，並居住在他家裡的女人，要金器銀器和衣裳，好給你們的兒女穿戴。這樣你們就把埃及人的財物奪去了。」[4]這段記載顯示在埃及人和以色列人間有衣物的交換行為，把埃及人的財物奪去，暗示著解放的奴隸奪取主人的衣物，現在輪到主人幾乎如奴隸一般赤裸。這個過程可以溯及「賠償」（redress）一詞的出處。「redress」的字源是在公眾場合盛裝打扮，意味著個別不同的地位。在中世紀，這一詞和衣著、地位和重獲尊嚴有關。埃及人的財富被奪走，與以色列人的「重新穿戴」（re-dressing）的關係更深，它是一種撥亂反正的場景，一種儀式性的重新穿戴，在公眾的見證下恢復其地位。這種賠償方式的古老象徵性，在隨後歷史的許多例子中亦清楚得見。

〈出埃及記〉的賠償記載，具有何種新時代的意義？《聖經》的記載支持著一種另類的觀點，財物的奪取，可被詮釋為禮物、借貸、引誘放棄、賄賂、互惠的財產交換。例如埃及人的動產與以色列人離去時所遺留的不動產互易，以補償過去在埃及時經年累月受奴役應得的薪資及其他傷害，甚或是作為賠償的象徵，一種政治地位的恢復。在一種詮釋的版本中，這個故事是關於猶太人利用轉型期的混亂趁隙搶奪被偷走的財物。在另一版本中，這個故事不是指奴隸的脫逃行動，而是神聖計畫的實現。埃及人給予財物是作為賠償，是神意的一部分。[5]這種詮釋是奠基於《聖經》早先暗示出走的民族將成為「偉大的政治實體」，同時暗示著他們有權主張埃及人的財富。

這個記載有何意義？埃及人的財物被奪取，是否表示太過於回顧既往，被奪去的財物能否作為對於過去奴役和迫害的補償？或者以色列人「重新穿戴」的儀式，意味著展望未來，而被奪取的財物則是建國的資本？《聖經》的內容及爾後的註釋支持以上兩種觀點。倘若以歷史及政治的觀點闡釋《聖經》對〈出埃及記〉那一夜的記載，其內容就成了轉型期的特殊詮釋學（hermeneutics），轉型期包括了在重大變故那晚之前長年的奴役，以及爾後《聖經》記載由奴役到建國的轉型期歷史。轉型期的內容既是回顧過去，也是展望未來，這豐富了往後賠償實務的闡釋方式。就我們所看到的，《聖經》的故事有持續不斷的共鳴，因為它以許多例證闡明賠償實務的運作。

戰後賠償及全面戰爭罪

在第一次世界大戰結束時對德國的索取賠償，曾經引起關於補償正義的意義的疑問。在凡爾賽會議期間，曾針對戰爭責任合計出賠償的條件：依據和平的解決方案，德國必須為「全面戰爭罪」負責，並決議德國同意支付龐大的賠償。[6]在和平解決方案中，發動戰爭的德國，必須承擔懲罰性賠償責任，卻是以防範為其理由，亦即削弱德國國力，使其無法再行開戰。《凡爾賽條約》追究德國政府的「侵略戰爭」罪行。責任歸屬的協議是集體的，而國際間制裁的衝擊亦由德國政府承擔。經過四年戰爭，同盟國可能會根據其權利請求戰爭的全部費用。然而最後賠償的請求，並非以同盟國「權利」的字眼，而是主張說這是德國的「責任」。

《凡爾賽條約》中所謂戰爭罪的條款，強調德國的全部責任，強迫德國負起「造成所有同盟國損失及損害的責任，……是為其挑起戰爭侵略的結果」。《凡爾賽條約》第二百三十一條規定：「同盟及聯盟政府堅持，並經德國接受，德國和其協約國藉侵略而引致之戰爭，對同盟及聯盟政府和人民造成的所有損失及損害，就此結果德國必須負起責任。」[7]根據條約的戰爭罪條款，所有戰爭責任（所有的戰爭費用）將由德國一肩扛起。

《凡爾賽條約》過重的賠償責任引起一些疑問。就如同當時各國所承認的，國際間的制裁太過沉重，以至於引發實際的問題，即德國幾乎不可能償付賠款。[8]其時國際經濟制裁手段非常粗糙，不加區別地制裁整個國家。賠償的額度引起了對於賠償的性質與功能的討論：賠償要到什麼程度，才算完整彌補戰爭的罪行？哪些是懲罰性的賠償？《凡爾賽條約》的賠償條款僅有模糊的闡述，這反映出多重目的。戰後條約刻意將責任債務兩個問題分開。全面戰爭罪被壓縮在刑事與民事責任的夾縫間；然而賠償在緊要關頭，卻顯露了民事的性質，《凡爾賽條約》的「全面性戰爭罪愆」條款清楚地區分責任與履行，區分責任與裁判的執行。儘管條約在第二百三十一條對全體債務有所陳述，第二百三十二條亦同時承認資源稀少的問題。雖然同盟國家針對債務範圍及賠償層面的議題爭論不休，條約使用的文字仍顯示其間存有共識，在超過實質損失的賠償部分，德國被要求在道德、政治及法律方面對戰爭負責。不過，同一條約承認德國將不會償付賠款。條約裡兩項約款的獨特措辭，顯示在轉型期的賠償實務有著極大的模糊性。

就像古代的賠償一樣，戰後賠償對這些實務運作的特性及作用，反映出莫衷一是而且錯綜複雜的觀點。而在轉型期展望未來的政治目標時，該觀點亦同時對當前的損害進行補救，以及對過去的錯誤進行制裁，作為對於過去的矯正手段。

「賠償」（Wiedergutmachung and Shilumim）

由於二次世界大戰無條件投降，以及戰區的滿目瘡痍，產生了史上最全面的復原計畫，它在二十世紀後半葉合計動用了數百億美元。戰後有兩方對德國提出了兩組相當不同的復原請求：其一是戰勝方，其二是最可憐的受害者。在和平談判之初，即便是二次世界大戰結束之前，同盟國已要求德國應賠償它所挑起的不義戰爭的損失。如上所述，第一次世界大戰後，規範要求戰敗國支付賠償金給戰勝方；德國的賠償計畫最初源自戰後的歸還及復原要求。從被佔領的領域至建立主權獨立國家的轉型期間，一九五二年《過渡性條約》（*Transitional Treaty*）即為重要條文，它規定佔領政權有義務歸還與戰爭相關的財產徵收並賠償其他損失。[9]

另一個賠償的要求則來自幾百萬集中營的受難者或存活者。在德國及以色列生還者團體達至賠償協議之前所進行的談判記錄，敘述了在轉型期兩個族群的狀況，戰敗國背負著道德破產的感受，而另一方由生還者建立的新國家，亦面臨財政上危機。在德國總理康拉德·艾德諾（Konrad Adenauer）★主持的一連串全面談判後，於一九五二年達成盧森堡協定（Luxembourg Agreements），德國同意支付一筆數目給遭受納粹迫害的受害者代表團體[10]，也同意賠償新建國的以色列。聯邦賠償法（Federal Compensation Law）涵蓋所有受納粹迫害者的賠償，除了賠償身體傷害，若因政治、社會、宗教或理念之故遭到迫害，則對自由、財產、所得、專業與財務的損害進行賠償。[11]

對受害者及其代表乃至於以色列政府的賠償，並不是根據當時的國際法體系及類似賠償的判例去思考的。或許，最相似之處是傳統的戰後賠償，一九〇七年《海牙公約》（*The Hague Convention*）中的戰爭條款規定，交戰國中違反戰爭規範者須支付賠償。然而，這個觀點意味著接受了德國及以色列為「交戰國」的虛構故事。可是以色列不僅沒有參戰，甚至在戰時也不算是個國家。在一九五二年協定中由西德承諾支付的賠償，如同兩德統一後的協定，迥異於傳統對國家戰爭相關賠償的了解。[12]賠償指定的受益人並不是戰勝國，而是應負責賠償的國家裡的公民。他們是以色列的未來公民，由受益國代表之。這不是一般戰後的賠償情形。

二次世界大戰後的賠款一整個改變了賠償的觀念。紐倫堡大審後，國際法有了戲劇化的發展，戰爭相關規範的觸角延伸到國際領域之外，而適用國家內部的衝突。在戰爭末期，一九四九年《日內瓦公約》（*Geneva Conventions*）刺激國際人權法的發展，思索在各種武裝衝突中違反人權的賠償問題。[13]在戰爭法規範下發展出關於凌虐他國受害者的賠償義務，即形成因違反規範而必須賠償人民的國家義務。如此會產生一個矛盾的結果：即外國人根據國際法必須承擔的賠償責任，將比本國公民依其國內法體系的責任還要重。根據國際人權法而形成的義務，反而導致接替的政權必須負擔由舊政府的罪行衍生出來的轉型期賠償義務。與戰爭法相關的賠償準則已經演化並超越國際衝突範疇，延伸至國內衝突。

如何能了解德國賠償的方案？「Wiedergutmachung」是德文「賠償」的名詞，字面意指「重新做好」，亦即回復原來的狀態。[14]在「肅清納粹主義」（denazifiaction）成效不彰的情形下，賠償是能讓德國在國際社會中重拾信任而獲致政治支持的方式。相形之下，受害者團體不接受賠償能「重修舊好」的想法，希伯來語稱「賠償」為「shilumim」，意指「改過自新並創造和平」。[15]對受害者而言，賠償是經濟上的補償的必要方式，因此，談判桌上的第一件事，就是安頓難民們的費用。對加害者及受害者而言，賠償是安頓的費用，只不過各方進行的方式不同罷了。然而，儘管對賠償方案的性質及目的的想法完全不同，若能針對不同的想法進行談判，最後皆能達成政治上的協議。

德國的賠償方案是複雜的轉型期賠償概念的典範。轉型期的賠償實務結合了回顧與前瞻的、道德的、經濟的和政治的正當性。這些或許並非全然如此令人感到驚訝，主要源自戰後

★譯註：康拉德．艾德諾（Konrad Adenauer, 1876-1967），德國的政治家，一九四九年至一九六三年出任西德總理。

及其他轉型期協議中（它們是政治談判與妥協的產物）的賠償條件，而有助於促成各式各樣的、甚或相互矛盾的目的。戰後賠償計畫更顯示出轉型的賠償方案有多重的目的：即謀求個體與集體、受難者與社會的利益。如同我們在其他類似的政治轉型期所看到的，這種多重功能正是轉型期賠償方案的特色。

邪惡的戰爭、失蹤及和解：賠償所扮演的角色

在一九八〇年代的宏都拉斯，一位年輕人維拉斯奎斯・羅得里哥（Velásquez-Rodríguez）的失蹤被推測為謀殺的事件，在拉丁美洲掀起連鎖反應，激化出遍及全大陸的賠償政策立場。宏都拉斯法庭表示無法調查該失蹤案，那顯然是該國政府所支持的行為，隨後由美洲人權法庭（Inter-America Court）接手審理。在一連串重大的判決中，美洲人權法庭認為宏都拉斯已違反《美洲人權公約》（*American Convention on Human Rights*），而宏都拉斯「有責任防止、調查及處罰」公約約束的違反人權事宜。[16]法庭更認為，無論何時人權被侵害，國家皆有義務確保受害者的賠償。羅得里哥案中無法保障刑事正義的情形，並不只是政府判斷力的問題，而是未能執法以保護重要受害者（公民）的權益損失，促使國際法賠償責任的介入。

羅得里哥案所揭櫫的責任，明確屬於轉型性質，既超越前後期的制度，也是兩者的橋

樑。雖然原先的權利和法律同等保護的責任有關，一旦這種預期的權利被廢止，接踵而至的「治療性」（curative）責任（如調查及賠償責任）隨即落在接替的政權身上。羅得里哥案顯示，當調查及賠償責任沒有實現時，違法的狀況可能會繼續，而接替的政權就必須承擔責任。如果說首要的責任，也就是保障，是在展望未來，那麼另外的調查及賠償責任，就顯得是在追究及回顧過去；因此這些責任可能會無止盡地加諸接替的政權，直至完成為止。[17]判例法承認的以上責任型態，可以調停新舊政權，在轉型期間擴張人權保護的意義。

羅得里哥案為賠償責任建立高標準。美洲人權法庭將失蹤記述為「可歸責於宏國嚴重不當行徑所導致的死亡」，並表明政府有責任對因失蹤案而受損害的遺族，給予包括「道德」及「物質」上的賠償。[18]在羅得里哥案中詳述的高額賠償方案，和拉丁美洲法治文化相去甚遠，該文化缺乏對官方犯行所造成的損害予以賠償的傳統。[19]

羅得里哥案在轉型期正義的性質上透露了一個新發展，賠償制度對民事及刑事責任，將產生強大的影響力。基本上，刑事審判後的賠償措施的運用，表示若未就政府的重大錯誤加以起訴，將會侵害受害者的權利，並引發相關的政府責任，在接下來的判決亦重申：依據區域人權法規定，特赦法違反受害者的人權。[20]全拉丁美洲都了解羅得里哥案的意義，當刑事正義無從伸張時，其他的反應可能會接踵而至；法律責任應還給受害者一個公道，而且主要是以賠償的形式進行。

適用羅得里哥案的規範，引發許多疑問。這裡到底蘊含著哪些責任，亦即：在政府平等保護公民的責任，以及恢復這些「權利」的責任之間有什麼關係？更多基本的問題於焉產生：在羅得里哥案所承認的傳統「權利」，是哪一種意義的人權？它們歸屬於誰？以這個觀點來看，平等保護的權利若遭侵犯時，誰會受到傷害，是受害者本身？遺族？而社會是否會因此分裂？當許多國家在特赦舊政權時期的惡行時，這些問題會是政府的免責政策的影響之一。

如果全拉丁美洲皆採行赦免政策，羅得里哥案所透露的訊息聽起來就顯得太冥頑不靈。經過恐怖的軍事高壓統治、酷刑、死刑及失蹤之後，最終的問題在於接替的政權是否能夠「抹煞」過去，直至煙消雲散？設想該區域統治政權的過去，這樣的政策型態將會顯得特別的頑強乖張。[21]當智利回歸民主制度時，其脆弱的權利均衡狀態，挑戰著處罰過去軍事政權的可能性，後繼的艾爾文政權遂轉而採取另一種實現正義的形式。如在羅得里哥案中，政府承諾對軍事鎮壓進行官方調查，並賠償相關損害。深入解釋智利的賠償方案，有助於理解刑事與賠償正義間的過渡性關係。政府的「真相及和解委員會」（Truth and Reconciliation Commission）報告揭露了軍事統治時期數以千計被迫失蹤以及未經司法程序執行死刑的案件。智利總統在代表「真相委員會」向全國人民報告時，將這些罪惡歸於政府的惡行，並將賠償視為「政府坦承報告所詳述的事件與情境並負起責任」。[22]後繼政權承擔支付賠償的義務，對舊政權的惡行表示負責。儘管最初反對賠償，而且其法治文化中並沒有對政府犯行施以懲罰性賠償的傳統，這種矯正方案在全美洲大陸漸為普遍。在智利之後，阿根廷採行範圍更廣的賠償政策，不僅賠償失蹤案件，更賠償在舊時期統治下的非法拘留案件。[23]在美洲人權委員會相關的判例中，烏拉圭亦被命令須支付賠償。[24]

轉型期的判例也重新定義了國家對其公民必須負擔的義務。就像許多轉型期的憲法和刑事制裁釐定國家主權的變化的界線，這些變化也能透過賠償措施加以釐清。轉型期的賠償嘗試彌補受害者，但其在公領域亦有額外的重要性。當賠償是正式接替的政權的一部分政策時，可就法律平等保護的權利受到損害的狀況去批評舊時期政策的不當。軍事鎮壓的受害者，過去被控以顛覆政府罪名，國家視其為敵人而消滅之。他們被綁架、施以酷刑、處死而就此消失；他們的孩子被綁架，財產被充公。因此，智利的「真相及復原委員會」建議「道德上」的賠償，「為那些曾被誤控為國家敵人，因而背負污名的死者，公開回復其名譽」。[25]為了遵守這項命令，艾爾文總統在就職後幾天，在一項公開紀念活動中對智利民眾發表演講，這項活動在智利前軍事統治時期拘禁政治犯的體育場所舉行。在演講中，隨著總統當眾歷數失蹤者的姓名，該姓名便在體育場電子分數看板上亮出來，藉此政府展現對過去惡行的受害者，公開洗刷污名並道歉的誠意。

就如同古老的救濟手段，拉丁美洲「道德上的賠償」是想要在社會上導正惡行並重建尊嚴。道德賠償是在強調補償本身而非懲罰。[26]道德賠償嘗試修正先前對受害者的羞辱及貶抑，重建他們在大眾面前的名譽和平等的地位。依大陸法和習慣法對毀謗的了解，究責並不能補償受害者，但對失蹤的案件卻有用。道德賠償在公眾的眼中，對個人及遺族過去所受傷害的影響，比起一般賠償更為有用。回復名譽比起平時有著更廣義的功能；它在政治轉型時期更符合社會的利益。當政治污衊及迫害個人時，不僅損及受害者個人的名譽。只要回復失蹤者名譽，國家亦會公開承認對該罪行的責任。後繼者以承擔責任的方式，顯示所犯錯誤的性質；實際上，政府承擔責任甚至有減輕道德損害的效果。[27]這些補償方式的確是想促進社會的和諧，為拉丁美洲政治分裂的社會帶來和平。轉型時期的賠償實務展現多重的目的性：檢視過去，補償舊政府罪行的受害者；它同時也有前瞻性，在轉型期達到促進和諧與和平之目的。

拉丁美洲賠償實例，說明了轉型時期賠償政策所扮演的複雜角色。轉型期賠償具備多重目的。以賠償作為懲罰以外的另一明確手段，展現除了刑事制裁之外，仍有其他方式可加強正當性及回復權利。轉型期的補償措施以公開方式承擔過往罪行責任的重擔。實際上，從著重受害者的損害，到強調政府罪行的這種轉變，在道德性賠償的情況下特別明顯。政府透過公開補償的方式表達了擔負責任的意願，如同刑事審判的方式一般，政府罪行得以確認；同樣地，過去的錯誤亦受到了譴責。除了制裁犯罪者外，賠償更洗刷受害者的冤情。[28]透過正式的法律回函，確認對失蹤者的審理狀態，補償正義得以重建政治團體的界線。

轉型期實務因其可變通性，已然成為解決當代政治轉型浪潮的主流方式。「真相與補償」（truth and reparations）是結合賠償與前一章所述的「歷史探究」的方式，這已成為遍及拉丁美洲及其他地區解決重大衝突的有力手段。薩爾瓦多的長年內戰，在成立調查委員會並做出賠償承諾後，終於得以結束。[29]類似的方案亦在瓜地馬拉居間調停。[30]在南非，特赦案成為過渡協議的一部分，用以交換「真相與和解」（truth and reconciliation）。該國一九九三年憲法名為「國家統一與和解」（National Unity and Reconciliation），規定「為了促進和解與重建，特赦將就與政治目的相關並於過去衝突期間所發生的行動、疏失與過錯的範圍來進行。」[31]就如國家憲法法庭所解釋的，特赦的核心包括澄清過去政治犯罪的事實及其賠償；[32]因此，在南非，這兩者毫無疑問相互牽聯。雖然根據法律規定，特赦在南非會視情況而定，意指對過去罪行的調查將視個案狀況來決定。然而賠償的承諾可作為誘因，使受害者願意在國家公開的訴訟程序中作證；而且，如南非真相委員會幾乎定案的報告所指出，賠償措施眾所周知為其建議的一部分。在以上討論的所有案例，皆以各種補償正義的混合形式迴避了刑事制裁。

後繼政權所使用的轉型期補償措施，作為懲罰的替代方案，將挑戰我們關於民事和刑事制裁分野的直覺能力。刑事和民事的二分法無法充分說明轉型時期實務狀況。因轉型期賠償實務會賠償個體被侵犯的權利，甚至表達願為過去罪行負責，這些目的明顯違反了傳統不是刑事正義就是矯正正義（corrective justice）的二分法。以上討論的轉型期賠償實務，公眾認知並譴責罪行，這個方式通常被認為是刑事制裁的特點。在習慣法領域，罪行的性質被認為與損害的性質密切相關，因此，公、私領域相當於刑事與民事領域。威廉．布萊克史東（William Blackstone）說：「個人錯誤行為或民事損害，是對歸屬於個人民事權利的侵犯或剝奪，僅針對個人作考慮；公務上的錯誤作為或刑事犯罪，則是對基於整個社會的公眾權利及責任的侵害與違反。」[33]雖然上述特性偏離習慣法；然而，在現代國家，我們對於刑事正義和矯正正義之間表面差異的思考方式已有了改變，這在轉型時期尤其明顯。

轉型期賠償實務也挑戰了向來國家在刑事審判（相對於民事審判）中的支配性角色，例如這些賠償方案顯示有實質的國家介入。[34]而許多由個人發起的轉型期刑事正義則挑戰著這個觀點。在政治過渡期，諸如受難者或其代表的民間團體往往會主導追訴的行動。這種個人發起的行為在歷史上屢見不鮮；實際上，戰後對二次大戰罪犯的審判，都是由個人發起的。[35]法國即是主要一例。根據大陸法，刑事正義的發起者往往是私人團體（通常是受害者），如同在民事訴訟程序一般。[36]美洲各國法律體系也同樣在思考受害個人在刑事訴訟的參與問題，而美洲委員會承認，當立法特赦時，受害者的訴訟權利會受影響，可能因此封閉了調查和處罰加害者的管道。「權利受侵害的原告、親人或因此受害之人有權追索，有權進行全面及公平的司法調查，以探求事實真相。」[37]社會應保障其受到平等保護的權利，這在受害者身上亦可得到驗證，因這是法律原則賦予他們的基本保證。

自解放政權承擔舊時代罪行的兩難裡，混合的正義形式於焉產生，將政府角色與個人賠償都融入對於官方罪行的制裁裡；因為過去的罪行並不僅是受害者與加害者之間的問題，更涉及了政府的政策。轉型期賠償實務，使大家認知到個體權利的侵害及連帶產生的損害，同時承認政府公務作為所產生的過犯。在轉型期法理學典範中的這兩種法律回應，可以看到刑事正義和矯正正義之間強大的密切關係。如同前面第二章所討論的，即使刑事制裁最受限的形式，也有助於犯罪的告發、為受害者的辯護以及司法體系的維護。在劇變時期，應報式正義和賠償式正義的概念之間的關係密不可分。法律中的撤銷功能在這種時期可加強轉型期的運用。當法律承認政府本身過去的錯誤、補償受害者並正當化法制體系時，它就已經發揮了轉型期的效用。[38]

共產主義瓦解後的賠償與私有化

共產政權瓦解後的轉型時期，顯示出多元、同步與激烈變化的特色，它包含了：憲法、政治、公民及經濟層面。而就在這些多元的轉型期中，東歐及中歐採行了補償計畫，作為建立自由市場各項嘗試的主要部分。[39]

無論是歸還沒收的財產或賠償，都和私有化有關，它在共產政權瓦解後的轉型期賠償方案中扮演複雜的角色：修正過去政府的錯誤，其中絕大多數是史達林時代所犯下的，同時也促進當代與經濟轉型相關的國家私有化利益。而這兩種意圖通常是相互衝突的，特別是前蘇聯及正在進行市場改革的國家會遇到的兩難。這些社會所引發的獨特問題是：什麼樣的賠償才符合經濟變遷時期的利益，也就是說符合朝向自由市場轉型的利益？最後，賠償嘗試採用整合這些意圖的措施。而在後共產主義轉型期的補償方案，這種具有政治目的的務實做法，挑戰了傳統對矯正正義及分配正義的認知。

一九九一年初期，在一九八九年革命之後不到兩年的時間，捷克共和國對於如何處置以前共產黨的政治罪行，對於制定庭外補償法（Law on Extra-judicial Rehabilitation）的爭辯達到最高峰。[40]為了要補償共產時代政治迫害下的犧牲者，法律規定任何以強制方式取得的財產都應該歸還。而在國會中對於該法律的辯論，使得補償的雙重目的變得更加清晰；而且許多該法案的擁護者，主張立法是基於經濟的立場考量。

在前捷克政府時期，政府實際上壟斷了生產方式，所以將被沒收的財產歸還，可視為一種「自然的回復原狀」方式，視為一種有效率的私有化方法，因為它確實能促成將國家財產轉換成私有財產。相比之下，補償法的反對者主張它根本是一種退縮的做法，減低物權關係更加自由化的可能性。這兩種主張都有道理，因為原始物權系統的建立，可達成現行必須先創造私有化市場的權宜目標，而此法也建構了對私有財產權的認知。在跨出政治轉型時期的第一步之後，國家將要努力解決它龐大的補償計畫。

共產政權瓦解後帶有政治目的的補償，明顯地表現在匈牙利的補償法（Compensation Law）中。此法的序言主張雙重目的：「在市場經濟條件下建立創業的保障，並減輕國家過去造成不正義的傷害」，經由對過去產權請求的保護，來證明「新財產」（new property）的正當性：

這是國家的道德責任，採取行動以承認及保護私有財產，並對那些受到財產損害的人提供金錢的賠償（indemnification）。為了在現代市場經濟內適當發展穩定的所有權關係，政府提供原所有權人部分的所有權賠償，藉此補償早先的遭受損害的私有權。[41]

就如匈牙利法律序言所揭示的，「舊」物權這種想法是法律上的擬制，用來在該地區證明及促進迫切的物權建立。儘管這類物權可以完全溯及既往，但是這種體系的建立仍然符合前瞻性的經濟利益。當國家憲法法庭確認賠償方案的合憲性，即被視為一種「舊債新償」（novation），包含了以前的「權利」觀念（包括過去被侵害的權利），可用來證成現有的權利。無論在歸還權利與將權利私有化之間有什麼利益衝突，只要不是「全有或全無」的絕對想法，便可調解該衝突，解決是否歸還全部被充公財產的難題。這個問題反而是以選擇所謂部分賠償的妥協方式予以解決。

賠償的目的與經濟上考量趨近一致，是讓各國逐一解決問題的平衡性作法。事實上，轉型期利益的平衡狀態一直在變動。因此，在兩德統一協議中，東西德同意擴大歸還範圍，根據協議有關「於補償之前歸還的原則」，無論何時財產被充公（除蘇維埃佔領時期之外），該財產將會歸還原所有人或繼承者。[42]計畫開始進行後，全面性的歸還原則遭到支持私有化勢力的挑戰，激起由歸還轉向賠償的聲浪。當補償方案受到德國基本法關於免於財產被剝奪的保護規定挑戰時，方案的合憲性被肯定。根據法院意見，憲法對剝奪財產的禁令（反對過去共產政權時代的充公作為），既不要求原財產的歸還，亦不要求任何特定的補償措施。[43]同樣地，當所謂部分補償法在匈牙利受到挑戰時，其憲法法庭亦支持該方案，並宣稱無權行使歸還，因此，立法機關必須證明特殊利益的應得權利乃基於公共利益的考量。[44]

如此，共產一黨專政的接替者，就能調解歸還計畫的多重目的。維持和諧的指導原則，使得針對過去錯誤作的補償，能夠在法律上得到證成，在一定程度作為法律上的資格與「權利」，並與轉型期的經濟目標相容。[45]

德國與捷克在其私有化過程中面臨「重新私有化」（reprivatization）而產生的問題，皆有可能影響對大規模財產歸還行動的信心。[46]因此，波蘭在政治變革之後，對要求歸還共產政權所沒收財產的問題爭辯不休，而無法在歸還政策上取得共識。據估計，正在進行私有化的國營企業，其過去不當獲取所得造成損害的賠償額度，波蘭的「徵收私有化法」（Draft Reprivatization Law）雖可調停補償正義與私有化政策之間的任何衝突[47]，然而估量損害時卻再一次破壞賠償與分配之間的和諧。

舊共產政權賠償的例證說明了補償正義的轉型期概念。其方式並非是個理想的基礎，卻反應了政治變動蓬勃發展時期的多元目的。轉型期實務造成賠償支出款項移轉現象，既可修正過去錯誤，同時達成國家轉型期的經濟目標，這證明該支出是必要而正當的。當政府欲彌補舊政治和社會體制所為的不當剝奪時，過去的應得權利可用來證明當時的財產分配情形。賠償原則以這種方式，使國家得以轉型到市場經濟的過渡期。若賠償的義務及權利的請求，和轉型時期其他的政治目的能同時共存，則國家願意負起責任並支持權利的請求。事後可建立財產「權」，並以經濟轉型為由共存。在這個複雜的概念裡，轉型期賠償方案同時促成多重的變化形式。

在轉型期賠償額度範圍內，嘗試恢復原先的經濟狀況，由此該方案創造了財產持有者的新階級，正如政治轉型後的結果一樣。顯然地，資本的集中在政治環境裡提供重要的新籌碼。再者，只要賠償方案在政治基礎上決定政府的利益，就能影響政治與經濟階層的重建組合。所以這些賠償的利益團體，在捷克共和國、匈牙利和保加利亞形成新興政黨體系的發展。[48]賠償的政策是依過去政治迫害的狀況決定，該政策同時結合了其他轉型期的責任，例如公開重構政治團體的界線的行政措施。

轉型期的補償正義與法律原則之間的兩難

在轉型期中，補償正義遵循著什麼樣的法律原則？在政治變化的非常時期，社會的補償方案有助於不同於傳統的極端政治變革，諸如社會和解和經濟轉型。在這些複雜的補償方案中，究竟是何種指導原則，可以用來證成轉型期的補償正義？

指導原則為何的問題，是在探討共產主義崩解後應如何進行賠償的相關辯論中浮現出來的。補償面臨著一再出現的挑戰，從曾為異議份子的捷克共和國總統哈維爾的言談中可以窺見一斑：「如果所有人都蒙受損失，那麼為什麼只有部分的人可以獲得救濟？」[49]一般而言，往日的損害是進行補償的規範價值，而昔日政權統治下的損害，則是以普世主義（universalist）和平等主義（egalitarian）的概念為人所了解的；這些前提源自於共產主義統治下的核心法律原則價值。因此，楊恩．艾爾斯特（Jon Elster）指出：「主要議題……就是……平等待遇……，重要的是，我們必須牢記，原本所有人在共產主義統治下，都受到了損害……對部分受難者提供完整的補償，不能被辯護為是接近普世賠償理想的次佳方案。」[50]

反對後共產時代補償措施的人，認為所有人在共產主義之下都受損害，因此唯有全面補償才是公平的方案；但既然這個方案由於僧多粥少而不可能落實，或許反倒成為全盤否決任何補償的基礎。不論在後共產主義集團國家中，補償正義的論點為何，實施方案都由於缺乏全面補償而被認為有嚴重缺陷。「在過去政權下，所有人都受到損害」的平等主義中心假設，意味著依損害進行賠償的論證，至少有兩種主張：普世主義和平等主義。當全面賠償被斷定為理想的方式時，轉型期的補償方案，就只有「對所有人進行賠償」和「完全不予賠償」兩條路可供選擇；至於平等主義的論點，由於失敗的社會主義經驗而反對轉型期的補償，因而引發眾怒。

然而，在現今的民主國家中，即便是局部的補救措施，仍是所有矯正計畫中可被接受的部分。[51]一般適用於政府政策的法律原則是，這些政策幾乎都是循序漸進的。[52]平等保護的價值意味著類似的案例應該一視同仁；公平的矯正政策必須考慮到個別主張之間的公平，而同等處理類似的主張。

後共產主義的補救計畫所面臨的另一個挑戰，則在於分配的問題。從這個觀點來看，公正的分配政策應考慮到社會內部其他的要求。雖然普世性在傳統上不是矯治正義的主要判準，但它在共產政權垮台後也引發了一定程度的迴響。

損害一向是轉型期間補償正義的考量基礎，這些補償計畫正由於其毫無限制、企圖掃除過去遺留的所有傷害，而似乎極為脆弱。縱然無限的補償主張是其首要原則，但在執行時顯然會由於資源不足而受到限制。然而，計畫經濟特殊的政治遺產卻在某種程度上緩和了這種擔憂，由於備受爭議的財產大部分是為國家所擁有，國家便被視為財產所有者、或者是執行和第三方合作的賠償計畫的行動者。因而轉型環境中的矯正和分配計畫之間的密切關係，或許是為什麼普世主義成為主要的法則的原因。

理想主義的理論批評轉型期補償正義，認為損害是賠償的基礎，它說這些計畫的觸角無法遍及全數受損害者。但是，當損害成為轉型賠償計畫中理所當然的一環時，其他的限制原則便開始發揮作用，焦點從原先所強調的損害轉向權利。隨著構成權利的新的自由原則加入，對補償的要求也不僅是依據過去的損害，也包括現在個人財產和人身安全的權利的合法承認；自由的補償案例成立的前提在於個人權利必須受到承認與保護，在自由國家中，這些是矯正正義的基礎。[53]在現行民主體制中矯治正義的主導地位，的確說明以個人權利為核心價值，是自由派法律體系的屬性；因此，共產主義崩解後同步進行政經轉型的國家中所執行的補償計畫，遠遠超乎以前人們對於矯治正義和分配正義的理解。由過去錯誤所引起的財產權，既是溯及既往的解釋，同時也在現在的財產分配方面具有自我指涉及合理化的功能；對過去侵權的承認，確實可作為建構當時新的財產權的基礎，所以補償計畫能夠同時調解轉型期的回顧和前瞻的目的。

政治補償之案例：轉型期間政治平等的優先性

不論在何種法律文化中，為損害提供補償，都是政治變革期間的普遍現象。即便是在一般對這種補救辦法極不友善的社會中，補償都是轉型期間內最被大眾接受的法律回應行為。在不具普通法傳統的國家中，補償都具有某種程度的爭議性；在大陸法文化中，重大的侵權行為並不被認為可透過金錢加以賠償。[54]同樣的，如前所述，基於和計畫經濟相關的政策理由，在後共產主義時代，社會中對於補償的嫌惡仍在所難免，在社會主義中，並不很重視為個人財產權辯護。[55]因此，在政治基礎上，對於過去政權統治時期所造成的損害的補償或歸還，意味著和過去的實質決裂。

正義的核心問題在於，所有過去壓迫性政權所犯的錯誤中，哪些不平等是必須賠償的？而前朝政府的作為當中，哪裡可補償的差異可以證明接替政權的補償的正當性？而如前所述，損害本身就實際的意義上來看，罕能作為轉型期補償的單一基礎：對其後有系統的高壓統治而言，永遠會有可能的損害，因此不能作為一個限制原則。從有關高壓統治的過去補償判例可知，在各式的損害當中，決定何者應該補救，是以政治迫害原則為依歸。上述轉型的措施，意味著必須補償的過去國家過犯，都和政治的歧視有關；轉型期的補償主要依循的原則在於矯正過去的政治迫害。補償往往是以自然法或國際法下創造出來的權利，為其合理化的基礎，因為這些是無視於政治變化、具連續性的規範源頭。[56]在國際法中的「絕對法」（jus cogens）★，即是對極端嚴重侵權行為所作的補償最有力的支持。[57]

以政治迫害為理由的補償措施，傳達了轉型期的回顧及前瞻的目的。基於補救政治迫害的補償政策，因國家平等保護的命令而合理存在。所有政府都應保障其公民法律平等保護的權利，一旦國家廢弛該義務，則會引發改革。[58]因此，法律之前的平等，往往是推動改革的基礎，但是平等保護的權利在改革告一段落之後，又將何去何從呢？當國家依據過去的政治迫害進行補償時，便恢復了改革的基礎，並推動平等公民權利的重構。開始為政治平等權利辯護，這具有重要的意義，因為它超越了受害的個人而延伸至全社會。當接替政的權對過去政權所造成的損害進行補償時，該行為證明公民權利將在平等的基礎上被保護。而為個人權利進行辯護的行為，在個人和國家的安全之間予以區別，其本身則是社會邁向自由化的象徵。轉型期間的補償措施，使得政府得以與過去的政治迫害畫清界線，並與自由國家的法律體系接軌。

★譯註：「絕對法」（jus cogens），強制性規範，指在國際法之外，存有一項「最高規範」不容違反。

基準的兩難困境

接替的政府的補償作為，普遍來說都是以政治迫害為採行依據，以過渡政權承認並追溯的權利內容作為補償標的；[59]因此，補償政策的關鍵問題在於：要如何訂定補償標準。轉型社會要如何解決補償基準的兩難困境？在現行民主國家中，一般而言，接替政府對於前朝的責任、義務，都會照單全收，這是出於國家連續性的假設，而接替的政府推定要為前朝政府的行為負責。但是在長期高壓政府執政後，首度依法出現的政權，其義務為何？對於接替的政府的法律連續性的直觀認知，難道包括所有的義務嗎？對於前朝政府的侵權行為引發的爭議，接替政府是否要概括承受？補償正義與過去的錯誤有關，然而接替的政權對於權利的承認卻會引發另一個問題：這些補償事宜的依據為何？轉型期的先例證明，接替政府對於過去政府的不法行為的承受與否，其實是有選擇性的，而每個國家承諾的承受程度也各有差異。

什麼是計算補償的正確基準？這個問題在一連串的侵略和政治迫害浪潮後的當代轉型現象中一再被闡明。在後共產黨陣營中，基準的問題引發了激烈的論戰，二次世界大戰蘇聯屢次入侵納粹佔領區的歷史，意味著在蘇聯帝國崩解後，關乎政治迫害的基準及補償受難者的辯論，將成為公共辯論的焦點。儘管過去的歷史充斥著迫害，對於補償措施的審思仍然公開辯論首先必須著眼於過去一連串的侵略餘緒對於自由化轉型的影響。而辯論的問題和可選項目，因為涉及納粹和蘇聯的侵略以及如何重回民主政治，而和政治因素牽扯不清；基準的論戰蘊含著對於「社會是否必須承認轉型的補償權利」這個問題在政治上的角力。當接替的政府既要釐清其責任，又要重回國際社會時，該基準可能已經在法律觀點上被合理化，亦即重返法律原則；不過，在選擇方面仍有其政治上的爭議。補償基準的選擇，意味著必須在受到各類政治迫害的受難者及所屬利益團體中決定對何者提供補償；這個兩難困境，在諸如波蘭等國家中，已成為當局採行任何補償政策的障礙。從關於基準的激辯的曠日費時可知，在這段期間內的補償政策很難擺脫政治化的命運；而當補償計畫遭遇到經濟改革及私有化時，這個現象尤為明顯。

絕大部分國家，依照外國佔領的終結和內部統治恢復的事實，將一九四八年設定為提供補償的基準日期。以德國為例，在一九四九年前政府所行之徵收，原本並未被該國補償計畫納入，[60]後來則是回應外國（美國）的施壓，方才決定將納粹所導致的損害納入補償的範疇；倘若徵收發生於東德存續期間內，則一九四五至一九四九年蘇聯佔領東德期間被徵收的財產權僅能獲得部分賠償。捷克的庭外補償法也採用類似規定，以共黨取得政權開始一黨專政的一九四八年為執行補償的時間界線。[61]儘管捷克的賠償法承認，二次世界大戰相關的利益損失為發生於「過去時期的各類不義行為」，不過並未承諾歸還猶太人遭納粹沒收的財產，或是或兩百萬名戰後被逐的蘇德台區（Sudeten）德國人民的損失。

從各國憲法中，也可看出這種基準畫分中的歧視，該議題引發各政治勢力與法院之間的衝突。在匈牙利，基準的問題成為國會及憲法法庭冗長而爭論不休的焦點；該國的補償法僅對一九四九年後被國家強制徵收的財產進行賠償，在一連串具爭議性的判決中，憲法法庭認為一九四九年的基準缺少「憲法的合理性」，使得諸如戰時的猶太人或戰後德國人遭剝奪的權利都被排除在賠償的標準之外，因此憲法法庭認為應將平等原則溯及一九三九年，並對史達林時代和納粹時代的受難者一視同仁。[62] 捷克憲法法庭在一個類似的判決中重新審查其庭外補償法，最後認定納粹時代受難者所喪失的權利也應獲得賠償。[63]

在四十年的共黨統治下，由於反對私有財產權的意識型態由來已久，法律應如何認定財產權的問題，涉及了政治的考量；因此，關於基準線爭議的憲法法律體系，試圖將此議題去政治化，並從轉型過程的政治議事桌上抽除。在憲法法庭中，後共產黨補償最重要的基準爭議，由於顯然和平等保護和法律原則密切相關，因而被視為憲法層面的問題；但是由於法律中對於財產權之保護缺乏既有的清楚界定，接替的國會及法院便轉而向諸如國際法等更高階的法律尋求建構權利的法源。因此，以匈牙利補償計畫的司法觀點為例，已知的憲法正當性是立基在「權利」的語言之上，索賠的主張則是依據「舊債新償」。[64] 捷克的庭外補償法中對財產權的保護規定，則是源於國際法在無賠償狀況下對於權利損失的保護。[65]

在政治轉型的背景下，訂定基準的兩難困境造成一個難題：界定國家過去的罪行，雖然營造了社會上對於法律連續性以及遵守法治的認知，然而，反過來看，訂定基準線同時也創造出和邪惡政權之間的法律的不連續性，因而「抹滅」過去的罪行。捷克和匈牙利便是最好的例證，其訂定基準日期，便是以所謂「不法」的政權上台的時間為基礎；從這個觀點來看，基準線儘管在某方面重申了連續性，卻也意味著在涉及共黨政權時，存在某種程度的司法不連續。

補償基準的爭議引發轉型固有的最終議題，即為了建構國家認同的連續性，補償義務傾向一種政治認同。舉例來說，在德國統一條約中，一九四九年的分隔線是以蘇聯佔領的宣告終結為基準，然而，由於蘇聯統治時期和國內一黨專政的統治一樣，都是高壓統治，所以這個以前朝政權的合法性為基礎的分野並不合理；基準的指導原則是依據內部與外部統治的二分法，以及統治的連續性範圍，也就是以法律的連續和政權的繼承為前提。國家對繼承前朝政權的債務的意願，是國家認同連續性的象徵；反之，強調補償和國家認同間的關係，就如美國對於南方邦聯於內戰時期的債務的態度，表現了該政權的不連續性。[66]轉型期的補償措施，是區別義務連續性存在與否的實質舉動，它本身同時也建構了政治認同。

就如同後軍事及後共產黨時期的實例所說明的，在政治轉型的過程中，補償不僅是實現政治及經濟轉型願景的方法，同時也包含社會對於迫害的合理回應；它們提供畫分過去的一個方法。而推動政治轉型，則是轉型期補償所扮演最具象徵性的角色。補償的努力加上政治認同的重建，恢復了受難者在司法和政治上的地位。因此，以拉丁美洲的補償為例，當局對於過去因法律外途徑而受損的政治及司法地位，是以公開道歉的方式予以歸還，亦即公開、正式地否定政治誹謗所造成的污名。[67]例如，智利總統艾爾文便在對該國人民發表的公開演說中，代表國家致歉。補償是透過恢復以前被剝奪的權利而形成新的政治認同；在後共產黨時期的計畫中，以政治「復權」（rehabilitation）的形式表現的補償正義亦相當盛行。在政治變革之後，史達林時代受政治迫害的受難者的平反往往不是循著法律管道。[68]除了法律層面的復權以外，近百萬過去被剝奪公民身分及被強制出境的罪犯，都是以個案處理的方式解決的。[69]政治受難者的復權除了金錢賠償之外，必要時也包括公民權的復原。至於政治地位的復原，則往往是透過象徵性標誌的補償，例如頭銜和勳章（就連財產也是以這種方式），公開地建立其政治地位、認同和社會身分。[70]過去被迫害的整個社會，則由總統頒布命令得到補償。[71]而多數國家的歷史也在為街道及紀念碑等重新命名時得到復原。政治復權的法律明確承認過去的政治迫害，並透過傳統的補償以及集體紀念碑等方法加以補救。[72]接下來將明白說明補償行為在界定和政治認同有關的國家歷史時所扮演的建設性角色。

延遲的補償正義：時間逝去的兩難困境

最後一部分要討論的是補償正義的時間面向問題：轉型期間所補償的應得權利及義務內容，是否會隨著時間流逝而起任何變化？時間的消逝，對於轉型正義會造成何種結果？我們直覺上認定，求償的聲音一般會隨著時間而減弱。[73]傑瑞米．華德隆（Jeremy Waldron）談到我們對長時間的不義的認知時說，當新的環境把過去的不義甩在身後時，不義會「代謝」（supersession），應得權利也會隨著時間淡去。[74]但是在轉型的例子中，這些認知看來並不適用。因為本章所討論的許多補償計畫，都是在國家迫害的事實很久以後才實施的，這些結果似乎與我們的認知不符。就像在這裡討論的部分實例指涉的，的確在有些情況下，轉型正義所面臨的兩難困境，由於拖延時間而得以避免。舉例來說，二次大戰時的暴行雖已距今半世紀之久，然而倖存者的求償權並不因此而稍減，而在前蘇聯陣營國家中，即便時間已延宕，補償的努力也並未受到妨礙。轉型的補償往往都因為戰爭和侵佔而延遲，卻顯然未隨著時間而削弱。

在本章中（及整本書中）所討論的經驗都暗示著，時間很弔詭地影響著轉型期的補償。此外，我們至今幾乎尚未探討到的國家的壓迫角色，其實才是主要原因：當錯誤出自國家之手，時間的流逝對於轉型正義則有出乎預期的重要性。時間影響著正義的種種條件，因而也影響了政治的變革，但是我們的認知卻沒有考慮到它對於受難者的補償權利的影響，以及國家在提供補償上的義務——其種種結果則再度突顯矯治正義和補償正義在轉型環境中的區別。其中最顯著的就是國家在過去罪惡中所扮演的角色，以及這個餘緒在補救時的持續影響力。在這些情況中，時間的角色是很弔詭的：時間一久，與以前政權的政治距離越大，國家檔案的使用也更全面，這些都便於重構以往的歷史錯誤事證。此外，雖然時間越久也意味著受難者去世的可能性越大，但是由於文件蒐集得更完整，這也使得補償的可能性大增，然而在這些情況中，受到賠償的往往是生還者、遺族，甚至受害者的代表。

時間一久，延宕多時的轉型補償計畫面對的兩難困境，也引發了世代間的正義更深層的問題。在傳統的矯治正義裡，犯錯者要補償受害者，如果無法指認犯錯者，則要由犯錯者的政治世代去補償，可是在轉型補償正義裡，一般則是由政府籌措經費賠償受害者。時間的流逝意味改變的不僅是受益人的身分，更包括要負擔賠償的人。然而，時間一久，讓人困擾的是，為以前的過錯付錢的是後來的世代，而他們和那些過錯一點關係也沒有。這一代要替很久以前的政權所犯的錯付錢嗎？

這個問題衍生出一個世代間正義的重要難題。大致而言，世代間正義的主要問題在於現在的世代為未來的世代所做的犧牲究竟公平與否。在半世紀之前，約翰．羅爾斯（John Rawls）便點出下面這個問題：「我們能為後代子孫的幸福作出什麼貢獻？」[75]不過，世代間正義的問題後來不斷被提起，並開始對未來也越來越不樂觀：未來社會的資源只會越來越少，而不是在累積中；因此人們開始重新思考世代間正義的問題。[76]這裡介紹的轉型難題，描繪出世代間正義另一個面向的問題，經過一段時間以後進行的補償正義，牽涉到接替的政權對於前朝的受難者究竟應擔負何種義務，而要現在或以後世代去負擔是否公平。

對於正在為諸多義務傷腦筋的轉型社會而言，補償是否公平是至關重要的問題。對於接替政權為什麼在年代久遠之後仍然必須承擔義務的疑問，以下的先例可以提供線索，同時釐清國家為什麼要概括承受以前的罪行的主要考量。舉例來說，現在針對史達林時代的不義的補償計畫，說明了時間逝去所造成的困境，這些計畫成了一個世代因道德之名而必須為以前世代的過犯付出代價的寫照。[77]另外，半世紀前的政府所犯的罪行，至今仍然被視為德國政府的「道德赤字」（moral deficit）。[78]這個問題被理解為和道德遺產的承繼有關，而這個認知則有數個蘊含：例如，儘管後來的世代沒有犯下任何個人罪行，但由於接替的世代有所謂的不當獲利，而繼承了前人的不當政策。另一個思考則認為過去的世代浪費了珍貴的國家道德資源，而這項赤字傳給下一個世代，他們必須償還該債務。當轉型社會針對多年前的罪行實施補償計畫時，這就反映出他們對於道德赤字的認知和理解。針對補償措施是否正當的辯論當中，有人認為世代間轉型補償正義的問題和國家道德資源「赤字」的繼承有關。這種道德論點也支持德國對於受納粹迫害者的補償。[79]為補償而行使支付似乎是為了累積道德資本而進行的償還和交易。同樣的，在後軍人時代的拉丁美洲補償計畫中所陳述的補償目的，也包括恢復國家的道德信用。[80]以道德考量的類似論點同樣也出現在其他國家的補償政策中。美國為在二次大戰期間受拘禁的日裔公民所提出的補償計畫即為一例。戰時政府逮捕及拘捕日裔公民，距此大規模侵害公民及自由權行為約莫半世紀後，一個調查委員會證明當時的拘留行動是基於種族偏見而非軍事安全，並建議政府為此道歉且提供補償。[81]一九八八年通過的「日裔公民自由法案」（Japanese Civil Liberties Act）正式承認日裔美國人在二次大戰期間所遭受的不義，並對當時受拘禁日裔人士的後代提供補償。[82]一九九〇年，距羅斯福總統下達該歧視性的行政命令整整四十八年後，布希總統正式代表美國對此事道歉。[83]恢復國家的道德聲望，則是立法機關在通過補償案時所提出的理由。

隨著時間的流逝，補償行為愈加變得象徵性，而且往往是以道歉的形式進行，這在立法機關對於半個世紀前戰時不人道的回應中得以窺知；在對於諸如奴役和種族隔離等歷史衝突的回應中，道歉也是常見的補償方式。因為當時間一久，在大眾心裡，大部分的損害都被視為名聲受損，因此可藉由政治道歉加以補救。尤其是在距離損害的發生已有一段時間之後，轉型正義更可能以道歉的形式來表現；儘管理論上普遍將道歉的回應視為文化的功能，[84]這裡所探討的經驗則介紹另一個、或許也是更顯著的因素，即轉型正義和時空距離之間的結合。

對於道德現況的擔心會強調罪惡的餘緒對於自由化國家的正當性的挑戰。這種擔心說明了為什麼接替的世代必須為過去負擔沉重的義務：雖然說那些罪行和義務是以前的世代要負擔的，但這些罪惡的餘緒卻意味著存在已久的社會考量，這對當代及未來世代往往有極為深遠的影響。在刑事的考量上，類似集體責任的概念也在轉型時出現。當經過一段時間後卻仍未得到賠償時，不義的感覺只會更為加重；尤有甚者，補償措施在一段時間後便成為轉型的象徵符號，並且可被用來鞏固自由化為轉型所帶來的利益。當代政權對於舊時義務的概括承受，確實說明了擔負起集體責任如何在年代久遠之後建構國家的政治認同。

未決之補償正義的持續與當代政治：「優惠性差別待遇」的困境

隨著時間的推移，補償計畫與傳統矯治正義的模式漸行漸遠。事過境遷之後，犯錯者不用受罰，反而是無罪者要付出代價；而且，時間一久，接受補償者也不會最初的受害者，反而是其後代子孫。因此，隨著時間的推移，補償計畫與其說是傳統的矯治正義，反倒更像是社會分配及政治的問題。依據過去迫害的區隔線畫分，針對受難者的代表團體而非其本人提供補償的政策，看起來更像是分配計畫。這樣的配置似乎違反了自由民主及法律原則，所以這些分配計畫極具爭議性。以下就目前仍在討論中、依照美國的種族界線來配置公共及私人利益的公平性議題，即以「優惠性差別待遇」（affirmative action）的議題為例，來加以說明。

當代以種族為基礎的優惠性差別待遇所引起的爭議，是關於轉型補償正義懸而未決的問題。在美國非裔美國人所受的嚴重迫害已歷經數個世紀，首先是受政府所容許的蓄奴行為，接著是公開的拘禁，內戰結束後雖然有補償的提案和建議，其中並以「四十畝地和一匹騾」（forty acres and a mule）最為大眾所知。[85] 雖然該問題仍為當代爭議及辯論的主題，美國政府至今仍未正式承認國家所犯的錯誤，或為過去的侵權行為做出補償。[86] 目前已有要求政府道歉的呼聲，如上所討論的，道歉可作為象徵性的補償方式。不過各方對於優惠性差別待遇的補救，仍各執一詞，例如為了矯正過去的官方歧視而以種族為界線去分配政府利益，這種方式是否合理，便是其中一個議題。[87]

在主要的研究途徑中，優惠性差別待遇的議題，一般在學術上被認為屬於傳統矯治正義的問題。而種族意識的矯治，唯有遭遇到種族迫害的受難者從行為者身上得到復權時，才能合理地進行。目前的憲法途徑將這些權利建立於損害的基礎之上，意即以前的官方不公平待遇仍然持續影響著，此外，就像傳統的矯治正義，它和賠償者也有關係。[88]一般認為必須證實實施賠償計畫的政治實體與過去的不公平待遇有關，真正的犯罪者必須為其行為付出代價。[89]但是在事過境遷後，將優惠性差別待遇的問題類比為傳統的矯治正義問題，似乎並不恰當，因為「原始」的犯罪者已不復存，而「原始」的受難者也與此無涉了。那麼要如何對仍然存在的罪行負起責任呢？這就是留給後世未彌補的政治迫害，也是在時機過後仍未解決的轉型補償正義的例子。

讓我們再度思考由轉型的原則主導下的優惠性差別待遇所引發的問題。本章所探討的經驗指出，接替的政府經常要承擔補償遭前朝政府迫害的人們的義務，而這些義務的承擔又往往是在一段時間過後才發生。在前蘇聯陣營國家中，距離部分重大的（史達林時代）國家犯罪已半個世紀，儘管一般認為優惠性差別待遇的合理基礎在於迫害導致的損害或者持續存在的影響，然而轉型正義並不著眼於此。經過一段時間後，補償與權利受害者的連結已經相當薄弱，但社會卻仍然覺得還沒有對於國家的犯行進行補償。這個政治議題的持續性，和在年代久遠之後的補償措施的影響，證明了國家願意承認和承擔前朝政權的過犯的賠償責任。判例中出現以獨特歷史餘緒為特徵的轉型補償正義概念，當國家以種族、族裔、宗教及政治等為由而侵害其公民時，為法律原則以及政治轉型的辯護需要，並不會因為時間的流逝而消滅。

在大多數被討論的例子當中，補償議題一般是由緊接著上台的政權來處理，而在美國，該問題現在已成為一代接著一代的政權必須面對的政治餘緒，美國二次戰後對原住民問題的處理就是一個例子。[90] 雖然補償計畫並無前例可循，但是至少官方已部分承認過去的錯誤。美國對戰時受拘禁的日裔美籍人士所提供的賠償更為全面，在該案例中，儘管時間久遠，但補償仍被認定為國家義務。對於迄今沒有承認和矯正的國家錯誤，政府是否願意承擔，攸關受損的權利能否得到補償。不論過去的迫害是否發揮「持續的影響」，傳統的優惠性差別待遇問題不但沒有浮上檯面，反而是心理層面的污名影響，被直接認定是因國家的不公待遇和接替的政府未能賠償所導致的。如同本章所討論到的判例（關於失蹤的判例），繼任政府在回應上的一再失敗，就被視為持續的過犯的一部分；如果說，在和種族迫害有關的日裔美籍拘禁案例子中已經注意到過犯的延續問題，那麼在討論非裔美籍人士長久以來所受到的奴役、種族隔離和歧視時，這個問題的影響應該有過之而無不及。

本章討論到的轉型期做法、原則及價值，能夠闡述且有助於作為當前優惠性差別待遇計畫的方針。[91] 以其後代及代表為補償對象而不是原受害者，是在年代久遠之後的補償行為中最具爭議性的一點，但是它的確提供了有效的比較經驗。因此，許多距離政治迫害五十多年後的後蘇聯計畫，就是打算對原受害者的繼承人提供補償津貼的例子。捷克的法律明確承認受害者的子孫提出的求償主張，距離原來的迫害整整兩個世代。[92] 二次戰後德國的補償計畫，或許仍是這個問題的最佳例證，儘管該計畫確實針對過往的迫害，對受難者的後代提供賠償，然而在許多實際情形中，由於當初整個家族和村落都被消滅了，因而根本倖存者可以接受賠償。德國的補償判例，就是創造出特殊代表團體以繼承受害者的權利。[93]

歷史上的判例，反映出本書所指稱「代表性補償」的實務，亦即由接替的政府賠償受害者的繼承者，以證實過去國家的罪行。儘管年代久遠，但承認代表性補償的重要性，有助於解釋優惠性差別待遇和其他類似的爭議。代表性補償證明，接替的政府之所以要在過犯發生一段時間之後採取補償政策，那是因為如果國家的迫害一直沒有被承認和補償，會構成一種特殊的侵害，會持續威脅著法律原則。在不同的法律文化中，都有轉型補償的案例，這透露了一個重要的事實：雖然國家的迫害往往一再被拖延而沒有解決，但是它的餘緒並不會因此而消失。

追身侵權（transitory tort）的兩難

當國家完全不承認這些權利時，正義要如何補償呢？這些權利何去何從？接替的政府有義務要為這些權利辯護嗎，抑或是能在他處得到辯護？從美國一連串嚴重的侵權罪行，即人權的「重大侵害」（gross abuses），我們看到受害者權利的辯護並不侷限於涉及犯行的國家。轉型初期時，權利受到過去政府侵害的人，通常會逃向他國尋求安全避難的情況，由此可以證實這點。

當權者否認喬艾·費拉提加（Joel Filartiga）在葡萄牙遭凌虐致死一事，其家人為了討回正義，前往加害者（葡萄牙前警察總長）逃往藏匿的美國尋求公道。該家庭依據美國建國以來存在了二百年的「萬國公法」（law of nations）——「外國人侵權行為法令」（Alien Tort Act）——提起訴訟，經美國法院認定違反「萬國公法」，而使得該案成為國家侵權的受害者在美國法院要求賠償其權利的重要判例。[94]美國上訴法院認為「官方的凌虐」違反「萬國公法」，得以在任何地方提出訴訟。[95]「出於維護民事責任的目的，施虐者就像站在其面前的海盜和販奴者，已變成了『全人類公敵』（hostis humani generis）。」[96]以受「萬國公法」保護的權利作為索賠依據的請求，傳統上視為「追身訴訟」（transitory causes of action）★，因而可以在任何地方訴諸司法審判。蓄意的虐待行為如同海盜行為，違背萬國公法，因此因官方凌虐而產生的賠償權利，會被視為追身的索賠要求。

費拉提加的訴訟衍生出許多所謂的外國人侵權訴訟案，這些訴訟一般來說都是和官方凌虐或不合法的死刑有關。例如弗提（Forti）和辛德曼（Siderman）的案子，這兩個來自阿根廷的犯罪者，在美國行蹤敗露而遭美國起訴；他們在阿根廷的凌虐行為被認為構成違反「絕對法」（jus cogens）的條件；國際法的強制規範不容許任何侵犯，具有普世的適用性和保護。[97]而在馬可仕的財產案則是針對前菲律賓總統馬可仕的指示刑求提出訴訟。[98]在這些訴

★譯註：「追身訴訟」（transitory causes of action）乃指在美國隨著被告到任何地方都能提起的訴訟，與只能在案件發生的某個地方才能提起的「當地訴訟」（local action）相對。

訟中，受害者或其家屬都是在美國境內對犯罪者提出告訴，因而推斷出在政治迫害的案件中，民事責任具有追身的司法原則。「外國人侵權法令」以海盜為類比，假定有一個個別犯罪者、以及看起來像是傳統的矯治正義概念，民事責任隨著犯錯者到哪裡都能提起訴訟。波士尼亞的塞爾維亞首要政治領袖拉多凡·卡拉吉奇遭起訴的案件，就是這個概念的最佳說明。卡拉吉奇被認定必須為其在巴爾幹半島的族裔迫害政策所致的數千起暴行負起民事責任。[99]

追身性侵權的核心概念，也就是主張責任緊隨著犯罪者，其實是很弔詭的。罪行究竟位於何處？在國家法律掩護下、受國家鼓勵或寬宥的凌虐行為，到底誰該負責？受國家迫害而主的轉型補償，是否可以歸責於個別犯罪者？[100]

在犯罪發生地之外起訴的司法概念，是正義在不理想的環境中的實用性解決之道。若當權者必須對罪行負責，該案勢必無法在國內法庭進入司法程序。[101]甚至，他國政府在美國法庭中多因主權豁免而不起訴。因此，實用的解決之道便是訴諸傳統民事責任的概念。但是這個為了補償人權而訴諸「外國人侵權」，其弔詭在於，雖然犯行容許對個人究責，卻也承認系爭罪行是依據國家政策的作為。雖然「外國人侵權法」為對抗個別犯罪者的行為創造出訴訟依據，司法主要仍是以在國家法律下的「官方」罪行為基礎。既然如此，這些犯罪者必須是有公職、基於國家法律而犯罪，且其行為必須明顯違背萬國公法，方才符合這些條件，所以只有少部分犯罪者能據此被起訴。同時，這些主張必須規避主權豁免的辯護，亦即除了例外情形，外國政府免受司法管轄。凌虐、草率處死和種族滅絕，[102]則是一般認為絕對不可免責的罪行，這些被認為是在國際法內位階最高的「絕對法」，國家或類國家政策的存在，則是其所假設的背景要件。[103]

費拉提加案具指標作用的判決，迄今已近二十年，在這段期間內，已經有許多宣示性的審判結果判定侵害人權者有罪。這個矯正的舉止確實在聯邦法中得到認可；「凌虐受害者保護法」（Torture Victim Protection Act）規定，在諸如官方凌虐和草率處死等侵權行為訟訴中，倘若犯罪者是在司法管轄範圍內，這種民事行為得判金錢補償。[104]

過去這幾年間，宣示性的判決頻率遠高於實質的償付判決；而對民事責任的承認所造成的影響則超乎金錢賠償的判決。[105]在這些案例中，由於媒體焦點都在逃到外國的政府高官，因此民事責任便已意味著公共制裁。宣傳所發揮的影響在於，被告在訴訟尚未定案時，往往都會潛逃出國；個人責任的屬性儘管具有民事本質，但仍會導致污名和社會對於犯罪制裁的譴責。跨國界尋求補償正義措施所造成的影響，就如同時間的推移所造成的影響一般，說明了這些矯治方式複雜且動態的角色；雖然民事的矯治原本意在為受害者的權利辯護，但整體看來，就像前述其他轉型期措施一樣，外國人侵權訴訟所能發揮的作用，僅限於諸如承認政府的罪行，和將犯罪者逐出所屬社群等原本與犯罪制裁相關的議題。的確，追身性的侵權行為闡明了受害者權利的辯護、對個人犯罪者的承認和國家迫害之間的關聯；在迫害的案例中的追身性犯罪行為，說明了補償正義與其他轉型期的法律有相近之處。

在公眾與私人、個人與集體、國家與國際等方面的調停上，外國人侵權行為法令對於迫害提出有效的反擊。追身性的侵犯人權罪行，說明了與「殘害人類罪」類似的概念：從某個角度上超越了司法時空條件的行為動機，在這裡被認定為「民事的侵犯或侵害行為」。此侵權是對當代政府迫害的一種特殊回應，其訴訟理由結合了與更全面的迫害政策有關的所有個人。此外，侵權行為挑戰了對「民事訴訟理由與特殊司法管轄相關」的認知，因為它不包含國家大規模迫害行動的案例。隨著普通司法特性的瓦解，「外國的」已被認為是「國內的」，使得國際犯罪重新被界定；雖然這些司法特性也可能在國家法律體制之外得到維護，但是承認受害者的權利，的確能推動轉型進程。甚至於在尚未發生政權轉移、且不具備政治改革的條件的地方，確認重要的人權規範，仍然具有建設性。這些轉型期的法律動作，顯示出對主權和司法的研究出現了一些微妙的轉移；這些與慣例的原則漸行漸遠的傾向，由於國家行為的本質和其遵守國際社會法律原則的程度，而漸漸合理化。

轉型期的補償正義

本章所討論的實例，說明了與轉型期相關的補償正義的典範。該典範是個複雜的概念，它確實達到了促進轉型的調解和建構的多重目的。轉型期的補償公開承認且說明了顯然具有象徵性的個人權利。這些往往不是真正能提供補償的，並不能彌補實質損失，從拉丁美洲的

「道德補償」、或後共產主義復原的例子便可得知。轉型期的補償以多種形式表現，它們可能是實物的回報，就像是財產歸還和金錢償付等；或非傳統式的補償，像是教育憑證；或是其他的集體公共利益，諸如紀念碑、立法恢復名譽及道歉等。

轉型期的補償典範和我們一般對於矯治正義的認知大相逕庭。轉型的概念與私人侵權體系並不對稱，它重構了受害者與犯罪者、個人與群體之間的關係。[106]有鑑於在普遍的認知中，對受害者進行補償要歸責於違法者。[107]然而，轉型期補償措施則是由官方承認受害者的權利，因此不必一定要將對個人究責。要為過去的錯誤行為負責的是接替的政權，而非犯錯的個人或有罪的政權。[108]轉型期的補償區分了對於侵害個人權利責任以及賠償繼承的屬性，因而改變了傳統的民事行為。在傳統的補償原則中，侵權行為及其責任都歸於同一行為者，但是轉型的補償一般則是由國家承擔。補償原則的轉變，證實了個人責任傳統原則的優位已被集體責任取代。全書中許多轉型期法律行為中的「將個人和集體責任加以結合」的概念，使得對國家罪行的認知更為複雜也更難釐清，但同時為這種年代不確定的正義境況提供了解釋線索。

再者，對補償的認定意味著，國家的擔任責任是建構持續政治認同的方法。轉型不像普通的政權移轉，不僅是概括承受先前國家的責任，因為前朝政權根本沒有承擔這些責任；這就是轉型期的補償問題所在。在一般的政權輪替中，繼承債務只不過表示國家認同和法律原則的連續性，但在不同政治體系的轉型下，決定是否要承接責任，卻必須考慮到它是否引發對政治的連續性或不連續、或規範的轉移等推論。

轉型期補償正義的正當性不是基於一般的矯正考慮，而是考慮到和當代政治的迫切需要有關的外部政治價值。對於過去國家行為的補償問題的規範性原則也都確實出現，然而在轉型的實踐中，具有補償功能的法律顯然是為政治服務。國家為實施補償提出的理由千變萬化，同時以傳統矯正的目標和過渡性的重新分配為基礎。主導轉型補償正義、且作為約束標準的「政治迫害」原則，規範了可能毫無限制的補償計畫，也調解了個人和集體的責任。補償行為甚至被用來合理化轉型，因為這些權利的內容與過去和前朝政權畫清界線，而平等法則受到破壞。「賠償」運用了新政權的主要轉型潛力，象徵了與過去決裂，而為個人權利求償，其實是要造就後共產黨社會朝向自由國家的轉型。補償措施作為自由法治的象徵和實踐，使得政治平等和對抗壓迫的新承諾成為可能。甚至是經過一段時間之後，這些具有高度象徵性的措施持續實踐，恢復自由化的個人權利規範；甚至是在尚未發生政治轉型之處，補償行為描繪出在全球化時代研究權利的動態方法，而成為自由化的現代象徵。

第五章

行政正義

本章探討法律如何作為推動革命性改變的引擎。在協商的政治過渡期中，轉型往往要依賴法律的強制力。如果政治化的公法能根據新的意識型態重新分配權力，它就可以造成激進的變革。全世界的政治變革普遍採用政治化的行政措施，包括內戰後的美國從奴隸制轉向自由國家，戰後的歐洲從法西斯主義轉移到民主，共產主義垮台後的歐洲從極權統治轉移到比較自由的市場經濟，軍事統治過後的拉丁美洲轉移到文人統治。行政法被政治化，卻被冠上指導轉型期的高貴目的；但是，這種法律的運用以某種定言判斷（categorical judgment）為基礎，而很類似極權政權下的政治正義。這些措施引發了一個問題：不自由的手段與自由的目的之間的關係是什麼？在一個充滿不自由的意識型態的社會裡，社會有可能邁向更自由的政治制度嗎？通過法律進行革命的潛能何在？在何種程度上，轉型中的社會需要依靠過去的政治行為作為轉型的基礎？如果有的話，其規範基準為何？公開的政治措施的合理基礎在哪裡？接替的政權的利益和個人權利之間的關係如果調解？目的與手段之間的關係，是此處不可避免的矛盾。而轉型期中的行政正義，一定會是社會轉型必要之惡嗎？

在阿瑟．凱斯特勒（Arthur Koestler）和墨利斯．梅洛龐蒂（Maurice Merleau-Ponty）二人關於史達林式肅清（Stalinist purges）的討論中，詳述了這著的核心兩難問題。在他們的討論中，凱斯特勒和梅洛龐蒂以「政務委員」（commissar）和「瑜珈修行者」（yogi）兩種不同的角色，來比喻對立的兩面：政務委員為政治肅清辯護，因為他相信革命，並認為「目的之達成，即可合理化各種手段的使用」；而瑜珈修行者反對肅清，因為他認為革命性的轉型不可能發生，因而認為「目的本身不可預測……只有手段才算數」。[1] 問題是，在政治巨變期間所採取的明顯政治性措施，其用途和正當性何在？這就是本章的主題。

結束高壓統治之後，核心的問題出現：邪惡的政權與其臣民之間的關係是什麼？革命意味著頂層的變化，然而為了實現徹底的政治變革，僅有高層人士的變化通常是不夠的；而且轉型中的社會必須依靠行政措施，在各階層公民間全面重新分配權力。正在經歷大規模轉型的社會，如何合理化這些基於政治階級進行的措施？我們的認知會用二分法去定義這些措施：這些措施作為「溯及既往的懲罰」，而和「未來政治秩序的條件」相對。這些轉型期中的行政法律看起來非常弔詭，與平時我們對法律的看法有所不同。從某些意義上來說，這些措施似乎是在向前看，意在實現政治轉型。但從另一些意義上說，轉型期的行政措施似乎又在回頭看，例如懲罰性的制裁。依其回頭看的特性，行政法的措施類似刑法；但依其向前看的特性，這些措施是用來型塑政治界、政治機構和政治程序，從這種意義來說，行政正義又類似憲法。

行政法規的臣民既包括個人又包括集體，與行政措施既向前看又向後看的矛盾特質有關。刑法正義是要個人對其犯罪行為負責，但現代官僚政府的暴政將責任分散在整個政體中。這樣，一般情況下的刑事正義機制就不適當了，特別是一些以前曾參與鎮壓的人，非但沒有受到懲罰，反而在新政權中擔任要職。雖然刑事處罰的依據普遍來自個人的犯罪行為，但行政的民事處罰卻建立在排他的情況，主要是政治上的效忠，有系統地剝奪整個階層加入新政府的資格。

轉型期間不斷重複的定言判斷是一種很嚴厲的形式：一種負面的排他政治，不禁讓人想起霍布斯（Thomas Hobbes）★的政治理論，卡爾·史密特（Carl Schmitt）對此有更多的探討。史密特在其著作中提到：「政治行動和政治動機，可以化約成非敵即友的關係。」[2]政治化的公法是新政權的明證之一，因為它明確地轉移了政權的憲法權力的場域。

轉型期的政治難免和帶有意識型態的集體回應密切相關。不管是古代、內戰後的美國、戰後的歐洲、軍事統治過後的拉丁美洲，以及當代前蘇聯陣營解體去共黨化，這些經驗都證明了行政正義的兩難。這些措施體現了法律和政治結合的實際方案，在巨變時期尤其顯著。總而言之，一般的程序和證成，顯示了這些措施的形式並不是二分法的、彼此目的相左的，而是與其轉型目的緊密相連。以下對這些歷史事件的探討，將可說明這些措施在激進的轉型期間的角色。

所多瑪和蛾摩拉城：肅清邪惡的城市

本章探討的中心問題是個人與政治集體之間的關係，以及這種關係在政治激烈轉型時期如何被視為一種規範而重構。我們回到古代，這個問題被認為是政治轉型的可能性關鍵。在聖經中，這個問題出現在關於摧毀所多瑪（Sodom）和蛾摩拉（Gomorrah）這兩座聲名狼藉的城市的故事裡。[3]這兩座城市對外來的客人有著不同程度的冒犯，包括對來訪者的不友好甚至加以強姦。在這些暴行發生過後，問題就在於如何作出適當回應。這些城市是否該因它們的罪惡而被摧毀？此處的兩難在於：如果摧毀這些城市意味著同時摧毀正直的和邪惡的人們，那麼摧毀是否正當？問題的重點是：該城市的市民與該城市的政治身份的關係是什麼？善良的市民是否能夠影響城市的身份？

聖經故事說明了市民與城市的政治身份、個人與集體之間的微妙差異。城市不會因為有一個正直的市民而得到拯救。在接下來的談判中，拯救城市所需的正直人數從五十開始：「若在所多瑪城裡見有五十個義人，我就為他們的緣故，饒恕那地方的眾人。」接著這個數目一直減少到十個：「為這十個的緣故、我也不毀滅那城。」[4]在個人的身份與城市的身份之間尚有一個轉捩點，它界定了政治集體的身份。

而且，僅有一些好人的存在就足夠了嗎？拯救城市所引發的問題，不僅僅是足夠數目的義人，還有如何才能形成一個政治團體。聖經寫著必須「在城市之中」找到一個義人，他們應該參與公共事務。[5]在值得拯救的城市裡，至少應有十個市民組成一個政治團體。實際上，政治美德意味著參與公共生活，這個想法也出現在後來的亞里斯多德的政治理論中。其他的聖經故事再次強調了構成團體的規範論述。除此之外，還有根據成員標準、參加標準而

★譯註：托馬斯・霍布斯（Thomas Hobbes, 1588-1679），英國哲人，為重要的西洋政治理論先驅。

重新定義的政治聯盟，此乃個人與集體之間的正當關係的基礎。腐敗城市所犯下的罪行，與一個團體的邪惡有關，並根植於團體的邪惡之中，這些罪惡違背了基本的社會正義原則，包括虐待外邦人。古代的慣例對政治團體之外的外邦人，無論如何都有個跨國界的保護標準。問題在於應該如何回應對於那些法律所保障的外邦人的迫害，這是從古至今一直討論的問題。

在聖經中，城市的正當性是個必須去建立的問題。城市最終被毀掉了，但並非沒有人看見。「所多瑪和蛾摩拉的罪惡甚重，聲聞於我。我現在要下去察看他們所行的。」[6]就算某人（神）可能是無所不知的，調查還是會進行。政治真理，也就是忠誠，是在一定的背景下，經過一定的時間，在公開的程序中建立起來的。由古代的例子來看可知，因為有了這些「評估」程序，才有行政正義，當代的行政正義就是「淨化」的政治儀式，本章將在後面討論這個問題。

雖然自由主義的認知強調個人行為的重要性，古代所記載的公民社會的基礎，卻不單是個人的事情，而是包含個人與集體之間的關係。聖經中的肅清邪惡城市說明了政體本身是根據政治集體的標準而定的。另外還有城市的過去和未來之間的關係問題：城市過去的邪惡有深遠的含義，因為它們決定了未來政治的命運。這個審判是激烈且絕對的。因為城市有著邪惡的過去，所以沒有未來。政治轉型是政治生命所必需的，儘管自由主義通常會賦予個體一些特權，政治轉型的計畫還是奠基在參與團體的存在。古代聖經中關於肅清邪惡城市的記載是個先例，它說明了集體制裁在政治轉型中的角色。最後，由聖經中的肅清故事可了解轉型的可能性有其範圍和侷限。

重建美國

通過公法來重建政治身份的最偉大實驗，可能就是在十九世紀。這個實驗意義重大，因為它不但闡明了持續的政治衝突對政治變革規模的影響，而且還闡明了立憲民主政體政治措施的諸多限制。

美國內戰後的時期稱為「重建」（Reconstruction），在這段期間，國家為了「聯邦」轉型問題傷透腦筋。這段時期的兩難是：當政治分歧需要以憲法之外的方式解決時，如何因應這場痛苦而血腥的衝突和國家歷史上的艱困時期。這種不合法性（illegality），也就是內戰的超越憲法的本質，是重建的起點。如果內戰和脫離聯邦被解釋為超越憲法的，問題就演變為如何定義南部各州的叛變。聯邦出了什麼問題？「叛變」是指各州，還是各州的組成份子（市民）呢？再者，不論是由個人還是各州，重建又意味著什麼呢？重建不僅僅是簡單的復原，而是指更全面的政治改革。那麼問題就來了：聯邦的過去和未來、叛變的各州和其市民之間，應該會出現何種新的關係？「重建」闡明了在劇烈的政治動亂時期，個人、公民和國家關係之間有可能出現的重新組合。

叛變的各州是否可以成為新聯邦正式而平等的成員？過去的政治忠誠問題是否影響未來在聯邦中的政治代表？叛變的各州及它們的市民是否應被認定叛國而有罪？儘管南方邦聯和其同情者在內戰時犯了法，是否應回復其原有權益？演變的結果是，為了盡量避免適用刑法，因而僅起訴聯盟首領傑佛遜‧戴維斯（Jefferson Davis）★，以及負責囚禁北軍的安德森維爾（Andersonville）†典獄長亨利‧維茲上尉（Captain Henry Wirz）。但是否能夠由一個沒有重建的南方邦聯建構一個民主的新聯邦呢？就算南方邦聯的支持者願意重組，至少也應依據南方邦聯的領導者與代表的改變，在上層階級做一區隔。內戰過後的美國必須浴火重生，學習如何面對不忠，以及如何鞏固對新聯邦政府的忠誠。

重建政策的基礎，在於對脫離聯邦與其非法行為的評判。通過新的憲法修正案，作為政治和司法的基準，新憲法宣佈脫離聯邦是非法行為。脫離聯邦的不合法性暗示了南方邦聯與北方聯邦這兩個政權在法律上已經不再延續。在憲法的一個條款中也突顯了這個不合法性，它否定叛變的各州有責任償還在內戰中的債務。[7] 即使南方邦聯這個法律實體已經無庸置疑地被摧毀了，脫離的各州仍然繼續以政治和法律實體存在，這也引發了有關權利應如何回復以及如何融入新聯邦的種種問題。在重建的聯邦中，普遍的公共措施使南方邦聯各州及其市民被褫奪公權，透過憲法重新界定聯邦的政治基準。[8]

整個重建過程中似乎一直存在著兩個平行的問題：如何對待叛變各州及其居民，以及應該利用何種轉型政策來指導這種關係。美國的重建蘊含了個人與集體、公民與國家關係上的轉變。事實上，蓄奴政權的廢除和共和的穩固，端賴這種關係的重建。歷史上，驗證信心的效忠誓言（test oath）被用來鞏固脆弱的、分裂的政治團體。政體越破碎，統一的壓力就越大。當時的總統林肯（Abraham Lincoln）倡導寬容的重建政策，前南方邦聯的支持者被要求宣誓，目的只是為了確保他們未來會效忠於聯邦。如憲法的效忠誓言一樣，林肯所建議的效忠誓言，目的在於贊同新政府的公開表示，它原本是可以一體適用的。[9]這種誓言很早就從英國演變而來，美國憲法規定在個人就任公務職位時要宣誓效忠憲法，這代表著從效忠遠方的皇帝轉為對憲法的效忠。南方邦聯的任何一州只要有百分之十的人同意宣誓效忠美利堅合眾國，新的州政府就得到了承認，並能免除罪行和歸還財產。林肯的效忠誓言意在使叛變的各州轉變為合法的南方各州，但這個計畫實施不久即夭折了，取而代之的是另一個更具有懲罰性的措施。

根據美國憲法增修條文第十四條所制定的重建政策，本質上主要是為了開啟未來；美國憲法增修條文對南方各州及其居民重新加入聯邦設定了條件，這些條件蘊含了更全面貫徹法律平等保護的核心原則。重建各州必須符合憲法增修條文第十四條、十五條的規定，各州的立法機構必須批准各項條款之後，才有資格在聯邦的國會派出代表。[10]同樣地，憲法中還規

★譯註：傑佛遜．戴維斯（Jefferson Davis, 1808-1889），曾在美國內戰期間，擔任南方聯邦的總統。

†譯註：安德森維爾（Andersonville）為美國喬治亞州西南部一鄉村，南北戰爭時，南方聯邦軍隊囚禁北軍的監獄即位於此地。

定任何人如果曾經違反了效忠憲法的誓言而參與叛亂，此人就被褫奪公權。由這段立法歷史可以了解，憲法規定的褫奪公權旨在排除前南方邦聯的領導者和其他支持者擔任公職。

凡為國會議員、美國官員、州議會議員、或州之行政官員或司法官員而曾宣誓擁護美國憲法者，如曾對美國作亂謀叛或幫助、或慰藉美國之敵人時，不得為國會參議員、或眾議員、或總統與副總統之候選人，或在聯邦政府、或在任何一州政府下任文官或武官。[11]

「鐵甲」（ironclad）誓言的實施，使「憲法上的褫奪公權」（constitutional disabilities）具有了強制力，宣誓者必須效忠聯邦，作為擔任公職的條件。復原乃奠基於鐵甲誓言之上，以回應前朝政權來界定國家的政治認同。林肯的效忠誓言是一種對於「往前看的」未來忠誠的肯定表示，而所謂的鐵甲誓言則剛好相反，是「往回看的」與過去決裂的表現。鐵甲誓言像古代的教會誓言一樣，[12]作為政治真理的測試，透過宣誓證明某人無罪或無犯罪嫌疑。儘管鐵甲誓言有其嚴酷性，關於重建的憲法增修條文的用語，仍反映了使用這種誓言的矛盾心理。「政治上的褫奪公權」必須根據當時的政治共識，而不似其他憲法條款明確有效。況且在憲法增修條文中，國會被明確賦予權力，得以廢除「憲法上的褫奪公權」，[13]這表明重建的憲法增修條文缺乏一般的憲法位階，而一直被認為是有條件性的法規——只有在政治上需要時才會繼續沿用。

重建時期的「政治上的褫奪公權」並沒有持續很久。幾年後，國會不斷行使其免職權，完成特赦立法，漸漸廢除了褫奪公權的限制。[14]在第四十二屆議會中，重新規定「政治上的褫奪公權」只能用於排除高層的人士。西元一八七二年，在當時的美國總統格蘭特（Ulysses Grant）的督促下，國會豁免了每個人的「憲法上的褫奪公權」，但一些高層的政治官員除外，如國會代表和聯邦法官。最終，在一八七八年，也就是六年後，這些有限制的褫奪公權也被取消了，只保留了「憲法上剝奪公民權」的這個條款。但是，「憲法上的褫奪公權」仍被拿來當作一種警告，因為實際上失去擔任公職資格，是基於政治的原因。美國憲法中永遠留有重建時期的「政治上的褫奪公權」，作為建立美國聯邦政治歷史的不朽象徵。

由於重建政策對聯邦和州之間的關係進行了徹底的調整，因而引起了很多爭議，這種調整也遭到法院的審查。這裡的憲法問題是，應當適用什麼原則去規範州政府與聯邦政府之間、政府與公民之間的關係。在聯邦制度內，哪一個政府有權決定公民的地位與權利，公民應效忠誰？另外，這些問題對州政府政治特色的重建有什麼意義？

在審查中，美國最高法院普遍遵守政府的意見和重組計畫。在「密西西比州訴強生案」（Mississippi v. Johnson）、「喬治亞州訴斯坦頓案」（Georgia v. Stanton）、「德克薩斯州訴懷特案」（Texas v. White）三案中，脫離的州對新政府的限制提出了異議，最高法院肯定了重建政策。[15]憲法保證一種「共和」（republican）形式的政府，它的政治義務是重建時期的立法基礎。法院普遍支援聯邦關於中央與各州權力平衡的轉型政策，法院還肯定政府的作用，允許國會通過其憲法免職權，以約束對重建問題的司法審查。[16]雖然法院大抵上會尊重國會，但在一些情況下，法院對重建政策還是加以區別。雖然國會試圖擴大戰後的軍事正義，最高法院卻堅持和平時期的司法管轄和正當程序。[17]在一八六六年審判「加蘭案」（Ex Parte Garland）、「康明思訴密蘇里」（Cummings v. Missouri）這兩件驗證誓言的案例中，法院審查並廢除了對南方邦聯同情者「政治上的褫奪公權」的合憲性。加蘭案涉及到國會鐵甲誓言的合憲性，一名律師對此提出異議，他因為屬於南方邦聯的阿肯色州法院的官員而被剝奪宣誓權。由於他過去的身分，誓言將使他不能執法。[18]另一相似的「康明思訴密蘇里案」則涉及對州憲法強制規定誓言的異議。密蘇里州的憲法要求宣誓者證明他們是否曾經參與「武裝敵對美國」或「曾經透過行動或明確言語……與敵人的工作有瓜葛」，以作為獲得州選舉權以及擔任公職、教學或從事其他職業（包括神父）的條件。[19]

在加蘭與康明思兩案中，地區法院否定了重建時期的宣誓，認為雖然在表面上它們與民事制裁相似，但事實上構成了「不被允許的懲罰」（impermissible punishment）。對於效忠誓言是否可以被認為是擔任公職的有效資格這個問題，法院認為要看相關行為和職位之間的關係，也就是法律手段與目的之間的關聯強度。由此來看，法院認為誓言的全面應用程度，使人對其誓言的目的（確保對聯邦的忠誠）產生錯覺。強制推行政治條款，事實上被認為是一種懲罰政策。這樣，雖然誓言是一種民事形式，但它預先剝奪了權利，已構成了憲法懲罰。不考慮是否與組織的非法目的有關聯，就籠統地認定褫奪公權，違反憲法所保障的自由集會。言論自由、政治上的褫奪公權和有條件限制的雇傭，在這之間是否有足夠的直接關係，成為爭論的問題。法院拒絕政府所聲稱的與重建相關的目的，主張作為一個憲法問題，這些措施不能僅僅從轉型期的角度而被合理化。

我們若以平時懲罰制度的觀念，會很難了解內戰後的褫奪公權的問題。事實上，對重建時期法規的憲法解釋，是依循以前的轉型先例。這些先例來自英美國家歷史上其他時期的政治巨變。重建時期的法律與憲法所禁止的「剝奪公民權之議案」（bill of attainder）條款很相似。正如剝奪公民權之議案，重建時期的誓言被認為是不經正常的司法程序就進行處罰。缺少與懲罰相關的正當程序，例如不得溯及既往，就使誓言變得不合憲。相似的法規在整個英美國家歷史上曾強制推行，最早由英國議會在君主超權（monarchical excess）時期推行，在大革命後，政府又曾經實施。這些法令的特點是它們基於「政治上的褫奪公權」而立法通過。從歷史上看，這種懲罰性立法，一貫被用於鎮壓政治反對派。正如法院所說的：「……這些法條大都在英國的叛亂時期通過，或是底層對王室的順從，或是強烈的政治狂熱；在這種時候，全國上下都容易忘記他們自己的義務，而踐踏他人的權利和自由。」[20] 英國的剝奪公民權議案缺乏轉型期的正當理由，而重建時期的「政治上的褫奪公權」，儘管可能具有轉型期的合理性，它仍被認為是「不被允許的懲罰」。[21]

現在對重建時期的法學傳統看法認為，重建構成了轉型期各項措施的阻撓。[22] 這個時期通常被認為是法院法理學的低潮期，往往在憲法研究中遭受忽略。但是以上分析使我們對這個時代的學說重新進行思考。如果我們考慮到其他社會中類似的轉型現象，則重建時期的法理學，應該是政治動盪時期「泛政治化」的法理學的最佳象徵。這種法理學暴露了彼此獨立的刑法和民法之間、以及刑法和行政法之間的衝突與不一致性。它還檢驗了憲法的侷限性，特別是政治化的程度。若以轉型的角度來重新思考重建時期的案例，很可能會顛覆關於政治化的公法的本質和角色的既有學術看法。對重建時期的法院而言，他們的參考點理論上都出自國家歷史裡的政治轉型期。由這些歷史先例來看，即使在那個時候，這些法律就是「非常時期」的，特別針對轉型期而定的，法院必須在因應緊急情況與遵守傳統的法律原則之間求取平衡。

重建時期的法理學以妥協為指導原則；美國重建時期的法理學，正如其他在經歷類似重要政治變革的國家一樣，反映出一種有限的、片面的憲法正義。在這種時候，憲法上的調整反映了一種務實的價值觀：在連續性與斷裂，以及在法律原則上可能相互衝突的安全與平等之間求取平衡。對當今有關重建時期的憲法增修條文的解釋原則的爭論而言，重新定義這個時期的憲法政治，具有莫大意義。[23] 對重建時期憲法增修條文和當時廣泛的政治議程之間關係的認知，會影響對以下問題的解釋：若根據重建時期的立法計畫，應如何解釋這個關係？對重建時期的公民權標準，與當今關於權利的爭論之間有何關係？我們最好從一個轉型的角度來解讀重建時期的法理學；這個時期的轉型目的釐清了顯然有決策意味的法理學，也闡明了它和憲法法理學的關係。

法律的自由

我不知道有起訴所有人的方法。

一場與美國和解的演說，一七七五年三月二十二日
愛德蒙・柏克（Edmund Burke）

歷史上，在美國內戰後的重建期之後的大規模政治轉型，應該就是「肅清納粹主義」。在二次世界大戰結束後，同盟國堅持國家社會主義的支持者不得繼續在德國擔任要職。戰後的審判政策是為了報復納粹罪惡而設計的懲罰性措施，在波茨坦「肅清納粹主義」（denazification）的倡議被認為是合理的，因為它具有一種前瞻性民主目標。

「肅清納粹主義」是必要的，因為如此才能確保有法西斯主義傾向的人不會再度奪權。但應如何處置那些沒有民主化傾向的人呢？雖然戰後「肅清納粹主義」的初衷，是為了禁止納粹的高層官員、納粹黨衛軍，對希特勒個人效忠者、蓋世太保、以及保安局在新政權中的位居要津，但是時間一久，這個政策似乎被無限擴張。

雖然「肅清納粹主義」的民主目標是前瞻性的，但這個計畫原本卻是回顧性的。紐倫堡大審本著納粹政府一切皆為邪惡的觀點，似乎為個人和集體對戰爭迫害所應該負的責任提出了一種新解。這個創新被稱為「伯內斯的創意」，通過個別審判來認定納粹組織的罪行，納

粹組織的罪行及於每個獨立的成員，這就解決了追究所有應負責任的人的實際問題。一些組織在被國際軍事法庭認定有罪後，在隨後的同盟國審判中，組織的定罪被認為是個人定罪的依據。[24]個別審判並不必要，只要能證明個人是犯罪組織的成員就足夠了。由於該觀點對個人究責的方式並不確定，因此很有爭議，它挑戰了人們對法律原則的一般想法，因為法律原則乃是個人地位、權利和責任的確定法源。在紐倫堡審判之後，「納粹主義是有罪的」成為一個法律真理。法庭的懲罰措施促進了同盟國的「肅清納粹主義」。這個時期法律的特點，在於紐倫堡大審判確定了個人和集體責任上「流動的連續性」（fluid continuities），並且調解了民事制裁和刑事制裁的分野問題。

戰後初期，在佔領德國的同盟軍事政府的支援下，「肅清納粹主義」政策明確地承接由紐倫堡大審發展出來的刑事正義，將責任的集體觀念扎根。一開始的時候，「肅清納粹主義」僅限於納粹高層及其他在紐倫堡被認定為有罪的組織。但當權力移交回德國時，一個雄心勃勃的「肅清納粹主義」階段開始了。一九四六年三月五日頒佈的「脫離國家社會主義和軍事主義法案」（Act for Liberation from National Socialism and Militarism），就名副其實地要讓德國擺脫納粹政權，清除國家社會主義暴政在公共、經濟和文化生活中的影響。為達到這個目的，通過所謂的「問卷」的形式，德國審查了全國成年人在戰爭時期的軍事服役記錄。「脫離國家社會主義和軍事主義」法案的涵蓋面甚廣，上至「主要罪犯」（被判觸犯戰爭罪和殘害人類罪者），下至「跟隨者」（國家社會主義名義上的支持者）。法律制裁完全基於階層性，僅知道成員資格就足夠了。[25]根據責任程度的不同，「脫離國家社會主義和軍事主義」法案設計了處罰框架，採用判決機制，體現了「肅清納粹主義」懲罰性的一面。褫奪公民權的制裁方式，從坐牢到褫奪公權，或剝奪擔任其他職務的權利，看來構成了刑罰。然而，儘管「肅清納粹主義」有懲罰意味，這種民事制裁仍缺乏自己的程序；其訴訟程序不是刑法的程序，而是遵循著行政程序。但正如第二章所討論的，轉型中的刑事正義往往意味著司法程序並沒有達到完全的懲罰，而轉型中的行政措施則似乎呈現了它的另一面：沒有完整的司法程序，卻仍強制執行懲罰制裁。

無論用何種標準來衡量，「肅清納粹主義」政策都是失敗的。在這個方案下，大多數受調查的人都被認定為「跟隨者」，只負有最低層次的政治責任。而受到制裁的，也只是處以罰金；極少數人受到褫奪公權的處罰，即使有也是短暫的。「肅清納粹主義」過後許久，許多通敵的菁英份子還保留著他們在納粹統治下的工作；甚至許多機構（如司法機構）還由前納粹分子主導。[26]多年以後，如何對待在前納粹政府中擔任公職的人，這個問題還是頗有爭議，很難達成共識；在國家的新基本法中，這個問題留給了政府將來解決。弔詭的是，使「肅清納粹主義」得以實施的理由，同樣也輕易地使復職政策變得合理了。納粹政黨成員如此眾多，以至持續「肅清納粹主義」意味著革除許多現任法官的職位，以前在政府中的工作經驗，即使是在納粹統治下政府中的工作經驗，也都成了擔任公職的依據。事實上，在「肅清納粹主義」政策開始後不久，「復職法案」就通過了，如此就讓納粹官員一概復職，為

「肅清納粹主義」劃上了句號。

對「肅清納粹主義」政策的一貫批評為：這個措施的為德不卒，是由於政治因素，單單是人數之多就讓法庭裹足不前，加上缺乏政治意志，特別是從冷戰的角度來說，很難作到自我審查、「自我肅清」。還有同盟的「肅清納粹主義」與刑罰之間所隱含的關係問題，當溫和的措施取代起訴之後，「肅清納粹主義」變得很難實施。[27]「肅清納粹主義」政策牽涉到整個公職階層，似乎注定了難以實行。因而，對「肅清納粹主義」的批評都是從現實主義的角度出發的；其政策中斷的原因，可以根據政治環境去解釋。

但是，對「肅清納粹主義」的一貫批評，迴避了政策本身是否有錯的問題，這就引發了德國過去的政治是否與新政權下的公部門建構以及民主轉型有關的爭論。藉著這個問題，人們可能會進一步了解「肅清納粹主義」政策的影響範圍。所以，從這點來說，應該對過去「肅清納粹主義」的牽連程度、及受影響的政府職位加以區別，比如要區別對整個公職階層大規模的肅清、與對高層官員及某個獨立部門如安全機構的審查。當我們提出原則性的問題時，就必須合理化轉型期行政正義政策。戰後「肅清納粹主義」的理由是「建立民主」。主張納粹分子不得擔任公職，是重建德國民主的必要手段。維持現存行政機制，則破壞了邁向更自由的制度的可能性。但是在前朝高壓政權下的政治行為，和後來在自由政權底下任職，兩者之間到底是什麼關係呢？我們會認為在納粹政黨高層官員的統治下，建立自由民主是不可能的。在民主制度中，政府高層中的政治輪替是透過定期選舉產生的。但是對於處在兩個政治系統之間的轉型期社會，定期政治選舉的方式通常並不存在。而且，也不是全部公職都由選舉產生。因此，和平談判後的政體改變，必須仰賴法律以重新定義新的政治領域。在這些政治情形中，主要由法律廢除掌權者的職位，以實現政體的改變。政治肅清的合理化，乃基於排除前朝政權和前朝政權支持者對民主政權的政治參與。

在一個自由的政權底下，政治的條件限制的作用是什麼？盛行於轉型期有關民主論辯的中心論點，乃是這樣的預言：過去助紂為虐的人可能重施故技，他們將破壞民主的穩固。當相關的職位和他們在過去政權所擔任的職位相似而可能使高壓統治復辟時，民主的正當性就是最迫切的問題。因此，雖然我們不能因為他們是某個政黨成員就剝奪擔任基層公職的權利，但對於接替的政權中可能產生權力濫用的高層職位以及國家安全機構的職位來說，這個觀點就不正確了。「政治上的褫奪公權」和職位的影響程度之間的關係越緊密，民主的正當性就越重要。但就這一點而言，「肅清納粹主義」缺少思考縝密的轉型期措施，因為政治上的褫奪公權與民主之間似乎並無多大的關聯。相反地，拋開道德上的考慮不說，那些在前朝積累了政治、行政和管理經驗的人，某種意義上來講，在接替的民主政權中，更具有任職的競爭力。最後，對於民主的論辯，似乎有誤導，而且有內在的不一致，因為基於民主的理由而證成「政治上的褫奪公權」的，是基於一個假定的前提：人對民主形成的影響，遠大於結構、機構和程序對民主的影響。但這種推理似乎與自由政治理論相左。

戰後的「肅清納粹主義」，正如重建時期的「政治上的褫奪公權」一樣，應該在轉型期的環境下去理解。這個時期的政策路線強調轉型期政策的過渡性和持續變化之間的平衡。「肅清納粹主義」措施開始於第二次世界大戰末期，只持續了有限的一段時間。這個政策在一九五〇年開始式微，到一九五一年轉型期便結束了。這樣的時序使我們了解到行政體系自身重建的過程。雖然對於「肅清納粹主義」措施常見的批評，在於它沒辦法做到永久的褫奪公權，然而，該政策顯示此時法律的功用乃在於引導轉型，局部性和臨時性是這些政治動盪時期反覆出現的特徵。[28] 雖然第二次世界大戰剛過，與法西斯的牽扯不清，對從政者來說是個致命傷；但時間一久，這種在前朝任職的政治經歷逐漸變得可以接受，甚至在接替的政權中變成一種資歷。擔任公職的經驗，即使在納粹政府中的任職經驗，已經成為擔任公職的考量依據。[29] 經過了一般的行政轉移後，在前朝政權中任職變成是正常的。對待前朝政權的態度也從不連續變為連續。一開始時，「肅清納粹主義」立法是為了要回復正義；而當接替的政權穩固之後，公共政策就讓位於給其他目的。

作為單一個案來看，「肅清納粹主義」被認為是轉型期的一種失敗嘗試。如果從比較性和歷史性的角度來看，並且考量到政治巨變時期適用的法規時，則戰後的經歷其實和轉型期的標準很接近。「行政肅清」出現在政治秩序脆弱而不穩定的時刻；這些措施是臨時性的，通常只能暫時適用於政治轉型期。從一開始，這些措施就是過渡性的務實方案，以供特定的政治重建時期使用。它們一直被視為轉型期正義。

整肅（depuracion）和清洗（zwiering）：排除的政治

雖然在盟軍佔領的德國盛行著一種集體責任，但在戰後歐洲的其他地方，仍然存在著有待肅清的敵人。擺脫納粹主義和全面肅清前朝政權的支持者是一體兩面的。肅清是基於明顯的意識型態：佔領後的正義，是由我們和他們、朋友和敵人、合作和抵制這些特定字眼構成的，是透過「否定憲法」（deconstitution）來「重修憲法」（reconstitution）。

戰後歐洲的佔領政權垮臺後，社會必須回應一個完全由法西斯支持者組成的公共領域。在擺脫法西斯主義的轉型過程中，重新建立的敵友界限，超出了行政重建範圍，而擴展到涵蓋整個公民社會的公共領域。戰後歐洲的肅清反映了行政正義如何和脫離常規的刑事程序牽涉不清，而轉向更全面的、更不正式的程序；它脫離司法機構，而轉向其他仲裁委員會或機構，這些機構在龐大的政府機器中經常是孤立的。偏離既定的刑法和正常的司法程序，這個現象突顯了肅清的泛政治化。這些地區強制推行有政治條件和判斷的法規，訴諸非正式的程序以及曖昧的政治違法行為，比如「國家的墮落」（national degradation）或「國家的恥辱」（national indignity）。[30]雖然一般的情況下，刑事判決是基於過去的違法行為，可是新的犯行的判定卻僅僅是依據政治條件，而這些政治條件則由轉型期擁有該權力的機構宣布。確立通敵及其他政治犯罪行為，只是證實了支持極權教義的政治狀態。不同於一般的審判著眼於犯罪行為，調查控訴關注的是過去所謂的「顛覆性政治組織」（subversive political associations）

的成員或其支持者。隨著違法行為的重新定義，有關特殊程序、法律、法庭和訴訟方式的規定也確定下來。[31]所謂的「肅清法庭」（purging tribunals）並不是普通的法庭，而是軍事法庭和由法官、非法界人士及民間人士組成的行政機構。雖然有時肅清法庭的刑罰看起來似乎和傳統的刑事制裁沒什麼兩樣，但有時候刑罰還會影響到民事問題，例如喪失選舉權、政治參與權，甚至公民身分。無論從其程序還是結果來看，這都是「非常時期」的正義。

以前的肅清是對古代統治者的懲罰，但是戰後的肅清則更為深遠，它反映出對轉型期和責任範圍的廣義理解。戰後的肅清措施，將個人排除在一個範圍更大的社會部門之外，包括以前不屬於行政部門的範圍，如教育與傳播媒體。肅清重構了公共領域的範疇，因為它們試圖重建公共領域的各個組成部分，包括商業、傳播媒體，以及曾經支援納粹的菁英份子。因此，肅清是一場徹底的職業重建，並有專門為教育界、作家和音樂家設立的特別肅清委員會。雖然肅清會規範到私有部門，但它們是按照政府法規去處理的。違法行為的規定語焉不詳，也沒有明確定義佔領時期的「適當態度」而難以究責。[32]

對媒體的肅清是最激進、徹底且全面的。[33]以新聞界為例，通敵很容易用文字證明，出版使這個問題公諸於眾。在一系列的肅清和重新頒佈的法令中，媒體在民眾面前再度成為新政權的馬前卒。當通敵的報紙成為肅清的目標時，言論自由的標準就必須依據對過去的回應而重新建構。甚至報紙的名字也發生了轉折性的變化，象徵政治認同的變化，如法國的《自由報》（*Libération*）。

後佔領時期對公共領域的肅清遠超出公務體系，這個企圖是為了「淨化」社會。這些公共領域內的政治肅清，對法西斯主義的高壓統治作出了激烈的回應，所謂的肅清，則是以霸權的方式控制那些生產意識型態的部門，例如教育和媒體。[34]對知識菁英分子的究責，使他們承認為法西斯主義助紂為虐，並試圖把這個部門轉向到接替的政權的自由意識型態。

戰後的肅清重新建構了個人、調解團體和政府之間的關係。政治上的褫奪公權是以「集體」的意義去定義的，而政治上的褫奪公權是不利於個人的。這些程序採用非正式的方式，調查個人過去與法西斯的牽連，這意味著以集體為依據的排除，而是針對個人的違法行為。從這種意義上來說，政治上的褫奪公權並沒有正當理由，而只是用來確定轉型期間公共領域中的制度性變化。個人是一種手段，可以將舊體制的意識型態從未來的公共領域中刪去。戰後的肅清行為挑戰了我們對法律原則的認知，因為正義的執行並不是透過既定的規則程序，而是透過高度不正式的、不當的程序。這些措施缺乏正當程序、不透明、泛政治化，反映了對法律原則的一種折衷了解。雖然其目的是展望未來、致力於民主，但在某種意義上，其方式卻是與高壓政權沒什麼兩樣，它建立在意識型態上的定言判斷，而與自由思想格格不入。這雖然很弔詭，但是這個關鍵性的回應卻最能說明意識型態的轉移。再者，由於這些肅清措施對法律系統的影響有限，因而得以調解不自由的手段以及自由且前瞻性的目的之間的緊張關係。戰後的肅清只持續了很短的一段時間，只有一到五年。[35]這些激進的泛政治化措施，被界定為「事前的」（ex ante），因為從一開始它們就被當作臨時性的轉型機制。這裡所看到的順應時勢的現象，就像以前的例子一樣（例如美國的重建），也可見於本章所討論的當代政治轉型現象。即使是針對高壓統治最激進的政治回應，也是從一開始就被設定為臨時性的，構成轉型的一部分。

淨化（Lustrace）和肅清（Bereinigung）：東歐和中歐的政治肅清

> 但是每一個人，不僅只有菜販，還包括內閣總理（首相）在內，實際上都已經涉入並受到奴役。職位上的不同等級，僅代表了涉入的程度而已；菜販涉入的程度很輕，但他只能擁有很少的權力，內閣總理自然擁有很大的權力，但是相對地涉入更深。但是，這兩種人都不自由，不同的只是不自由的方式而已。這種「涉入」的真正共犯，不是別人，而是制度本身。在權力階級中的職位，決定了責任和罪的程度，但任何人都不會被追究無限的責任和罪，也沒有任何人能完全豁免。
>
> 哈維爾
>
> 《公開書信：作品選集：一九六五至一九九〇年》

當代整個東歐和中歐的轉型主要是透過和談的方式進行，因此，要依靠基本的公法來解體共產主義政權（或稱「去共產化」）；這就驗證了法律在政黨政治轉型中的角色。極權主義的特色是在整個社會中實行高壓統治，獨裁統治的特點是在統治者與被統治者之間劃清界線，而在極權統治中就沒有這麼明確的界線；整個社會都充斥著高壓統治。因此，在脫離極權主義後，問題就變成：誰應對過去的錯誤負責？共產主義垮台時，法律所作出的回應，使我們了解到當代關於高壓統治的個人責任、公民與政黨的關係、政黨與國家關係的觀念。極權主義統治的邪惡是普遍存在的，是由武力佔領和無遠弗屆的共謀而犯下的。

在政治變革之初的地區，他們的回應往往集中在前安全部門及其線民。肅清的目標超過了官方權力的範圍；因為極權主義統治的特徵在於權力運用的不透明，以及不分公私領域的鎮壓。在整個東歐和中歐地區，那些與前朝政府有所牽連的人，往往受到褫奪公權的懲罰，雖然「去共產化」的法規的懲罰程度和範圍各自不同。統一後的德國、前捷克斯洛伐克聯邦共和國、保加利亞和阿爾巴尼亞都立法禁止前共產黨和國家安全機構人員在新的公共領域中任職。[36]匈牙利採取了溫和的法規，例如公布共黨政權共謀者的名單。在新的共和裡也會採行具有前瞻性的措施，例如宣誓效忠。

透過一個人過去的政治經驗，來驗證他的想法，這種作法在一開始時是非正式的。一九九〇年夏，在前捷克斯洛伐克聯邦共和國的首次自由選舉中，政黨審查候選人，以尋找與前政府安全部門有牽連的證據。當國會委員會（parliamentary commission）以審查國會與國家安全機構的通敵關聯時，這種調查變成全然政治性的。一年後，透過立法將調查的方式系統化，捷克稱之為「lustrace」或「lustration」，就是「淨化」的意思，源自拉丁文的「lustrare」，指調查與審核的過程與澄清過去歷史。歷史上，這些調查的程序會和人口的估算或人口普查齊頭並行。[37]捷克的淨化法肅清了任何與國家安全機構有關聯的人，牽涉的範圍很廣，包括任職於政府部門、軍隊、議會、法院、國有商業機構、國有企業、學術界和媒體的人士。根據法律規定，只要有國家安全部門成員的經歷，就蘊含著他涉入該組織的鎮壓行為。[38]法律推定過去共產主義的支持者會危及民主，因而把這個推定法條化。從前就在議會中反對該法案的九十九名議會代表，對淨化法再次提出異議。其他的反對聲浪則來自外界的人權組織、國際勞工委員會，以及捷克總統哈維爾。他提議修改法案，建議允許個案審查（individual review）。[39]該國短命的統一憲法法庭作出了惡名昭彰的決定，支持淨化措施，但限制淨化的範圍。[40]

在統一後的德國，「去共產化」由德意志民主共和國（即前東德）的首次自由選舉開始。但在東歐、中歐地區的其他協商式轉型（negotiated transitions）中，對共產黨員的肅清似乎得到政治機構中某些社會共識的支持；在統一後的德國，肅清以一種「勝利者的正義」（victor's justice）形式開始。對於東德而言，這個問題幾乎沒有什麼選擇的餘地。就如美國南方各州邦聯回歸聯邦一樣，當東德被納入統一後的德國時，東德回歸的條件就是必須放棄過去的意識型態。國家「被統一所分割」（divided by unification），[41]因為德國統一條約規定了統一的條件，統一了德國的公務部門，創立審查系統，審查前東德行政部門的雇員，只要在共產黨組織中任職、特務及祕密警察，都不能在公部門任職。[42]統一條約以兩個理由為褫奪公權的基礎：「因為過去的政治行為而不被接受」和「技術上不克勝任」。戰後「肅清納粹主義」的問卷再度用來調查個人是否當過祕密警察，而地方委員則被排除。一九九一年「特務檔案法」（Stasi Files Act）的通過，使人們能夠取得從前祕密警察的檔案，以及前朝政權的人事資料，導致了對前東德各層次公務部門的大規模肅清。公務部門、國家安全部門以及教育部門的肅清，意味著大批政府官員、法官、學校教師和從前的大學教授，都被解除職務。

在捷克和德國的兩種肅清方案中，捷克的「去共產化」方案看來似乎涵蓋層面更廣，因為其法律擴及於舊政權最底層的支持者，甚至就讀於國家安全部門學院或通敵的「候選人」，可能影響到成千上萬的人。而且，捷克淨化法的執行主要以中央集權的方式，由歷史上讓人聞之生畏的內政部處理，而德國的肅清則是在地方層面展開。但是最終德國的肅清產生了比較大的影響，因為它是由既有的行政機構有系統地推行，而且德國的替代勞動力不虞匱乏。

政治上的褫奪公權的運用範圍很廣，其正當性僅僅在於和舊政治的牽連的推定關係、以及參與新的民主政權的能力。然而，採用此方式通常會引起這樣的問題：過去的政治行為與建設新的公共秩序之間到底有什麼關係？在前捷克斯洛伐克聯邦共和國和德國，這個問題很有爭議，尤其在憲法審查中可見一斑。憲法審查使正在進行中的去共產化政策不得不進行公開辯論。在統一後的德國，褫奪公權的理由是基於下列的推定：即前共產主義份子不得在民主政治制度中任職。在其他國家中如匈牙利，類似的褫奪公權則是由司法部門基於民主的理由而合理化。[43]

捷克和斯洛伐克共和國的憲法法庭為了聲援淨化法案的合憲性，把淨化法比擬為民主制度中的安全調查（security clearance）。正如安全調查一樣，淨化法案限制任職的條件，也是基於過去的行為；法律「僅僅進一步規定了解雇國家行政部門和經濟機構中某些敏感職位的條件」。「允許涉及違反和鎮壓人權、自由的人擔任公職……意味著將造成民主發展的嚴重不穩定，以及對公民安全的威脅，這是不負責任的冒險行為。」[44]我們可以把轉型期的淨化政策視為成熟民主社會中的安全機制。在成熟的民主制度中，以個人的可信度作為任職的條件，通常僅限於與安全部門或其他可能接觸到機密資訊的敏感職位。一般而言，只有少數的公職對安全的要求較高；這種褫奪公權通常被認為不正當且有懲罰味道。再者，通常政府有責任證明審查程序和職位之間的相關性。淨化法與安全調查的相似性，可能足以說明在東歐、中歐地區，挑選公職人選時進行審查的正當性，例如那些涉及人權的職位。基於人權的考量，或許早先於淨化法而且比較溫和的法案會是比較合理的，它們應該就可以過濾掉曾經侵害人權的人士了。而那些所謂安全的考量，仍不足以證成淨化法案影響的廣泛程度。

從歷史上來看，國家擁有絕對的權力去依據其政治環境決定擔任公職的條件。例如美國憲法中一個具有里程碑意義的司法見解，就能見到這種裁量權（discretion）：「（一個人）可能擁有憲法上的權利，可以談論政治，但他卻不具有憲法保障成為一名警察的權利。」[45]

然而，現代的看法已經和過去大不相同。雖然對共產黨員執行法律相關業務的政治條件限制曾一度得到支持，但那是在冷戰期間，後來美國的法律已經改變了。[46]現代的自由民主社會往往不得只因為政治理由而對公共領域作出決策。在成熟的民主社會中，只有政府高層才會以政治為考量去遴選，而且通常必須透過選舉程序。雖然公務雇傭和公共利益可以一起被否定，政府通常不具有基於政治理由去限定其公共利益的裁量權。在自由國家中，政治條件的限制必須是為了促進重大利益。政府效能的考量，往往被認為不足以作為政治任用的理由。[47]而政治忠誠度本身也難以證成基於政治因素的派任。至於政治上的關聯性是否會影響公職任用，主要在於政治關聯及其影響褫奪公權的程度，必須依據政府對於相關職位和政治基礎之間的關係的考量，只有政治關聯和他的效能表現有關時，才會在遴選決策中被考慮。[48]「反對基於政治理由來制定公共政策」的一般性原則，保護了對民主運作至關重要的集會結社和言論自由權利。[49]而且，歐洲的社會福利民主國家的特點為對就業有更多的規範。政治的條件限制與其他的權利相關，例如勞動權與參與公職的自由。[50]

雖然一般而言，我們對法律原則的觀念會不容許這些政治措施，但特殊的轉型考量或許可以在一定時期內支持這些法規。前捷克斯洛伐克的憲法法庭在支持國家的審查政策時，是以轉型期特殊需要的理由說明對淨化法案的支持。該憲法法庭在論證肅清的合理性時，提出「可能重演極權統治」的警告，並指出必須防止「破壞國家民主發展」的行為，該法庭的這種論證顯然具有轉型期的特質。這些措施的正當性往往是基於建設進步民主制度的需要：

每個國家，特別是那些歷經極權統治四十多年，基本權利和自由遭受踐踏的國家，有權為了建立民主制度而採取立法措施，以防止極權制度的捲土重來，或國家再度陷入極權統治。

其他戰後轉型先例也在被引用：「這種措施……同樣被其他的歐洲國家在極權統治制度瓦解後所採用……是一種正當的措施，……不會威脅到憲法制度的民主性格……或公民的權利與自由……而是為了保護和鞏固它們。」[51] 褫奪公權的正當性僅限於政治轉型期，法律已經承認這點，這些措施在時間上都被明確限定。如此一來，雖然前捷克斯洛伐克聯邦共和國的淨化運動表明必須持續五年，可是它後來又延長了五年。統一後德國的褫奪公權，一開始就表明是臨時性的措施。[52]

在轉型期社會中擔任公職的問題往往會考慮到與過去政權的牽連，這些轉型的社會正處於從高壓統治到自由統治的政治轉變的脆弱時期。但是，我們如何定義和過去政權的忠誠度？歷史上，在獨裁過後肅清的對象往往是政府高層。但是，共產主義瓦解後的肅清卻是對於迥然不同的高壓統治的回應，那是一種極權政治，它滲透到社會各層面，似乎每個人都涉入其中。極權的迫害證成了對前朝政治人物的肅清，如此一來，問題就變成了應該如何劃定界限。

對某些人而言，過去異議份子的身分足以證明他在新政府中擔任重要職務的道德水準。

在當代政治變革的潮流中，異議人士的身分已經成為擔任高層政治職位的事實條件。在東歐和拉丁美洲許多轉型期行政體制中，總統都曾是以前的異議份子。哈維爾在前捷克斯洛伐克聯邦共和國從事人權運動；阿哈派得・鞏慈（Arpad Goncz）在匈牙利也從事人權運動；在波蘭，華勒沙（Lech Walesa）領導反對運動。在拉丁美洲，阿根政廷的卡羅斯・孟年（Carlos Menem）在前軍事政權統治下坐牢。巴西總統費南多・卡多索（Fernando Cardoso）在軍事政權下被迫流亡海外。玻利維亞的前總統羅薩達（Gonzalo Sánchez de Lozada）也出身於流亡家庭。但這種推論能夠延伸多遠呢？除了新政權的領導人物之外，與舊政權違法行為的牽連，對自由主義政權的公職有何種程度的影響？是不是有個法律原則可以規範轉型中的肅清，並為有限的政治化決策提供依循的標準？前捷克斯洛伐克聯邦共和國的憲法法庭在審查淨化法時，就考慮到這個問題，該法案波及到許多在祕密警察檔案中出現的人士，理由是可能有通敵的行為。成千上萬的人遭到波及，但其中只有極少數是自願與前朝政權合作的。法庭認為這種「不知情」（unknowing）的成員身分不足以構成褫奪公權的理由。[53] 至少，界限應劃定在「知情的成員身分」（knowing membership）。

「去共產化」政策面臨的下一個問題是：「知情的」參與是否可以作為免職的依據。這個問題因為在統一後德國褫奪公權法案的一個案例而浮上檯面。[54] 為了說明政治排除的正當性，判別所依據的涉入程度必須遠超過籠統知情的東德公民身分。法庭認為這個問題是個憲法問題，是否適任公職，不能僅僅由其在舊東德（原德意志民主共和國）的地位，或是否認同德國統一社會黨（東德共產黨）的政權來決定。由於「忠於社會主義秩序……是在原德意志民主共和國擔任公職的前提，……效忠與合作是保障原職以及升遷的必要和正常因素……所以這些不能構成不適任的理由。」[55]對統一後是否適任公職，應當根據具體情況來判斷，視個案情況而定。在類似的案例中，法庭引用的法律原則也支持自由主義原則，認為公法的建構應該超越政治意識型態，而且一定要考慮其他因素。

雖說法律建構後繼政權的司法系統時，司法官員會因為「曾經在前朝政權作決策」而被褫奪公權，但是法庭認為這些政治條件太過模糊而不予採用。[56]波蘭的憲法法庭劃定的法律原則界限，就有可能導致該國司法界泛政治化的淨化行為。

德國憲法法庭在審理一個前警察官員的案件時，推翻了原判決，認為解雇該員是違憲的行為，挑戰了「去共產化」政策的範圍。因為基於反共產主義的褫奪公權，在立法上推定為「不適任」，但是它並不是被推定為無可爭議的。為了判定一個公職官員在民主政權下的政治前途，法庭要求調查的範圍必須超越過去的行為。對這個警察官員而言，他有改造的希望，可以在民主制度下任職。在德國的情形裡，是否具有改造的可能，這個考量格外重要，因前東德既然納入既有的民主框架中，這就減少了大規模排除的正當性。在承認與前朝極權政權的政治關係的基準時，以支持前朝政權作為基準，並不被認為是「司法上的知識」（judicial notice）。當對一種制度僅有社會支持，而沒有其他因素時，這種支持不足以使整整一代的政客被褫奪公權。這個典範式的原則，將在後共產的轉型期指導與過去相關的事宜。這個改造警官的案例，證明了憲法法庭在政治動盪時期的力量。當德國高等法院否決了殆無疑義的立法推定時，它確認了自由民主的一個核心原則，即在司法審查體系中保護個人的權利。如果極權統治代表著全面侵犯私領域，司法的獨立則彰顯了約束政府權力的自由化展望。

這些案例的論辯，正可以說明轉型期正義的偶然性以及它與過去問題的關係。在高壓統治後，重建公務部門意味著重建個人與政治秩序的規範性關係。但是當其他事物也同時在改變時，過去的政治行為和轉型期的公共決策之間究竟有什麼關係？個人層面的變化應該放在更全面的結構變遷中來考慮。隨著政治背景和政治制度的變化，過去的個人行為和社會的民主展望似乎已經不相干了。然而，如果說政治的條件限制的邏輯主要是以前瞻性為其依據的話，以民主為其理由似乎有了內在的不一致。因為基於過去的行為而限制個人的政治參與，會嚴重損害到新政府的潛力。因此，轉型期正義不容許簡化的分類，正如它對政治現實和高壓統治的餘緒的回應一樣。

行政正義與分配正義

通常這裡討論的政治方案的正當性，都是基於建立新政體的民主理由。除此之外，還有其他目的，轉型期社會在政治基礎上，重新分配公共財產，至少是部分的重新分配。前述以集體為依據的褫奪公權，使得以政治優先權為基礎的政治參與的這種分配原則得以順利運作。舉例來說，去共產化或其他類似的褫奪公權，可以被重新理解為「一種基於政治關係的大規模優先權方案」。這種論點是南非在其廢除種族隔離政策後的轉型期中所提出的。[57]政治上的條件限制可以被重新思考為一種優先選擇，而且是個當然的首選。基於政治理由的集體判斷，其正當性何在？例如「優惠性差別待遇」（參考本書第四章），當政治制度邁向自由化時，國家的哪些利益能夠證成以政治上的依附關係為依據的救濟性優先權（remedial preference）？

轉型期的優先權可以比喻為從前民主社會下的庇護制度（patronage system）。雖然現在已經有了反歧視的原則，但是在歷史上，庇護制度仍然可見於公共行政中。二次大戰後，因政治理由而產生的政府歧視，引起了對過去迫害的恐懼，因而被很多國內法和國際法所排斥。多數的戰後國際人權法案，都確定了對於政治異議份子的平等保護原則。反歧視的原則指出，無論在什麼情況下，基於政治理由的立法差別待遇，都應該以政府利益為重。通常，這種政治上的褫奪公權的合憲性，必須取決於國家的正當性理由，也就是國家利益是否能夠合理化機會平等原則的偏離。

由這個角度來看，東歐反共產的「政治上的褫奪公權」，通常被視為一種「優惠性差別待遇」。[58]其論證是這樣的：在後共產的歐洲，既要堅守政治體系，又要前瞻性地參與國家行政，那不僅蘊含著可能危害到現在的政治言論自由，而且也是一種歷史的負擔。因此，在當代的轉型中，政治優先權的理由在於，正如美國的種族優先權一樣，東歐過去的政治傳統顯然扮演著分裂和鎮壓的角色。無論接替的政權對政治平等有什麼承諾，該地區政治肅清的歷史背景，都是長期而持續的政治差別待遇。該區域的憲法法庭在審理轉型期的過濾措施時，承認歷史上政治差別待遇的影響。為支援淨化措施，捷克共和國的憲法法庭指出：

> 一個民主國家……當各個層次的領導職位，都是政治任命時，就不能不採取行動。一個民主國家有義務努力廢除對某些公民不正當性的優先權，如果其優先權僅基於他們的政黨關係，民主國家也應廢除對公民的差別待遇。[59]

過去的政治差別待遇有某個言之成理的訴求，但這種訴求本身通常不足以證明政治差別待遇的正當性。雖然去共產化方案蘊含著從共產主義到非共產主義的轉型，這種方案卻沒辦法在初具形態的民主中直接推動政治的多樣化。「優惠性差別待遇」的比擬究竟是否適當？可不可以說有個「有權利」的物主遭到不當的對待？並非所有的公職都是不當聘任非共黨人士；例如，並非現在所有人的工作都是不當取得的。「去共產化」措施限制了擔任公職的條件，被認為是侵犯個人人權以及工作權，因而受到質疑。[60]但是這些質疑本身也是有爭議的，因為政治轉型與經濟改革和公部門的大規模換血息息相關。褫奪公權是否造成威脅，以及以哪種方式威脅到雇傭資格，引起了高度爭議，這涉及關於市場化轉型引發的社會認知問題。前瞻性的再分配利益可以支持大規模褫奪公權的立法，這些立法代表了中東歐反共黨人士的利益，以懲罰共黨人士。當政治範疇被重新界定，以消弭過去的優先權，皆是為了前反對派的利益，其所宣稱重新分配公共部門的利益，似乎不僅是政治差別待遇而已，而且是掩過飾非的託辭。

「去共產化」立法同時具有前瞻性和回顧性，用以調解轉型。所謂從前的應得權利，被用來證明在接替政權中職位分配的正當性。這些轉型期的再分配，重建了過去應得權利所依據的差異性，它重新定義過去體系中的社會關係，而那個體系對於私人財產權利是不怎麼理解的。對於從前遭到不當剝奪權利的人的補償，轉型正義和分配正義的判準的互動關係，將在下章有詳細討論。

重新界定黨派界線：肅清公共領域的社會意義

公共肅清藉由重新界定政治疆界，來建構政治轉型，因為褫奪公權在公共領域發揮作用。它們所造成的結果就變成種種轉型期餘緒的功能。這樣一來，就整體而言，去共產化措施主要是公佈過去的通敵行為，透過公諸大眾以及政治上的究責和社會譴責。[61]雇用禁令經過一段時間後就可以解除，但如果背上了轉型期「民主敵人」的污名，並不是那麼容易可以抹去。在前捷克斯洛伐克聯邦共和國，所謂透過電視宣讀那些被褫奪公權者的名單，引起了社會動盪；在波蘭，因洩密引起的政治危機幾乎導致政府的垮台。因此，淨化都始於公諸於世的做法；甚至在立法規定淨化行為後，淨化法的實施終究還是規避了和法律有關的傳統制裁，而是大量仰賴公諸於世的方式。例如在匈牙利，那些被認為與過去鎮壓有牽連者的名單每天都在國營報紙上曝光。

捷克的淨化也以類似的方式宣佈。國家憲法法庭在審理規定「共產政權的不合法」的法案時，明確認知並肯定「去共產化」立法的勸告性質：

所謂的淨化法，並不是強制制裁，而僅為某些職位設定條件……一個民主國家的憲法基礎，不是否定議會的發言權……它的道德和政治觀點，透過它認為合適並合理的方式，限定在一般法律原則的範圍內，並以法令的形式予以通過。[62]

就像法律的「認可」和「譴責」的功能，立法被視為「宣告性」（declaratory）的規範措施，雖然不是正式地施加刑事責任，卻實現了與刑事判決相關的社會譴責效果。淨化在加諸污名方面的潛在效果與刑法相似。[63]通常，這種污名具有刑事訴訟程序中的個人究責的性質。政治上的褫奪公權吸引了人們的注意，開始留心公諸大眾的重要意義：肅清始於公佈名單。被褫奪公權者的名單被公佈以後，名單本身成為一個恥辱的政治宣判。也許最不正式的淨化方式是在波蘭，可望在任職高層的人必須自我肅清，公布他們在一九四四年至一九九〇年之間和祕密警察的關係。[64]「去共產化」的相關立法並沒有說明規範性措施的社會意義，這些規範性措施缺乏如法律一般的權利和義務的改變和正式制裁。在地區的傳統背景下，公共領域的政治肅清有其強制力。

政治的條件限制和褫奪公權是否促進了轉型期的發展？接替的政權透過肅清以消弭前朝政權的鎮壓，法律被用來重建參與政治的政黨。在轉型期中，那些從前在舊政權底下被認可資格的人，在接替的政權中變成完全沒有資格。政治重建的強制力在這個背景下得到闡明：後共產主義的肅清是可行的，因為它們明確推翻了支持過去政權的基礎。但是，以前朝政權的檔案為依據，那是要付出代價的。對一個人的過去的審查，是根據舊政權下的國家安全檔案來進行的；這樣舊政權下的檔案材料構成了接替政體中的政治審查的一部分。「淨化」或審查證是以舊政權檔案為依據，一般認為「真相」會出現在舊政權的記載中。在成熟的民主制度中，一般的執政輪替會採用前朝政府的檔案文件，這不是罕見的行為。然而，在兩種政治政權交替之間，特別是從獨裁轉向比較自由的制度時，以從前的檔案為依據，那意味著保留了前朝政權的重要基礎，因此，它看起來完全是矛盾的。因為即使它們意在肅清過去，卻沿襲了過去的積弊。甚至所使用的語彙也讓人想起前朝政權。在捷克共產黨統治的四十年中，「淨化」一詞就是指祕密警察審查公民是否忠於共產黨。一九八九之後的肅清僅僅是一連串肅清中距離現在最近的一次。此外，有一九七〇年的肅清；一九六八改革者的肅清中，五十萬共產黨員開除黨籍；在此之前，還有一九四八年的肅清以及史達林派的肅清。[65] 即使肅清以溫和的方式進行，淨化也會使人想起極權政權下的恐怖名單；如此一來，淨化似乎根據同一標準來重新定義政黨，以換湯不換藥的方式來重建社會。看來現在的淨化已深深陷入舊政權的窠臼，雖然它追求的是轉型。

本章始於研究「不自由的手段」與「自由的目的」之間的關係，東歐和中歐的肅清說明了這個問題。此處存在著轉型期去共產化社會建設的矛盾，以及政治肅清的矛盾，政治肅清譴責過去的邪惡，卻重演了過去的肅清。在新的民主社會中，「去共產化法律」使人想起了過去的極權而毛骨悚然。就某種程度而言，這些形式其實無濟於事，只會讓使人想起以前的高壓統治，在以前的高壓統治中，革命性的改變是透過肅清產生的。前朝的手段和接替政權的回應，看起來都太相似了，因此突顯了這些程序的理論基礎。雖然很弔詭，這些肅清卻證明了政治改變是透過社會的傳統儀式化過程體現的。由轉型期措施可以看到關於保存和變革的社會儀式的社會學說法：政治訊息的改變是透過舊有的形式開顯的[66]，雖然這些形式具有最低限度的訴訟保障和自由主義的正當性。分析這些有限制的改變形式，說明了在轉型期沿襲舊有的政治儀式，反而能促成轉型之目的。

國家安全狀態的去軍事化

有鑑於獨裁統治百足之蟲死而不僵，如何實現從軍事化的統治到更自由政權的轉變呢？也許更大的挑戰是如何以行政措施去改造國家安全部門。二次大戰的結束，維持和平和催生民主的呼聲風起雲湧。和平的目標發起了一連串的運動，從聯合國的建立，和聯合國維持和平的承諾，乃至於對失勢者進行「去軍事化」（demilitarization）。德國和日本的無條件投降，使得它們在戰後憲法中放棄任何可能的好戰力量。[67]被認為好戰的國家中，戰後也被設下重重限制，削減其既有的軍事力量。

雖然戰後的去軍事化甚囂塵上，但隨著冷戰的到來，去軍事化也持續不了多久。在拉丁美洲尤其如此，日益增長的全球兩極分化影響到拉丁美洲，因為只要獨裁者抵制共產主義，就會得到資本主義勢力的支援，所以拉丁美洲既推行西方經濟模式，同時卻又實行高壓統治。到了一九五〇年代，約一半的拉丁美洲共和國處於軍事統治之下。一九六〇和七〇年代，軍事力量不斷增長，甚至既有的民主國家，如智利，也陷入軍事統治之中。到一九八〇年代早期，事實上整個拉丁美洲都已陷入軍事統治的壓迫。[68]這個時期是特務國家最猖獗的時期。隨著軍事力量的掌權，以往的政黨政治不再是合理的解決方案，選舉也不是答案。甚至當軍隊正式交出權力時，習於接受軍事統治的文化氣氛甚至容許一種權力平衡，這時候通常會以文人統治（civilian rule）為掩飾。

在美洲國家，獨裁的轉型意味著一場從軍事統治轉向文人統治的鬥爭。政黨政治的失敗引發了轉型期中其他的結構性反應。雖然政治自由化了，卻極少有人對整個軍隊究責。[69]只有一個國家例外，即哥斯大黎加，它連根拔除了整個軍事統治力量。[70]

內戰後的薩爾瓦多進行了折衷的去軍事化。當聯合國調停的和平協定結束了該國血腥而漫長的內戰之後，徹底改變國家安全部分的呼聲越來越強。薩爾瓦多政府和國家解放陣線

（Frente Farabundo Martí para la Liberatión Nacional, FELN）之間達成和平協議的可能性，取決於軍隊和警察的肅清。國家解放陣線同意放棄武力，但要看「淨化」軍隊的條件，解除反對派的武裝，要以肅清國家安全部門來交換。去軍事化後，允許反對派進入政界，可以自由組建政黨，這作為將政府安全部門排除在合法政治領域之外的補償。

但是問題仍然存在，軍隊該如何轉型？個人與軍隊的適當關係是什麼？特別是，當涉及到過去的違法行為，以及軍隊在民主轉型中的潛在作用時。薩爾瓦多軍隊的轉型，是整個系統的轉型加上個別肅清的結果。安全部門的機構轉型是透過兩種肅清方式：個別整頓和軍隊的結構重建。對個別違法者進行整頓，是整頓軍隊的一條路，清除軍隊中的反民主因素。[71]在西班牙語中，「purificatión」包括審查軍隊過去是否侵害人權，以確定他們未來施行民主的可能性。[72]

雖然去軍事化所聲稱的目的，是加速安全部門的轉型，但使軍隊服從於文人統治，將是一場持久戰。當某個所謂的特別委員會列出個別違法者時，冗長的名單包括無數高層官員，甚至國防部長也涉嫌耶穌會會士謀殺案。更危險的是，在這些被撤職查辦的人士當中，有曾經領導和平談判的官員。軍隊對肅清方案的抵制和政變的威脅，使得肅清放慢腳步。在和平協定規定的日程過了半年後，軍隊高層終於被解職。薩爾瓦多軍事肅清的理由在於其威脅力量。過去侵犯人權者可能會捲土重來，因此必須被褫奪公權。雖然這種個別的褫奪公權有其正當理由，但在平時，這種褫奪公權必須透過正當程序。個人的重要利益和正當程序的權利之間的衝突，最終必須妥協，才能達到和解，也就是局部的肅清對個人褫奪公權，卻沒有與刑事正義有關的污名化。

軍隊轉型的依據是個人與集體之間的密切關係。實際上，集體轉型措施基本上會假定個人與集體之間有密切的關係。在軍隊中，個人和集體的關係特別緊密，這在對刑事責任的認定上很明確，刑事責任已在前一章的刑事正義中討論過。在軍隊結構中，「軍令系統」意味著發號施令的責任，承擔的責任不僅僅是個人的行為，更包括軍隊中其他人的行為責任。

薩爾瓦多在軍事肅清方面的進退維谷，說明了雖然肅清的後果往往是懲罰性的，卻缺乏與懲罰並行的程序。這在第一批肅清中很明顯。將名單公諸於世，例如後共產的淨化，是對以前的犯罪者的首次公開譴責。肅清名單本身和隨後的肅清並不相符，因此逐步解職的結果是，將解職和過犯者的身分脫鉤，減輕了對「特別」（ad hoc）名單的譴責。當肅清一旦與名單脫鉤，撤職被劃歸到一般的調職和退休流程，判決的污名化也就消除了。沒有判決，制裁就失去了殘酷懲罰性的一面，只留下民事上的改變。這種調解減輕了緊張氣氛，並有助於維持和平。

國家安全部門的轉型，同樣意味著警察的改變，因為不僅僅是軍隊，安全警察也都與過去的罪行有牽連。前朝的警察應被肅清、解散，或代之以由文人控制的警察隊伍，並透過強制收編而非解職來重建。在這種情況下，「肅清」採用了歷史上的意義，也就是注入另一種沖洗物來清除某種液體。[73]警察轉型的前提是從民間招募「乾淨」的新成員。集體的改變意味著大多數的軍隊必須和以前的內戰沒有牽連。在人員比例上必須改為「絕對多數」的六十比四十，對前朝叛軍和國家軍隊規定政治任命配額，以確保政治的轉型。機構中一半以上的人必須與過去無瓜葛，剩下將近一半的部分則是篩選過的資深警察和被解散的叛軍。[74]

軍事統治過後的政治轉型的因素，部分是由替代政權來決定的。因此，局部的「批判」過去或和過去斷絕才是有意義的改變。否則，它就只不過是前朝政權的餘緒。在個別改變與結構改變的關係中，存在一個轉型的流動概念。在這些情況下，機構的轉型是為了實現各政府機構之間的制衡，透過結構變化與個別變化的混合。經由執政黨和以前的叛軍勢均力敵的代表人數重建安全部門，這是控制無止境的再政治化（repoliticization）循環的一種方式，可以透過監督去避免同一黨派對政府的支配。美國是反對派系政治支配的最好例子，它透過一種監督與平衡（透過不同的政黨代表）的方式來控制，這種方式能夠在該區域長期持續下去。[75]體制轉型的道路，從個人到集體都有，透過「邪惡軍人」的個人肅清和「好軍人」的引進。在軍隊中，個人和軍隊整體的關係特別密切，這在其指揮結構中很明顯。美國的「去軍事化」，包括個人和結構的混合，特別反應了個人與集體的密切聯繫，對軍隊中明顯的整體責任的共同認知，就是一個例證。因此，相較於我們對於既有的民主體系下的法律原則，擺脫軍事統治的轉型比較能夠容忍違反個人的正當程序。

有關戰爭與和平

改革國家安全部門的企圖，一般都是以和平為理由。只要最初的政治變革是基於和平與和解的目的，那麼肅清很容易就成為和平協定的控訴要旨（gravemen）。實際上，在薩爾瓦多的肅清手段一直是以和平為理由。根據和平協定，軍事武裝的解除將使國家進入下一個階段。肅清安全部門和新的安全聲明攜手並進，也就是軍隊要服從憲法。[76]薩爾瓦多的肅清推進了和平時的重要利益，因為肅清源於和平協定。而且，將對個人的究責使得集體免責，軍隊也重新合法化。

重新確定其他軍隊的合憲性，也是以和平為理由。轉型、安全與和平的關係是很明顯的，例如在附近的海地。在多年的軍事統治和多國部隊撤出海地之後，如何處理海地國家安全部門的問題又出現了。海地的臨時警察部隊一直是由以前鎮壓軍隊的成員組成，沒有經過任何過濾以排除侵害人權者。[77]他們沒能找出濫權者，而且僅僅將人員調職，使得軍隊完全缺乏權威和正當性。[78]缺乏正當執法機關，就意味著缺少安全與和平。在柬埔寨也有個類似的協定，它授權聯合國柬埔寨轉型機構（United Nations Transitional Authority In Cambodia，UNTAC）作人事決定。

雖然對轉型期的肅清普遍存有爭議，但是對於安全部門的肅清卻得到廣泛的支持。[79]安全部門的轉型使得最激進的措施也變得正當，因為在此處，以肅清為手段似乎最能夠實現法治的目的。當對安全的威脅存在於一個孤立的部門，也就是安全部門，政治轉型就有賴於對該部門的重建和正當化。相反地，當這種轉型沒有完成時，安全部門顯然不能保證安全。有關安全部門的轉型措施，指出了結構的變化和由文人統治的法治政權息息相關。安全部門的肅清突顯了其中個人與集體的關係緊密，它證明了從國家安全去建構政治轉型有其正當性。實際上，基於安全理由，軍事統治後的肅清成為實現政治轉型的最直接的手段。甚至在民主社會中，基於國家安全與和平，政治肅清經常被合理化，在戰爭時期尤其如此。例如，在二次大戰期間，基於種族因素，對美國居民進行大規模拘留，以「國家安全」為由，而被認為是正當的。[80]雖然後來發現種族拘留措施只是政治上的排除異己的托辭。在冷戰期間，政治化的排除異己也同樣被認為是正當的。雖說在平時，安全的理由都只是虛晃一招，它們在戰爭期間卻是來真的，在巨變的轉型期也是如此。

後軍事時期的肅清，作為轉型的非常措施，對於制度的弱點具有獨特的認識，那是一種「批判」的性質，因為「去軍事化」必須先澄清安全和正當性以及權威之間的關係。當安全機構本身違法犯禁時，產生的威脅是：原本為了保障安全而設立的部門卻不能提供安全，反而從事鎮壓和破壞安全的活動。事實上，轉型期中的軍事肅清鬥爭反映了該地區普遍存在的法治問題。軍事肅清反映了改革泛政治化的執法機關的困難，提醒人們了行政正義的界限。但是，對於擺脫軍事統治的政權說，去軍事化體現了對軍事權力的約束以及民主的勝利，因而表現了重中法律原則的一個面向。

戰鬥型民主

戰後的當代轉型中，對於過去某些時期以「戰鬥型民主」（militant democracy）★形式出現的邪惡行為，公法一直是個有點反常的防衛基地。[81]戰鬥型民主是現代高壓統治的弔詭特有的轉型期回應，它經常是源自民主，因為在它之前通常會有自由選舉。當高壓統治從民主運作中突現時，我們該如何理解所謂的邪惡：人民、政黨和國家之中是否存在著邪惡？它對於轉型的方向有什麼意義？在經歷法西斯主義的恐懼後，這變成了轉型期正義中的核心問題。因為納粹主義顯然是透過議會政治而在德國崛起，當時大多數政壇人士強烈反對當時的政府。[82]法西斯主義的恐怖行動要歸因於前威瑪共和的軟弱，以及極端主義的政黨，後者後來變成了破壞民主的民粹主義（populist）運動。隨著這種民主政治的變態餘緒的消逝，在納粹垮台後，問題變成如何保衛未來的民主。那時候，對自由秩序最大的威脅，就可能是在民主體制內部破壞民主的政黨。「戰鬥型民主」就是要回應這個政治迫害的歷史餘緒，即試圖在內部防止對於民主體系的顛覆。

「戰鬥型民主」是一種對以前的暴政的回應，但是這種行為也重新定義了民主。因為戰鬥型民主證明了對政黨的憲政壓迫的正當性，如果不審查政黨，民主秩序將受到危害；在戰鬥型民主的框架下，「不合憲的」政黨會被排斥在國家所允許的政治範圍之外。[83]將一些政黨趕到界外，這會重構了政治體系的基準。

戰鬥型民主所引起的兩難，就是以民主為名去限制民主。那只僅是前述的政治條件限制以及褫奪公權的一種更極端的形式。在某種程度上，這種制度已經緩和許多了：雖然對政黨的禁止可能始於派系鬥爭，但是終究要訴諸憲法法庭。什麼是「反民主」和違憲的，就變為釋憲的問題。這樣一來，在對戰鬥型民主的解釋上，憲法法庭成為新興民主秩序的保護者。戰爭剛剛過後，在社會主義政黨中只有一個問題：只要某個政黨持續認同納粹主義，就必須加以排除。新納粹主義政黨是反民主政黨的典範，在其成員身分、結構和政權上，都是納粹的復辟。[84] 然而隨著整個歐洲冷戰的到來，對民主的潛在威脅不僅是新納粹主義。當康拉德·艾德諾政府創立基本法第二十一條禁止德國共產黨活動，法庭認為問題的重點是：政黨的目的是否違反「民主」秩序。它必須被證明對民主制度有「實際的危險」；「反民主」的目的必須表現於其「政治行動」中。這與美國最高法院的「明顯而立即的危險」（clear and present danger）標準相似，這個標準在冷戰時期頒佈，用來禁止在美國境內的共產黨活動。動用軍事手段來鎮壓民主的政黨政治，似乎有違常情，但德國憲法法庭認為，該國的歷史經驗和壓迫的遺患，可以合理化憲法對共產黨的限制。從一九四九年後的七年內，出現了兩次以憲法壓迫黨派，一九五二年禁止新納粹政黨的活動，一九五六禁止德國共產黨。[85] 隨著時間的推移，高度警覺的必要性似乎過去了。因此，到了一九六八年，當德國共產黨讓位給繼

★譯註：戰鬥型民主（militant democracy）與溫和民主（moderate democracy）相對應，與激進民主（radical democracy）類似，但非絕對。

承者時，這種政治代表看起來不再有爭議性了。在德國和美國，鎮壓共產黨的行動在戰後出現了一段時間；而當時戰鬥型民主的原則似乎佔了上風。

德國很少以憲法壓迫一個政黨，而且在實務上，它也僅限於轉型期。但是，在這個區域內，在戰後歐洲整個變動中的憲法體制裡，對極權主義的回應往往都採取戰鬥型民主的方式。憲法以民主為基礎限制政治集會。例如，土耳其憲法規定「政黨必須遵循民主原則」。葡萄牙憲法限制集會結社自由，特別是戰後期間，因為它禁止「採納法西斯主義意識型態的組織」。[86]在整個地區，由於擔心民主政治會失敗，其結果就產生了憲法的壓迫。透過這種結構性的回應，危險的政治言論就被排除在既有的政治秩序之外。對於被允許的政治活動加以限制，成為轉型期的法律原則，雖然這個原則透過轉型期的憲法基準，而有了更長遠的貢獻，因為它顯示了國家的認同。

戰後對法西斯主義的回應，是認為反民主活動不在可接受的政治範圍之內。戰鬥型民主產生了一個兩難：當政黨危害到那孕育它的民主時，應該如何處置它。轉型期的例子說明了更廣泛的民主政治的病理學：由民主的手段導致的不自由的政權。實際上，這種情況產生了本章所討論的手段和目的兩難的典型模式。戰鬥型民主的例子，揭露了一種緊張關係，並且說明了至少在轉型期，若有非常重要的建設民主目的時，不自由的程序是可以被容忍的。

政黨和人民

由政黨發動的最激烈的政治轉型，應該是當代的後共產主義過渡期。在蘇聯解體的過程中，共產黨的自動肅清是政治變革的首要徵兆。事實上，蘇聯的解體始於一九九一年，當時的總統戈巴契夫（Mikhail Gorbachev）召集蘇聯共產黨的中央委員會作自我解體。各個共和國的共產黨不再存在，他透過直接禁令、總統令或憲法改革去解體共產黨。一黨專政的結束以及對於其他特權的限制，代表了新政治秩序的開端。由於從前的法律鞏固了共產黨的地位，它的倒台也必須透過法律予以正式化。政治的轉型必須經由切斷共產黨和政府權力之間的關係，因此可以看到主權從政黨移交給人民。[87] 透過憲法的改變，共產黨被剝奪資源，並且禁止行使其特許的公權力。[88] 甚至連馬列主義的術語也從憲法中清除。非法、腐敗的制度，似乎就要土崩瓦解。

在重要的政治變革後，問題變成該如何對待共產黨？習慣了一黨專政的政黨，能夠適應民主的政黨政治嗎？這種削弱的實體，會破壞為鞏固自由民主秩序所做的努力嗎？在何種程度上，共產黨應和其他政黨被同等對待，並允許其參與競逐國家權力？在一黨專政的高壓統治後，共產黨還具有什麼合法性嗎？或者，黨的身分，本質上就是與極權政府同義的？依後面的觀點來看，有意義的變遷，意味著共產黨應該被解體。但是如果黨的身分不與國家混合，它還是可以繼續在邁向更為民主的政治轉型中，發揮一些作用。這個問題至關重要，在整個地區都會產生潛在的迴響。

當俄國新憲法法庭於一九九一年對共產黨的合憲性作出判決時，這個問題浮上了檯面。在一九九一年八月的一個企圖政變失敗後，當時的總統葉爾欽（Boris Yeltsin）以不合憲為由，對俄國共產黨提出挑戰，他透過總統令裁撤了共產黨的領導機構、政治局和制定政策的中央委員會以及地方政黨組織。[89]但是俄國不像德國，它沒有容許鎮壓激進黨派的憲法。因此，法庭面臨了幾個問題：蘇聯共產黨的合憲性；以及權威機構以憲法為由使共產黨成為非法的合憲性。[90]政客們求助憲法法庭以終止葉爾欽的禁令後，那個明顯為了自身利益的俄國國會，才匆匆修憲，容許高等法院審理政黨的合憲性。[91]根據德國模式對一個政黨的憲法壓迫，憲法法庭是最終的裁判者，可以認定何種行為是「不民主的」。但在蘇聯解體後，由憲法審查政黨又意味著什麼呢？

問題是葉爾欽禁止政黨的企圖，是否基於抽象的顛覆國家的可能性，「總統的行為，是為了客觀上必須防止回復先前狀況而做出指示」？[92]在企圖政變後不久，葉爾欽的命令引發了政黨違法的問題。葉爾欽指控企圖叛亂的共產黨領袖的責任，宣稱：「很明顯地，只要有蘇聯共產黨組織的存在，就不能保證另一場反叛或政變不會發生。」[93]對共黨禁令的訴訟，證人在每天的聽證會中證實了約半個世紀以來的政黨腐敗和濫用權力，揭露在卡庭（Katyn）和阿富汗的刑事犯罪，確認政黨高層的罪責。經過幾十年的鎮壓後，政黨的威脅本質變成了事實。

一個誕生自極權主義的共產黨，不會接受法治，問題是如何讓政黨的權力轉型，並創建穩定的多黨制。憲法對政黨的壓迫，部分責任要歸於一個獨立的法院。在考慮對俄國政黨的禁令時，憲法法庭最終作出了一個所羅門式的妥協，認為民主的理由支持對政黨高層人員、政治局以及中央委員會的禁令，但同樣的禁令在地區層次上就不適用。司法程序提到了構成政黨過錯的基礎，因而將國家行為的正當性公諸於世。憲法法庭在最小限度的法律原則中發揮了重要作用，使可能看起來又是一場政治肅清的行為被合理化。

戰鬥型民主和自由國家

現在我們來思考一下憲法對政黨的憲法壓迫，以及它的戰鬥型民主的基礎原則。在上述例子中，某些政黨由於可能威脅到民主政府而受到審查。威脅是集體性的，正如懲罰一樣：解散政黨和沒收財產。對政黨的制裁表現了以集體為基礎的政治判斷，似乎不符合我們對自由國家作法的認知。由此產生的問題是，這些真的是為了保障憲法秩序免受威脅嗎？或僅僅是對不受歡迎的少數政黨的政治化限制？從一開始，當多數黨限制少數黨參政時，這種政策看來就很可疑。

然而，是否相反的方式就是可行的方案，這取決於法院的角色。戰鬥型民主是一種以民主政治病理學為前提的轉型期回應：既民主卻又不自由的弔詭。戰鬥型民主最終暴露了民主和自由主義的緊張關係，實際上，這種緊張關係在憲法民主中反覆出現。民主的這種兩難是否舉世皆然？當代的轉型和憲政主義浪潮的問題是如何回應不自由的統治，以及是否要遵循德國的憲法例子。我們是否應該超越戰鬥型民主的回應，並指導政黨朝著其他方向轉型？這個問題產生於後共產的轉型期。戰鬥型民主回應了與歐洲的獨特歷史相關的暴政。在東歐和俄國，高壓統治並非源於威瑪政治，而是極權主義。在這些地區，歷史政治的病灶並不是太過民主的問題，例如邊緣的政黨也能夠興風作浪，而是剛好相反，也就是一黨專政。但是，主張擴大戰鬥型民主的觀點，其理由在於，當高壓統治公然存在於反民主的程序中，這種一黨專政的統治，往往只是由於社會的沉默而長期佔有統治地位。但是，缺乏民主傳統的戰鬥型民主制度，可能嚴重威脅初期的民主。如果這種憲法壓迫一個政黨的力量除了司法解釋以外無從加以約束，那麼這種力量就會是個朝不保夕的現象。

對轉型期現象的警惕，引發了一個更大的問題，民主的制衡是否應該建立在更永久的基礎上，對這種政體提供規範的指導。德國戰後實行的民主模式是依靠司法來推行。司法解釋反映了努力的過程，擺脫極權主義模稜兩可的政治概念，轉而採用更客觀的依據，例如政治暴力。現代憲法法理反映了這種解釋，雖然有關政黨禁令的憲法規範漸趨自由，並保護集會和言論自由，但法院被泛政治化的危險也一直存在。甚至在成熟的民主中，偶爾也有某些國家的高等法院很容易被泛政治化，如冷戰時期的美國最高法院。

由有條件的民主框架所引發的轉型問題，同樣也產生在有關自由國家如何作更長久的安排問題當中。例如當代在歐洲和中東的政黨禁令，而在阿爾及利亞和土耳其還牽涉到極端主義和宗教派系鬥爭。[94]在整個歐洲，以宗教名義存在的政黨由來已久；但是問題在於如何畫定界限。在自由國家中應如何對待這些政黨？在當代的後共產轉型浪潮中，這個問題有了新的迫切性。政治本身對轉型期國家提出巨大的挑戰，前南斯拉夫的衝突就是個嚴酷的例證。但是，轉型期正義提供了一種重建國家的方法，它依據的不是政治本身，而是以政治權利和司法權利為基礎的意識型態。

轉型期的兩難雖然屬於非常時期，卻也暴露了民主理論中潛伏的緊張關係，它存在於民主程序和民主目的之間的正面衝突。這種潛在的衝突經常出現於有關自由國家的容忍限度的問題中。[95]例如，在《萬民法》（*The Law of People*）一書中，約翰·羅爾斯主張對威脅民主的政治採取一種「容忍」方式。[96]但是，正如前述有關在轉型期惡化的緊張兩難，在擺脫從前高壓統治的轉型過程中，民主建設證成了對多數裁定程序（majoritarian processes）的限縮，也證成了在理想的法律原則上面所做的妥協。這種緊張關係在由戰鬥型民主所確定的憲法制度中被合理化：它必須壓迫極端主義政黨，否則就會威脅到政治秩序。

從這點來看，只有憲法的壓迫才能讓轉型政權重建其政治認同。這些措施明顯的政治性質，由於司法審查而有所減輕。這裡重建的界限具有「重要」的轉型性質，因為它和政治的角色、以及對國家憲法的重新定義有關。當轉型期行政措施超出了政治而進入到憲法程序，這些措施就因一貫的民主理由而被明確合理化。雖然在平時，這些措施的問題和作用經常是幕後的，即透過憲法制定標準，規範成員參加和退出的準則；在轉型期，建設國家的過程被揭露並突顯。

世代之間的正義

這裡所討論政治巨變時期相關的措施，形成了對政治轉型的社會認知。這些措施提高了政治轉型期的社會構成的意義。這些儀式定義了政治時期，確立了「之前」和「之後」的政治分期。這個階段通常被視為臨時階段。時間在政治轉型中扮演什麼角色？

在聖經中反覆訴說的一個古代故事，說明了時間在政治轉型中的角色，也就是在〈出埃及記〉中人民爭取自由的運動。在聖經中，古代的以色列人掙脫在埃及的奴役，在過著自由人的新生活之前，他們在曠野度過了四十年；這種轉型也經歷了四十年。

這些人雖看見我的榮耀和我在埃及與曠野所行的神蹟，仍然試探我這十次，不聽從我的話，他們斷不得看見我向他們的祖宗所起誓應許之地。凡藐視我的，一個也不得看見；……你們的屍首必倒在這曠野，並且你們中間凡被數點，從二十歲以外，向我發怨言的，必不得進我起誓應許叫你們住的那地；……你們的兒女必在曠野飄流四十年，擔當你們淫行的罪，直到你們的屍首在曠野消滅。[97]

在曠野四十年，有什麼重要意義呢？在聖經中，從被奴役者到自由的人的轉型，必須歷經四十年，顯然是兩個世代。這種轉型似乎暗示一種轉型期，以在「曠野」的時間為特徵的轉型階段。「因為從一個極端，走向其相反面的突然轉型，是不可能的。」[98]世代交替、基於時間基礎上的肅清，所造成的影響是普遍而絕對的。經歷過埃及奴役的人，都不會到達應許之地。甚至自由運動的領導者摩西，也可能在政體進入新的境界之前就死去，因此，也就不可能參與新政了。時間的推移確定了組成新政府的政治世代。[99]

另一個例子也說明了時間的角色，確定了政治轉型的世代和階段，就是從君主制走向共和制的轉移。基於時間的世代交替條件，是有意義的轉型的屬性。一七八七年的美國憲法定義了政治領袖的資格，因而確定了國家的參與世代。美國憲法第二條規定總統候選人的資格，為「自然人」公民，並且至少三十五歲以上。[100]這兩個憲法資格，年齡加上自然人，排除了可能的保皇黨或其子孫。總之，這些資格限制是為了形成合格的政治世代。這項憲法的規定，對政客的條件限制，排除了「對國家獨立及向共和國轉型缺乏堅定承諾的人」擔任最高層職務的資格。雖然這些資格是在重要政治變革時期採用的，它們至今仍然作為最高層政治官員的憲法標準。

另外還有當代東歐去共產化轉型的例子，轉型期前後的分際，取決於誰能取得政治的信任。基於年齡而排除資格，被用於改造邁向多黨制過程中所出現的諸多政黨。匈牙利的「費得資」（Fidesz，意為「青年的民主聯盟」）政黨成立於革命後，它同樣意味著「信任」。「費得資」宣稱代表轉型期的政治信任，採用一種排除資格的入黨限制，任何大於三十五歲的人都不准入黨。政黨在年齡上的條件限制，乃是身家清白、非通敵黨派成員資格的象徵，被認為能夠確保信任。政治轉型後，年齡限制又降了五歲。前共產黨又在某個地區重新掌權後，出現了復仇主義式的時間限制條件。例如，當保加利亞的社會主義者重新上台時，他們頒佈法律，要求必須有五年以上的工作經驗才有資格出任公職。[101]基於時間的限制條件，很容易取代以共產主義為意識型態的政權，因為符合資格的人，都是那些支持前朝政權的人。因此，以時間為基礎的資格限制，是另一種排除資格的方式。

政治參與和代議的條件，通常是以時間為基準，甚至在平時也是如此。事實上，政治選舉權通常都要求候選人具有五年以上的公民身分。這段時期被認為是必要的，以表明該公民的忠誠以及他的政治人脈關係。對於其他代議士的職位，除了公民身分以外，還包括其他條件，例如年齡和時間的要求。政治肅清的過渡儀式則更誇張，通常會例行地清查政治團體的成員登記或人口普查。不論是在歷史上（在羅馬時代）或是現代，在平時，這些計算人口的措施每隔五年進行一次。[102]實際上，人口普查是政治淨化的基本形式，通常是作為評估並確定政治團體的標準。

基於時間理由去排除資格，可能是很全面的行為，這種排除的作法影響甚巨，它能排除一整個世代的政治人物。但是，因為這些排除並非明確地基於意識型態，與時間有關的排除資格看來政治中立，而不是一種規範。基於時間的限定條件，既具有隱蔽性，卻又有普遍性，它們的規模可以很龐大。這種條件限制，能夠阻止一整個世代的政治成員參與新政，不論他們是否曾與前朝政權妥協。藉由這種方式，基於時間的排除資格成為一種替代方式，取代了基於政治理由的褫奪公權。雖然基於時間而排除資格看來是政治中立的，但它對政治轉型的影響非常大。透過這種基於時間的限定條件，社會的轉型需要時間來完成，而國家的政治認同也得以及時樹立。

對政治參與附加了年齡或時間的限定條件，一整個世代就必須肩負政治轉型的責任。經歷轉型期的那一代，要為未來犧牲自我。這樣，世代之間的正義問題不僅僅是轉型期範圍內的問題，更是分配正義的問題。弔詭的是，一般的探究往往著眼於：現在的老一輩所享受的利益，是否要未來的一代付出代價。[103]此處最常提到的問題，就是環境和其他資源的問題。但有關轉型期正義的問題方面，在從高壓政權轉型到自由政權時，平時的世代間正義的問題及其定位並不適當；轉型期是現在這一代為了下一代的利益而犧牲了自我。如果考慮到世代交替的情況，制裁或沒收財產可以說是犧牲的行為，甚至是贖罪的。如前面所述，在轉型時期，政治的未來展望合理化了政治肅清和其他類似措施。

為了實現真正且長久的政治變革，就得歷經足夠的時間。無疑地，時間的推移會產生看得見的政治成果。前述的措施說明了時間作為政治轉型之基礎的正面角色。不論是否在政治秩序之外加上其他的條件，隨著時間的推移，就會產生社會變遷和政治變革的成果。有時候僅僅是時間的推移，就可能實現政治的轉型。

轉型期行政正義

「淨化」(lustration, lustrace, epuracion, purification, zwiering)、「重建」、「去軍事化」，本章反覆出現的轉型期肅清措施，說明了透過法律限定的政治條件，在政治轉型期屢見不鮮。轉型期的措施反映了公法廣泛應用於界定新的政體。臨時性的公法，重新建構對支持者與反對者、朋友與敵人的了解，藉此重新定義了人的地位。雖然每個社會和其法律文化都不同，法律肅清卻一直被用來實現政治變革。激進的公共措施重建了政治團體的標準，並重建了在變遷的政治秩序中政治參與的意義，因為雖然這些政治肅清和其他政治條件是暫時性的，但它們都得到了法律的承認。

本章所討論的措施，讓我們不禁質疑，到底邁向自由化的法律原則的轉變是為了什麼？由於轉型程序不當、缺乏前瞻性、個人究責和集體究責的作法反覆不定，以及明顯的泛政治化，基於這些理由，本章所討論的措施使我們對自由化的根本認知產生了質疑。對這些措施的轉型功能的認知，說明了進行自由化的國家缺少核心的價值觀，也引起了對於脫離獨裁、建立自由政府在政治現實上的疑慮。這些措施引發了接替的政權的裁量權範圍問題，包括在政權基礎上構建新的行政方式，並在一段時間內延遲政治自由的推行，以鞏固更自由的政權。

首先，讓我們看看本章所說明非正式的政治化措施的內容。在轉型時期，法律外的肅清通常先於法律規定。這些措施是不當的，有一部分是非正式的，一部分則是正式的法律形式。如此一來，轉型措施說明了政權之間的轉移往往沒有定則。這也是本書開宗明義談到政權轉移的主要政治實況。政權的變遷和隨之而來的規範轉變，蘊含著許多因為遵守法律原則而必然遇到的兩難。在推動政治轉型的社會裡，關鍵的地位、權利和責任，都必須歷經重建，重建會導致激烈的政治動盪，這裡所討論的轉型行政措施，則是旨在緩和這些政治動盪。

雖然通常國家在建構公共行政時有很大的自由；但是在平時，這種決策通常不會與公開的黨派化有關。泛政治化的措施使得激進的政治變革成為可能，迅雷不及掩耳地重新分配政黨成員、代議士的權利以及從政的權利，可以實現政治重建。這些措施能夠廢除既有的權力結構，這樣看來，這些措施真的可以說是革命的機制，以沉穩的腳步引導當時的政權向自由化邁進。

雖然政治化措施與轉型時期的政治環境息息相關，這裡所討論的措施，也挑戰著法律和政治以及社會變化的關係的一貫解釋。首先，訴諸法律而不是訴諸邊境正義，是對於以前的罪惡的回應，那些罪惡以前是經過深思熟慮的、經過控制的、而且遵守正式的程序的。法律的進程不僅僅是政治環境底下的一個變項，它一開始就是轉型計畫的一部分。此處法律不只回應了平衡權力的政治變革，而且有助於政治轉移。雖然自由的政權追求獨立於政治之外且不涉入政治問題的法律，但轉型時期的法律總是有泛政治化的色彩。對一定的時期來說，有條件限定的行政措施重新建構了國家的輪廓。轉型措施是有限度的；它們的侷限性界定了國家歷史中的一段特殊時期，藉以完成轉型。

法律若運用最激進的方式，將導致迅速而深遠的政治變革。在行政法規最審慎的政治化轉型功能中，其在形式是「批判的」。當行政法規完成公共領域的「重新政治化」時，它們的做法是對以前邪惡統治的批判回應。對以前政治歧視和迫害的回應，會影響到自由政府的持久努力，它翻轉當下的權力關係，以打破前朝政權的政治結構。回歸到轉型期的措施，又如何能實現轉型呢？此處所檢視的措施，說明這種轉型的是透過翻轉的改造，以及各種傳統形式的重新組合，並以集體為依據來制定措施。政治異議的路線反而使得憲法共識成為可能。法律這些最具轉型性質的功能，事實上是代表性的、不正式的、任意、政治性的。如果擴張中的現代政府為達到其規範目的而以公法為手段，那麼在激進變革時期，公法就能發揮更多的力量。轉型期的公法顯示出泛政治化的傾向，因此法律的規範作用就非常薄弱，往往只是象徵性而已，在很大程度上，必須仰賴說服的力量。轉型期的行政措施，證明政治變革的正當性，同時也執行了政治變革，當這種政治變革滲透到公共官僚機構中時，它們具有廣泛的強制力。在政治動盪時期，監管的政權促進了新的政治意識型態的公開重建。透過這些政治措施，政治判斷轉移到前朝政權上；公共判斷的新標準被建立起來，使規範性的轉型合理化，舊的制度非法化；一旦舊的意識型態被拋棄了，新的制度便得以合法化。舊政權的非法化是透過公法實現的，以絕對的方式劃分誰是政治的權威人士，誰是圈外人。透過這些措施，過去的政治秩序遭到肅清，新的政治秩序注入了有關政治效忠和從屬關係的新理由和依據。「禁止」、「肅清」、「宣誓」、「純化」、「贖罪」、「審判」和「公諸於世」，都構成了有所依據的政治宣告形式，這種形式本身即表述了一種規範轉移。[104]這些儀式化的形式，是法律實現權力關係變化以重建政治團體的方法，也是個人被審查、肅清以表達新政治真理的方法。這些公共措施構成了新政權，既建構了接替的政權，又使它正當化。

轉型期的監管措施的政治理由（如法律的「目的」），部分說明了監管的政治條件限制。這些措施明確規定，基於政治理由的條件限制，能改變國家的認同。重建明確回應前朝政權的各類公法，促成了轉型期的關鍵性轉變，而以政治理由為基礎推動消除迫害性的集體措施，包括基於種族、民族、或宗教因素的迫害。前朝政權的規範變成了重要的背景，將轉型期措施的意義和規範力量顯現出來。在接替政權中構成自由政治轉型的部分，僅在前朝政權的政治認同問題上成為焦點。根據民族、種族、宗教來樹立國家認同，可能會與核心的自由規則產生衝突，而自由政府的確容許在政治基礎上的歧視；它們有一定的自由，可以根據政治意見的不同進行立法。事實上，在公共領域內根據政治所做的決策，通常允許該決策與國家的正當利益相連；無庸置疑的，在激烈變遷的轉型期更是如此。

轉型期的行政措施，挑戰了我們對自由政府的認知，但是這些行政措施在社會中的運用，也不是沒有正當理由的。正如在轉型期司法審查中可以看到的，此處的弔詭在於，這些看來似乎不自由的措施得以施行的理由，就是自由主義。受威脅的法律原則的價值觀，政治自由和平等，證明了這些措施是合理的。雖然這些措施使傳統的法律原則受到威脅，支持它們實施的理由（至少在過渡期實施）卻是：它們在接替的政權中有建立更自由的政府的未來目標。

諸多行政措施的實行時間不長，由於它們激進的形式太泛政治化、大規模、集體，因而在很多方面對自由政府的法治構成嚴重的挑戰。首先，對自由政府來說，把公民視為個人，而不是把公民視為團體的成員，這成了理所當然的事；進一步而言，若將集會視為犯罪，則違反了自由主義。這些對自由的認知通常適用於轉型期，但是，因為剛剛從以族群為基礎的壓迫中解放出來，人們會期望廢除以族群為依據的差別待遇。儘管存在著這種期望，但是本章所討論的行政措施，卻偏離了對自由的理想化認知，這些措施長期採用集體化判斷，缺少個別的正當程序，立法以及司法程序形同崩潰，這是對理想的法治和自由價值觀的挑戰。當轉型的行政措施制裁某個政治階級時，它就傳遞了一種政治判斷。我們對這種判斷的認知，通常與個人的刑事犯罪行為，以及是否允許個人未來加入自由政府有關；但是，以集體為依據的判斷違反了個人究責的基本自由原則。然而，轉型行政措施把個人和集體綁在一起，實現了政治體系變遷中更全面的結構變化。這些措施並不考慮傳統的法律分類。轉型期的行政措施，使資格、財產、名譽、和政治權利得以匯合；但是，政治變革和經濟變革時期對於權利和資格方面幾乎沒有社會共識，因此，對於何為正當程序也沒有共識。[105]雖然行政制裁通常被認為構成「懲罰」，但不像傳統的懲罰，這些程序一般不追究個人責任，而是按政治標準，界定一個應負責任的階層。不論對於個人責任在自由政府中的角色，有什麼理想性的預期想法，這對轉型時期來說並不合適，在這個時期對個人與政體的關係，出現了更不穩定、暫時性的認知。這樣一來，這些措施連接了轉型討論的核心問題：對於過去邪惡統治的回應，應當是個別的還是結構的。[106]透過公法的廣泛運用，轉型期法律既實現了個別變化，又實現了結構變化。

這些措施對法律原則的重要性，包括法律的前瞻性、個人與集體的限定關係，以及政治在自由政府中的角色，作出了說明。此處對轉型期法律的研究，顯示出一種緊張關係：亦即經常衝突的法治價值觀，以及在法律上個人和結構的兩種不同考量。這種緊張關係催生了一種新的調解形式。這些措施是暫時的，為不完整的法律確定了一個有限的範圍，不能完全與法律原則相符。這就是解決轉型期的兩難最普遍而深入的方式，也就是臨時化。也就是說，轉型期措施通常是短期的，這可以從它既缺少回顧又缺少前瞻看出來，這也確定了界限的標準。戰後肅清納粹主義和淨化運動、內戰後的重建、東歐和中歐後共產的淨化運動、後軍事統治的措施，都是為了有限的時期而立法，與政權更替後五年內的大規模政治轉型相互輝映。如此一來，肅清措施可以確定政治轉型。這種高度轉型性的立法設計，是為了應用在政治變化的有限時期；它們同時是回顧和前瞻的，轉型措施界定並構建了這個時期的變遷。

這裡所討論的公法應用，說明了通過時間來檢視行政法的方式。從比較性和歷史性的角度來看，公法跨越法律文化，它最有力的運用和大規模的改革相互呼應。歷史性和比較性的實踐方式，超越了法律應用的流行理論。這個時期的法律變革超出了政治現實，卻也偏離了既有的法治體系的抽象化理想論點。

轉型期的憲法措施，例如在美國內戰後的重建，以及在後共產的統一德國的措施，證明了行政措施和憲法措施的密切關係，這將在下一章討論。此處所討論的措施，與經歷大規模政治變革的短暫時期有關，但轉型期措施往往會有更久遠的影響。透過這些措施，國家重建了政治成員資格、政治參與和領導階層，明顯展現新的政治承諾。擔任公職的條件限制是要維護憲法的核心規範，這是正確的，這些價值觀一般被視為憲法的背景。在非動盪時期，那些核心的結構性政治標準被認為理應如此，而在轉型時期就變得更加明顯。在二十世紀的後半葉，政治地位、成員資格和參與的規範條件幾乎都入憲，成為憲法中確定引導國家政治生活的核心標準。在政治動盪時期，公共的規範性法律就像憲法一樣，重新定義了轉型期的政治團體的規範、政治成員資格和參政標準。這些轉型期措施說明了政治轉型期蘊含了某種去憲法化。甚至在普遍缺少憲法共識的情況下，這些行政措施仍然重新確定了政治秩序。

第六章

憲法正義

本章要研究憲政主義在政治轉型期的性質和角色，這裡的核心兩難是如何調解憲政主義的概念和革命。一般人認為憲政主義能夠約束持久的政治秩序，而革命時期和革命的影響則會導致政治動盪，產生了與憲政主義之間的緊張關係。讓我們來檢視關於憲法和政治轉型期的流行觀點，特別是現代主張憲政主義作為民主基礎的觀點。本書認為，這個觀點或許能夠正確描述十八世紀對於憲法和政治的關係的看法，但並不能涵蓋最近半個世紀與政治變革相關的憲法沿革，所以需要加以補充。[1] 本章探討了當代關於憲政主義的主張，特別是上一波重大的政治變化浪潮。我認為這些政治變化催生了轉型期的憲政主義新典範，在憲政主義誕生以後的第三個世紀提供了另類陳述。這裡所建議的另類典範，對憲政主義、司法審查和相關憲法解釋原則的流行理解，具有重要而深遠的影響，可能延伸至轉型期之後。

政治轉型期的憲政主義與現行政治秩序之間，有著「建構主義」(construtivist)的關係。轉型期的憲政主義不但由現行政治所構成，而且本身也是政治變革的組成元素。這是憲法文獻的構成角色。轉型期憲法經由各種不同的過程產生，通常發揮著多種作用，例如傳統憲法的功能，而在轉型政治中具有其他比較激進的功能。轉型期的憲法制定也是對從前政治環境的回應，藉由憲法的原則大規劃改變現行的政治系統，引發更進一步的政治變革。轉型期憲法承先啟後，其憲法正義概念具有非常明顯的轉型期特徵。

盛行的模式

關於政治時期憲政主義的性質和角色，通常由分庭抗禮的現實主義和理想主義觀點所主導。這些觀點認為政治時期的憲法僅僅反映政治權力的普遍平衡，憲法事實上起源於政治變化，是政治變化的附帶現象。[2]從這種觀點來看，我們完全搞不清楚制定憲法與制定其他法律到底有什麼區別；如果有區別的話，什麼是它的特有價值呢？因此，對辨識這些時期憲政主義的作用和角色，這方式並沒有什麼幫助。

在政治變革時期，對憲政主義研究的主要方式來自於憲法理論，最早出現在亞里斯多德的古典憲政主義模式中。雖然對於憲政主義的古代理解一般不會循著理想主義的模式，但在對憲法和政治變化的關係方面，它與本文所討論的模式有些共同點。有關古典憲政主義的現代表述，出現在漢娜·鄂蘭的作品中，當代的表述則可見於本書討論的布魯斯·艾克曼（Bruce Ackerman）的著作。雖然他們在若干重要論點上各自不同，但是在以立憲的力量實現政治變化的問題上，他們倒是意見一致。以下將以三部曲的方式探討憲法政治的思想史。

政治轉型期的憲政主義，引發了激進政治變化和變化侷限之間一種緊張的狀態，而變化似乎必須根據憲法秩序而定。下面對理想主義模式有更充分的討論，並將憲政主義的角色當成新政治秩序基礎，以調解憲法基礎主義（constitutional foundationalism）訴求的兩難。

古典主義觀點

在古典主義的觀點中，憲法被理解為國家基本政治制度，憲法獨特的形式或組織決定了憲法的結構和作用。依據亞里斯多德的觀點，憲法是有組織的實體：「國家的『憲法』就是公務機構的組織。」[3]以這種觀點來看，憲法同時是規範性和描述性的。「國家這個集合體的存在，不是為了共同的生活，而是為了高貴的行動。」[4]在古典主義觀點中，革命性的政治變革就蘊含著憲法的變革。激進的政治轉型不一定需要有政治領袖、政治代表、政治成員方面的變化，因為是憲法就決定了政體的身分。當憲法發生了變化，政治體也隨之變化：「因為國家是一種聯盟，一部憲法中的公民聯盟；所以當憲法發生變化，變為另一種不同的憲法時，國家似乎也有必要不再保持原樣。」[5]

古典主義關於憲法政治的主張是所謂的有機的憲政主義（organic constitutionalism）。在古典主義的觀點中，革命行為和憲法的統一調解了憲政主義和政治變革的關係所引起的兩難，雖然轉向更民主的秩序，但正義的問題依舊存在。這又產生了接下來的問題：重新制定憲法和政治變化的關係是什麼？規範轉型期的新的憲法意識是如何產生的？古典主義的典範雖然觸碰了有關憲政主義在政治變革過程中的角色問題，但並沒有進一步詳述。

現代主張

現代憲法理論與古典主義觀點明顯不同，它強調對於國家權力結構和個人權力的規範限制。但是，如我們所見到的，古典主義觀點在許多方面都與現代模式有關，至少在政治變革時期有關憲法的性質和角色這個根本觀點上。古典主義觀點將憲法等同於政治制度，暗示了憲政主義在政治變革時期舉足輕重的性質和角色。現代憲法的弔詭角色在於：即使在政治變革時期，憲法也被認為旨在限制政府權力。我們如何調解憲政主義的現代主張和憲法變革的觀點呢？

在大規模的政治變革的背景下，這就是憲政主義所面臨的兩難。漢娜・鄂蘭認為，對於憲政主義理論的重新思考，可以解決這個兩難。鄂蘭不認為制憲是反革命或反政治的變革，她認為「在制憲時，真正的革命性因素」是「奠基的行為」（the act of foundation）。[6] 關於革命性的制憲，鄂蘭的構想有很大程度來自美國的憲法制定。在這個版本中，革命和憲法魚與熊掌的兩難消失了，兩種政治行為相互融合。憲法被認為是革命的極致；它是「整個民族為了建立新政體的努力」。[7]

鄂蘭的憲法構想透過「奠基」的調停式觀點，解決革命和憲政主義之間的緊張關係。美國的革命家被形容為致力於「永垂不朽」的「開國先賢」。在制定憲法時，他們「深切感受到在地球上建立永久城市的願望」，以及對創立一個政府的希望，使之「能夠把握住持久的變革軌跡，把握住帝國的興衰，建立一個永垂不朽的城市。」[8]奠基的觀念，有技巧地調和了政治變革和憲法持久性之間的困境。雖然看似矛盾，但革命變革所尋求的，就是奠基的憲法行為。美國憲政主義的獨特之處在於憲法變化的矛盾：它既是革命性的，但又是持久的。

美國對待革命的姿態，引出了憲政主義的新典範，以憲政主義作為民主秩序的基礎。在這個典範中，憲政主義並不是傳統意義上的東西，等同於政治制度。它也不只是像《大憲章》（*Magna Carta*）★裡所謂的憲政主義那樣只保護消極的自由。憲法民主的觀點超越了保護個人權利。構畫者認為「制憲」是「所有革命行為中最深遠、最高貴的行為。」[9]一個理想化的基礎憲政主義具有體現革命的一切規範性改變的潛力。

美國憲政主義者布魯斯．艾克曼依據鄂蘭的陳述，也強烈主張憲法是民主革命的基礎。根據這個觀點，制定憲法是自由革命的必要和最終階段，是一個與舊政權決裂、創建新政治秩序的「革命時刻」。[10]「如果目的是讓憲法規範轉型，一個明顯的決裂似乎是吾人所渴望的……。」對艾克曼而言，「正當的制度」要靠「系統性的努力，以表明一個新政體的原則」。在當代的憲法理論中，轉型的制憲並不侷限於革命時期，制定憲法有許多潛在的時機，可將制定轉型憲法的可能性擴及於革命之外，艾克曼對一般政治（ordinary politics）和憲法政治（constitutional politics）做了一個現代模式的分類。在「二元民主」（dualistic democracy）的框架中，一般的政治變革和憲法的政治變革遵循不同的軌道，它們提供了簡潔的方案，以解決革命時期憲政主義所產生的兩難。透過區分政府與人民的角色，政府制定

「二元」類型中的「一般」決策，而由人民制定相對「高層」的法律，如此一來，本章開始時討論的憲政主義和劇烈政治變遷的兩難似乎消失了。[11] 在二元民主中，有關憲法草創、憲法變革和憲法審查的兩難都消失了。

在當代模式中，憲法的制定透過高位階的立法與革命產生關聯，但是高位階立法和低位階立法之間的區別依舊模糊。高位階立法的特殊之處是獨特的程序，特別是時間。要有一個憲法起始的時期，制定憲法的時間窗口或「憲法時刻」。憲法的制定要早於其他法律和機構的建立。[12] 高層立法還意味著高度、深思熟慮的決策制定。「高層立法途徑……採用特殊程序，以決定被動員的多數公民，是否充分支援革命運動以人民的名義所宣佈的原則。」[13]「基礎主義者」(foundationalist) 信奉這種觀點：憲法政治的特殊地位源於普遍的主權，透過特殊憲法慣例程序而表現。憲法政治被認為與較高位階的審辯和共識相一致，因此而與普通政治有所區別。這個觀念主要依據美國建國時的情形。憲法政治依靠下列觀點：美國憲法慣例暗含著廣泛的普遍共識。但是這種主張是有爭議的，也許預示著憲法基礎主義的程序，應在更高的普遍性上來解釋。這樣來理解憲法批准程序的低參與程度，就不會顯得無法挽救，只要這種參與比當時普通政治的參與情況好就可以了。轉型期的觀念有助於解釋為什麼在政治動盪時期，即使有限的大眾參與，也足以使憲法轉型合法化。[14] 在當代普遍的典範中有一種

★譯註：《大憲章》(*Magna Carta*) 為一二一五年六月五日英王約翰為貴族挾迫而承認的自由特書，承認國民的權利與基本自由，此為英國憲法的基礎。

強烈的主張，認為在有意義的政治變革和憲法變遷之間具有關聯。憲法的理想是向前看的；目的是拋去過去，邁向美好未來。憲法的制定被認為是新民主秩序的基礎。

雖然當代憲政主義的主張已經普遍化，但當代憲法理論卻自一個獨特的政治背景中形成，即十八世紀的革命。有鑒於現代對憲政主義的理解，就像古典主義一樣，沒有將憲政主義定義為國家的政治體制，現代憲法政治的藍圖難免與特定的革命和過去的政治秩序相關。美國的經驗例示了基奠性的憲法制定，近年來在其他轉型期的國家中，卻出現了更廣義的主張。例如在《自由革命的未來》（*The Future of Liberal Revolution*）中，基礎主義者的構想被擴展到當代後共產主義轉型期中。艾克曼引用美國制憲的例子，勸告雛形初具的東歐民主政權先將平時政治放在一邊，而用憲法來完成它們的革命。[15]但是將憲法當成自由主義政治變革的基奠這種觀點，只是對於革命後制憲的兩難提供了一個理論上的解決方案。進一步來說，儘管當代的憲法理論豐富了政治科學關於自由轉型標準的討論，本書仍認為自由主義的政治變革和各式各樣的法律回應有關，而遠遠不只是憲法上的回應。其主導模式是高度理想化的，因此不能解釋與政治轉型期相關的諸多憲法現象。相反地，我們有必要重新考量當代憲政主義中政治和憲法變革相關的流行理論。隨著憲法到了第三代，二十世紀後期的憲法先例指出了，主導模式過分強調「一般政治」和「憲法政治」的區別。如下文所說明的，在重大政治變革時期，憲政主義的例子反映了憲法政治的多種表現形式。

轉型期的反論

本書的這個部分，提出了關於轉型期憲政主義的另一種觀點，它更能掌握與轉型期相關的憲法政治。政治巨變時期的憲政主義在其過程中反映了轉型特性，正如在政治劇烈動盪時期的發展一樣，憲法不是一下子就產生，而是逐步形成的。制憲往往從臨時憲法開始，再根據後來的理解形成更持久完備的憲法。雖然一般都認為憲法是最具前瞻性和最長久的法律形式，轉型期的制憲卻往往不是永久性的，它包含了漸進的變化，在劇烈政治變革時期出現的許多憲法，顯然都是作為過渡性的法規。盛行的理論認為，憲法是統一的、持久的，而轉型期憲法的若干特徵卻是暫時的，而有些特徵則會隨著時間的推移而變得穩定。

羅爾斯（John Rawls）的理論闡述了逐步建立政治共識的過程，而這裡所提議的「建構主義」（constructivist）與羅爾斯比較理想化的形式有點相似。羅爾斯使用了「政治建構主義」（political constructivism）一詞來描繪逐步成形的憲法共識，這個共識是循序漸進的決策過程達到的結果，它會縮小黨派之間的政治分歧。這裡所做的分析，是另外一種意義上的建構主義。羅爾斯倡議的觀點假設說，新的憲法因素會透過政治程序在一段時間過後逐漸呈現，這裡憲法秩序本身的每個變化，都造成參與者的觀點變化，也改變了參與者對政治上可能產生憲法共識的看法。[16]

轉型的概念有許多規範性的蘊含。在盛行的理論中，憲政主義通常被理解為單向的、前瞻的、放眼未來的。憲法一旦包含了回顧的政治內容，理想就變成了轉型期憲法現象的拙劣模式。雖然一個從無到有創設憲法的國家可能適合描繪十八世紀的憲政主義，但在二十世紀中，和政治變革相關的憲法大都承繼了既有的憲法政權，因此不單單是創建一個新政權而已。

在劇烈政治變遷時期，新憲法的建立貫穿著一個轉型期的憲法正義概念。憲法通常被認為是最具前瞻性的法律形式。但是轉型期的憲政主義在方向上卻很弔詭；對於革命世代來說，憲法正義原則的內容與過去的不義息息相關。從轉型期的角度來說，憲法正義取決於其背景和條件，以及匡正過去的不義的企圖。

從政治變革時期憲政主義的研究可以看出，就憲法的連續性而言，轉型的形式各不相同。此處所提出的憲法形式，比較接近韋伯的「理想型」（ideal type），也就是不要求理解全部的憲法現象，而是用以理解不同的憲法現象。這些形式呼應了轉型期的法律回應，而轉型期的法律回應也顯示了頗為相似的諸多模式。前述轉型期法律行為的判決和懲罰形式，以「成文法」的形式，憲政主義表達了存在的共識，而非轉型的目的，對比之下，在轉型形式中定義為「批判的」憲政主義，後繼憲法明確重建了與舊政權不義有關的政治秩序。但在另一種轉型形式中，接替的憲法則是回歸前任政權的憲法秩序，這種憲政主義也許可以被認為是「修復式」（restorative）的。當接替的憲法延續前朝政權時，人們可能會認為憲法的連續性只是前朝「餘緒」。正如闡述政治動盪時期憲法發展的評論所指出，轉型期憲法包含甚廣，不僅限於已經提出的形式。這些憲法建構調解了政治變革的時期。

在此，我的目標是解釋國家如何從非自由政權轉向更自由的政權，並探究憲法在建構政治轉型期的角色。下面探究的一些例子說明政治轉型期憲政主義的性質和作用。轉型期憲政主義現象，可以追溯到古代雅典革命後的憲法。隨著革命的進行，對於所期待政治系統的本質有許多爭論，最後變成了兩種憲法草案，一為解決「眼前的」危機，另一個是「為了未來」。[17] 隨著歷史的轉型，出現了將革命性的政治變革納入制憲的兩難。如我們看到的，類似的漸進憲法程序也發生在當代轉型期中。

促成擺脫極權統治

在當代理論中，憲法的理想是革命的最高潮，也是新民主秩序的基礎。正像憲法政治超越了平時政治一樣，憲法也以某種方式超越其泛政治化的起源。相較之下，現實主義對轉型期憲法的性質和作用的討論，主要是在政治方面，憲法被認為是平時政治的延伸。[18] 兩種流行的觀點，對憲政主義在轉型政治中的位置，採取了對立的立場，但是兩種模式都沒有充分解釋憲法在當代政治變革中的作用。對於關於憲法在後極權時期的角色的研究，說明了建構主義者的憲法典範。雖然憲法的制定受到激進政治變化時期的影響，但它也有助於政治開放以及引發轉型。

轉型期憲法促成了脫離極權統治的政治變革，轉型期憲法建構了重要的自由化政治變革的過渡時期，雖然它不能等同於完全的民主秩序。這樣的憲法從某些意義上來講是臨時的，其程序是短暫的，手段至少部分是臨時性的。這種憲法經常受限於前一個憲法政權留下的特徵，人們會認為這些特徵只是一些餘緒。這種憲法例子不僅出現在歐洲歷史上的轉型期，也出現在近期的政治變化浪潮中。

雖然戰爭提供了明顯的決裂，而這個決裂往往被認為是憲法奠立的開端，但政治變革經常出現在這種決裂之前，緊接著是冗長而折磨人的政治談判。轉型期憲法也有可能出現在脫離極權統治的和談中。當前朝政權還沒有崩潰，政治變化僅在談判後才有結果，一般的憲法理論並不能清楚解釋憲法的作用。轉型期憲法不單是「革命阻止者」（revolution-stoppers），它還發揮了建構轉型期的作用。在變革過程的早期，憲法能夠躍進式地開頭，並鼓動政治變革。這種憲法動搖了政治秩序，就此而言，轉型期憲法的「摧倒」（disentrenching）作用與平時憲法的「穩固」（entrenching）作用相似。

「摧倒性」憲法的當代典範例，就是廢除種族隔離政策後（postapartheid）的南非。南非廢除種族隔離政策後的憲法，被喻為「為所有南非人民，在深深分裂社會的過去和未來之間，架起了一座歷史性的橋樑，過去社會的特徵是鬥爭、衝突、難言的苦難和不公，而未來是建立在承認人權、民主與和平共存上。」[19]該憲法例示了極權統治後轉型期憲法的作用，它體現著政治協定，以及從少數人統治多數被剝奪了選舉權的民眾轉向代議式民主的變化。該憲法催生了政治的轉型。新憲法是否承襲了舊的種族隔離國會所批准的協定呢？它與舊政權在程序上的關係是否會損害憲法的立法過程呢？起源於種族隔離政權中的轉型期憲法，因其明確的臨時性而作用有限。南非憲法的變革始於舊議會通過過渡憲法，而過渡憲法預示著另一部憲法的制定，即未來憲法。一九九三年的憲法導言宣佈，在最終憲法頒佈之前先實施這部憲法。[20]★

南非一九九三年的轉型期憲法反映了複雜的形式。雖然總體上是屬於臨時性的，但它也包含了約束性的憲法原則。從結構上來看，南非第一部廢除種族隔離政策後的憲法，與德國戰後的憲法息息相關。[21]雖然它的性質是轉型期的，德國基本法同樣確立了指導國家政治自由的核心規定。這些約束性的原則，大部分與平等和代表權有關。藉由重申保護種族和民族團體，憲法排除了種族偏見，擺脫了壓抑的種族隔離政策，並制定持久的自由憲法觀。[22]

轉型期憲法特別有助於擺脫軍事統治的政治運動中，南歐的轉型期即為一例。而一九七八年的後佛朗哥時期的憲法，則幫助引導西班牙脫離軍事統治。[23]接替的憲法的臨時性，就體現在軍權的沒有完全撤出；雖然軍事要服從憲法統治，關於分享新權力的許多問題都沒有

★譯註：麥克阿瑟（1880-1964），美國將軍，於一九三〇至三五年擔任陸軍參謀總長，於一九四一年接受羅斯福總統的召喚，在菲律賓建立美國的防禦部隊。後來擔任同盟國佔領部隊的指揮，佔領日本，並從事許多改革，包括日本新憲法的起草。其後並參與韓戰，因與當時美國總統杜魯曼不合，而於一九五一年退出。

明確規定。在葡萄牙一九七四年的轉型期中，首要問題是軍隊在接替的政權中的位置，軍隊一度是反對獨裁、爭取自由者的阻力。透過創立一部為武裝力量留有空間的憲法，第一次革命後的憲法透過重建軍權和民權的分配，實現了民主轉型。[24]在整個拉丁美洲，轉型期憲法讓接軍事政權和文人政權接軌。[25]軍事統治過後的巴西就是絕佳的例子。他們透過憲法對以前濫用的國家權力進行限制，重建權力結構，並實現政治轉型。[26]一九八八年巴西憲法顯然是臨時性的，過了五年後，出現了修正性質的憲法審查。根據流行的憲法理論，一九八八年巴西憲法的臨時性質，似乎顛覆了成文憲法的一個基本目的，即跨越時間而保持國家權力的獨特構想。[27]但是因此而批評它，從轉型期的角度來看並不適當，因為政治政權若還不穩固，堅持憲法的永久性並沒有什麼意義。相反的，憲法在開始時可以是臨時性的。與第一部過渡憲法的關聯，可能使改革受限於一個假定以後會出現的、更全面的憲法程序。智利當代憲法明確地說明了這種改革的可能性；智利一九九一年的憲法，僅以一部憲法的代價，就讓國家擺脫了軍事獨裁。在憲法結構中和軍事獨裁和解，它的第一部臨時憲法保留了和過去統治的連續性。在掌權的軍事派和反對團體間有關憲法修定的一系列棘手談判，點亮了智利重返民主的希望之光。憲法的修定限制了軍權和其他支援軍事統治機構的權力，解除了組織國會反對黨的禁令。這種轉型變化實現了民權與軍權的分享，並轉向更自由民主的政權。[28]阿根廷在軍事統治後的第二個後繼政權，也採納了新的憲法，並以類似的方式漸進憲法改革。即使在憲法改革中，一九九四年憲法仍延續了一八五三年憲法中的許多條款，但是在其他部分則明顯努力修正以前的內容以滿足改革的需要，例如有關對行政權力的新限制。如此，新憲法例示了「餘緒」和「批判」的混合特色。

哥倫比亞提供了一個良好的歷史例證，說明了「摧倒性」的憲法變革。哥倫比亞最新憲法與條約相似，藉此實現了和平。在二十世紀八十年代爆發了政府和遊擊隊之間長期僵持的政治危機，國家部分崩潰。[29]政治上的危機預示了有必要徹底檢視憲法，但問題是：在沒有議會的支援且違反既存憲法的情況下，如何開始憲法的改革。正如制定轉型期憲法一樣，哥倫比亞也偏離了以前的憲法程序，在推動更大的憲法改革之前，容許進行過渡性的憲法改革。藉由改變憲法的公民投票，作出一個廣受支持的決定，並選舉憲法立法機構，以重新起草憲法。[30]公民投票過後，接著選舉組成憲法立法機構。那時，前游擊部隊政府已經被解散，他們在政治選舉中強烈表現出獨立的力量，最終在制憲中發揮了活躍的作用。這些獨創性措施建構了轉型期；它們開闢了一個政治空間，並以邁向更自由民主的方式，來規範過渡性的政治程序。哥倫比亞的憲法就是為政治變革所設計的大膽機制的最佳典範。這部憲法本身是臨時性的，目的在於重建不穩定的政治秩序。因為權力濫用的中心是在執行權與立法權的分配上，所以新憲法賦予了總統特殊的立法權，同時創建一個新的「小議會」，小議會在新議會成立之前一直有效。轉型期條款首次規定了自由選舉的規則，重新制定了政治秩序，赦免了過去的政治犯，並重新整合被解散的游擊部隊。[31]憲法首先意味著摧倒，接下來的便是重建憲政主義。

以上討論的轉型期憲法很明顯是政治性的，因為轉型期憲法認可了同時代的政治協定，其本身也在指引著憲法的變化。協定往往不會透過全民參與，這個事實讓人質疑憲法的制定是否充分民主。的確，這些憲法顯然很泛政治化，這與轉型期的刑法措施關係密切。在擺脫殘暴統治的過程中，轉型期憲法經常批准赦免過去的政治犯。轉型期的赦免協定在於和轉型期接軌，這點在第二章〈刑事正義〉中討論過。因此，轉型期的憲法會說明什麼是被允許的政治標準，什麼是踰越政治和社會之外的標準。在這些政治變化背景中，憲法不是革命的巔峰或最後階段，而是建構轉型的中介者。因此，這些憲法經常是促進政治轉型的臨時性措施。接替的憲法界定了臨時的政治協定和結構，開創了建構政治轉型的新空間。再者，隨著某些批判性的憲法法規漸漸穩固，接替的憲法也大膽地對過去被鎮壓的規則作出建構性的回應。這些憲法的轉型期性質主要與國家權力結構相關；同時，與個人權利規範相關的原則卻被期望是變革性、永久的，能促進國家的自由和民主。還有更高位階的法律，比憲法位階還高，可以被視為「憲法的憲法」。

轉型期的制憲反映了關於國家和政治變化的流行觀點。轉型期憲法不像主流的憲法模式，它在確立規則上是靈活的，就像在憲法位階的爭點上的過渡性或臨時憲法階段。過了一段時間之後，第一輪憲法變革會改變政治局勢，也導致憲法上的變革。這裡所討論的建構主義的憲法典範，乃得自於對轉型期政治實踐的比較分析和推理，該典範與一些關於漸進達成憲法共識的程序的理論模式相似。[32]最後，這些憲法的原則必須從轉型的角度去解釋，它們的目的反映了憲政主義變革的可能性，而不是反映現存的共識。

戰勝者的憲法正義

戰後的制憲程序似乎遵循了割裂和重新開始的理想化順序，雖然戰後憲政主義意味著「清楚地割裂」，但很難認為高度民主程序和大眾主權就是當代憲法的模式。這裡討論的兩個例證是西德和日本，在盟軍勝利和無條件投降後，他們採用了憲法方案。西德和日本的憲法闡明了獨特的轉型期憲政主義，也就是名義上的「戰勝者」憲法（victor's constitution）。這些憲法在不同程度上都是強加的（imposed）憲法。這些戰後憲法的轉型期目的在它高度批判性的角色上可以看到，正如它們的實體法規所反映出來的，西德基本法和日本一九四六年憲法，明確地是為了改變過去的高壓統治而設計的。

也許戰勝者憲法正義的極端例子，就是戰後的日本憲法。日本憲法幾乎是在美國的絕對控制下通過的，是由道格拉斯・麥克阿瑟（Douglas MacArthur）★將軍指揮下的一小群人所起草，並強迫日本議會批准。[33]在被佔領的情況下，這部憲法不能被視為是主權在民的表現。人民參與制憲的重要性，在一個具有權威統治傳統的國家中，可能不那麼重要。日本明

★譯註：南非憲法緒言指出：「為了達成這種目的，必須設立這些條款，以提倡國家的團結以及南非的重組和統治的延續，其間由選舉出一憲法大會，以制定最終極的憲法……。」

治天皇憲法，就像麥克阿瑟憲法一樣，同樣是由少數貴族起草的。雖然其開端是非民主的憲法，戰後憲法的連續性權威表明了，其他機制的運作已經漸漸將戰勝者憲法正當化。從某種程度上講，戰後日本的戰勝者憲法僅僅是立憲過程一個極端的例子，這對本世紀的轉型期而言是很普通的。在政治轉型期中，戰後或高壓統治過後，立憲通常由佔領國或其他有影響的國家斡旋促成。也許這種斡旋的最溫和的形式，就是由國際的、政府的和非政府組織的運動者發揮對當代憲法的建議作用。[34]斡旋者的手段影響著代表主權在民的制憲程序。也許戰後憲法的正當性，也隨著對它們的授權而產生變化。影響戰後憲法的正當性的，還有立憲程序如何建立民主規範以建構轉型期的政治體制。在這方面，戰後日本憲法的很多內容，反映了一個從前被認為是變革的、批判的轉型期形式。憲法的明確目的在於改變軍事主義和帝國民族主義的政治傾向。因此，日本徹底放棄了發動戰爭權，天皇從神降為有名無實的領袖。[35]★廢除以前的合法政權，使日本向正式、更平等的民主發展，則是全面性的努力目標。[36]

日本一九四六年的憲法有數個關鍵動作，是對前朝政權的報復性回應。憲法限定天皇的權力，似乎就是刑事正義的另一種表現形式。這種回應引發了政治動盪時期的刑事正義和憲法制定之間的密切關聯。如前所述，憲法被用來承認過去的犯行，同時也寬恕這些過犯。在這種情況下，憲法限定了民主政治的標準。在限定天皇的權力上，新憲法在利用懲罰以動搖帝國的角色這個方面作了妥協。[37]像十八世紀對國王的審判一樣，藉由在以前的統治和新政權之間劃出一條法律界線，憲法限制了帝國的主權。接替的制憲也像審判一樣，具有從舊的政治制度轉變的正式性和公開性。[38]

在德國，戰勝者正義本來不會如此完整。德國雖然無條件投降，但其後冷戰時期的政局改變，為它提供了一個重建憲法的力量。佔領國推動制憲，但是沒有主導它，因此，盟國雖然要求召集憲法修改會議以起草憲法，並由公民投票表決，但是德國對永久憲法的要求提出抗議。相反地，德國採用了所謂的基本法，公開聲明以其作為臨時的立法文件，「對轉型期的政治生活，賦予新的秩序」。基本法原本想由國家立法機構批准，將完整的憲法制定措施拖延到未來國家重新統一之後，但批准憲法的時刻卻從未來臨。[39]在流行的憲法模式中，基本法的臨時性沒有得到充分的說明。轉型期憲政主義典範闡明了基本法的臨時性，以及其規範化的努力。它的主導目的就是變革，反對過去政權中導致邪惡橫行的權力濫用。[40]因此，基本法遵循了上面所介紹的批判性憲法模式。再者，基本法不像十八世紀憲法，在基本法中，規範化的憲法對民主潛在威脅的考量，超越了濫用政府權力本身。從轉型期的角度出發，能夠解釋這種考量到過往高壓統治的意義。

從轉型期的角度而言，憲法正義是根據以前的憲法制度和政治制度來定義與解釋的。在

★譯註：日本憲法的第一章有關日本天皇。依據第一條的規定，日本天皇為「國家的象徵」。第三條規定：「天皇對有關國家事務之任何行為，須得到內閣的首肯與建議。」第四條規定：「天皇……對政府沒有相關權力。」

德國，威瑪共和的教訓引導著戰後憲法的路線。法西斯主義的得逞，往往歸因於威瑪共和的憲法方案，它是個強勢的行政機構和軟弱的立法機構的組合，導致往後的顛覆活動。為了回應這個弊端，基本法積極反對納粹遺留下來的法西斯傾向。與戰後日本憲法對戰爭期間天皇的做法相似，總統的權力被剝奪，戰爭期間的機構被廢除，權力更加全面地交給議會。[41]像戰後日本的憲法一樣，德國基本法反映了刑法與憲法對以前邪惡統治的另類回應；對於過去政府權力的濫用，刑法和憲法都構成了規範限制。在盟軍結束了佔領區的審判、而德國也承諾制憲後，德國戰後的主權才得以重建。[42]因此，基本法的權利條款禁止納粹政權下猖獗的種族迫害和宗教迫害。例如，第三條第三款規定「任何人不得因其性別、血統、種族、語言、國籍和祖籍、信仰、宗教或政治意見，而被歧視或享有特權。」[43]這種平等權利是現代憲法所共有的，而基本法則超出了傳統的保護。基本法創立的規範化結構，被認為有「戰鬥型民主」特色。[44]「戰鬥型民主」看起來可能是個弔詭的構造，但它抓住了憲法的首要改革目的。透過基本法對個人和政黨民主條件的規定，憲法排除了政治中迫害自由的因素。戰鬥型憲法的制度，不管是對國家權力的濫用或是主權在民，都有警惕的作用。[45]★轉型期憲政主義的運作與我們對憲政主義作用的一般看法有所不同。防止未來的迫害，並不限於列舉個人權利；轉型期憲法對於多數黨以及不自由的政體作出了限制。他們認為法西斯主義是民粹主義的政治表現，因此即使它符合絕大多數人的意願，也要加以限制。很明顯的，這在民主憲法的實施上相當荒謬。儘管基本法作為臨時憲法而被採用，它仍在不同程度上反映了轉型特性和憲法的穩定性。若干憲法規範是過渡的，而其他與憲法的啟發性、規範化的自由價值觀相關的，例如保護個人尊嚴和平等的權利，則是完全不能修改且高度穩定的，[46]如此確定了國家的自由政治。正如國家憲法法庭所闡釋的，德國的基本法成為自由政府的守護者。這部憲法的作用，可與南非一九九三年種族隔離後的憲法相比較。

這些戰後憲法，闡釋了其第三個世紀的憲政主義。在擺脫威權統治的過程中，這些在以前憲法政權背景下建立的憲法，發揮著獨特的關鍵性作用，它大膽重建過去憲法中不自由的政治的傾向。雖然後獨裁憲法的制定，經常缺少由基礎主義模式所宣稱完整憲法程序保證的合法性，但否定前朝政權的合法性，清理了重建憲法的道路。有關流行的理想化憲法模式，戰後憲法提出了一個問題：這些憲法並沒有高度的共識，也沒有充分表現了革命的進程。事實上，這些憲法經常看起來正好違反了人民的共識和革命進程。缺少人民共識的憲法制定，無法提高「憲法是政治的基礎」所包含的民主承諾，這些都是在憲法原則之外產生的。一般將現代的憲法構想和設計為限制國家權力的結構，但臨時的後獨裁憲法，則更全面地防堵迫害自由的傾向。根據現實主義理論，憲法主要從政治權力平衡角度來解釋。但是，憲法作為政治權力平衡結果的觀點，並不能解釋所有轉型期的事例，例如那些持續的戰爭、無條件投

★譯註：德意志聯邦共和國基本法第二十一條第二款說明，政黨「因其目標或其黨員的行為，意圖損害或摒棄自由民主的基本秩序，或威脅德意志聯邦共和國的存在時，乃屬違憲」。此外第十八條有言，個人如果濫用了言論、新聞、教學與集會權，「以顛覆自由民主的基本秩序」時，將喪失憲法所保障的言論權。

降，以及政權崩潰的情況。現實主義和理想主義模式都假定，革命政權對前任政權的勝利，意味著憲法制定要完全向前看。但是這些憲法規範的結構既不能用「理想型」來解釋，也不能根據當前政治力量來解釋，它們其實是體現了一種很獨特的轉型期憲政主義。

天鵝絨革命與其憲法

「天鵝絨」革命憲政主義的含義是什麼呢？像許多獨裁後的轉型一樣，共產主義的垮臺是因為共產黨政權的崩潰，或經過協商的政治變革。[47]前蘇聯陣營的政治變革大抵上是和平進行的，所以稱之為「天鵝絨革命」。因此，這個地區的憲法變革並沒有遵循十八世紀以革命主導憲法的模式。天鵝絨革命缺乏清楚的割裂，因此沒有達到基奠性憲法變革的頂點。政治變革多年後，在許多地區仍然沿襲舊憲法。這裡出現的是一種最初的轉型期憲政主義，主要呈現了一種歷史餘緒的形式。甚至國家在更高階段的經濟改革，仍然以修正過的共產時期文件為依據。[48]

對於伴隨著出現的憲法變革，順利平穩的政治變革或天鵝絨革命有什麼意義呢？雖然暴力的革命意味著憲法政權上的割裂，天鵝絨革命卻代表著強迫的連續性。憲政主義和政治變革之間的緊張矛盾消失了，因為這裡沒有斷裂，只有憲法的延續。像在和談轉型期中一樣，憲法不僅在批准建構政治變革協定方面，[49]同時也在回復革命前的憲法秩序方面發揮作用。[50]

後共產主義的憲政主義，揭示了政治變革理論和憲法變革理論之間的密切關聯。正如蘇聯解體後骨牌效應的政治變革一樣，在整個地區內所盛行的憲政主義，也具有骨牌效應的性質。憲法的變革透過談判而產生，因此它不算是主權在民的實現。相反地，第一次的憲法變革是由政治菁英代表的討價還價促成的。在天鵝絨革命中，前任政權是被驅走而不是被推翻。憲法修訂批准了政權之間的轉移。在和談的轉型期中，第一次憲法變革包括動搖舊政治秩序的權力，並將權力的轉移入憲。憲法的修訂根除了共產黨在憲法上的特權。例如在匈牙利和波蘭的憲法修訂程序中，首要就是削除共黨權力，努力保護政治上的少數派。如此，後共產主義的憲法變革限制的是政黨的權力而不是國家的權力。德國戰後的基本法和它對極權主義的回應息息相關。第一回合的憲法變革是臨時的，反映出與其他轉型期法律改革的關聯性。它的憲法程序不是革命變革的頂點，而是和漸進的政治變化密不可分。憲法變革與政治變革的關係如此緊密，以致憲法變化意味著「憲法政治」很難和「一般政治」區分開來。但是，憲法變革似乎不會被這種相似性所影響。匈牙利憲法的變革很明確地被描繪為「轉型的」，同樣，波蘭對一九四九年史達林時代憲法的修正，也以「小憲法」而聞名。直到革命五年後，波蘭和匈牙利才開始更全面的憲法變革，並朝向權利法案邁進。[51]他們沒有遵循理想的憲法制定，即把憲法制定作為政治共識的根本表述，而是為進一步的政治變革奠定基礎。因此，天鵝絨革命的憲政主義挑戰著基礎主義關於憲法和革命之間的關係的認知。

後共產主義的憲政主義還有另一面，也就是「修復式」憲政主義。前捷克斯洛伐克聯邦共和國的革命始於一九八九年十一月，起因是紀念德軍結束佔領期間關閉捷克大學五十周年的一場遊行。這個好兆頭強調了這個地區關於政治佔領的歷史意義，在政治佔領接近尾聲時，佔領前的憲法秩序自動回復。我把轉型期憲政主義的這個層面稱為「修復式憲政主義」。[52]在後共產主義陣營裡回復憲政主義很盛行，暗示著部分回歸到前布爾什維克憲法政權。在前捷克斯洛伐克聯邦共和國，一九二〇年的憲法成為革命後「新」憲法的草案。在拉脫維亞，一九二二年的憲法和當時議會通過的法令混合而成的憲法，在一九九〇年五月開始生效。而愛沙尼亞一九三八年的憲法也成為憲法草案的基礎。喬治亞共和國的憲法草案，乃是以一九二一年的憲法為基礎。[53]訴諸修復式憲法，使國家剷除了和共產主義有關的憲法政權，但是，一些國家回復舊有的憲法結構，則是出於懷舊和對穩定的嚮往。的確，「修復」一詞本身表明著舊秩序規範的復原，但是，後共產主義的「修復」穩定性是值得懷疑的。雖然這些政權可能是傳統性的、國家性的，但不能將它們看作是真正存在社會共識的表述。然而，修復式憲法有著規範性的力量，這種力量能設法避開憲法開始時的矛盾。就轉型期憲法是修復性的而言，似乎沒有憲法的開端，而只有回歸。這種憲政主義根除了政治變革時期憲政主義所固有的緊張關係。

以上這些例子，說明了轉型期憲政主義的各種不同形式。憲法變革並不是透過什麼特殊的機構或程序，而是逐步地透過談判或一般政治程序。這種憲法變革和政治變革的程序密不可分。在既存的憲法秩序中，很多是遺留下來的，這反映了憲法的連續性。就轉型的憲法變革偏離流行的政治制度而言，憲法回復到在極權主義之前的憲法秩序和政治秩序，可以說是修復式憲政主義的一種形式。

美國憲法：一個轉型期的表述

最後，我來談一下美國憲法，基奠性的制憲典範。美國的例子雖有這種地位，但與主流理論模式不完全相符，這說明了模式本身是不完整的，而有必要加以補充。

從轉型期的角度來重新講述美國的憲法制定，可以對轉型期憲法的一般說法做一點補充。用理想化的說法，美國革命在制憲時達到頂端。憲法體現了假定的革命的直接性和永久性。[54]但美國憲法和美國革命之間的關聯，則在程序和規範中反映了一種轉型期的憲政主義。從回顧性的憲政主義到前瞻性的憲政主義的轉移，是循序漸進的進展。革命不是隨著創立憲法而達到頂點，而是產生了許多憲法文件。革命所帶動的一系列憲法變革，導致了一七八七年憲法的通過。一系列的憲法文件，始於《獨立宣言》與以前朝政權分裂正當理由的闡述。甚至當開國先賢在一七八七年集會時，目的仍是為了修訂以前的憲法章程。[55]在革命後的第一個五年內，對於以縮減國家權力為特徵的政權而言，「邦聯條例」（Articles of Confederation）是對這種政權的轉型性的、批判性的回應。學者們建議在一七八七年的憲法中納入《獨立宣言》，但是「邦聯條例」卻沒有作出類似的聲明，反倒是憲法含蓄地包括了「邦聯條例」的一些內容。[56]一直到一七八七年憲法通過後，關於國家權力一個更全面的方案才創立出來。「權利法案」（Bill of Rights）的增加，和內戰後對美國憲法的修改，代表著憲法的另一個階段。[57]

以這種方式來說，美國憲法的制定和轉型期憲政主義關係密切。但是，考慮到美國革命和憲法制定之間的時間區隔，並顧及美國的轉型期所脫離的是有限的君主制，而不是最令人髮指的獨裁統治，就此來看，美國的轉型期並沒有那麼戲劇性。跟這裡討論的其他例子相較，這種轉型似乎很保守；美國憲法自身也反映了這點。的確，人們可能認為，在轉型期間，自由化的轉變的不同方式和程度都有連續性。從轉型期的角度來說，美國憲法並不是一個鞏固統一的創建工具，而是一個有細微差別的文件。將美國的制憲描述為一個自我覺醒的創建，可掩飾制憲者對創建目的的明顯矛盾。[58]轉型期的分析揭示了看不見的憲法，這部分隱藏於當時歷史和政治的緊急情況中。這些相關條款一般都為當代學者所忽略，這剛好證明了它們的轉型期性質。美國憲法轉型性的首要特色是其增修條文。[59]因為憲法增修條文的程序很難融入在主流解釋中，所以偶爾也有專門探討它的生動學術論辯。當代的憲法理論，很多都是在探討如何協調理想化的基礎主義者關於長久的憲法和憲法變革的觀點，協調是否要根據憲法第五條所規定的增修條文程序，透過偏離原意的憲法解釋原則，或是其他方式進行。[60]本章所提出的典範指出，憲法增修條文程序不應以孤立來看，而應結合憲法變革的其他方面。在美國憲法制定的先後次序中，前面的結構憲法是最終對個人權利的認可的基礎。

轉型同樣存在於憲法有關權利的規定之中，主要的轉型特色是有爭議的奴隸制度。一七八七憲法關於改變奴隸買賣的聯邦立法規定，一直延遲到一八〇八年才實現。[61] 因此，憲法的決定是雙重的。當政治爭論受到拘束，聯邦強制推行其決定時，當時有一部憲法。但是文件的臨時性語言又為另一種解決方案提供了可能性。直到一八〇八年，這個文件似乎得到了憲法第五條對修訂的明確支持。[62] 當涉及到國家政治上最有爭議的問題時，憲法只提供了一個過渡的指導原則。轉型期的觀點還說明了對憲法正義的獨特含義。憲法有關保護自由與暴政的概念，在殖民統治的背景下得到更好的闡述。[63] 最初的憲法反應，通常認為是憲法的最高成就，在於國家權力的重建。事實上，聯邦主義者對國家權力新制度的維護，主要是基於英國議會主權的暴政經驗，是從歷史角度進行的。[64] 憲法對君主制的關鍵回應，在於定義執行權；革命後採納的過渡憲法措施，對強大的執行權作出鮮明的回應。[65] 國家憲法也大致相同，政府官員的任期都被限定，權力也不多。[66] 以前的君主制大都從強大的行政權轉向議會制，事實上美國是獨一無二的轉向總統制的國家。美國的與眾不同，可以在轉型期分析中得到最好的解釋。[67] 權力執行機關的正當性，取決於以前君主制的歷史經驗。聯邦主義者支持行政權的理由與君主制有關。國王的統治是無期限的，但總統的任期以四年為限，以防止權力濫用。總統權力的其他特點，也有類似的論證；因為國王的否決權是絕對的，總統有條件的否決權則是有限且適當的。過去君主權的範圍，被用來論證總統有條件的締約權和宣佈戰爭權。[68]

憲法關於共和政體的統治規定也顯示了轉型期的作用。首先，憲法透過重新定義政治參與、政治成員資格、政治領導資格，來重建政治秩序。反對貴族政治的特徵在憲法的許多條款裡都出現過，最顯著的是明確禁止貴族特權。有關參政、政治代表的資格和條件的規定，顯示了對以前朝制度的批判性回應。[69]★軍事權利和民事權利的分配是對濫用軍事統治的反應。[70]轉型期的觀點能夠闡明當代憲法關於權利規定的含義，例如憲法增修條文第二條。[71]

美國內戰後的「重建」（Reconstruction）生動說明了轉型期的憲政主義，那是一個意義深遠的努力，以及對如何改變聯邦時代的思考。重建憲法增修條文看起來是回顧性的，因為它們構建了脫離南方邦聯的憲法地位。[72]憲法增修條文透過強制南方各州履行新義務，對邪惡的蓄奴作出回應；只有透過確認法律平等保護的原則，各州才能重新加入聯邦，並在議會中有平等的代表地位。[73]憲法增修條文第十四條中對擔任公職條件的限定，使南方邦聯的支持者都喪失了資格。[74]未經重建的政治資格，最終都無法持續長久。像憲法增修條文自身所規定的一樣，大多數的「剝奪資格者」（disqualification），都被議會在一八七二年取消了。[75]但是，它們作為不同於憲法政治（extraconstitutional）的一種持久形式，已經永遠保留在美國憲法的文本中。理解內戰後憲法和政治的轉型關聯，對當代關於重建憲法增修條文的解釋具有深遠的意義。[76]從轉型期的角度來評價政治轉型背景下的重建法理學，可作為當代正義的殷鑑。

本章建議了一種從轉型期的角度來更進一步理解美國憲法的方式。以上的討論，提出關於憲政主義的性質和作用具有細微差別的觀點，對流行的模式作出了補充。轉型期憲政主義對憲法的解釋也具有意義。在關於「初衷」和相關憲法規定當代意義的討論方面，轉型期的理論提出了獨一無二的觀點。[77] 轉型期理論，與「忠實」派（"fidelity" school）的觀點和闡釋有共同之處，也就是最好在歷史、政治的背景下來研究憲法。但是從轉型期的角度來看，初衷主義解釋理論的問題是，他們一般採納一元論，憲法的目的在歷經時間後保持不變，從而忽略了其他更具有活力的變革目的。以轉型期的角度對憲法的理解補充在於將憲法視為成文法的，而且有變革、不斷變化的目的。闡釋性的探討可能涉及相關的憲法規定是否被認為是轉型期的，是否以變革為目的。隨著時間的消逝，轉型期憲法的特徵將以一種更具活力的方式發展，或者漸漸消失，或在它們變革的目的中擴張。可能的初始目的互相混合，這暗示著對於初始目的相關性問題，應採取一種更細膩的研究方式。因此，轉型期理論提供了一個獨特的憲法解釋原則，對盛行的解釋方式有所補充。

★譯註：美國憲法第一條第九款第八項：「美國不頒發任何貴族頭銜；任何擔任公職、領有俸祿或負責基金者，未經國會同意，不得領受由任何國王、王子或外國頒發的任何禮物、報酬、公職或頭銜。」第一條第十款第一項規定：「任何一州不得……頒發任何貴族頭銜。」

轉型期憲政主義：結論

一般的憲法理論，沒有充分說明與重大政治變革有關的憲法現象，在二十世紀晚期尤其如此。現代憲政主義的中心觀點，是十八世紀它對前現代統治的回應和對政治制度的限制。但是邁入第三世紀的憲政主義，對既存的政治秩序的回應，具有規範性和變革性的作用。這種憲政主義展示了不同形式的辯證特點，如批判的、餘緒的或修復的。因此，這種典範有助於說明在革命時期制憲之初的兩難。透過調停關於法律和政治的二分法，轉型期憲政主義為劇烈的政治變革架起了橋樑。而且，轉型期證明了憲政主義能強化民主。在一般時期，憲政主義看似牴觸了民主原則，但轉型時期，憲政主義在促進邁向更自由化政權的轉變，發揮了獨一無二的作用。

轉型期憲政主義還提供了另一個典範。這個典範的特有弔詭是，就像現代以前的觀念一樣，憲政主義不是獨立於政治秩序之外，而是不可避免地陷在轉型期政治中。但是，就像現代觀念一樣，轉型期憲法同樣超越了政治制度。轉型期典範說明了在「憲法政治」和「一般政治」之間更微妙的關係，也就是轉型期憲法不僅作為人民共識的成文法，它甚至會改變共識。憲法的這兩種觀目的不是互相排斥的；事實上，它們可以共存在同一部法典中。它們甚至經常如此，美國憲法即為一例。因此，這裡提出的觀點補充了流行的憲法理論之不足。

轉型期憲法典範有別於其他典範的是它在動盪時期與政治秩序有建構性的關係。轉型期憲政主義包括不同的階段，從為了在有限的時間內影響短暫的政治秩序而制定的臨時措施，到那些為引導國家核心政治而樹立的法律。在摧倒作用下，轉型期憲法批准新的政治制度，以使政治空間自由化，使更自由的秩序成為可能。轉型期憲政主義有不同形式，從臨時到高度穩固，它發揮了護衛未來憲法秩序的作用。轉型期憲政主義的典範證明了它在政治變化時期對於制憲的特殊貢獻。在避開憲政主義隨革命的政治變革而崩潰的普遍傾向方面，此處建議的典範有創建空間的優點，並為批判轉型期憲政主義的性質和角色提供了一個說法。轉型期憲政主義的典範有益於我們理解憲政主義的規範力量和法律其他用途的關係。批判性的憲政主義蘊含著對以前高壓統治的明確的變革回應。在以上所討論的憲法對舊政權進行批判的範圍內，轉型期憲政主義提供了一種正義感。透過使舊政權的一些東西非法化，並使後繼政權正當化，對前朝政權的批判性的憲法回應，也論證了轉型的正當性。在這些結構原則實現了責任的規範性表述範圍內，它們與非常時期法律的其他規範作用有所重疊，比如刑法。當代後現代憲法規範，限定並超越了國家權力的結構，以便引導對社會秩序更全面的規範性認知。最後，轉型期憲法理論還簡單展示了憲法的進步。進步的構想不是根本或普遍的，而是有限的、視條件而定的。對於國家明顯非正義制度的認知，促成了真正對一個國家的政治、歷史和憲法的傳承作出回應的「憲法性限制」。

第七章

創造「轉型期的正義」理論

本書探討了兩個問題：一是轉型期的社會採用何種法律措施來回應高壓統治所遺留的問題？二是這些法律所作出的回應，對社會自由化的前景具有何種重要意義？我們所研究的是轉型期正義對這些問題的闡釋，更廣泛地說，就是揭示法律在影響深遠的政治變革時期所扮演的角色。在研究國家對其既有的種種弊端所作出的法律回應時，轉型期正義採用詮釋方法、歷史方法和比較方法，對於這些法律回應在轉型期所傳達的正義概念，作出綜合的結論。在這個時期出現的是理想的正義與政治的現實之間的實際平衡，它體現了一個能夠建構自由化變革的象徵性的法律原則。因而這結論性的最後一章，將以轉型期正義理論，分析本書從頭至尾所討論的法律現象，此理論能在理想的法治概念和某種暫時的政治緊急狀況之間架起橋樑。

這個時期的法律措施，在為轉型期政治量身制定的法律原則的指導下，遵循一個特殊的典範。本書的分析闡明種種概念和實踐的管道，一個非常時期的轉型法律典範，可以藉此促進自由化的變革。本書還進一步論證法律具有影響轉型期政治的潛能。前面各章探討的各種法律回應，揭示了它們在本質和功能上的共同特徵，也因此超越個案在本質和功能上的共同特徵。轉型期的實用主義法律原則和這個時期的特徵密切相關，即在一個規範變化的社會內，確立行使國家權力的根本原則基礎。相對應地，此處所提出轉型期正義的觀念，應該有超越政治轉型時期的重要意義，進一步揭示有關人權的法律在回應國際衝突方面的力量，以及如何理解政治與司法制度的關係等當代的問題。

本書對於法律在轉型期本質和功能的探討，開始於轉移討論的術語以及參考框架，因為一般研究法律在政治自由化的轉型期裡的角色，它們的分析框架無法將充分體現法律的作用。那些分析都是二分法的，它們或者是激進的現實主義，認為轉型時期的發展進程只是遵循權力平衡，因此否認法律在政治轉型中有任何獨立的重要意義；或者是理想化地把法律解釋為一種完全封閉的創建力量，蘊含著法律和政治在轉型期的發展有其潛在的普遍進程。[1]這兩種對立的認知，對於法律在重大政治轉型時期的角色，都沒有辦法提出令人信服的實證性或規範性的解釋。本書從歷史和比較的角度來看社會，採納另一種不同的方法，以分析法律在政治轉型期的作用。

首先，讓我們來看一看有關這個主題在學術上的流行概念。法律的角色不是被化約為平衡眾多引發制度變革的政治力量，就是衍生自「自由的革命」所追求的目標。[2]其結果是，法律在「跳躍時期」（salient period）的角色——跳躍時期是政治術語，與「中空時期」（interregnum）相對稱，指兩種政權的中間時期——[3]變得十分令人費解，因為這些定義方法沒有把自由化的法律現象當作獨立分析的主題。

這裡的分析絕對沒有否認或貶低結構的限制和道德目標在司法程序以及政治成果裡的重要性；相反的，法律現象顯然從來不能脫離背景來看，也不單單是對於環境的回應。那麼，這裡所使用的方法像每一種流行的方法一樣，我們有什麼理由認定，在影響深遠的政治變革時期，法律的實施沒有那麼多相互作用和辯證關係？

確實，在一種政治制度轉型到另一種政治制度的過程中，對於法律措施的系統分析，正好可以釐清法律在轉型期的角色和性質。我們不應僅僅把轉型期的司法制度描述為政治角力的結果，或者從民主和法治的革命目標中推論出理想的法律回應。我們有必要研究轉型時期法律的回應，以及它和種種不公不義的歷史餘緒的關係，還有這種關係究竟對通向自由化之路有多大的影響。當我們討論法律現象學和當代激進政治轉變特有的法律原則時，這種方法的可行性就更加明顯了。

轉型期正義和轉型期法律：一個典範

法律在政治巨變時期，通常被認為是反結構（antistructural）、逃避原則和否定典範的。規範的轉移一般被認為是反典範的（antiparadigmatic）。[4]但是，政治轉型時期特有的法律現象學，卻揭露了共同指向一個典範的種種模式。如前所見，轉型期所尋求的正義可謂森羅萬象，包括懲罰（或應報）式正義、補償式正義、行政正義、憲法政義和歷史正義。無論如何，轉型期的法律包含了各種法律回應，其規則顯而易見，並揭露了和政治巨變息息相關的獨特過程。它因此跨越了法律範疇，而有一個新的法律學科出現，也就是「轉型期法學」。

因為轉型期在定義上就是典範的轉移，法律成為兩種一直爭論不休的觀點的交鋒：一種是依附既有的傳統，另一種是奠基於澈底的改革。最終會出現一種辯證式推論的立場。在政治巨變的背景下，轉型期法律由局部的、非理想化的正義概念構成：臨時且有限定的憲法、制裁、賠償、肅清和歷史。一種獨特的法律形式，跨越了各法律範疇，調停了兩種政權之間的轉移。在轉型期，法律的角色也是過渡性的，而不是基奠性的，旨在推動個人地位、權利和責任的重大轉變；更重要的是權力關係的轉移。由於法律的功能就是推動政治轉型的完成，所以相較於法治國家的法律，轉型期法律的表現更容易受轉型期政治價值的影響。因此，轉型期法律並不墨守陳規地遵循那些核心原則，諸如規則性、概括性和前瞻性；這些都是平時法律原則的基礎。[5] 在成熟的民主中，法律原則是向前看的，在其他方向上持續前進；而轉型期的法律既向後看又向前看，既回溯又是展望，既連續又中斷。

在建立法律體系時，法律的前瞻性、連續性、一般適用性和平等保護的價值，一般認為是相容的。但是，在政治轉型時期卻可以明顯看到這些價值間的衝突。這在戰爭剛剛結束的時期尤其顯著。同樣的，隨著共產主義的垮台，在法理學的討論中，關於法律和道德的關係，以及重建法律原則的意義，在上述那些價值間的衝突也特別明顯。只要舊制度還存在，而新政權又要風行草偃，衝突就在所難免。哪一種法律原則的價值最終能在轉型中脫穎而出，大抵上是取決於歷史和政治的餘緒：也就是恐懼的來源、不安全，以及在社會裡擁有威權規範力量的不義。主要政治力量之間的平衡，可以視為對於各種可能性的約束，而轉型期法律所面臨的挑戰和特殊角色，則是在傳統的墨守陳規和自由化的規範轉移之間架起橋樑。

在政治轉型時期，法律行為的場域不一而足，也沒有天衣無縫的基本理念。但是，轉型的歷程不一定會循著由政治現實主義者出於權力平衡的考慮而構想出來的道路。重要的問題是哪一個機構擁有實現重大規範轉移的正當性？如前所述，在重大的轉型時期，重新解釋法律原則的任務往往落在憲法法庭身上，特別是當它是在轉型期成立的全新機構時。轉型期的司法機構擁有非常大的解釋法律的自由，它們創設出思慮周延的法律規則，這些規則堅持傳統的法律，同時又進行著規範變革。因此，轉型期的法院判決展示了傳統和轉型規則的有機結合。這些判決雖然不是政治決策機構的作為，但它們構成了法治自由化的重要象徵。當憲法法庭在轉型時期之前成立，其他剛剛取得正當性和權威性的機構，例如公共委員會，就變成了轉型措施的場域。

同時，在規範的轉型範圍以及對於傳統法制堅持程度方面，各個轉型期也有所不同。因此，轉型期正義的理論必須有一套說法，才能理解推動變化的改革體系。改革的形式可以有下列幾種：「批判的」，指以批判前朝政權為目的澈底法律改革；「餘緒的」模式，也就是旨在維護既有的法律秩序；「修復的」模式，其規範的力量來自於主張回復國家從前的制度。如前所述，各個類型和新的政治改革範圍有關，雖然並不總是與自由化的程度有關，特別是當「修復」的方法也可從從前的傳統中得到時。

如前所述，和改革呼應的各種法律原則，顯然跨越了法律的分類。我們還可以深入討論這個觀點。平時的法律原則在程序法、證據法以及決定個人地位、權利和義務等方面，都有明確的法律分類，而轉型期法律的特殊性質和實施方式，則往往打破了刑法、民法、行政法和憲法之間的界限。典範性的轉型期法律原則，跨越了法律的分類，而往往消融了法律的傳統界限。

例如，在一個自由化的國家內，法治的建立往往在於個人責任的行使。因此，懲罰的實施體現了構成自由國家法律核心的個人究責。但是，如第二章所討論的，這種懲罰觀點和澈底的政治轉型中的懲罰角色並不一致。轉型期的刑事懲罰形式和轉型期的特殊環境以及政治轉型計畫息息相關。刑事正義一般在理論上分為兩種：一是向後看，從補償的概念出發；一是向前看，也就是對於可能的威脅的功利主義考量，這是司法制度所固有的。[6] 但是，轉型期的種種變項當中，回溯和展望的混合，不僅僅出現在懲罰制度，還涉及到是否懲罰或特赦的問題，以及行使或是限縮刑事正義的問題，這些問題得從政治的角度去考量，以得到合理的解決。寬恕與和解的價值，一般不在刑事正義的考量之內的，但在轉型期卻成為轉型的一部分。在這些時期，刑事正義顯然泛政治化，這對正義的理想化觀念提出了挑戰，成為轉型背景下的法理學的持久特徵。

第二章談到懲罰在非常時期的轉型形式，那是一種「有限度」的刑事制裁，主要是為了推動政治變革的規範轉移，而不是在懲罰犯罪者。轉型期的有限度的制裁，體現在局部的、縮短的，甚至幾乎免除刑罰的刑事訴訟中。有限度的制裁在歷史上得到充分的證明，不僅在戰後的政策中，還有更多近來因政權變化而進行的懲罰程序。當這些政權變化時，有限度的制裁發揮著重要的作用，如正式而公開的質詢和澄清既往，起訴過去的犯罪等等，以促成自由化的變革。有限度的制裁甚至成為法律原則，它傳達了很關鍵的規範訊息。

就此處所提出的主張來看，我們還必須注意到有限度的刑事制裁，例如建立、記錄、譴責過去違法行為等，它的執行效果和其他建構轉型期的法律行為和程序有若干相似之處。現代高壓統治的「大規模」和「系統化」的違法特徵，蘊含著個人責任和集體責任的混合。因此就出現了懲罰和行政在機構及程序方面的明顯重疊。個人化的究責程序讓位給行政調查、調查委員會、政府記錄的彙整，以及關於從前的犯行的官方公告。這些往往被包含在國家的歷史中，它擔負著和解的政治命令，比如在南非和獨裁統治過後的拉丁美洲。[7] 透過政府的調查並由官方披露事實，這個舉動是否有價值？此舉是否象徵著自由？我們不能確定，那取決於國家高壓統治的後遺症。接替的政權最主要的作用是回應前朝政權的高壓統治，因此對社會公開國家過去的行徑不是其首要或基本的工作。例如說，在軍事統治過後的轉型期，歷史真相就是政治「失蹤」政策所造成的傷亡名單[8]，重要的回應是一致追求官方說法，但是在後共產主義的轉型期的國家歷史大多避而不談，因為國家歷史的編修本身就是個壓迫的工具。轉型期的歷史探究反映了相關的真相，這些真相與政府不義的歷史餘緒有關。這些不算是普遍、根本的，或「後設真相」（metatruth）。為了清除前朝政權並建立基本的究責形式，當代關於人權的法律會一體採用轉型期的個別解釋，因此只要很起碼的真相，就足以和前朝政權劃清界限。[9]

關於從前的餘緒的歷史解釋，可以回復個人的名譽，也會譴責個人。轉型期的補償救濟，透過改變政治地位，而促成了規範的轉移，例如自由主義所主張的個人尊嚴的歸還和修復，可能同時伴隨其他具有分配正義性質的法律救濟。不同的文化，都普遍呼籲以補償措施實現法律的平等保護，而有助於和個人地位和權利有關的法規改革。在理想化的理論中，矯正式正義的原則大多是向後看的，主要與個人受害者應得的救濟有關。但補償措施在轉型期具有「混合」性質，其矯正的目的和社會的考量有關，而這些社會的考量又和自由化政治變革的規範建立有關。轉型期的補償專案具有回顧和前瞻的混合目的，這在同時經歷政治轉型和經濟轉型的國家中最為明顯，它們完全偏離了關於分配正義和矯正正義的原則的理想理論。[10] 後共產主義的轉型最能生動體現轉型中的妥協，甚至是當時所謂的「第一財產權」（first property rights）也不是建立在理想的基礎上。[11] 轉型期的補償救濟主張「應得權利」（entitlements），意圖匡正從前侵犯權利的行為，俾使在未來能將權利深耕厚植。透過全面的立法計畫（往往被司法機構增修），自由化國家又一次採納「系統性」的方式，修復了過去對法律平等保護的「系統性」損害。

在轉型期的行政措施方面，顯然是以政治和集體為基礎的，法律經歷了最激進的轉型，各個法律範疇的界限也是最曖昧不清的。政府的管制措施，限定了集會、成員資格和參與政治的條件，導致了新政權中的公民地位、權利和義務的真正改變。相對的，這些措施對國家政治秩序的影響也無遠弗屆。[12] 確切地說，轉型期的行政正義包括了傳統的法律形式，這又一次表明了轉型中的妥協。但是，這些措施依據某人過去的行為去衡量他未來在公領域的待遇，則呈現了刑法懲罰面向。以明確的政治條件限制為依據而制定公法時，它對於意識型態的犯罪作出批判的回應，重新界定了政治正當性的界限，也重新定義了接替的社會在政治認同上的改變。這些措施重建了未來的結構，就政治上看來大多是屬於憲法性質的。

轉型期的憲政主義並沒有一個理想的概念，[13] 而是泛政治化的，它透露了和其他轉型行為的關係。一般認為制憲是周全的前瞻設計，目的是建構未來政府。轉型期憲政主義具有額外的功能，和典範的轉移有關，轉型期憲法同時向前看和向後看、既回顧又前瞻、既延續舊政治秩序，又與舊政治秩序決裂。在這個法律領域，「轉型的連續性」(transformative continuum) 根據其維持現狀的程度，從「批判」到「餘緒」的法律都有。轉型的制憲包含和憲政主義有關的法典化和深耕厚植的目的，以及轉型期所特有的轉型和「摧倒」的目的。在追求這些目標時，轉型憲法完全是臨時性的，是為了在一定時期的巨變中發揮作用，南非一九九三年的臨時憲法就是個例證；也有些轉型憲法旨在迅速重建穩固、不變而持久的政治認同，例如戰後西德的基本法，強調人類尊嚴，以民主、自由、法治為原則。[14]

這裡所討論的類似典範，對於轉型期正義反覆出現的問題具有重要意義。為了建立永久的民主，對高壓統治當的正當回應是什麼？這個問題蘊含著一個轉型的理想，而規範的考量會影響到特定範疇的回應。但是若認為對政府過去的壓迫，並沒有一個所謂正確的回應，則是個錯誤的想法。對任何政權轉型的正當回應，取決於幾個因素，如該社會的不義餘緒、法律文化和政治傳統，以及政治轉型的迫切程度。事實上，除了視情況而定的回應之外，採取哪些回應似乎都是無關宏旨的。轉型期法律行為的典範流動性，突顯這段時期法理學上的政治特色。[15]因為在這個時期，法律的角色大抵上是象徵性的，因此各式各樣的回應都可以調解規範的轉型。現在讓我們更詳細探討正義的典範是如何建構這個轉移的。

轉型期的建構主義

轉型是如何建構而成的呢？法律在政治轉型中的角色是什麼？關於法律建構性作用的問題，一般產生於比較傳統的背景下，如社會的複製問題，以及長期的權威規範的傳遞。有關制度複製的問題和相關的法律問題，已有很多研究。[16]但是根本的政治轉型和社會轉型蘊含著規範的轉型，這種轉型導致諸多理論的不合時宜，因為從既有的法制和政治中歸納出的理論，忽略了轉型時期法律的特殊角色。[17]此時的問題並不在於法律如何維持一個能夠複製既有的正當化規範的系統，而是在於在法律內、透過法律讓這些規範澈底轉型。

在這些時期出現的法律典範形式是以一種非常時期的方式去運作，它與轉型有著建構性的關係；法律既穩定轉型又動搖轉型。在這些情況下，法律最明顯的特色就是調解的功能，因為法律保持了一種最低程度的「形式的連續性」標準，同時又彰顯了變革的不連續性。「形式的連續性」程度問題，則是取決於前述的變革形式，而規範轉移的價值內容，則是取決於歷史、文化、政治傳統以及社會對創新的接受度。

轉型期的法律措施究竟有哪些共同之處呢？法律可以通過多種方式來建立，包括立法、法院判決和行政措施。轉型可執行的法規，包括控訴和判決宣告；赦免、復原和道歉；憲法和調查報告的公佈，因為轉型期措施共有的特色，能公開彰顯對於真相的新的集體認知。歷史上轉型的過程，不論是起訴、淨化或調查，都具有類似的意義。這些轉型期的行動都有新的公共認知並彰顯著變革。[18]因為法律承擔著與前朝政權割裂以及與接替的政權整合的任務，所以此處的法律似乎僅在邊緣發揮作用。轉型期法律有「侷限性」，因為它是介於兩種政權之間的法律。的確，對重要的法律措施的分析闡明了它的特殊功效，即是在一個持續的過程中產生決裂和整合的作用。[19]

同時，轉型期的法律原則蘊含著看起來不公平或站不住腳的程序，審判缺少一般的懲罰，賠償基於政治動機，以及在時間上（經常是財產方面）的法律門檻，而且憲法也不一定能持久。轉型期法律行為的特色，在於它的侷限性和局部性，這表現在臨時憲法、肅清、有限制裁，以及復原、不連續的歷史和官方的陳述中。轉型期法律首先是象徵性的，是政治輪替的象徵，以及世俗的神聖化儀式。[20]雖然儀式化的實施行動和溝通，往往被認為是原始社會的特徵，在現代社會已經式微，這裡探究的結果證明剛好相反，並提出了對於政治輪替的現象學的全面理解，[21]此外還比較與評估了隨著政治輪替而來的儀式和象徵的性質和角色。[22]前幾章探討了若干法律模式引發並規畫了政治變革，儘管它們也取決於歷史、法律和政治傳統。[23]然而，轉型期措施和其他場合和儀式的區別是什麼？其規範核心包括了什麼？

在轉型期的法律中，轉型期的法律程序最具重要性，因為它們能夠公開地、權威性地傳達政權之間的規範轉移的重大差異。法律語言為新秩序賦與正當性和權威。[24]在它的象徵形式中，轉型期法律透過改變地位、成員身分和團體，重構了相關的政治差異，[25]透過這些程序建立自由政權與非自由政權的政治差異。有關的重大差異可能是視情況而異的，其正當性取決於後繼的社會從前的歷史餘緒。

在現代政治轉型中，後繼的社會透過法律措施完成自由化的政治轉型，因為在調解轉型特有的規範裂痕和轉移時，訴諸法律包括了功能、概念、實踐和象徵等重要面向。作為一個起點問題，法律概括了自由理性主義者對苦難和災難的看法：就是至少該做點事。自由的社會不會認命於歷史決定論，而是存有轉變的希望。透過參與轉型期正義的論辯，接替的社會甚至能表現一種理性的想像，構想一個更自由政治秩序的可能性。

但是，此處研究的象徵性法律措施，則是助長了位於自由法治核心的理性主義。[26]在這些措施的有限形式中，訴諸法律的象徵主義可以說是另類的回應方式，以替代政治巨變時期懲罰（或應報）和報復的激烈反應。轉型期的法律行為是審議的、權衡的、有限度的；在它們的轉型形式中，儀式化的法律程序有助於循序漸進的轉型。[27]為了重新定義地位、權利和責任，以及界定政府權力，因而訴諸法律，這種行為可以說是在實現法律原則，這個法律原則和現行的民主制度息息相關。實現法律原則是自由國家的行為表現。隨著轉型期正義問題的解決，社會開始進行一些動作和儀式，象徵自由秩序的運行。

從這種意義上來講，轉型期法律超越了象徵性，而是作為現代政治輪替的主要儀式；儀式化的行為使得前朝政權和接替的政權這兩種秩序之間的更替成為可能。[28]當代的轉型特徵為和平，且在法律之內發生，法律程序執行了關鍵性的「撤銷」（undoings），透過公開程序創造構成典範的集體知識，推翻前朝政權的正當性依據。這樣一來，法律程序在否認前朝政權意識型態的同時，也證明了構成自由化轉型的意識型態變革的正當性。雖然一般對於法律與政治關係的認知，都傾向堅持傳統的合法性和穩定，但這樣並不能調解規範的轉移。在動盪時期，片面強調法律的穩定作用是錯誤的，[29]因為轉型引起了法律秩序的問題，它通常是個封閉的、自我認證的體系，卻也會推動規範的轉移。[30]一般流行的理論往往認為可以由法律規範的基本改變預測轉型的發生，因此本書第六章討論了關於轉型期憲政主義的理論。轉型的發生有時並沒有大幅度的變化，事實上，轉型所面臨的挑戰在於，法律如何維持並超越傳統的觀點（也就是認為法律是穩定甚至是墨守成規的），藉此建構規範的轉變。

在法律制度之內推動法律制度的變化，必須依據兩種途徑：一是重新解釋一般規範秩序基礎的重要理由，一是訴諸另一套獨立的法律規範。前者和律師們所熟悉的方式（無論選擇依據法律、或者依據事實）一致；而後者則是引用獨立的規範，改變人們對於法源的認知。[31]至於到底是哪一種方法最能推動法律規範的變革，則是關於轉型期的熱門議題。[32]但是，如前所述，這個問題並沒有唯一正確的答案，因為選擇的結果取決於前朝政權和後繼政權的政治能力和正當性。前朝高壓政權的立法機關經常會妥協，讓新的憲法法庭和激進的司法體制有機會和國際人權規範接軌。[33]司法訴諸國際人權法律，保持了一種連續性，甚至塑造了建構性的前景，能夠在既有的法律體系中調解種種的轉型目標和規範的轉移。轉型期的人權法律的重要規範力量，在於人權法律能夠調解實證法和自然法的理論分歧，因而超越了法律與政治的傳統關係。

但是更常見的是一種「不改變既有承認原則」（recognition rules）的規範變化，此策略仰賴重新解釋關於地位、權利和義務的一般規範依據。這些轉型過程一般都退居幕後，在我們的法律制度中持續發揮作用。在既有的法治體系中，法律範疇和規則的差異和不同的知識標準和理念有關，這種理念說明了法律規定的地位、義務和權力的定義和變化的正當性。但是如前所述，轉型的範例擺脫了和傳統法治有關的知識論原則，顛覆了法律的證據標準和辯護程序，可以說是法律的「去差異化」。[34]轉型期法律的規範特色在於，它以明顯的方式推動公共知識的重建，轉型法律能理解行動的相似性和連續性，有助於巨變中的政治認同的決裂和整合。

建立一個對過去的共同知識門檻，是轉型期研究和討論的一個說法[35]由本書的分析看來，「真相」的意義以及它與轉型的關係，並不具有普遍的共識，而要視情況而定，它是動態的。典範式的轉型期法律程序，取決於重要公共知識斷斷續續的變化，而這些公共知識也會運用在變革中。[36]民眾對政治決策的辯論，以及民眾行為的變化，揭示了轉型期憲法解釋的創新。與轉型相關的政治內容建立在轉型的背景下，特別是透過取代並承繼前朝「真相政權」的方式。

法律程序提供既定的方法，來改變政治秩序中的公共理論，因為法律程序本身就是公共知識的權威代表。因此轉型期法律程序，有助於民眾對轉型的認識和解釋。同時，轉型期法律程序，證明了何種知識將推動並支撐制度轉型規範變化的可能性。但是，在此研究的例子中，公共知識變化的潛在規範力量，則是取決於前朝政權的統治基礎，及對其措施的正當性的批判。因此，轉型期的各種「真相」通常是不相連貫的，有著不成比例的重要性。比如，把受害人的地位確認為公民而不是交戰者，就有可能顛覆一個政權（至少在規範的層面），因為它破壞了一種意識型態，過去執行鎮壓行為的國家安全部門就是以這種意識型態為依據的。[37]的確，法治的重新解釋取代了前朝統治者的論點，並為法治的復原提供了新基礎。

一個轉型期正義理論

轉型期法律的規範為政治轉變時期下了定義。此處所提出的轉型期規範，力圖闡明法律與政治發展在巨變時期裡的關係，因為它展示了在政治自由化的基礎上重建社會的過程。無論是政治轉型期的審判、憲法、復原、行政審查，或是禁令或歷史探究、法律措施等，都是規範變化的象徵，因為這些都是為了宣告新政治秩序的成立。

此處採取了比較和歷史的角度，可看出在轉型期認為是正確和公正的東西，乃是視政治情況而定的，而不是絕對的、武斷的。雖然現實主義在這方面有其不同的主張，但轉型期現象學不僅是政治現狀的產物，也是當代政治環境「以及」不義的歷史餘緒的作用。因此，這裡所提出的轉型期正義概念，蘊含著對法律和政治一般的流行理論的重新定義，批判性的法律理論強調法律原則扮演著推動進步的角色，法律原則必須完全整合到政治裡。[38]轉型期法律對建構政治轉型的明顯作用，在於轉型期的法律既受政治限制而又超越政治。正如批判理論所預言的，法律的建構解釋了政治的轉型，這樣一來，法律發揮了明顯的建構性、儀式化的功能。語言和司法程序的政治挪用，象徵並儀式化了正當而有節制的改變。轉型期法律的特殊貢獻，在於融合了既有的、有節制的正當化程序以及漸進的政治轉變。

一個臨時的、泛政治化的轉型期法學，和不完善而局部的非理想性的正義觀念息息相關。在特殊的政治環境，什麼是公正與正義，這不是由理想化的阿基米得點去決定的，而是取決於轉型自身。對於哪些法律原則主導著政治轉型時期，人們有不同的認知。在激進政治革新時期所認為的公正和正義，在理想化的條件和規則程序下經過審議，不一定會得出同樣結論。[39]甚至在自由化時期，審議的程序經常被縮減，建構政治決議的選舉或憲法共識也是微弱且短命的。當缺乏完整的代議程序時，轉型期決策制定的民主正當性，就要依靠後來的批准程序。這裡提出轉型期正義的主張，對重新定義民主發展理論很有意義，因為這些時期的法律特色逐步改變了政治面貌，其所達成的協定影響著後來的政治進程。事實上，通過修改決策制定和達成共識的條件，轉型期的法律建構已經和理想化的民主理論大不相同。[40]規範性的斷裂經常優先於保護其他價值觀的需要，而保護這些價值觀是希望不論後來如何偏離傳統的法律，這些裂痕都能在鞏固民主中得到補償。這是一項危險的事業，因為主張限制傳統法制的論點，經常只是藉口。唯有時間的考驗才能看出，本書所討論的轉型期的種種妥協，會因為自由民主的考量而得以正當化。

在轉型期中，公正與正義的適當決定並不是憑空而來的，而是在不義的歷史餘緒下形成的。追尋正義必須是在轉型期的政治條件中，在這個背景下，法律原則的意義就包含了歷史和政治條件；法律原則的內容可從社會對於過去壓迫的性質及淵源的理解中得知。這些歷史餘緒正是社會對轉型期正義想像的出發點。在不同文化中，轉型期正義包含著復原和變革的面向。

從這個角度來說，即使是程序上偏離傳統的合法性和正義理論，也能夠得到釐清。舉例來看，轉型期刑事正義不是從個人究責和補償的角度得到正當化，而是有明顯政治化的理由。同樣的，轉型期的「修復」也能調解理想的矯正目的以及分配正義，或是當時的其他政治要務。轉型現象反映了理想的法律理論對於具體的轉型期政治環境的權衡和調適。認識到這點在定義上的影響，可以對這些時期有更全面、正面的描述，對轉型期法律現象有更具說服力的規範性評價和批評。這裡所建議的「重新計畫」（reconception）主張說，轉型期法律的特色是不完善、局部的正義，但也正因為如此，它保存了重要的空間，這和轉型期的特殊政治環境有關，而後者定義了這些時期的「正義」觀念。轉型期的法律用語的存在和轉型期正義的概念，還可以用來闡釋非轉型期的正義觀念。

轉型期正義和自由的認同

此處所討論正義的現象與塑造自由化政治認同，兩者的關係非常密切。如前所述，不管附加條件是什麼，訴諸守法主義（legalism）是自由國家的象徵，轉型期正義在司法基礎上論述權利和責任，因而重新建構了政治認同。再者，對轉型期法治理想的堅持似乎減弱，卻有一種強烈而明顯的公共利益觀念，貫穿一系列規範的轉型行為，包括制定憲法、赦免、和解及道歉。[41]

這些回應指向一個殘缺但共有的正義景象，顯示出正義的矯正性質。首先是要有看得見的行為，包括追求賠償、復原、完整以及政治統一等，這是一種驅動力量，包含了理想正義理論以外的價值。例如，轉型期憲政主義，包括向前看與向後看的層面，它以一種矯正性的方式，在規範上（不是歷史上的）「還原」國家自由化的政治認同。同樣的，轉型期的刑事正義也超越了懲罰個別違法者，為社會預期的矯正目的而服務。因轉型期正義蘊含著矯正的意義，轉型期正義提供了對政治相當重要的接替者的認同。轉型期正義提供了重建集體的方式，跨越了種族、民族和宗教的界限，基於過去遺留的恐懼與不義，而產生了政治認同。這種政治認同建立在對演變的認知上，而轉型正義對權利和責任進行的司法論述，提供了超越性的規範遠景，以及實際的行動方針。

本書所討論的轉型期法律現象說明了，在不同的國家和文化中，自由、安全和法治的定義都不一樣，因為對於高壓統治的回應指出，法治不僅是「非恣意的統治」(nonarbitrary rule)，或是遵循規則的、普遍可以實施的程序而已。當代轉型期法律的特徵在於，法治的建構回應了過去法律所默許的系統性迫害行為。當代轉型期法律現象的基礎在於把國家的不義行為視為一種系統化的迫害。但當國家基於種族、族群、宗教或政治理由而迫害其公民時，這種迫害不僅是獨斷地損害法治而已。當代轉型期法律回應了這種特殊的高壓統治，並在法律的指引下對系統性迫害作出回應，藉著「撤銷」在以前法律體系下的犯行。轉型期的回應，例如新憲法法庭[42]、憲法和其他措施，抨擊二十世紀後半葉的象徵[43]：政治迫害。轉型期探究歷史的法律程序，有助於找出國家迫害政策的模式和系統；事實上，迫害政策的全貌僅在法律的回應中才顯現出來。不管這種迫害是基於種族、族群、國籍、宗教或意識型態，轉型期法律起因於從前的政治壓迫，並把回應政治壓迫作為政府的政策。[44]為了回應系統化的迫害而反覆出現的轉型期作為，努力否認與舊政權有關的階級特質。本書的討論說明了，合法政權認可的「朋友與敵人」的區別，正是威權政權普遍的特徵。這些回應行為可以撤銷舊政權的迫害邏輯，從而批判獨裁政權。[45]

轉型期法律反映了社會在政治變化時期所實施的民主價值的基礎。[46]轉型期正義的循環說明了法律現象和自由化之間的關聯。歷史上，從君主到共和的轉變中，政治更替的重要儀式就是審判國王，這個儀式象徵國王服從人民的意願，以及主權在民得到了勝利。[47]二十世紀接替者的正義進一步重建了個人和政府的關係，因此，戰後紐倫堡大審的個人責任的生成原則，強調了個人作為最高國際法主體的身分。當時在憲法上對保護個人權利的變化，亦是如此。[48]

在當代的轉型現象中，戰後民主願景被對於主權和責任的種種認知取代，這種認知調解了個人與集體、國家與國際之間的秩序。在迅速變化的全球公共領域中，個人和國家之間日漸活躍的關係，影響了對個人和集體責任的認知，因此帶來了當代民主觀念的變化。隨之而來的是，個人和國家責任作為一個理論問題的擴展，如此，權威所在地和代理機構產生了變化，轉型期法律調解了個人與集體的分歧，以便在國家政策背景下進行名義上的個人訴訟。[49]擴張的司法管轄權以及統治權的改變，有助於權力的變化，這種權力的變化建構了政治的轉型。但是這些變化通常把統治權、管轄權和責任也置於變動中，那是取決於國家行為的特徵，例如國家遵循或削弱國際法所規定的義務。儘管擴張的責任是個理論問題，這些原則偶爾才會用，一般僅限於那些有關附加限制原則的案例，例如明顯的迫害類型。[50]藉由轉移統治權和管轄權所在地，重新解釋了國家對其公民的義務，當代轉型措施為戰後最初的人權保障注入了活力。[51]

重新定義個人和國家關係的核心想法，對理解自我有著重要影響。轉型期法律所提倡的規範變化中，法律的角色經常是象徵性的。但是，在實際運作時，轉型期正義影響著個人。

不論是審判、復原、憲法、行政程序或其他措施，轉型期法律重建了有關政治成員資格、政治代表和政治參與的條件和規則，而這些規則可以確定個人在團體中的位置。自由化的規範變革必須仰賴對個人地位、權利和義務認知的重新定義，以及對國家權力條件的界定範圍。接替的政權追尋正義的效果，始於個人行動層面，接下來改變了國家的政治認同，至少有可能規畫出新的自由化歷程。

動盪時期的轉型期正義現象對國家政治認同發展造成的影響，也引發了相關的問題：有關轉型和非轉型時期在此問題上的對照與差異。事實上，轉型期正義和平時的關係，這個問題涉及兩個層面。一個是本書開始的問題：理想性的正義理論是否和轉型期有關？本書的回答是理想主義的理論不能作為我們判斷這些時期的相關準繩。而這裡所採用的比較和歷史的角度，得出了對正義觀念一種非理想性的「妥協」認知，這種正義觀念受其選擇條件的影響，也構成了選擇的條件。

對於這個正義觀念的認知，對問題的第二個層面影響重大，也就是轉型期正義是否應該擴及於平時？這裡所研究的現象，主要出現在第一次的「後極權」的接替政權，接替的政權的反應是有時間性而且有限度的，並且取決於前述的轉型的具體型態。我們因此有必要劃分轉型時期，這個時期是由法學上的典範行為構成的，後者則是政治更替的儀式。但是，雖然經歷了時間的推移、事件的干擾，還有政治的變化，轉型期正義懸而未決的問題還是不會自己消失。[52]轉型期會一直堅持對正義的尋求，不會遵循傳統上對犯行的回應模式，隨時間的推移而減弱。持久的權利問題，以及過往犯行的繼承責任的推定，經常（不論延宕多久）讓人忘記了這些行為正是轉型期正義的重點。但是，僅從政治權力變化的發生來說，堅持對過去的犯行一貫的主張，再一次反映了這些問題的獨立性。有關國家必須對過去負責的種種假設，和穩定的政治認同並行不悖；對正義內容的部分實現的確需要時間。[53] 雖然堅持對於過去犯行的主張會引起潛在的衝突，可能讓傳統派的主張和其他前瞻性的自由價值觀陷入對立狀態。

鞏固轉型期的認同，具有強烈的規範和功能的訴求；畢竟，它是一種政治認同，強調統一的可能性和矯正正義的可行性，具有一種救贖的願景。同樣的，轉型期正義也提供了一種有限度的改革方式，相較於僅以其他規範來源（例如道德）為基礎，它要慎重得多。[54] 事實上，轉型期的解決方案似乎都指向種種超越性的價值，也就是能夠調解轉型期的政治分歧的種種人權規範。[55]

雖然轉型期法律樹立了一個可辨識的典範，它和非轉型期的法律仍有密切關聯。有人可能會認為轉型期法律是一種誇張的例證，體現了潛藏在法律中的衝突和妥協，尤其是突顯出法律和政治的關係。這在轉型期法律和人權法的關聯中可以看到，因為在轉型期間，人權法的執行總是最雷厲風行。雖然人權法大抵上都已經是成文法了，但是它們的應用通常出現在轉型期，因為這個時期更願意去實驗替代性的規範措施。建立特別的戰犯法庭以起訴波士尼亞和盧安達衝突中侵害人權的事件，就是很好的例證。雖然正義的全面執行是緣木求魚，但這種典範式的象徵形式具有傳達「轉型期權力場域轉移」的功能。再者，至少這個時期強調歷史記錄的保存，使未來更全面的正義成為可能。但是，這些回應和權宜措施不應該和理想的正義混為一談。轉型期的回應行為不應被普遍化，變成回應現行或過往之惡的人權標準。將轉型期的回應行為正規化，會忽略了核心的轉型訊息，也就是相信在自由化的國家中，人民有可能避免重演過去的悲劇。事實上，人權法的規範力量在於人權法能夠推動變革，甚至在非轉型的情形下也是如此。

追求穩定的轉型期認同造成另外兩個危險。首先是過去是否被過度合理化。最典型的轉型期詮釋學乃是歷史中心主義的自我認知，認為只有事後才能真相大白，其危險在於如果過去的犯行被自由化的進程合理化，很可能會顛覆這種詮釋學。其次，轉型期國家尋求統一，這種統一很容易建立在不穩固的程序上，此程序可能是神話或是根本不可能達到的規範性願景。在這兩種情況下，其危險在於國家基於統一所假定的政治認同，可能會削弱政治變革的可能性。這種靜態的穩固認同最終是不自由的。相反的，自由主義的政治主張必須保有一個轉型的模式，在政治想像中作為介於務實和救贖之間的重要空間。

結語 轉型期的正義與其正常化

二十世紀最後幾年，轉型期正義是炙手可熱的話題。社會上出現持續不斷的呼聲，道歉、賠償、回憶錄的撰寫（包括個人與集體），及其他各種處理過去傷害與罪愆的方式。有關二次大戰引人爭議的處置方案，包括失去的銀行帳戶、財產歸還、補償奴工勞役、歸還沒收財物等例子不勝枚舉。最明顯的轉型期法律規範化例證，可能就是「戰後國際軍事法庭」的穩定運作，該法庭隸屬「國際刑事法庭」，而「國際刑事法庭」是世紀末提倡應該成立的國際機構。有關權利的請求與責任歸屬的討論範圍日益擴大。

本書所討論與政治變革相關的「儀式」發生於世紀末千禧年時期。在劇烈變動時期產生的「儀式」非常普遍，目的為了建構集體的轉變。當代社會有關變革的儀式看來不是由宗教而生，而是源自法律。這些程序是世俗的儀式與「成年禮」，是轉型期觀念上「有限度的改變」前兆，不過並非預示末世或救主的降臨。轉型期法律的訴求，在於終止變遷所帶來的一切，為此也必須付出代價。每個轉型的動作都蘊含著模稜兩可的決定。

這些自由的儀式，透過決裂與延續、破壞與複製、停止侵佔與再分配、否認與公開承認，達到了政治的轉變。這些儀式意在規範本世紀最悲慘的過去，同時也提出可行的未來圖像。藉由這些措施，我們得以畫分界線，分隔所欲保存的集體記憶：什麼要記得、什麼要受到壓抑、什麼要遭摒棄、什麼可被核准、什麼要無異議地放棄、什麼會繼續爭論不休。唯有拋棄這個世紀的歷史不義，並從多元而有爭議的政治認同走向共同的認知，才能達到「更新」的目的。因為轉型期的措施，具有矛盾的特質，在政治巨變時採用這些措施，是為了整體的利益，但同時也會有所損失。

轉型期的正義是不完整且受限的。採用這種處理方式表示某種程度的妥協；其潛力在於重建社會的能力。採用轉型期正義具有特殊的政治策略，即強制的同意，並避開現代憲法強烈的個人主義基準，但轉型的形式與法治國家的微小象徵作了妥協。

這些措施反映當代特有的想法。轉型期法律並不是偉大的基礎改革計畫，而是對過去做清楚的盤點整理；轉型期法律，並不是二十世紀初對道德進步的信念，也非無可救藥的保守主義或世紀末的頹廢。政治上的妥協必然存在於運行的民主；然而，還必須考量這些轉型措施在法律上及透過法律的正常化對於建立典範的影響。這種本質上的必然性改變，完全理解法律的積極力量以及法律的限度。在這個血淋淋的世紀末，典範的成立與否在於其對政治災難的回應：正義是政治性的，法律不具有假象，卻又能孕育出明天會更好的小小希望。

注釋

作者序

1.見拙著：〈How Are the New Democracies of the South Cone Dealing with the Legacy of Past Human Rights Abuses?〉（呈交給美國外交關係委員會的一份報告，紐約，一九九〇年五月十七日）。

緒論

1.除了個案研究與區域研究以外，此方面的研究通常專注於特定的歷史時間。可參考John Herz編輯的：*From Dictatorship to Democracy: Coping with the Legacies of Authoritarianism and Totalitarianism*，Westport, Conn.: Greenwood Press出版，一九八二年（此書專門研究戰後時期）。若欲參考有關政治正義（political justice）的經典，請參閱Otto Kirchheimer的：*Political Justice: The Use of Legal Procedure for Political Ends*，Westport, Conn.: Greenwood Press出版，一九八〇年。

2.參見Bruce A. Ackerman的：*The Future of Liberal Revolution*，New Haven: Yale University Press出版，一九九二年。或參考Carlos Santiago Nino的：*Radical Evil on Trial*，New Haven: Yale University Press出版，一九九六年。亦可參考John Herz的文章：〈An Historical Perspective〉，刊載於：*State Crimes: Punishment or Pardon*，Alice H. Henkin編輯，Queenstown, Md.: Aspen Institute出版，一九八九年。欲參考比較性的研究，參見：*Transitions from Authoritarian Rule: Comparative Perspectives*的文章，由Guillermo O'Donnell等編輯，Baltimore: Johns Hopkins University Press出版，一九八六年。亦可參考Juan J. Linz及Alfred Stepan合著的：*Problems of Democratic Transition and Consolidation: Southern Europe, South America, and Post-Communist Europe*，Baltimore: Johns Hopkins University Press出版，一九九六年，（此書以比較性的觀點，探討轉型的過程與轉型的強化）。參閱Jaime Malamud-Goti的文章：〈Transitional Governments in the Breach: Why Punish State Criminals?〉，刊載於：*Human Rights Quarterly 12, No. 1 (1990): 1-16*。

3.Charles R. Beitz著：*Political Theory and International Relations*，Princeton: Princeton University Press出版，一九七九年，第十五至六十六頁。R. B. J. Walker著：*Inside/Outside: International Relations as Political Theory*，Cambridge: Cambridge University Press出版，一九九三年，第一百二十三至一百二十四頁。欲參考國際理論中的現實派的通論，見John H. Herz的：*Political Realism and Political Idealism*，Chicago: Chicago University Press出版，一九五一年。另有Martin Wight著：*International Theory: The Three Traditions*，London: Leicester University Press for the Royal Institute of International Affairs出版，一九九〇年。亦可參考J. Ann Tickner的文章〈Hans Morgenthau's Principles: A Feminist Reformulation〉，刊載於：*International Theory: Critical Investigations*，James Der Derian編輯，New York: New York University Press出版，一九九五年，第五十三、五十五至五十七頁。

4.參考Linz and Stepan合著：*Problems of Democratic Transition and Consolidation*，以及O'Donnell等編輯的：*Transitions from Authoritarian Rule*（文章大多數採用區域性的方法）。亦可參考杭亭頓（Samuel P. Huntington）的《第三波》（*The Third Wave: Democratization in the Late Twentieth Century*），Norman: University of Oklahoma Press出版，一九九一年，第二一五頁。另可參見Stephen Holmes的文章：〈The End of Decommunization〉，刊載於：*East European Constitutional Review*，第三期，一九九四年秋，第三十三頁。

5.此論調出現於杭亭頓的《第三波》，第二三一頁。

6. 參考 Ackerman 的：*Future of Liberal Revolution*，第六十九至七十三頁。亦可參考 E.B.F. Midgley 的：*The Natural Law Tradition and the Theory of International Relations*，New York: Barnes & Noble Books 出版，一九七五年，第二一九至二三一頁、第三五〇至三五一頁。

7. Anne-Marie Slaughter 的文章：〈International Law and International Relations Theory: A Dual Agenda〉，刊載於：*American Journal of International Law*，八十七期，一九九三年，第二〇五頁。法學中的自由傳統鼓吹此種方式。

8. 自由理論在法律與政治方面的論述模式，可見於 John Rawls 的：*Political Liberalism*，New York: Columbia University Press 出版；以及 John Rawls：〈The Domain of the Political and Overlapping Consensus〉一文，刊載於：*New York University Law Review*，第六十四期，一九八九年，第二三三頁。有關權利理論與民主的關係，參考：*Theories of Rights*，Jeremy Waldron 編輯，Oxford: Oxford University Press 出版，一九八四年。亦可參考 Ronald Dworkin 的：*Law's Empire*，Cambridge: Harvard University Press 出版，一九八六年。另有 Ronald Dworkin, *Taking Rights Seriously*，Cambridge: Harvard University Press 出版，一九七七年。

9. 著名的批判性法學研究（critical legal studies，簡稱 CLS）文章，包括 James Boyle 的著作：*Critical Legal Studies*，New York: New York University Press 出版，一九九二年。還有 David Kairys 的著作：*The Politics of Law: A Progressive Critique*，New York: Pantheon Books 出版，一九九〇年。另可參考 Mark Kelman 的：*A Guide to Critical Legal Studies*，Cambridge: Harvard University Press 出版，一九八七年。還有 Roberto Mangabeira Unger 的：*The Critical Legal Studies Movement*，Cambridge: Harvard University Press 出版，一九八六年。亦可參考 James Boyle 的文章〈The Politics of Reason: Critical Legal Theory and Local Social Thought〉，刊載於：*University of Pennsylvania Law Review*，一三三期，一九八五年，第六八五頁（討論法律現實主義、語言學理論以及馬克斯理論）。另參見 Nigel Purvis 的文章〈Critical Legal Studies in Public International Law, World Order, and Critical Legal Studies〉，刊載於：*Stanford Law Review*，四十二期，一九九〇年，第八一一頁。有關美國法學的批判分析，參考 Mark Tushnet 著作：*Red, White and Blue*，Cambridge: Harvard University Press 出版，一九八八年。

10. 參考 Ackerman 著作：*Future of Liberal Revolution*，第十一至十四頁。另見 Hannah Arendt 著作：*On Revolution*，New York: Viking Press 出版，一九六五年，第一三九至一七八頁。

11. 參考 Guillermo O'Donnell 及 Philippe C. Schmitter 合著：*Transitions from Authoritarian Rule: Tentative Conclusions about Uncertain Democracies*，Baltimore: Johns Hopkins University Press 出版，一九八六年，第六頁（定義轉化期乃是由一種政體到另一種政體的中介期）。亦可參考 Juan J. Linz 的文章〈Totalitarian and Authoritarian Regimes〉，出自：*Handbook of Political Science: Macropolitical Theory*，Fred I. Greenstein 及 Nelson W. Polsby 編輯，Reading, Mass.: Addison-Wesley 出版，一九七五年，第三卷，第一八二至三頁。關於古典的論述，參考 Robert Dahl 的：*Polyarchy*，New Haven: Yale University Press 出版，一九七一年，第二十至三十二頁、七十四至八十頁。另見杭亭頓的《第三波》，第七至八頁。Richard Gunther 等合著的：〈O'Donnell's 'Illusions': A Rejoinder〉，刊載於：*Journal of Democracy*，第七冊，第四期，一九九六年，第一五一至五三頁。

12. 杭亭頓，《第三波》，第七頁。

13. 對於目的論觀點的批評，參見 Guillermo O'Donnell 的文章：〈Illusions and Conceptual Flaws〉，刊載於：*Journal of Democracy*，第七冊，第四期，一九九六年，第一六〇、一六三至六四頁。另見 Guillermo O'Donnell 的文章：〈Illusions about Consolidation〉，刊載於：*Journal of Democracy* 第七冊，第二期，一九九六年，第三十四頁。

14. 參見 Herz 著作：*From Dictatorship to Democracy*。

15. 此種觀點在某些政治學與憲法主義的論辯中，具有隱義，和法學中對法律根據的來源的論辯，緊密相關。參見 Joseph Raz 的著作：*The Authority of Law: Essays on Law and Morality*，New York: Oxford University Press 出版，一九七九年，第二一四頁。

16. 法律手段（legal means）亦即：原則、規範、理念、法規、慣例，以及立法機關、行政機關、裁判和執行。參考 Sally Falk Moore 的：*Law as Progress: An Anthropological Approach*，Boston: Routledge 出版，一九七八年，第五十四頁。有關法定形式（legal forms）的重要性，參考 Issac D. Balbus 的文章：〈Commodity Form and Legal Form: An Essay on the 'Relative Autonomy' of

the Law〉，刊載於：*Law and Society Review*，第二集，一九七七年，第五七一至七二頁。。
17.有關推定論者（constructivist）的方法，參考 Peter L. Berger 與 Thomas Luckmann 合著的：*The Social Construction of Reality: A Treatise in the Sociology of Knowledge*，NewYork: Anchor Books, Doubleday 出版，一九六六年，第十九頁（描述以社會學觀點切入的方式）。有關法律上的推定論，參考 Pierre Bourdieu 的文章：〈The Force of Law: Toward a Sociology of the Juridical Field〉，刊載於：*Hastings Law Journal*，第三十八期，一九八七年，第八〇五、八一四至四〇頁。另可參考 Roberto Mangabeira Unger 的：*False Necessity— Anti-Necessitarian Social Theory in the Service of Radical Democracy*，New York: Cambridge University Press 出版，一九八七年，第二四六至五二頁（分析法律與機關對於環境改變的反應）。有關在建構社區時，法律所扮演的角色，參考 Robert Gordon 的文章：〈Critical Legal Histories〉，刊載於：*Standard Law Review*，第三十六期，一九八四年，第五十七頁。見 John Brigham 的：*The Constitution of Interests: Beyond the Politics of Rights*，New York: New York University Press 出版，一九九六年（討論法律在建構政治運動所扮演的角色）。
18.參考 Dahl 的：*Polyarchy*。亦可參考 David Held 的：*Models of Democracy*，Stanford: Stanford University Press 出版，一九八七年。

第一章

1.參考 Friedrich A. Hayek 的著作：*The Road to Serfdom*，Chicago: University of Chicago Press 出版，一九四四年，第七十二頁（「……政府的所有行為，都受制於固定規範與沿襲而來的規範，也因此能預見政府將如何使用……在特定的權力下，基於此種認知，計畫個人的行為」）。探討民主社會的法治，可用來限制專制的權力，參見 Roger Cotterrell 著作：*The Politics of Jurisprudence: A Critical Introduction to Legal Philosophy*，Philadelphia: University of Pennsylvania Press Jean Hampton，一九八九年，第一一三至一一四頁，文中描述了將國家當成一高於法律的實體之危險。有關法治與民主的關聯，參考 Jean Hampton 著作：*Democracy and the Rule of Law*，出自：*Nomos XXXVI: The Rule of Law*，由 Jan Shapiro 編輯，New York: New York University Press 出版，一九九五年，第十三頁。對於法律的基本要求的古典論述，參見 Lon L. Fuller 著作：*The Morality of Law*，New Haven: Yale University Press 出版，一九六四年，第三十三至三十四頁。Ronald Dworkin 則提供了優秀的當代法治理論，參見 Ronald Dworkin 的著作：*A Matter of Principle*，Cambridge: Harvard University Press 出版，一九八五年，第十一至十二頁（論及法治原則中的「權利觀念」，必須在法典的法條文字中即具有道德權利觀念，這是法律的理想之一。）參見 Frank Michelman 的文章〈Law's Republic〉，刊載於：*Yale Law Journal*，第九十七期，一九八八年，第一四九三頁（提出現代法律對政府的解釋，乃藉由重新詮釋公民共和主義的政治理論而生）。而 Margaret Jane Radin 也描述了現代的法治方式的哲學背景，乃基於下列的假設：（一）法律由規則所構成；（二）規則乃先於特定的案例，較特定的案例為普遍；（三）法律是一種工具（法律的施行，乃是為了達到某種目的）；（四）政府與公民之間，有明確的區隔（既有制訂規則者和施行規則者，也有接受規則者和遵守規則者）；（五）個人能作出理性的選擇，判斷事情之輕重緩急。參考 Margaret Jane Radin 的文章〈Reconsidering the Rule of Law〉，刊載於：*Boston University Law Review*，第六十九期，一九八九年，第七九二頁。參考 Cotterrell 的著作：*Politics of Jurisprudence*，提供有關法律本質的辯論的簡單介紹。參考 Allan C. Hutchinson 與 Patrick Monahan 共同編輯的：*The Rule of Law*，Toronto: Carswell 出版，一九八七年（收錄了幾篇討論法治的文章）。參考 Roger Cotterrell 的文章〈The Rule of Law in Corporate Society: Neumann, Kirchheimer, and the Lessons of Weimar〉，刊載於：*Modern Law Review*，第五十一期，一九八八年，第一二六至三三頁（書評）。
2.有關法治觀念與憲法主義共同主題的早期討論，請參考 A. V. Dicey 的著作：*Introduction to the Study of the Laws of the Constitution*，Indianapolis: Liberty Fund 出版，一九八二年，第一〇七至二二頁。亦可參考 E. P. Thompson 的著作：*Whigs and Hunters: The Origin of the Black Act*，New York: Pantheon Books 出版，一九七五年。
3.參考：*Planned Parenthood v Casey* 一案，*505 US 833, 854* (1992)。參考 Antonin Scalia 的文章〈The Rule of Law as a Law of

Rules〉，刊載於：*University of Chicago Law Review*，第五十六期，一九八九年，第一一七五頁（提倡「一般的法治」乃超越「個人尋求正義的能力」）。

4.參考 H.L.A. Hart 的文章〈Positivism and the Separation of Law and Morals〉，刊載於：*Harvard Law Review*，第七十一期，一九五八年，第五九三頁（定義實證主義）。參考 Lon L. Fuller 的文章〈Positivism and Fidelity to Law--A Reply to Professor Hart〉，刊載於：*Harvard Law Review*，第七十一期，一九五八年，第六三〇頁（批評 Hart 忽略了創制法律時，道德所扮演的角色）。

5.其他在 Franz Neumann 及 Otto Kirchheimer 作品中，有關法治的本質的理論，也把這個時期當作起點。參考 Franz Neumann 的著作：*Behemoth: The Structure and Practice of National Socialism*，Frankfurt am Main: Europäische Verlagsanshalt 出版，一九七七年，第一九三三至四四頁。參考 Franz Neumann 的著作：*The Rule of Law: Political Theory and the Legal System in Modern Society*，Dover: Berg Publishers 出版，一九八六年。參考 William E. Scheuerman 所編輯的：*The Rule of Law under Siege: Selected Essays of Franz L. Neumann and Otto Kirchheimer*，Berkeley: University of California Press 出版，一九六六年。關於這些學者更深入的觀點，請參考 William E. Scheuerman 的著作：*Between the Norm and the Exception: The Frankfurt School and the Rule of Law*，Cambridge: MIT Press 出版，一九九四年，意圖將 Neumann 與 Kirchheimer 的分析，運用在二十世紀資本主義福利國家。

6.參考〈Recent Cases〉一文，刊載於：*Harvard Law Review*，第六十四期，一九五一年，第一〇〇五至〇六頁（引用德國 *Judgment of July 27, 1949*，出自：*Süddeutscher Juristen Zeitung*，一九五〇年，第二〇七頁（Oberlandesgericht [OLG] [Bamberg]）。

7.參考 Fuller 的著作：*Morality of Law*，第二四五頁。

8.有關法律實證主義的意涵，詳細的討論請參考 Federick Schauer 的文章〈Fuller's Internal Point of View〉，刊載於：*Law and Philosophy*，第十三期，一九九四年，第二八五頁。

9.參考 Fuller 的文章〈Positivism and Fidelity to Law〉，第六四二至四三頁、第六五七頁。

10.參考 Fuller 的著作：*Morality of Law*，第九十六至九十七頁。

11.參考 Fuller 的著作，同上。有關實證主意與自然法辯論的討論，請參考 Gustav Radbruch 的著作：*Rechtsphilosophie*，Stuttgart: Koehler 出版，一九五六年。參考 Gustave Radbruch 的文章〈Die Erneurung des Rechts〉，出自：*Die Wandlung*，第二期，一九四七年，第八頁。亦可參考 Markus Dirk Dubber 的文章〈Judicial Positivism and Hitler's Injustice〉，評論了 Ingo Müller 的著作：*Hitler's Justice*，刊載於：*Columbia Law Review*，第九十三期，一九九三年，第一八〇七頁。參考 Fuller 的著作：*Morality of Law*，第二十三頁。

12.有關此歷史論辯的詳細記載，請參考 Stanley L. Paulson 的文章〈Lon l. Fuller, Gustav Radbruch, and the 'Positivist' Thesis〉，刊載於：*Law and Philosophy*，第十三期，一九九四年，第三一三頁。

13.參考 Hart 的文章〈Positivism and the Separation of Law and Morals〉，第六一七至一八頁。

14.參考 Fuller 的著作：*Morality of Law*，第二四五頁。

15.同上。

16.同上，第六四八頁。

17.參考：*Zentenyi-Takacs Law, Law Concerning the Prosecutability of Offenses between December 21, 1944 and May 2, 1990*，匈牙利，一九九一年，翻譯見於：*Journal of Constitutional Law of East and Central Europe*，第一期，一九九四年，第一三一頁。亦可參考 Stephen Schulhofer 及其他人合寫的文章〈Dilemmas of Justice〉，刊載於：*East European Constitutional Law Review*，第一期，第二冊，一九九二年，第十七頁。

18.參考：*Zentenyi-Takacs Law*。

19.參考：*Decision of Dec. 21, 1993*，捷克共和國，憲法法庭，一九九三年（歸檔於美國芝加哥大學的東歐憲法主義研究中心 Center for the Study of Constitutionalism in Eastern Europe, University of Chicago）（*Act on the Illegality of the Communist Regime and Resistance to It*，Act No. 198/1993）。

20. 有關德國的「限制章程」（statute-of-limitations）的辯論，請參考 Adalbert Rückerl 的著作：*The Investigation of Nazi Crimes, 1945-1978: A Documentation*，由 Derek Rutter 翻譯，Heidelberg, Karlsruhe: C. F. Müller 出版，一九七九年，第五十三至五十五頁、第六十六至六十七頁。

21. 參考：*Judgment of March 5, 1992*，Magyar Kozlony No. 23/1992，匈牙利，憲法法庭，一九九二年，翻譯見於：*Journal of Constitutional Law in Eastern and Central Europe*，第一期，一九九四年，第一三六頁。

22. 同上，第一四一頁。

23. 同上，第一四一至一四二頁。

24. 同上，第一四二頁。

25. 比較以下兩者：Ingo Müller 的著作：*Hitler's Justice: The Courts of the Third Reich*，Cambridge: Harvard University Press 出版，一九九一年，第六十八頁、第七十一至一三七頁；以及 Dubber 的著作：*Judicial Positivism and Hitler's Injustice*，第一八一九至二〇頁、第一八二五頁。亦可參考 Richard Weisberg 的著作：*Vichy Law and the Holocaust in France*，New York: New York University Press 出版，一九九六年。詳細的討論，請參考 Symposium〈Nazis in the Courtroom: Lessons from the Conduct of Lawyers and Judges under the Laws of the Third Reich and Vichy France〉，刊載於：*Brooklyn Law Review*，第六十一期，一九九五年，第一一四二至四五頁。有關南非的討論，參考 David Dyzenhaus 的著作：Hard Cases in Wicked Legal Systems: South African Law in the Perspective of Legal Philosophy，New York: Oxford University Press 出版，一九九一年；以及 Stephen Ellman 的著作：*In a Time of Trouble: Law and Liberty in South Africa's State of Emergency*，New York: Oxford University Press 出版，一九九二年。關於拉丁美洲司法的詮釋策略，參考 Mark J. Osiel 的文章〈Dialogue with Dictators: Judicial Resistance in Argentina and Brazil〉，刊載於：*Law and Social Inquiry*，第二十期，一九九五年，第四八一頁。

26. 對於美國和英國方式的廣泛比較，請參考 Anthony J. Sebok 的文章〈Misunderstanding Positivism〉，刊載於：*Michigan Law Review*，第九十三期，一九九五年，第二〇五五頁。有關存有奴隸制度的政權的司法分析，請參考 Robert M. Cover 的著作：*Justice Accused: Antislavery and the Judicial Process*，New Haven: Yale University Press 出版，一九七五年，第二十六至二十九頁、第一二一至二三頁。有關納粹司法的討論，請參考 Müller 的著作：Hitler's Justice。

27. 有關歷史的記載，請參考 Friedrich A. Hayek 的著作：*The Constitution of Liberty*，Chicago: University of Chicago Press 出版，一九六〇年，第一六二至七五頁。有關德國 Rechtsstaat（英譯為 rights state，權利國家）的學術歷史，請參考 Steven B. Smith 的著作：*Hegel's Critique of Liberalism*，Chicago: University of Chicago Press 出版，一九八九年，第一四五至四八頁。

28. 有關暴政與法律的相關討論，請參考 Judith N. Shklar 的著作：*Legalism: Law, Morals, and Political Trials*，Cambridge: Harvard University Press 出版，一九六四年，第一二六至二七頁。

29. 參考 Henry w. Ehrmaan 的著作：*Comparative Legal Cultures*，Englewood Cliffs: Prentice Hall 出版，一九七六年，第四十八至五十頁。參考 James L. Gibson 與 Gregory A. Caldeira 合寫的文章〈The Legal Cultures of Europe〉，刊載於：*Law and Society Review*，第三十期，一九九六年，第五十五至六十二頁。

30. 此種有關法律條件的論述，請參考 Fuller 的文章〈Positivism and Fidelity to Law〉，第六三八至四三頁。亦可參考 Joseph Raz 的著作：*The Concept of a Legal System: An Introduction to the Theory of Legal System*，New York: Oxford University Press 出版，一九七〇年（提供系統式的努力，以明確指出法律的條件）。

31. 參考：*Judgment of Jan. 20, 1992*，Juristenzeitung 13 (1992): 691, 695（F.R.G., Landgericht [LG] [Berlin]）。

32. 參考 Raz 的著作：*Concept of a Legal System*，第二一四頁。

33. 參考 Boaventura De Soisa Santos 的著作：*Toward a New Common Sense: Law, Science, and Politics in the Paradigmatic Transition*，New York: Routledge 出版，一九九五年（在動態的法律／社會關係下，提出法律理論）。

34. 參考 Hans Kelsen 的文章〈The Rule against Ex Post Facto Laws and the Prosecution of the Axis War Criminals〉，出自：*Judge Advocate*

Journal，一九四五年秋、冬，第八至十二頁、第四十六頁（討論紐倫堡大審與其他戰後審判的司法本質）。參考 Bernard D. Meltzer 的文章〈A Note on Some Aspects of the Nuremberg Debate〉，刊載於：*University of Chicago Law Review*，第十四期，一九四七年，第四五五至五七頁（「對抗溯及既往的規則，被嚴格且自動地施行在未發展完全的法律系統［如國際法］之上，理所當然地將會擴大了發展中的群體道德意識、以及拖牛步的法律機構之間的差距」）。參考 Stanley L. Paulsen 的文章〈Classical Legal Positivism at Nuremberg〉，刊載於：*Philosophy and Public Affairs*，第四期，一九七五年，第一三二頁（認為紐倫堡大審拒絕了納粹的辯護，乃因其拒絕古典的法律實證主義，而得以合理化）。參考 Quincy Wright 的文章〈Legal Positivism and the Nuremberg Judgment〉，刊載於：*American Journal of International Law*，第四十二期，一九四八年，第四〇五頁（認為對紐倫堡大審的批評，說該審判引用了追溯過去的法律，乃根植於國際法實證主義的評論）。

35. 參考：*Judgment of March 5, 1992*，於註釋二十一曾引用。

36. 參考：*Act on Procedures concerning Certain Crimes Committed during the 1956 Revolution*，匈牙利，一九九三年。歸檔於美國芝加哥大學東歐憲法主義研究中心。

37. 參考〈保障戰爭時期的平民之日內瓦公約〉〈Geneva Convention Relative to the Protection of Civilian Persons in Time of War〉，一九四九年八月十二日，出自：*Treaties and International Agreements Registered or Files or Reported with the Secretariat of the United Nations*，75, no. 973 (1950)，第二八七頁。參考〈戰爭罪及危害人類罪不適用法定時效公約〉〈Convention on the Non-Applicability of Statutory Limitations to War Crimes and Crimes Against Humanity〉，一九七〇年十一月十一日，出自：*Treaties and International Agreements Registered or Filed or Reported with the Secretariat of the United Nations*，754, no. 10823 (1970), 第七十三頁。

38. 在波蘭，限制章程的問題，在其變成了憲法共識議題時，才得到處理。參考波蘭共和國憲法第四十三條（一九九七年四月二日由國民大會所通過），只要所犯的罪行，構成了戰爭罪或危害人類罪，則不受限制。

39. 參考：*Resolution of the Hungarian Constitutional Court of Oct. 12, 1993 on the Justice Law*，（Case 53/1993），歸檔於東歐憲法主義研究中心，之前位於美國芝加哥大學。

40. 參考：*Border Guards Prosecutions Cases*，（F.R.G., Bundesgerichtshof [BGH]），翻譯見於：*International Law: Reports*，第一百期，一九九五年，第三八〇至八二頁（引源自《國際公民與政治權利公約》，一九九六年十二月十九日；以及：*Treaties and International Agreements Registered or Filed or Reported with the Secretariat of the United Nations*，999 no. 14668 (1976)，第一七一頁，認為國內法律侵犯了國際公約所保障的人權）。參考 Stephan Hobe 與 Christian Tietje 合寫的文章〈Government Criminality: The Judgment of the German Federal Constitutional Court of 24 October 1996〉，出自：*German Yearbook of International Law*，第三十九期，一九九六年，第五二三頁。亦可參考 Krisztina Morvai 的文章〈Retroactive Justice Based on International Law: A Recent Decision by the Hungarian Constitutional Court〉，刊載於：*East European Constitutional Review*，一九九三年秋／一九九四年冬，第三十三頁。參考〈Law on Genocide and Crimes against Humanity Committed in Albania during Communist Rule for Political, Ideological, and Religious Motives〉一文，翻譯見於人權觀察所出版的：*Human Rights in Post-Communist Albania*，New York: Human Rights Watch 出版，一九九六年，app. A（為起訴前共產黨員建立了基礎）。

41. 參考：*Statue of the International Court of Justice, U.S. Statutes at Large* 59 (1945): 1031，第三十八條第一款。關於實證主義者的認知，請參考 Oscar Schachter 的著作：*International Law in Theory and Practice*，Dordrecht, The Netherlands, and Boston: M. Nijhoff 出版，一九九一年，由 Kluwer Academic Publishers 在美國於加拿大銷售，第三十五至三十六頁。有關慣例法對制訂國際法的影響，請參考 Michael Akehurst 的文章〈Customs as a Source of International Law〉，刊載於：*British Yearbook International*，第四十七期（一九七四至一九七五年），第一頁。有關國際法的自然法與實證法之相關討論，請參考 Shklar 的著作：*Legalism: Law, Morals, and Political Trials*，第一二六至二八頁。

42. 參考 J. M. Balkin 的文章〈Nested Oppositions〉，刊載於：*Yale Law Journal*，第九十九期，一九九〇年，第一六六九頁（書評）。

43. 參考：*Judgment of Jan. 20, 1992*，引用於註釋三十一，第六九三頁。

44.參考：Decision of Dec. 21, 1993，引用於註釋十九。

45.關於非自由政治系統中，此類決策的本質的描述，請參考 Carl Schmitt 於其著作：*Political Theology: Four Chapters on the Concept of Sovereignty* 中，有關「決定主義」（decisionism）的討論，由 George Schwab 翻譯，Chicago: University of Chicago Press 出版，一九八五年，第五十三至六十六頁。

46.對這個發展的開端之描述，請參考 Herman Schwartz 的文章〈The New East European Constitutional Courts〉，刊載於：*Michigan Journal of International Law*，第十三期，一九九二年，第七四一頁。參考拙著〈Post-Communist Constitutionalism: A Transitional Perspective〉，刊載於：*Columbia Human Rights Law Review*，第二十六期，一九九四年，第一六七頁。有關東歐憲法法庭的諸多論文，收錄於 Irena Grudzinska-Gross 編輯的：*Constitutionalism in East Central Europe*，Bratislava: Czecho-Slovak Committee of the European Cultural Foundation 出版，一九九四年。亦可參考南非憲法第七章（於本書《第六章憲法正義》中討論）。

47.參考：Judgment of Jan. 20, 1992，引用於註釋三十一，第六九四頁。

48.參考：Judgment of March 5, 1992，引用於註釋二十一。

49.參考拙著〈Post-Communist Constitutionalism〉，第一六九至七六頁。

50.參考 Ethan Klingsberg 的文章〈Judicial Review and Hungary's Transition from Communism to Democracy: The Constitutional Court, the Continuity of Law, and the Redefinition of Property Rights〉，刊載於：*Brigham Young University Law Review*，一九九二年，第六十二頁（討論匈牙利任意現行規則所隱含的特別管道）。在此地區，並非只有匈牙利考慮藉由憲法中的政治人物來參與。

51.參考拙著〈Post-Communist Constitutionalism〉，第一八六至八七頁。

52.參考：*Judgment of March 5, 1992*，引用於註釋二十一。

53.參考 R. M. Dworkin 的著作：*Taking Rights Seriously*，Cambridge: Harvard University Press 出版，一九七七年，第八十四頁。

54.同上，第八十四頁、第一三八頁。

55.有關司法體制的傳統典範，請參考 Martin Shapiro 的著作：*Courts: A Comparative and Political Analysis*，Chicago: University of Chicago Press 出版，一九八一年。亦可參考 Mauro Cappelletti 的著作：*The Judicial Process in Comparative Perspective*，New York: Clarendon Press 出版，一九八九年，第三十一至三十四頁（觀察到法官在詮釋法律時，就「創制」了法律，但將此功能與立法功能區隔，立法必須依照特殊的程序而行）。有關民主政治的司法體系所扮演的角色之古典看法，請參考 Alexander M. Bickel 的著作：*The Least Dangerous Branch*，New Haven: Yale University Press 出版，一九八六年。參考 Jesse H. Choper 的著作：*Judicial Review and the National Political Process*，Chicago: University of Chicago Press 出版，一九八〇年。還可參考 John Hart Ely 的著作：*Democracy and Distrust: A Theory of Judicial Review*，Cambridge: Harvard University Press 出版，一九八〇年。

56.在政治轉變的初期，轉型期國會通常殘留有前一高壓政權的遺跡。參考 Andrew Arato 的文章〈Dilemmas Arising from the Power to Create Constitutions in East Europe〉，刊載於：*Cardozo Law Review*，第十四期，一九九三年，第六七四至七五頁。

57.有關俄國轉型期間缺乏國家中央集權的困境，請參考 Stephen Holmes 的文章〈Can Weak-State Liberalism Survive?〉，於 Colloquium on Constitutional Theory at New York University School of Law 會議所發表，一九九七年春，由本書作者歸檔。

58.參考拙著〈Post-Communist Constitutionalism〉，第一八二至八五頁。

59.參考 Müller 的著作：*Hitler's Justice*，第二〇一頁（討論德國戰後經過妥協的司法體系）。

60.參考 Ronald M. Dworkin 的著作：*Law's Empire*，Cambridge: Harvard University Press, Belknap Press 出版，一九八六年。參考 Bruce R. Douglass、Gerald M. Mara 與 Henry S. Richardson 合著的：*Liberalism and the Good*，New York: Routledge 出版，一九九〇年。

61.參考 Philippe Nonet 與 Philip Selznick 合著的：*Law and Society in Transition*，New York: Harper and Row 出版，一九七八年，第四至五頁。參考 Richard. L. Abel 編輯的：*The Politics of Informal Justice*，New York: Academic Press 出版，一九八二年，第二六七頁。亦可參考 David M. Trubek 的文章〈Turning Away from Law?〉，刊載於：*Michigan Law Review*，第八十二期，一九八四年，

第八二五頁。

62.若欲更進一步探討有關法治的兩相對立觀念，一為自由派觀點，一為批判性法律理論，請參考 Andrew Altman 的著作：*Critical Legal Studies: A Liberal Critique*，Princeton: Princeton University Press 出版，一九九〇年。

第二章

1.參考 Cesare Beccaria 的著作：*On Crimes and Punishments and Other Writings*，Cambridge: Cambridge University Press [1796 初版]，一九九五年出版。參考邊沁（Jeremy Bentham）的著作：*An Introduction to the Principles of Morals and Legislation*，第二卷，Darien, Conn.: Hafner Publishing [1823 初版]，一九七〇年出版（為了眾人之善而將懲罰理論化）。

2.參考 Hyman Gross 的著作：*A Theory of criminal Justice*，New York: Oxford University Press 出版，一九七九年，第四〇〇至四〇一頁。

3.參考 David Lagomarsino 與 Charles T. Wood 合著的：*The Trial of Charles I: A Documentary History*，Hanover, N.H.: University Press of New England 出版，一九八九年，第二十五頁。參考 Michael Walzer 編輯的：*Regicide and Revolution: Speeches at the Trial of Louis XVI*，由 Marian Rothstein 翻譯，New York: Cambridge University Press 出版，一九七四年，第八十八頁。

4.當代的論點，請參考 Diane F. Orentlicher 的文章〈Settling Accounts: The Duty to Prosecute Human Rights Violations of a Prior Regime〉，刊載於：*Yale Law Journal*，第一百期，一九九一年，第二五三七頁。

5.參考 Walzer 及其他所編輯的：*Regicide and Revolution*，第八十八頁。

6.同上，第五頁。

7.同上，第七十八頁。

8.參考 Judith N. Shklar 的著作：*Legalism: Law, Morals and Political Trials*，Cambridge: Harvard University Press 出版，一九六四年，第一四五頁。

9.參考 Otto Kirchheimer 的著作：*Political Justice: The Use of Legal Procedure for Political Ends*，Westport, Conn.: Greenwood Press 出版，一九六一年，第三〇八頁。

10.參考本書作者璐蒂．狄托的文章〈How are the New Democracies of the Southern Cone Dealing with the Legacy of Past Human Rights Abuses?〉，為了美國的外交關係委員會的討論所準備的論文，批評「民主可以合理化懲罰的義務」這種觀點，紐約，一九九〇年五月十七日。

11.有關這些失敗的國家審判，請參考 George Gordon Battle 的文章〈The Trials before the Leipsic Supreme Court of Germans Accused of War Crimes〉，刊載於：*Virginia Law Review*，第八期，一九二一年，第一頁。

12.國際戰犯法庭的籌備委員會（Preparatory Committee on the Establishment of an International Criminal Court）已經採納了一種架構，以利國際刑事法庭的建立。參考 U.N. doc. A/AC.249/1998/CRP.6-18。亦可參考 U.N. doc. A/AC.249/1998/CRP.21。還有 U.N. doc. A/AC.249/1998/CRP.19。參考 U.N. doc. A/AC.249/1998/CRP.3/Rev.1.。至於出版品方面，聯合國的 Diplomatic Conference of Plenipotentiaries on the Establishment of an International Criminal Court 於一九九八年六月十五日至七月十七日，在羅馬開會，以完成並批准一公約，建立國際刑事法庭。參考 Christopher Keith Hall 的文章〈The First Two Sessions of the U.N. Preparatory Committee on the Establishment of an International Criminal Court〉，刊載於：*American Journal of International Law*，第九十一期，一九九七年，第一七七頁。參考 James Crawford 的文章〈The ILC Adopts a Statute for an International Criminal Court〉，刊載於：*American Journal of International Law*，第八十九期，一九九五年，第四〇四頁（討論國際法委員會的章程草案，以建立一個國際刑事法庭）。參考 Bernhard Graefrath 的文章〈Universal Criminal Jurisdiction and an International Criminal Court〉，刊載於：*European Journal of International Law*，第一期，一九九〇年，第六十七頁（討論聯合國意圖設立一國際刑事法庭）。

13. 參考 Norman E. Tutorow 所編輯的：*War Crimes, War Criminals, and War Crimes Trials: An Annotated Bibliography and Source Book*，New York: Greenwood Press 出版，一九八六年。

14. 參考註釋十二。

15. 最惡名昭彰的一個範例，就是美國在尼加拉瓜控告美國時，婉拒了司法管轄權，參考：*Nicaragua v United States* 一案，1984 ICJ 392 (1984)。

16. 參考 Aryeh Neier 的著作：*War Crimes: Brutality, Genocide, Terror, and the Struggle for Justice*，New York: Times Books 出版，一九九八年。

17. 採納這個立場的評論家，請參考 Hannah Arendt 的著作：*Eichmann in Jerusalem: A Report on the Banality of Evil*，New York: Penguin Books 出版，一九六四年。

18. 聯合國大會的：*International Law Commission: Report on the Principles of the Nuremberg Tribunal*，Principle I, A/1316 (1950)。

19. 同上。紐倫堡大審原則的第三條（Principle III）指出：「一個人若犯下了國際法所規定的罪行，就算是國家元首或政府官員，皆不得免除其在國際法規定下所應負的刑責。」

20. 紐倫堡大審以及接下來的一個案例：*Einsatzgruppen case, Trials of War Criminals before the Nuremberg Military Tribunals under Control Council, No. 10*，vols. 4-5 (Washington D.C.: GPO,1949-1953)，拒絕了適當順從的抗辯（due-obedience defense），也拒絕了「唯長官是問」（拉丁文 respondeat superior，意即長官應對下屬職務範圍內之行為負責）的理論，也就是過失乃屬於發號施令者。相反的理論：「絕對責任」（absolute liability），也就是說上級的命令無法合理化違法的行為，在 *Mitchell v. Harmony* 一案被建立，13 How 115 (1851)，而且該理論後來被納入了紐倫堡原則的第八條當中。依據明顯的違法標準（manifest illegality standard），如果一個有理性的人認為上級命令很明顯的違法，則不應允許「適當順從」（due obedience）。紐倫堡大審原則的第四條指出：「若某人依據其政府或上級的命令而行事，只要實際上其仍具有道德的選擇餘地，並不能免除其國際法所規定的責任。」

21. 參考：*Judgment in the Tokyo War Crimes Trial, 1948*，部分重新刊印於 Richard Falk、Gabriel Kolko 與 Robert Jay Lifton 共同編輯的：*Crimes of War: A Legal, Political Documentary, and Psychological Inquiry into the Responsibility of Leaders, Citizens, and Soldiers for Criminal Acts in Wars*，New York: Random House 出版，一九七一年，第一一三頁。山下將軍（General Yamashita）的上訴，由美國最高法院審理，確立了這個原則，參考：In re Yamashita, 327 US 一案，327 US 1, 13-18 (1945)。

22. 參考：*Unites Sates v Wilhem von Leed* 一案，重新刊印於：*XI Trials of War Criminals before the Nuremberg Military Tribunals under Control Council Law No. 10, 462 (1950)*，*(High Command Case)*。參考：*United States v Wilhem List*，重新刊印於：*XI Trials of War Criminals before the Nuremberg Military Tribunals under Control Council Law No. 10, 1230 (1950)*，*(Hostage Case)*。

23. 參考 Telford Taylor 的著作：*Nuremberg and Vietnam: An American Tragedy*，Chicago: Quadrangle Books 出版，一九七〇年。亦可參考 Falk、Kolko 與 Lifton 共同編輯的：*Crimes of War*，第一七七至四一五頁。

24. 參考：*United States v Calley* 一案，46 CMR 1131(1973)。亦可參考 Gary Komarow 的文章〈Individual Responsibility under International Law: The Nuremberg Principles in Domestic Legal Systems〉，刊載於：*International and Comparative Law Quarterly*，第二十九期，一九八〇年，第二十六至二十七頁，對於：Calley 一案有簡單的討論。

25. 參考第一議定書（Protocol I）：〈Protocol Additional to the Geneva Conventions of 12 August 1949 and Relating to the Protection of Victims of International Armed Conflicts〉，一九七七年六月八日，出自：*Treaties and International Agreements Registered or Filed or Reported with the Secretariat of the United Nations*，1125, no. 17512 (1979)，第六〇九頁。

26. 學術性的討論，請參考 Theodor Meron 的著作：*War Crimes Law Comes of Age: Essays*，Oxford: Clarendon Press 出版，一九九八年。

27. 參考 Telfor Taylor 的著作：*The Anatomy of the Nuremberg Trials: A Personal Memoir*，New York: Knopf 出版，一九九二年。

28. 同上。

29.參考 Jaime Malamud-Goti 的著作：*Game without End: State Terror and the Politics of Justice*，Norman: University of Oklahoma Press 出版，一九九六年。

30.參考 Helsinki Watch 所出版的：*War Crimes in Bosnia-Hercegovina*，第一卷，New York: Human Rights Watch 出版，一九九二年。（Helsinki Rights Watch 的報告）。

31.參考：*Proceedings of Las Malvinas Trial*，檔案由作者收藏。

32.參考〈Four Hardline Communists Investigated over 1968 Prague Invasion〉一文，出自路透社（*Reuters*），一九九〇年四月十七日，見於 Lexis, News Library, Reuters File。參考〈August 1968- Gateway to Power for Number of Politicians〉一文，出自：*CTK National News Wire*，一九九八年八月十八日，見於 Lexis, News Library, CTK File。

33.參考：*Act on the Illegality of the Communist Regime and Resistance to It*，Act No. 198/1993，捷克共和國，一九九三年。

34.參考〈Velvet Justice for Traitors Who Crushed 1968 Prague Spring〉一文，出自：*The Telegraph*，一九九八年八月二十三日，布拉格（報導說儘管經過了八年的調查，仍然無法定罪）。

35.參考〈Polish Politicians Ask for Trial for Martial Law Instigators〉一文，路透社（*Reuters*），一九九一年十二月九日，見於 Lexis, News Library, Reuters File。亦可參考 Tadiusz Olszaski 的文章〈Communism's Last Rulers: Fury and Fate〉，出自「華沙之聲」（*Warsaw Voice*），一九九二年十一月十八日，見於 Lexis, News Library。有關 Jaruzelski 及其他人的證詞，請參考 RFE/RL *Daily Report*No. 49，一九九三年三月十二日，第四頁。亦可參考〈Walesa to Testify on Martial Law〉一文，出自：*Polish News Bulletin*，一九九四年五月二十五日，政治版。

36.在出版時，Jaruzelski 因為健康緣故，得以免除審判。參考〈Jaruzelski Will Not Be Tried〉一文，出自：*Polish News Bulletin*，一九九七年七月九日，政治版。最近所釋出的控告文件，有可能強化了尋求審判者的立場。參考〈Constitutional Accountability Commission Meets〉一文，出自：*Polish News Bulletin*，一九九四年十月二十六日。參考〈Russian Dissident accuses Jaruzelski〉一文，出自：*Polish News Bulletin*，一九九八年五月二十日，政治版。亦可參考 Tad Szulc 的文章〈Unpleasant Truths about Eastern Europe〉，*Carnegie Endowment for International Peace, Foreign Policy*，一九九六年三月二十二日，見於 Lexis, News Library。

37.參考 Michael Shields 的文章〈Hungary Gets Ready to Try the Communist Villains of 1956〉，路透社（*Reuters*），一九九一年十一月五日，歸檔於 Lexis, News Library, Reuters File。亦可參考 Jane Perlez 的文章〈Hungarian Arrests Set Off Debate: Should '56 Oppressors Be Punished?〉，刊載於《紐約時報》（*New York Times*），一九九四年四月三日，歸檔於 Lexis, News Library。

38.參考：*Constitutional Court Decision on the Statute of Limitations*，No. 2086/A/1991/14，匈牙利，一九九二年。

39.參考：*Act on Procedures Concerning Certain Crimes Committed during the 1956 Revolution*，匈牙利，一九九三年，存檔於美國芝加哥大學東歐憲法主義研究中心（Center for the Study of Constitutionalism in Eastern Europe, University of Chicago）。一九九三年十一月三日，有關當局下令調查一九五六年的屠殺事件，因為「懷疑此乃屬於危害人類罪行」。自從該法規通過後，逮捕、審判與定罪就一直持續進行。參考〈Court Convicts Defendants for War Crimes in 1956 Uprising〉一文，出自：*BBC Summary of World Broadcasts*，一九九七年一月十八日，歸檔於 Lexis, News Library。亦可參考〈Hungary Arrests More in 1956 Shootings Probe〉一文，路透社（*Reuters*），一九九四年二月十一日，歸檔於 Lexis, News Library, Reuters File。

40.參考《聯合國禁止或限制使用可能造成重大傷害或大規模破壞的特定傳統武器公約》〈United Nations Convention on Prohibitions or Restrictions on the Use of Certain Conventional Weapons Which May Be Deemed to Be Excessively Injurious or to Have Indiscriminate Effects〉，一九八〇年十月十日，出自：*Treaties and International Agreements Registered or Filed or Reported with the Secretariat of the United Nations*，1342, no. 22495 (1983)，第一三七頁。第一議定書（Protocol I，Protocols Additional to the Geneva Conventions of 12 August 1949 and Relating to the Protection of Victims of International Armed Conflicts）。參考〈Geneva Convention Relative to the Protection of Civilian Persons in Time of War〉，出自：*Treaties and International Agreements Registered or Filed or Reported with the*

Secretariat of the United Nations 75，no. 973 (1950)，第二八七頁。深入的分析，請參考 Theodor Meron 的著作：*Human Rights and Humanitarian Norms as Customary Law*，New York: Oxford University Press 出版，一九八九年（擴張國際與國內爭端時的危害人類罪的範疇）。

41. 參考：*Rome Statue of the International Criminal Court*，U.N. doc. A/Conf. 183/9，一九九八年七月十七日，第七條（定義「危害人類罪」為「廣泛或有系統的針對任何平民的攻擊行為」）。相關例證請參考 Helsinki Watch 出版的：*War Crimes in Bosnia-Hercegovina*（報導巴爾幹半島所發生的危害人類罪行）。參考：*Statute of International Criminal Tribunal for the Former Yugoslavia*，第五條，附註於聯合國大會的：*Report of the Secretary-General Pursuant to Paragraph 2 of the U.N. Security Council Resolution*，808, S/25704 (1993)，重新刊印於：International Legal Materials，第三十二期，一九九三年，第一一五九頁、第一一九三至九七頁。各種構成危害人類罪的行為包括「謀殺，消滅，奴役，放逐，監禁，凌虐，強暴，因政治，種族、宗教原因的迫害，以及其他不人道的行為」。專家委員會（Commission of Experts）的理解為國際法庭對危害人類罪具有管轄權，無論該罪行發生於「國際」或「國內」爭端。依據國際慣例法，對危害人類罪和種族屠殺，都具有管轄權。參見：*Final Report of the Commission of Experts Established Pursuant to Security Council Resolution 780*，S/1994/674 (1992)，at 13。參考：*Prosecutor v Tadic* 一案，Case No. IT-94-1-AR72，Decision on the Defense Motion for Interlocutory Appeal on Jurisdiction (Appeals Chamber, International Criminal Tribunal for the Former Yugoslavia，一九九五年十月二日)，重新刊印於：*International Legal Materials*，第三十五期，一九九六年，第三十二頁。然而，上訴內庭（appeals chamber）界定了其對「重大侵害」（grave breaches）的解釋，堅持國際武裝爭端屬於該種違法行為。法庭的管轄權延伸至那些並非由國家代理人所犯的罪行，只要是和國家相關的即可。該法庭的章程包含在聯合國安理會之內，：*Report of the Secretary-General Pursuant to Paragraph 2 of U.N. Security Council Resolution 808*，一九九三年，重新刊印於：*International Legal Materials*，第三十二期，一九九三年，第一一五九頁。第二條有關國際戰犯法庭的效力規定：「國際戰犯法庭具有權力，得起訴任何違反或被命令違反一九四九年八月十二日的日內瓦公約所規定之重大侵害之罪犯。」接下來還列出了特定的罪行。第七條將「危害人類罪」定義為屬於「廣泛或有系統的針對任何平民的攻擊行為」的一部分。

42. 舉例來說，人權觀察（Human Rights Watch）自前南斯拉夫的爭端一開始之際，就持續記錄該地區的人權侵害事件，出版了詳細的敘述，並呼籲起訴這些戰犯。參考 Helsinki Watch 出版的：*War Crimes in Bosnia-Hercegovina*，vols. 1, 2。

43. 參考湯恩比（Arnold J. Toynbee）的著作：*Armenian Atrocities: The Murder of a Nation*，New York: Tankian 出版，一九七五年。亦可參考 Dickran Boyajian 的著作：*Armenia: The Case for a Forgotten Genocide*，Westwood, N.J.: Educational Book Crafters 出版，一九七二年。

44. 參考 Symposium ：〈1945-1995 Critical Perspectives on the Nuremberg Trials and State Accountability〉，出自：*New York Law School Journal of Human Rights*，第十二期，一九九五年，第四五三頁。參考 Inge S. Neumann 的著作：*European War Crimes Trials*，由 Robert A. Rosenbaum 編輯，New York: Carnegie Endow7ment for International Peace 出版，一九五一年。參考 Randolph L. Braham 編輯的：*Genocide and Retribution*，Boston: Kluwer-Nijhoff 出版，一九八三年。完整的參考書目，參見 Tutorow 編輯的：*War Crimes, War Criminals, and War Crimes Trials* ；還有 Neumann 的著作：*European War Crimes Trials*。亦可參考 Owen M. Kupferschmid Holocaust and Human Rights Project Seventh International Conference，〈Judgments on Nuremberg: The Past Half Century and Beyond—A Panel Discussion of Nuremberg Prosecutors〉，出自：*Boston College Third World Law Journal*，第十六期，一九九六年，第一九三頁。參考 Symposium ：〈Holocaust and Human Rights Law: The Fourth International Conference〉，出自：*Boston College Third World Law Journal*，第十二期，一九九二年，第一頁。

45. 參考 Adalbert Rückerl 的著作：*The Investigation of Nazi Crimes: 1945-1978: A Documentation*，由 Derek Rutter 翻譯，Heidelberg, Karlsruhe: C. F. Müller 出版，一九七九年。參考〈5570 Cases of Suspected Nazi Crimes Remain Open〉一文，出自：*This Week in Germany*，一九九六年五月三日（報導說有十萬六千一百七十八人被起訴，六千四百九十四人被定罪）。

46. 有關 Klaus Barbie 的審判，請參考：*Fédération Nationale des Déportés es Internés Résistants et Patriotes v Barbie* 一案，78 ILR 125，(Fr., Cass. Crim., 1985)。審判 Paul Touvier 的危害人類罪，判決結果為終身監禁。參考 Alan Riding 的文章〈Frenchmen Convicted of Crimes against the Jews in '44〉，刊載於《紐約時報》（*New York Times*），一九九四年四月二十日，A3 版。參考：*Judgment of Apr. 20, 1994, Cour d'assises des Yvelines*。Maurice Papon 當時已經八十七歲，因協助將猶太人送入集中營，而被判十年監禁。其他對危害人類罪的控訴，乃是針對 Jean Leguay、Rene Bousquet 而提出，兩人皆在審判期間死亡。參考 Judgment of Oct. 21, 1982, Cass. Crim.。參考 Bernard Lambert 的著作：*Bousquet, Papon, Touvier, Inculpés de crimes contre l'humanité: Dossiers d'accusation*，Paris: Federation Nationale des Deportés et Internés Résistants et Patriotes 出版。

47. 參考 Timothy L. H. McCormack 與 Jerry J. Simpson 的文章〈The International Law Commission's Draft Code of Crimes against the Peace and Security of Mankind: An Appraisal of the Substantive Provisions〉，刊載於：*Criminal Law Forum*，第四期，一九九四年，第一頁。參考 Ronnie Edelman 及其他合撰的〈Prosecuting World War II Persecutors: Efforts at an Era's End〉一文，刊載於：*Boston College Third World Law Journal*，第十二期，一九九二年，第一九九頁。

48. 有關希臘審判的討論，請參考 Nikiforos Diamandouros 的文章〈Regime Change and the Prospects for Democracy in Greece: 1974-1983〉，出自：*Transitions from Authoritarian Rule: Comparative Perspectives*，由 Guillermo O'Donnell 及其他共同編輯，Baltimore: Johns Hopkins University Press 出版，一九九一年，第一三八頁。有關葡萄牙轉型期的討論，請參考 Kenneth Maxwell 的文章〈Regimes Overthrow and the Prospects for Democratic Transition in Portugal〉，出自：*Transitions from Authoritarian Rule: Southern Europe*，由 Guillermo O'Donnell 及其他共同編輯，Baltimore: Johns Hopkins University Press 出版，一九九一年，第一〇九至三七頁。參考 John H. Herz 編輯：*From Dictatorship to Democracy: Coping with the Legacies of Authoritarianism and Totalitarianism*，Westport, Conn.: Greenwood Press 出版，一九八二年。

49. 參考：*Border Guards Prosecution Case, International Law Reports 100*，一九九五年，第三六六頁、第三七〇頁。有關這些案例的討論，請參考 Stephan Hobe 與 Christian Tietje 合撰的〈Government Criminality: The Judgment of the German Federal Constitutional Court of 24 October 1996〉一文，刊載於：*Germany Yearbook of International Law*，第三十九期，一九九六年，第五二三頁。媒體工作者對該區域的反應所做的比較，請參考 Tina Rosenberg 的著作：*The Haunted Land*，New York: Random House 出版，一九九六年。

50. 參考 Symposium ：〈1945-1995 Critical Perspectives on the Nuremberg Trials and State Accountability〉，第四五三頁（敘述衣索比亞的審判）。

51. 參考〈Trial of 51 on Rwandan Genocide Charges Opens in Byumba〉，法新社（*Agence France-Presse*），Kigali，一九九八年三月十八日。亦可參考 Payam Akhavan 的文章〈The International Criminal Court Tribunal for Rwanda: The Politics and Pragmatics of Punishment〉，刊載於：*American Journal of International Law*，第九十期，一九九六年，第五〇一頁。

52. 有關選擇性起訴的論點，請參考 Diane F. Orentlicher 的文章〈Settling Accounts: The Duty to Prosecute Human Rights Violations of a Prior Regime〉，刊載於：*Yale Law Journal*，第一百期，一九九一年，第二五三七頁。亦可參考 Guillermo O'Donnell 與 Philippe C. Schmitter 合著的：*Transitions from Authoritarian Rule: Tentative Conclusions about Uncertain Democracies*，Baltimore: Johns Hopkins University Press 出版，一九八六年，第二十九至三十頁（討論希臘的選擇性起訴）。

53. 參考 H.L.A. Hart 的著作：*Punishment and Responsibility: Essays in the Philosophy of Law*，Oxford: Clarendon Press 出版，一九六八年。

54. 對這些問題的進一步探討，請參考 Sanford Levinson 的文章〈Responsibility for Crimes of War〉，出自：*War and Moral Responsibility*，由 Marshall Cohen 及其他共同編輯，Princeton: Princeton University Press 出版，一九七四年，第一〇四頁。參考 Richard Wasserstrom 的文章〈The Responsibility of the Individual for War Crimes〉，刊載於：*Philosophy, Morality, and International Affairs*，由 Virginia Held 及其他共同編輯，New York: Oxford University Press 出版，一九七四年，第四十七頁。亦可參考 Dennis

F. Thompson 的文章〈Criminal Responsibility in Government〉，刊載於：*Criminal Justice: Nomos XXVII*，由 Roland Pennock 與 John W. Chapman 共同編輯，New York: New York University Press 出版，一九八五年，第二〇一至四〇頁。

55. 參考：*Constitutional Court Decision on the Statute of Limitations*，No. 2086/A/1991/14，匈牙利，一九九二年，翻譯見於：*Journal of Constitutional Law in Eastern and Central Europe*，第一期，一九九四年，第一二九頁、第一三六頁。參考波蘭共和國憲法第四十三條。

56. Alexandru Draghici 在尚未被審判其謀殺罪前，就逃到匈牙利，而匈牙利拒絕引渡他，引用了三十年法定時效的規定。參考〈Romanian Court Delays Trial of Ex-Securitate Boss〉，路透社（*Reuters*），一九九三年六月二十八日，歸檔於 Lexis, News Library, Reuters File。

57. 波蘭的國會於一九九一年十一月解除了一九四六年至一九五二年犯罪的法定時效，以利推動新的刑事程序。參考〈Former Security Officers Go to Trial for Torturing Prisoners〉，出自：*UPI*，一九九三年十月十三日，歸檔於 Lexis, News Library, UPI File。

58. 參考：*Law on the Illegality of the Communist Regimes*，Act No. 198/1993 Sb（捷克斯洛伐克聯邦共和國，一九九三年）。

59. 參考〈Erich Mielke Sentenced to Six Years for 1931 Murders; Faces Other Charges〉一文，刊載於：*This Week in Germany*，一九九三年十月二十九日，第二頁。

60. 參考 Adrian Dascalu 的文章〈Romania Jails Eight for 1989 Timisoara Uprising Massacre〉，路透社（*Reuters*），一九九一年十二月九日，歸檔於 Lexis, News Library, Reuters File。

61. 前布拉格共黨頭子 Miroslav Stepan，在一九九〇年被審判並定罪。參考〈Prague's Ex-Party Boss Guilty of Abuse of Power〉一文，《芝加哥論壇報》（*Chicago Tribune*），一九九〇年七月十日，§ 1, p. 4。歷任的內政部長 Frantisek Kincl、Alojz Lorenc 和 Karel Vykypel 在一九九二年十月被定罪。參考〈Czechs Allow Prosecution of Communist Crimes〉一文，路透社（*Reuters*），一九九三年七月十日，歸檔於 Lexis, News Library, Reuters File。亦可參考〈August 1998—Gateway to Power for Number of Politicians〉一文，刊載於：*CTK National News Wire*，一九九八年八月十八日，歸檔於 Lexis, News Library, CTK File。

62. 參考 Howard Witt 的文章〈Russians Whitewash Blame for 1991 Coup〉，刊載於《芝加哥前鋒報》（*Chicago Tribune*），一九九四年八月十二日，§ 1, p. 1。被稱之為「世紀大審」（Trial of the Century）的審判，於一九九三年四月開始，最後以宣判其中一名被告無罪而結束，該名被告拒絕了一九九四年二月的特赦，堅持其無罪。

63. 參考〈Quested Bulgarian Gets 7-Year Term for Embezzlement〉，刊載於《紐約時報》（*New York Times*），一九九二年九月五日，A2 頁。亦可參考〈Bulgarian Former Prime Minister Sentenced to Ten Years〉一文，出自路透社（*Reuters*），一九九二年十一月三日，歸檔於 Lexis, News Library, Reuters File。然而，該國的最高法院駁回了七年的刑期，並於一九九六年釋放 Zhivkov。參考美國國務院的：*Human Rights Country Reports*，一九九七年。

64. 參考〈Last Communist President Jailed for Five Years〉，出自法新社（*Agence France-Presse*），一九九四年七月二日，歸檔於 Lexis, News Library, Curnws File。

65. 參考〈Former German Labor Boss Convicted of Fraud, Released〉，刊載於《華盛頓郵報》（*Washington Post*），一九九一年六月七日，A18 頁。

66. 參考〈Czech Republic: Slovakia Asked about Communist's Tax Exemption〉一文，路透社（*Reuters*），一九九五年一月三十日，歸檔於 Lexis, News Library, Reuters File。

67. 參考 Yuri Feofanov 的文章〈The Establishment of the Constitutional Court in Russia and the Communist Party Case〉，刊載於：*Review of Central and East European Law*，第十九期，第六卷，一九九三年，第六二三至六三七頁。檢察官解釋審判的目標與司法策略的記者會的英文記錄，請參考：*Official Kremlin International News Broadcast*，一九九二年七月六日，歸檔於 Lexis, News Library。媒體工作者的敘述，請參考 David Remnick 的文章〈The Trial of the Old Regime〉，刊載於：*New Yorker*，一九九二年十一月三十日，第一〇四頁。

68.參考 Taylor 的著作：*Anatomy of the Nuremberg Trials*，第三十五至三十六頁。雖然最終還是回歸到行政程序。參考本書第五章《行政正義》。

69.參考：*Proclamation Establishing the Office of the Special Prosecutor*，序文，No. 22/1992，衣索比亞，一九九二年。

70.希臘的「凌虐者」(torturers) 大審，長久以來一直被人權分析家當成承繼政權的正義 (successor justice) 典範。參考 Orentlicher 的文章〈Settling Accounts〉，第二五九八頁。有關希臘軍事審判的詳細敘述，請參考國際特赦組織 (Amnesty International) 出版的：*Torture in Greece: The First Torturer's Trial, 1975*，London: Amnesty International 出版，一九七七年。有關希臘的選擇性起訴的討論，請參考 O'Donnell 與 Schmitter 合著的：Transitions: Tentative Conclusions，第二十九至三十頁。

71.參考 Rückerl 的著作：*Investigation of Nazi Crimes*，第四十八頁、第一三七頁。

72.參考〈Judgment of Jan. 20, 1992〉，出自：*Juristenzeitung*，第十三期，一九九二年，第六九一頁、第六九二頁 (F.R.G. Landgericht [LG] [Berlin])。參考 Stephen Kinzer 的文章〈2 East German Guards Convicted of Killing Man as He Fled to West〉，刊載於《紐約時報》(New York Times)，一九九二年一月二十一日，國際版。

73.儘管前共黨頭子 Egon Krenz 以及共黨的理論家 Kirt Hager 都受到起訴，但很難整理出證據以證明他們和槍擊有關。前首相 Willi Stoph，以及前任秘密警察頭子 Erich Mielke，因健康原因而不被審判。參考 Steven Kinzer 的文章〈Honecker Release Is Now Expected〉，刊載於《紐約時報》(*New York Times*)，一九九三年一月八日，國際版。對 Honecker 的控訴，之後很快就被撤銷。參考 Steven Kinzer 的文章〈Germany Frees Ailing Honecker, Who Flies to Chile〉，刊載於《紐約時報》(*New York Times*)，一九九三年一月十四日，國際版。三位剩下來的被告：Streletz、Albrecht 與 Kessler，於一九九三年九月十六日被定罪，但因為健康因素而被釋放。參考 Rick Atkinson 的文章〈3 Ex-East German Officials Sentenced; Former Top Communists Found Guilty in Deaths of Refugees〉，刊載於《華盛頓郵報》(*Washington Post*)，一九九三年九月十七日。參考 Leon Mangasarian 的文章〈East German Leaders Found Guilty of Wall Killings but Set Free〉，出自：*UPI*，一九九三年九月十六日，歸檔於 Lexis, News Library, UPI File。Egon Krenz 和其他五位政治局 (Politburo) 的成員，因柏林圍牆殺人罪而被起訴。Krenz 於一九九七年八月被定罪，刑期為六年半。其他兩位政治局高層人員被判三年。參考〈Senior East German Officers Jailed for Berlin Wall Killings〉一文，刊載於：*Deutsche Presse Agentur*，一九九八年三月二十六日，歸檔於 Lexis News Library。「至一九九七年止，已經有五十次審判，起訴了約一百左右的士兵、軍官和政府官員，這些人都被控與柏林圍牆槍擊事件相關。其中五十五人被定罪。多數被判短期的監禁或緩刑。」參考 Edmund Andrews 的文章〈Honecker's Successor Jailed for Wall Killings〉，刊載於《國際前鋒報》(*International Herald Tribune*)，一九九七年八月二十六日，歸檔於 Lexis, News Library。有關這些案件的學理討論，請參考：*Germany Yearbook of International Law*，第三十六期，柏林，一九九三年，第四十一頁。媒體工作者的敘述，請參考 Rosenberg 的著作：*Haunted Land*。

74.起訴 Jorge R. Videla 及其他人的司法程序，本來是呈交至依據第一五八號命令所成立的「部隊最高議會」(Supreme Council of the Armed Forces pursuant to Decree No. 158)。參考：*Judgment of December 9, 1985*，secs. 308-314 (Federal Criminal and Correctional Court of Appeals，布宜諾斯艾利斯聯邦地區)，翻譯並重新刊印於 Alejandro M. Garro 與 Henry Dahl 合撰的文章〈Legal Accountability for Human Rights Violations in Argentina: One Step Forward and Two Steps Backward〉，刊載於：*Human Rights Law Journal*，第八期，一九八七年，第四一七至一八頁。參考 Paula K. Speck 的文章〈The Trial of the Argentine Junta: Responsibilities and Realities〉，*Inter-American Law Review*，第十八期，一九八七年，第四九一頁。

75.參考：*Judgment of December 30, 1986*，secs. 23-29, 48-49 (阿根廷最高法院，布宜諾斯艾利斯)，翻譯並重新刊印於 Garro 與 Dahl 合撰的文章〈Legal Accountability for Human Rights Violations in Argentina〉，第四三五至三九頁。

76.有關軍方在受到威脅時，如何封閉軍隊的一切，請參考 Jaime Malamud-Goti 的文章〈Trying violators of Human Rights: The Dilemma of Transitional Democratic Government〉，出自：*State Crimes: Punishment or Pardon*，Queenstown, Md.: Aspen Institute 出版，一九八九年，第七十一至八十八頁。

77.參考 John Merryman 的著作：*The Civil Law Tradition*，Stanford: Stanford University Press 出版，一九八五年。

78.參考 § 155 (II) StPO（法庭被要求要獨立作業）。參考：*German Code of Criminal Procedure*，vol. 10 (C)，證據原則〈Principles of Proof〉。參考 John H. Langbein 的著作：*Comparative Criminal Procedure: Germany*，St. Paul: West Publishing 出版，一九七七年。

79.參考 Sheldon Glueck 的著作：*War Criminals: Their Prosecution and Punishment*，New York: Knopf 出版，一九四四年，第十九至三十六頁，有關根據凡爾賽和約來處置德國戰犯的歷史記載。亦可參考 James F. Willis 的著作：*Prologue to Nuremberg: The Politics and Diplomacy of Punishing War Criminals of the First World War*，Westport, Conn.: Greenwood Press 出版，一九八二年，第一一六至三九頁，第一七四至七六頁（討論戰後為了懲罰而付出的努力）。

80.參考 Frank M. Buscher 的著作：*The U.S. War Crimes Trial Program in Germany, 1946-1955*，New York: Greenwood Publishing Group 出版，一九八九年，第六十二至六十四頁。

81.參考 Herz 編輯的：*From Dictatorship to Democracy*。

82.參考國際特赦組織（Amnesty International）出版的：*Torture in Greece*，第六十五頁。參考 Diamandouros 的文章〈Regime Change and the Prospects for Democracy in Greece: 1974-1983〉，第一三八至六十四頁、第一六一頁。

83.參考〈Argentine Seeks Rights-Trial Curb: Alfonsin Urges a time Limit on Prosecution for Abuses under Military Rule〉一文，刊載於《紐約時報》（*New York Times*），一九八六年十二月六日，國際版。亦可參考〈200 Military Officers Are Pardoned in Argentina〉一文，刊載於《紐約時報》（*New York Times*），一九八九年十月八日，國際版，第十二頁。有關第二次的赦免行為，請參考 Shirley Christian 的文章〈In Echo of the 'Dirty War,' Argentines Fight Pardons〉，刊載於《紐約時報》（*New York Times*）一九九〇年十二月二十八日，國際版，A3 頁。亦可參考 Americas Watch 的：*Truth and Justice in Argentina: An Update*，New York: Human Rights Watch 出版，一九九一年。參考 Carlos Nino 的文章〈The Duty to Punish Past Abuses of Human Rights Put into Context: The Case of Argentina〉，刊載於：*Yale Law Journal*，第一百期，一九九一年，第二六一九頁。阿根廷近年來的發展挑戰了這種趨勢，參考〈President Says He Won' t Veto Repeal of Amnesty Laws〉一文，出自法新社（*Agence France-Presse*），布宜諾斯艾利斯，一九九八年三月二十六日。參考 Marcela Valente 的文章〈Rights-Argentina: Dissatisfaction with Repeal of Amnesty Laws〉，出自：*Inter Press Service*，布宜諾斯艾利斯，一九九八年三月二十五日。

84.有關邊界警衛案件的綜覽，請參考 Micah Goodman 的文章〈After the Wall: The Legal Ramifications of the East German Border Guard Trials in Unified Germany〉，刊載於：*Cornell International Law Journal*，第二十九期，一九九六年，第七二七頁。亦可參考〈Former Albanian President Has Sentence Cut by Three Years〉一文，刊載於法新社（*Agence France-Presse*），一九九四年十一月三十日，見於 Lexis, News Library AFP File。參考 Henry Kamm 的文章〈President of Albania Rebuffed on Charter〉，刊載於《紐約時報》（*New York Times*），一九九四年十二月一日，見於 Lexis, News Library。參考〈28 Communist Officials Tried for Anticonstitutional Activity〉一文，刊載於：*CTK National News Wire*，見於 Lexis, News Library, CTK File（對前捷克斯洛伐克財政部長們 Zak 與 Ler 的判刑）。參考〈Romanians Protest over Communist Bosses Release〉一文，出自：*Reuters World Service*，一九九四年九月二十一日，見於 Lexis, News Library, Reuters File。

85.參考 Human Rights Watch Americas 的：*Unsettled Business: Human Rights in Chile at the Start of the FREI Presidency*，New York: Human Rights Watch 出版，一九九四年，第一至四頁。

86.參考：*Azanian Peoples Organisation (AZAPO) and Others v President of the Republic of South Africa and Others* 一案，1996 (8) BCLR 1015 (CC)，確認特赦法案的合憲性。參考 Lourens du Plessis 的文章〈Amnesty and Transition in South Africa〉，出自：*Dealing with the Past: Truth and Reconciliation in South Africa*，由 Alex Boraine 及其他共同編輯，Cape Town: Institute for Democracy in South Africa 出版，一九九四年。

87.設立該法庭的目的，乃是為了「起訴自一九九一年來，於前南斯拉夫領土內，犯下嚴重危害國際人權法罪行的人士」。參考：*Report of the Secretary-General Pursuant to Paragraph 2 of the U.N. Security Council Resolution*，808, 2/25704，一九九三年。

88. 參考：*International Tribunal for the Prosecution of Persons Responsible for Serious Violations of International Humanitarian Law Commited in the Territory of the Former Yugoslavia since 1991: Rules for Procedure and Evidence*，規則第六十一條，重新刊印於：International Legal Materials，第三十三期，一九九四年，第五一九頁。提及「特別起訴」（super-indictment），乃是該法庭的內部行為。參考南斯拉夫法庭副檢察官 Graham Blewitt 與作者的面談，於美國紐約市的 Waldorf Astoria Hotel 進行，一九九五年四月七日。

89. 參考 Joel Feinberg 的著作：*Doing and Deserving—Essays in the Theory of Responsibility*，Princeton: Princeton University Press 出版，一九七〇年。亦可參考 Joel Feinberg 的著作：*Rights, Justice, and the Bounds of Liberty*，New York: Oxford University Press 出版，一九八四年。

90. 參考《牛津英語辭典》（*Oxford English Dictionary*），第二版，有關 prosecution 一詞的定義。

91. 參考 Sanford H. Kadish 的文章〈Foreword: The Criminal Law and the Luck of the Draw〉，刊載於：*Journal of Criminal Law and Criminology*，第八十四期，一九九四年冬／春，第六七九、六九八頁。

92. 參考 Hart 的著作：*Punishment and Responsibility*。

93. 對於國際刑事正義與巴爾幹半島和平關聯的相關討論，請參考本書作者璐蒂・狄托的文章〈Judgment at the Hague〉，刊載於：*East European Constitutional Review*，第五期，第四卷，一九九六年秋。

94. 參考 Elaine Sciolino 的文章〈U.S. Names Figures to Be Prosecuted over War Crimes〉，刊載於《紐約時報》（*New York Times*），一九九二年十二月十七日，國際版。參考 Roger Cohen 的文章〈U.N. in Bosnia, Black Robes Clash with Blue Hats〉，刊載於《紐約時報》（*New York Times*），一九九五年四月二十五日，A3 頁。

95. 參考 Jacques Dumas 的著作：*Les Sanctions Penales des Crimes Allemands*，Paris: Rousseau et cie 出版，一九一六年。

96. 參考〈The Moscow Declaration on German Atrocities, 1943〉一文，重新刊印於 Falk、Kolko 與 Lifton 共同編輯的：*Crimes of War*，第七十三頁。

97. 參考 Taylor 的著作：*Anatomy of the Nuremberg Trials*，第三十七至三十九頁。

98. 參考亞里斯多德的《雅典憲法》（*The Athenian Constitution*），由 P.J. Rhodes 翻譯、序言及註釋，Harmondsworth, England: Penguin 出版，一九八四年，第三十四章至四十一章第一節。

99. 參考 José Maria Maravall 與 Julian Santamaria 合撰的文章〈Political Change in Spain and the Prospects for Democracy〉，出自：*Transitions from Authoritarian Rule: Southern Europe*，由 Guillermo O'Donnell 及其他共同編輯，Baltimore: Johns Hopkins University Press 出版，一九九一年，第七十一至一〇八頁。參考 Raymond Carr 與 Juan Pablo Fusi Aizpurúa 合寫的：*Spain: Dictatorship to Democracy*，第二版，London: Allen and Unwin 出版，一九八一年。有關西班牙特赦的辯護，請參考 Fernando Rodrigo 的文章〈The Politics of Reconciliation in Spain's Transition to Democracy〉，發表於 Conference on Justice in Times of Transition 會議，奧地利薩爾斯堡，一九九三年三月。

100. 有關薩爾瓦多與烏拉圭，請參考註釋一〇三。有關海地，請參考 Le Moniteur，*Journal Officiel de la Republique d'Haiti Order (Arrête) of 2/6/90*，頒佈全面與完全的特赦給那些於一九八八年九月十七日至一九九〇年二月七日間參與了危害國家安全的罪行的人士。有關哥倫比亞的特赦，請參考 Javier Correa 的文章〈La Historia de las Amnistías y los Indultos: Volver a Empezar〉，刊載於：*Los Caminos de la Guerra y la Paz*，第一卷，*La Reinsercíon*，Bogotá: Fondo Editorial Para la Paz 出版，一九九〇年。

101. 參考 Howard W. French 的文章〈In Salvador, Amnesty vs. Punishment〉，刊載於《紐約時報》（*New York Times*），一九九三年三月十六日，國際版。參考 Howard W. French 的文章〈Offer of Amnesty Removes Obstacle to Accord in Haiti〉，刊載於《紐約時報》（*New York Times*），一九九三年四月十四日，國際版。

102. 參考〈The Deal: Amnesty Law Expected to Clear Junta Very Soon〉一文，刊載於《紐約時報》（*New York Times*），一九九四年九月二十一日，A17 頁。

103. 參考薩爾瓦多（一九九三年三月二十二日）立法命令 No. 486 of 3/22/93 核准了 *Law on General Amnesty for Peace Consolidation*。參考 Todd Howland 的文章〈Salvador Peace Starts with Misstep〉，刊載於：*Christian Science Monitor*，一九九二年二月七日。參考 John J. Moore Jr. 的文章〈Problems with Forgiveness: Granting Amnesty under the Arias Plan in Nicaragua and El Salvador〉，刊載於：*Stanford Law review*，第四十三期，一九九一年，第七三三頁。參考〈Ley de Reconciliación Nacional〉（National Reconciliation Law，國家和解法），Decree No. 145-96，一九九六年十二月二十三日，一般稱為〈Ley de Reconciliacíon Nacional〉（National reconciliation Law 國家和解法），重新印行於：*Guatemala Constitutional Court Decision on Amnesty*，Nos. 8-97 and 20-97, at 19-20，一九七七年十月七日，乃是參與內部武力爭端的人士和解的工具，所有在武力爭端期間所犯的政治罪的刑責，都得以免除；並免除其他罪行的責任；但不包括種族屠殺、凌虐或強制失蹤罪行。

104. 參考 Law No. 15848，烏拉圭，〈Ley de Caducidad de la Pretension Punitiva del Estado〉(Law Nullifying the States Claim to Punish Certain Crimes)，第一條。一般認為，如果肇因於政黨與武裝團體於一九八四年八月的協議而造成的結果，並且為了完成轉型以達到憲法的秩序，國家撤回對任何於一九八五年三月一日前，由軍隊及警察官員因政治原因或為了完成其任務、遵守上級命令而犯的罪行之刑事管轄。參考 Americas Watch 的：*Challenging Impunity: The Ley de Caducidad and the Referendum Campaign in Uruguay*，New York: Human Rights Watch 出版，一九九〇年。亦可參考 Shirley Christian 的文章〈Uruguay Votes to Retain Amnesty for the Military〉，刊載於《紐約時報》(*New York Times*)，一九八九年四月十七日，國際版。參考 Shirley Christian 的文章〈In Uruguay, a Vote for Forgiveness〉，刊載於《紐約時報》(New York Times)，一九八九年四月十八日，國際版，A8 頁。另可參考 Martin Weinstein 的著作：*Uruguay-- Democracy at the Crossroads*，Boulder: Westview Press 出版，一九八四年。

105. 參考：*Due Obedience Law*，Law No. 23049，阿根廷，一九八四年。*Full Stop Law*，Law No. 23492 於一九八六年十二月二十四日制訂；而 *Due Obedience Law*，Law No. 23521，於一九八七年六月八日制訂。這條法令制訂後，由總統命令的 Pardon No. 1002（一九八九年十月七日）規定廢止所有針對危害人權者的訴訟程序。

106. 參考 Jonathan Truman Dorris 的著作：*Pardons and Amnesty under Lincoln and Johnson: The Restoration of the Confederates to Their Rights and Privileges, 1861-1898*，Westport, Conn.: Greenwood Press [1953] 出版，一九七七年。

107. 參考南非過渡期憲法（South Africa interim Constitution），一九九三年，*Epilogue on National Unity and Reconciliation*。參考「推動國家團結與和解」一九九五年第三十四法案（*Promotion of National Unity and Reconciliation Act 34 of 1995*）的 § 20(2)(c)，*Promotion of National Unity and Reconciliation Act 87 of 1995* 為其修訂案。該委員會必須決定特定的罪行是否和政治目的相關，決定的準繩乃基於該罪行是否於一九六〇年三月至一九九四年十二月間，在南非境內，藉由公開的政治組織、自由運動、國家機構或安全部隊成員，被建議、計畫、指揮、命令或執行那些罪行，並且依據和解法案所規定的特殊標準。這些特殊標準包括檢視其動機、情境、嚴重性，以及犯罪目的，無論該罪行是否依循直接的命令或許可，也無論該罪行是否為了個人的好處或基於「個人的預謀，惡意或對被害者的憎恨」。§ 20(3)(f)(ii)。參考 Allister Sparks 的著作：*Tomorrow is Another Country: The Inside Story of South Africa's Road to Change*，New York: Hill and Wang 出版，一九九五年。

108. 有關挑戰當代轉型期的特赦的主要論點，請參考 Aryeh Neier 的文章〈What Should Be Done about the Guilty?〉，刊載於：*New York Review of Books*，一九九〇年二月一日，第三十二頁。

109. 參考 Stephen Holmes 的文章〈Making Sense of Postcommunism〉（為 New York University Program for the Study of Law, Philosophy, and Social Theory 而寫），第十至十三頁。參考杭亭頓的著作《第三波》（*The Third Wave: Democratization in the Late Twentieth Century*），Norman: University of Oklahoma Press 出版，一九九一年。

110. 參考 Orentlicher 的文章〈Settling Accounts〉，2357。參考 Naomi Roht-Arriaza 的文章〈State Responsibility to Investigate and Prosecute Grave Human Rights Violations in International Law〉，刊載於：*California Law Review*，第七十八期，一九九〇年，第四四九頁。

111. 參考：*Velásquez-Rodríquez Judgment* 一案，Inter-Am. Ct. H.R., Ser. C., No. 4 (1988)。

112. 參考 Report No. 28/92，Cases 10147, 10181, 10240, 10262, 10309, 10311，*Argentina's Annual Report of the Inter-American Commission of Human Rights 1992-1993*，at 41b，OAS doc. OES/Ser. 4L/UV/II.83/doc. 14/Corr. 1 (1993)。參考 Robert Goldman 的文章〈Amnesty Laws, International Law, and the American Convention on Human Rights〉，出自：*The Law Group Docket*，6, no.1 (1989): at 1。

113. 參考康德（Immanuel Kant）的著作：*The Metaphysics of Morals*，由 Mary Gregor 翻譯，New York: Cambridge University Press 出版，一九九一年，第一八三頁。

114. 參考本書作者璐蒂．狄托的文章〈How Are the New Democracies of the Southern Cone Dealing with the Legacy of Past Human Rights Abuses?〉。然而，有些理論家以報復性考量，來合理化赦免政策。參考 Katherine Dean Moore 的著作：*Pardons: Justice, Mercy, and the Public Interest*，New York: Oxford University Press 出版，一九八九年。

115. 參考 John H. Merryman 的著作：*The Civil Law Tradition: An Introduction to the Legal Tradition of Western Europe and Latin America*，Stanford: Stanford University Press 出版，一九八五年。參考 William T. Pizzi 的文章〈Understanding Prosecutorial Discretion in the United States: The Limits of Comparative Criminal Procedure as an Instrument of Reform〉，刊載於：*Ohio State Law Journal*，第五十四期，一九九三年，第一三二五頁。

116. 參考 Moore 的著作：*Pardon: Justice, Mercy, and the Public Interest*，第七十九至八十六頁。註解，〈The Conditional Presidential Pardon〉一文，出自：*Stanford Law Review*，第二十八期，一九七五年，第一四九頁。參考 Daniel T. Kobil 的文章〈The Quality of Mercy Strained: Wresting the Pardoning Power from the King〉，刊載於：*Texas Law Review*，第六十九期，一九九一年，第五六九頁。

117. 參考 Irwin P. Stotzky 編輯的：*Transition to Democracy in Latin America: The Role of The Judiciary*，Boulder: Westview Press 出版，一九九三年。

118. 參考 Jeffrie G. Murphey 與 Jean Hampton 合著的：*Forgiveness and Mercy*，Cambridge: Cambridge University Press 出版，一九八八年，第一六二至八六頁（討論寬恕與正義的本質及關聯）。

119. 舉例來說，阿根廷的總統赦免權，由毫無疑問的政治術語「社會和諧」加以合理化。

120. 參考 A. John Simmons 的文章〈Locke and the Right to Punish〉，刊載於：*Philosophy and Public Affairs*，第二十期，一九九一年，第三一九頁。

121. 參考 Alexander Hamilton 的著作：*The Federalist*，第六十九期，由 Jacob E. Cooke 編輯，Middletown, Conn.,: Wesleyan University Press 出版（藉由比較國王的赦免權，來合理化行政系統的赦免權）。

122. 參考：*Decision on the Amnesty Law*，Proceedings No 10-93，薩爾瓦多，最高法院，一九九三年。

123. 參考 Law No. 23040，一九八三年十二月二十七日（取消 de facto Law No. 22924 違憲）

124. 參考亞里斯多德的著作《雅典憲法》（*The Athenian Constitution*）。參考 Martin Oswald 的著作：*From Popular Sovereignty to the Sovereignty of Law: Law, Society, and Politics in Fifth Century Athens*，Berkeley: University of California Press 出版，一九八六年。參考 Thomas Clark Loening 的著作：*The Reconciliation Agreement of 403/402 b.c. in Athens, Its Content and Application*，Stuttgart: Franz Steiner Verlag Wiesbaden 出版，一九八七年。

125. 有關烏拉圭對〈Ley de Caducidad〉的辯論，請參考：*Challenging Impunity: The Ley de Caducidad and the Referendum Campaign in Uruguay, An Americas Watch Report*，Americas Watch Committee 出版，一九八九年，第十五至十六頁。南非的特赦辯論，在一九九三年通過該國憲法時，乃是國會辯論的一部分。參考：*Promotion of National Unity and Reconciliation Act 34 of 1995, Juta's Statutes of the Republic of South Africa*，vol., 1，一九九七年。

126. 參考：*Bordenkircher v Hayes* 一案，434 US 357, 364 (1978)。

127. 和儀式輪替相關的重點，請參考 René Girard 的著作：*Violence and the Sacred*，Baltimore: Johns Hopkins University Press 出版，一九九七年。

128. 參考《國際軍事法庭憲章》〈Charter of the International Military Tribunal〉，出自：*Treaties and International Agreements Registered or Filed or Reported with the Secretariat of the United Nations*，82 (1945)，第二七九頁。

129. 參考 Taylor 的著作：*Anatomy of the Nuremberg Trials*，第八至二十頁。

130. 參考 Egon Schwelb 的文章〈Crimes against Humanity〉，出自：*British Yearbook International*，第二十三期，一九四六年，第一七八頁（追蹤自一九〇七年海牙公約以來的觀念上的發展）。有關違反人類法的國際討論，請參考 Roger S. Clark 的文章〈Crimes against Humanity at Nuremberg〉，出自：*The Nuremberg Trial and International Law*，由 George Ginsbergs 與 V. N. Kudriavtsev 共同編輯，Norwel, Mass.: Kluwer Academic Publishers 出版，一九九〇年，第一七七至七八頁（引用 Commission on the Responsibility of the Authors of the War and on Enforcement of Penalties）（呈交給 Preliminary Peace Conference 的報告，重新刊印於 Pamphlet No. 32，Carnegie Endowment for International Peace）。亦可參考 James Willis 的著作：*Prologue to Nuremberg: The Politics and Diplomacy of Prosecuting War Criminals of the First World War*，Westport, Conn.: Greenwood Press 出版，一九八二年。

131. 參考《歐洲保障人權與基本自由公約》〈European Convention for the Protection of Human Rights and Fundamental Freedoms〉，一九五〇年十一月四日，出自：*Treaties and International Agreements Registered or Filed or Reported with the Secretariat of the United Nations*，312, no. 2889 (1955)，第七條第二款。

132. 參考：*Government of Israel v Adolf Eichmann* 一案，最高法院判決，一九六二年，secs. 11-12。

133. 參考：*Tadic*，重新刊印於：International Legal Materials，第三十五期，一九九六年，第三十二頁。

134. 參考：*Criminal Codes*，R.S.C., ch. C-46，§ 6 (1.91)，加拿大，一九八五年。由 ch. 37, 1987 S.C. 1105 修訂。

135. 實際上，這就是上議院所持的理由。參考英國上議院的：*In re Pinochet*，重新刊印於：*Opinions of the Lords of Appeal for Judgment in the Cause*，一九九九年一月十五日，見於 http://www.parliament.the-stationery.off.pa/ld199899/ldjudgmt/jd 990115/pin 1.htm. 在類似的司法途徑下，也有其他對犯罪的舉發。參考〈Orden de prisión provisional incondicional de Leopoldo Fortunato Galtieri, Juzgado Número Cinco de la Audiencia Nacional Española〉，一九九七年三月二十五日，見於 http://www.derechos.org/nizkor/arg/espana/autogalt.html.。

136. 有關時間流逝與法律的回應的問題，請參考 David Matas 的著作：*Justice Delayed: Nazi War Criminals in Canada*，Toronto: Summerhill Press 出版，一九八七年。參考 Peter Irons 的著作：*Justice at War: The Story of Japanese American Internment Cases*，New York: Oxford University Press 出版，一九八三年。參考 Harold David Cesarani 的著作：*Justice Delayed*，London: Mandarin 出版，一九九二年。參考 Allan A. Ryan, Jr. 的著作：*Quiet Neighbors*，San Diego: Harcourt Brace Jovanovich 出版，一九八四年。亦可參考 Ronnie Edelman 及其他合撰的文章〈Prosecuting World War II Persecutors: Efforts at an Era's End〉，刊載於：*Boston College Third World Law Journal*，第十二期，一九九一年，第一九九頁。

137. 參考：*Federal Supreme Court in " Criminal Cases"*，vol. 18 at 37，德國（解釋 *Penal Code* 的第二一一條，定義謀殺）。德國刑法所規定之相關國內犯罪行為，乃是具有「基本企圖」之謀殺。參考 Robert Monson 的文章〈The West German Statute of Limitations on Murder: A Political, Legal, and Historical Explanation〉，刊載於：*American Journal of Comparative Law*，第三十期，一九九二年，第六〇五頁。

138. 參考《戰爭罪及危害人類罪不適用法定時效公約》〈Convention on the Non-Applicability of Statutory Limitations to War Crimes and Crimes against Humanity〉，聯合國大會決議案第 2391 案（U.N. General Assembly Resolution2391），（XXIII），一九七〇年十一月十一日。

139. 參考 Law No. 641326，一九六四年十二月二十六日，Dalloz，*Code Penal 767*，一九七〇至一九七一年。亦可參考：*Journal Officiel de la Republique Francaise*，at 11788。另可參考 Pierre Mertens 的文章〈L' Imprescriptibilité des crimes de guerre et des crimes contre L' humanité〉，刊載於：*Revue de Droit Penal et de Criminologie*，第五十一期，一九七〇年，第二〇四頁。

140. 參考：*Barbie*，78 ILR 125。

141. 參考 Rückerl 的著作：*Investigation of Nazi Crimes*，第四十八頁。
142. 參考 Martin Abregu 的著作：*La Tutela Judicial del Derecho de la Verdad en la Argentina*，24 Revista IIDH (1996) II，第十三至十五頁。
143. 聯合國經濟社會理事會人權委員會，第二十二會期，*Questions of Punishment of War Criminals and of Persons Who Have Committed Crimes against Humanity: Question of the Non-Applicability of Statutory Limitation to War Crimes and Crimes against Humanity*，由秘書長所呈交，一九六六年，第八十四頁。
144. 有關德國所持對於廢除「與二次大戰相關之謀殺的限制」的理由，請參考 Martin Clausnitzer 的文章〈The Statute of Limitations for Murder in the Federal Republic of Germany〉，刊載於：*International and Comparative Law Quarterly*，第二十九期，一九八〇年，第四七八頁。參考 Monson 的文章〈The West German Statute of Limitations on Murder〉，第六一八至二五頁。亦可參考 Jaime Malamud-Goti 的文章〈Punishment and a Rights-Based Democracy〉，刊載於：*Criminal Justice Ethics*，第三期，一九九一年夏／秋。有關受害者在尋求懲罰時所扮演的角色，請參考 Jeffrie G. Murphy 的文章〈Getting Even: The Role of the Victim〉，出自：*Crime, Culpability, and Remedy*，由 Ellen Frankel Paul 及其他共同編輯，Cambridge, Mass.: Blackwell 出版，一九九〇年，第二〇九頁。
145. 參考〈Questions of Justice〉，出自：*The All-Party Parliamentary War Crimes Group 1*，國會辯論（Parliamentary Debate），《上議院正式報告》（*House of Lords Official Report*），1079，一九九〇年。
146. 參考：*Young v Vuitton* 一案，481 US 787，第八一一至一二頁，一九八七年。當代有與之對抗的潮流，詳細討論請參考 George Fletcher 的著作：*With Justice for Some: Victims' Rights in Criminal Trials*，Reading, Mass.: Addison-Wesley 出版，一九九五年。
147. 有關被害者的道德權威，請參考 Shklar 的著作：*Legalism: Law, Morals, and Political Trials*。
148. 參考：*Barbie*，78 ILR at 139-40。亦可參考：*Judgment de Maurice Papon*，一九九八年四月二十一日（因危害人類罪被定罪）。
149. 參考：*Barbie*，78 ILR at 128。
150. 參考：*Statute of the International Tribunal for the Former Yugoslavia*，at 1173。參考：Tadic，重新刊印於：*International Legal Materials*，第三十五期，一九九六年，第三十二頁，第四十八至七十三頁。
151. *Rome Statute of the International Criminal Court* 第七條擴張了「危害人類罪」的定義：下列的行為，屬於有意識的「廣泛或有系統的針對任何平民的攻擊行為」，包括（一）謀殺；（二）消滅；（三）奴役；（四）放逐或強制人口遷移；（五）監禁……（六）凌虐；（七）強暴、性奴隸……；（八）基於政治、種族、國籍、血緣、文化、宗教、性別……原因，對任何特定團體進行迫害……；（九）強制失蹤；（十）種族隔離罪；（十一）其他不人道的行為或類似的舉動……。參考：*Rome Statute of the International Criminal Court*，聯合國 Diplomatic Conference of Plenipotentiaries on the Establishment of an International Criminal Court，第七條，U.N. doc. A/Conf. 183/9，一九九八年七月十七日。
152. 美國最近的例證為 Medgar Evers 謀殺案的三審。參考：*Mississippi v. Byron De La Beckwith*，707 S2d 547 (Miss. 1997)，cert. denied, 525 vs 880 (1998)。
153. 參考 Joel Feinberg 的著作：*Doing and Deserving*，Princeton: Princeton University Press 出版，一九七〇年。
154. 參考 Girard 的著作：*Violence and the Sacred*。
155. 參考 Hart 的著作：*Punishment and Responsibility*，第一七〇至七三頁。

第三章

1. 參考 Alice H. Henkin 的文章〈Conference Report〉，出自：*State Crimes: Punishment or Pardon* 由 Alice H. Henkin 編輯，Queenstown, Md.: Aspen Institute 出版，一九八九年，第四至五頁。在外交圈與人權團體中，有許多人都倡導此立場，參考 Margaret Popkin 與

Naomis Roht-Arriaza 的文章〈Truth as Justice: Investigatory Commissions in Latin America〉，刊載於：*Law and Social Inquiry*，第二十期，一九九五年冬，第七十九頁。亦可參考 José Zalaquett 的文章〈Balancing Ethical Imperatives and Political Constraints: The Dilemma of New Democracies Confronting Past Human Rights Violations〉，刊載於：*Hastings Law Journal*，第四十三期，一九九二年，第一四二五頁。還可參考 Timothy Garton Ash 的著作：*The File: A Personal History*，New York: Random House 出版，一九九七年。

2. 參考 R.G. Collingwood 的著作：*The Idea of History*，New York: Oxford University Press 出版，一九九四年。

3. 參考 Peter Novick 的著作：*That Noble Dream: The "Objectivity Question" and the American Historical Profession*，Cambridge: Cambridge University Press 出版，一九八八年。有關歷史性的論述，參考 Hayden White 的著作：*The Content of the Form: Narrative Discourse and Historical Representation*，Baltimore: Johns Hopkins University Press 出版，一九八七年，第十三頁。

4. 參考 H. G. Gadamer 的著作：*Truth and Method*，New York: Crossroad 出版，一九八九年。

5. 關於建構社會時記憶所扮演的角色的廣泛討論，請參考尼采（Friedrich Nietzsche）的：*On the Genealogy of Morals*，Walter Kaufmann 與 R.J. Hollingdale 共同翻譯，New York: Vintage Books 出版，一九六七年。參考傅柯（Michel Foucault）的著作：*Power/Knowledge: Selected Interviews and Other Writings, 1972-1977*，由 Colin Gordon 及其他翻譯，New York: Pantheon Books 出版，一九八〇年。

6. 參考傅柯的：*Power/Knowledge*。

7. 關於建構集體記憶的重要著作，請參考 Maurice Halbwachs 的：*On Collective Memory*，Lewis A. Coser 翻譯，Chicago: University of Chicago Press 出版，一九九二年。以社會學的觀點來切入，請參考 Iwona Irwin-Zarecka 的著作：*Frames of Remembrance: The Dynamics of Collective Memory*，New Brunswick, N.J.: Transaction Publishers 出版，一九九四年（註釋中所列的書目）。參考 Natalie Zeman Davis 與 Randolph Stern 共同編輯的文章〈Memory and Countermemory〉刊載於：*Representations*，第二十六期，一九八五年。參考 Jonathan Boyarin 的著作：*Remapping Memory: The Politics of Timespace*，Minneapolis: University of Minnesota Press 出版，一九九四年。參考 Susan A. Crane 的文章〈Writing the Individual Back into Collective Memory〉，刊載於：*American Historical Review*，第二十期，一九九七年，第一三七二頁。有關歷史考古學的觀點，請參考 Gerald Sider 與 Gavin Smith 共同編輯的：*Between History and Histories: The Making of Silences and Commemorations*，Toronto: University of Toronto Press 出版，一九九七年。

8. 有關此點的探討，請參考 Steven Shapin 的著作：*A Social History of Truth*，Chicago: University of Chicago Press 出版，一九九四年。

9. 參考傅柯的：Power/Knowledge，第一三一頁。

10. 針對「為了集體記憶而進行刑事舉發」的批評，請參考 Mark J. Osiel 的文章〈Ever Again: Legal Remembrance of Administrative Massacre〉，刊載於：*University of Pennsylvania Law Review*，第一四四期，一九九五年，第四六三頁。

11. 有關審判作為社會記憶的儀式角色，請參考 Paul Connerton 的著作：*How Societies Remember*，Cambridge: Cambridge University Press 出版，一九八九年。

12. 比較下列兩篇文章：Mirjan Damaska 的〈Evidentiary Barriers to Conviction and Two Models of Criminal Procedure: A Comparative Study〉，刊載於：*University of Pennsylvania Law Review*，第一二一期，一九七三年，第五〇六、第五七八至八六頁（認為大陸法系統對追求真相較為執著）；以及 John H. Langbein 的〈The German Advantage in Civil Procedure〉，刊載於：*University of Chicago Law Review*，第五十二期，一九八五年，第八二三頁。

13. 參考 Michael Walzer 編輯、Marian Rothstein 翻譯的：*Regicide and Revolution: Speeches at the Trial of Louis XVI*，New York: Cambridge University Press 出版，一九七四年，第一二九頁。

14. 有關刑事程序與真相追求之間的關係的探討，請參考註釋十二。有關刑事程序的「表現性」（expressive）理論的探討，請參考本書作者璐蒂・狄托的文章〈Persecution and Inquisition: A Case Study〉，出自：*Transition to Democracy in Latin America: The Role of*

the Judiciary，Irwin P. Stotzky 編輯，Boulder: Westview Press 出版，一九九三年。

15. 參考：*In re Winship* 一案，397US 358, 364 (1970)。參考 John Calvin Jeffries, Jr. 與 Paul B. Stephan III 合撰的文章〈Defenses, Presumptions, and Burden of Proof in the Criminal Law〉，刊載於：*Yale Law Journal*，第八十八期，一九七九年，第一三二五頁、第一三三七頁。

16. 參考 Norman E. Tutorow 的著作：*War Crimes, War Criminals, and War Crimes Trials: An Annotated Bibliography and Source Book*，New York: Greenwood Press 出版，一九八六年，第十八頁。

17. 參考人權觀察的：*An Americas Watch Report: Truth and Partial Justice in Argentina, an Update*，New York: Human Rights Watch 出版，一九九一年。

18. 參考 Alex Shoumatof 的著作：*African Madness*，New York: Random House 出版，一九八八年，第九十三至一二七頁。

19. 參考 Michael R. Marrus 的著作：*The Holocaust in History*，Hanover, N.H.: University Press of New England 出版，一九八七年，第三十六至五十一頁（歷史的觀點，由意圖主義（intentionalism）到實用主義（functionalism）方面來探究改變，但沒有把改變和法律的發展連結起來）。參考 Lawrence Douglas 的著作〈The Memory of Judgment: The Law, the Holocaust, and Denial〉，出自：*History and Memory*，一九九六年秋冬，第一百頁。有關對刑事責任的歷史解讀的變革，請參考 Paul Hilberg 的著作：*Perpetrators, Victims, and Bystanders*，New York: Aaron Asher Books 出版，一九九二年。

20. 參考第二章的註釋四十四。亦可參考：*Public Prosecutor v Menten* 一案，Holland, Proceedings from December 1977-January 1981，翻譯並重新刊印於：*Netherlands Yearbook of International Law*，第十二卷，Alphen aan den Rijn, Netherlands: Sijthoff and Noordhoff 出版，一九八一年。有關這些審判的較深入探討，請參考本書第二章《刑事正義》。有關這些法律發展的描述，請參考 Ronnjie Edelman 及其他合撰的〈Prosecuting World War II Persecutors: Efforts at an Era's End〉，刊載於：*Boston College Third World Law Journal*，第十二期，一九九一年，第一九九頁。

21. 參考 Robert Gordon 的文章〈Undoing Historical Injustice〉，刊載於：*Justice and Injustice in Law and Legal Theory*，Austin Sarat 與 Thomas R. Kearny 編輯，Ann Arbor: University of Michigan Press 出版，一九九四年。

22. 參考 Hannah Arendt 的著作：*Eichmann in Jerusalem: A Report on the Banality of Evil*，New York: Penguin Books 出版，一九六四年，第一三五至五〇頁。

23. 參考 Alain Finkielkraut 的著作：*Remembering in Vain: The Klaus Barbie Trial and Crimes against Humanity*，Roxanne Lapidus 與 Sima Godfrey 共同翻譯，New York: Columbia University Press 出版，一九九二年。亦可參考 Richard J. Golson 編輯的：*Memory, the Holocaust, and French Justice: The Bousquet and Touvier Affairs*，Hanover, N.H.: University Press of New England 出版，一九九六年（有關其他的戰後審判）。參考 Guyora Binder 的文章〈Representing Nazism: Advocacy and Identity at the Trial of Klaus Barbie〉，刊載於：*Yale Law Journal*，第九十八期，一九八九年，第一三二一頁。

24. 有關「失蹤」這個舉動的詳細描述，請參考：*Nunca Más: Report of the Argentine National Commission on the Disappeared*，之後簡稱為 *CONADEP Report*，英文版，New York: Farrar, Straus, Giroux 出版，一九八六年，第四四七頁。*CONADEP Report* 指出，許多失蹤者都被毀屍滅跡，以避免被認出身份。

25. 參考傅柯的著作：*Discipline and Punish: The Birth of the Prison*，Alan Sheridan 翻譯，New York: Vintage Books 出版，一九七九年，第二十五頁。

26. 各種相關例子的列舉，請參考 Priscilla Hayner 的文章〈Fifteen Truth Commissions—1974 to 1994, A Comparative Study〉，刊載於：*Human Rights Quarterly*，第十六期，一九九四年，第五九七頁。

27. 參考人權觀察的：*An Americas Watch Report*，第十三至十七頁。

28. 瓜地馬拉的「澄清歷史真相委員會」（Commission for the Historical Classification of the Past）於一九九七年六月二十三日在挪威的奧斯陸得到一致同意。亦可參考：*Accord on the Establishment of the Commission for Historical Clarification of Human Rights*

Violations and Acts of Violence Which Have Inflicted Suffering upon the Guatemalan Population，瓜地馬拉，一九九七年。參考 Popkin 與 Roht-Arriaza 的文章〈Truth as Justice〉，第七十九至一一六頁。

29. 智利的真相委員會乃依據 Decree No. 355 而設置。「唯有以真相為基礎，才有可能滿足對正義的基本要求，並創造國家真正和解的必要條件」，一九九〇年四月二十五日。參考 Jose Zalaquett 的著作：*Informe de la Comision Nacional de Verdad y Reconciliacíon*（*Report of the Chilean National Commission on Truth and Reconciliation*），由 Phillip E. Berryman 翻譯，共兩卷。Notre Dame: University of Notre Dame Press 出版，一九九三年，第 xxiii-xxxiii 頁。

30. 參考聯合國薩爾瓦多觀察團（Observer Mission）的報告 *El Salvador Agreements: The path to Peace*，一九九二年，第十六至十七頁（記載了在聯合國秘書長的援助下，薩爾瓦多政府與 Frente Farabundo Marti para la Liberacíon Nacional (FMLN) 所達成的協議之內容概要）。

31. 參考 Robert F. Lutz 的文章〈Essay: A Piece of the Peace: The Human Rights Accord and the Guatemalan Peace Process〉，刊載於：*Southwestern Journal of Trade and Law in the Americas*，第二期，一九九五年，第一八三頁。

32. 參考人權觀察的：*The Preliminary Report on Disappearance of the National Commissioner for the Protection of Human Rights in Honduras: The Facts Speak for Themselves*，New York: Human Rights Watch 出版，一九九四年。

33. 參考一九九五年三月二十八日的「決定」（Order (Arréte)），創立了「國家真相與正義委員會」（Commission Nacional de Veritíet de Justice）。

34. 參考 Lynn Berat 與 Yossi Shain 合撰的文章〈Retribution or Truth-Telling in South Africa? Legacies of the Transitional Phase〉，刊載於：*Law and Social Inquiry*，第二十期，一九九五年，第一六三頁。參考：*Reconciliation through Truth: A Reckoning of Apartheid's Criminal Governance*，由 Kader Asmal、Louise Asmal 與 Ronald Suresh Roberts 共同編輯，New York: St. Martin's 出版，一九九七年。

35. 有關查德與烏干達真相委員會的描述，請參考 Jamal Benomar 的文章〈Coming to terms with the Past: How Emerging Democracies Cope with a History of Human Rights Violations〉，於 Carter Center of Emory University, Human Rights Program 發表，一九九二年七月，第十一至十四頁。

36. 參考：*Promotion of National Unity and Reconciliation Act 34 of 1995, Juta's statutes of the Republic of South Africa*，vol.1 (1997), 801。

37. 參考 Rigoberta Menchú 的著作：*I, Rigoberta Menchú: An Indian Woman in Guatemala*，由 Elizabeth Burgos-Debrany 編輯，Ann Wright 翻譯，London: Verso 出版，一九八四年。

38. 詳細說明請參考 Lawrence Weschler 的著作：*A Miracle, A Universe: Settling Accounts with Torturers*，New York: Penguin Books 出版，一九九一年。

39. 參考 Servicio Paz y Justicia 的：*Uruguay, Nunca Más: Human Rights Violations, 1972-1985*，Elizabeth Hampsten 翻譯，Lawrence Weschler 序言，Philadelphia: Temple University Press 出版，一九九二年，第 xxv 頁。

40. *Nunca Más* 是阿根廷與烏拉圭報告的名稱，巴西的報告稱為 Nunca Mais。

41. 相關的想法，請參考傅柯的著作：*The Birth of the Clinic*，A.M. Sheridan Smith 翻譯，New York: Vintage Books 出版，一九九四年。

42. 參考：*Report of the Commission on the Truth for El Salvador*，之後簡稱 *El Salvador Truth Commission Report*，一九九三年四月，第二二九頁。亦可參考：*CONADEP Report*，第五頁。

43. 大陸法系統的真相調查，請參考 Damaska 的文章〈Evidentiary Barrier〉，第五八〇頁。

44. 參考：*El Salvador Truth Commission Report*，第二十四頁。

45. 參考：*CONADEP Report*，第四十九至五十一頁。有關一場虐待的描述，由受害人詳細描述恐怖的情形，請參考：*Uruguay, Nunca Más*，第一〇二至一〇三頁。

46.案例請參考人權觀察的：*Annual Report*，New York: Human Rights Watch 出版，一九九七年。
47.雖然南非的代表來自國會，但該報告必須呈交給曼德拉（Nelson Mandela）。
48.參考：*Informe Rettig, Informe de la Comision Nacional de Verdad y Reconciliacion*，一九九一年二月，之後簡稱為 *Rettig Report*，第 xxxii 頁。
49.參考 Julia Preston 的文章〈2000 Salvadoreans Helped UN Build Atrocities Case〉，刊載於《華盛頓郵報》（*Washington Post*），一九九三年三月十六日。
50.智利總統 Patricio Aylwin 對人民發表的談話，由英國國家廣播公司（BBC）記錄播放，一九九一年三月五日。
51.參考：*El Murano*，一九九一年三月五日。
52.從社會學的觀點來看道歉所具有的意義，參考 Nicholas Tavuchis 著作：*Mea Culpa: A Sociology of Apology and Reconciliation*，Stanford: Stanford University Press 出版，一九九一年。
53.參考：*CONADEP Report*，第四四八至四四九頁。
54.參考：*Rettig Report*，第三十九至四十頁。
55.參考：*CONADEP Report*，第四四八頁。
56.參考〈Guatemalan Foes Agree to Set up Rights Panel〉一文，刊載於《紐約時報》（*New York Times*），一九九四年六月二十四日，國際版。
57.瓜地馬拉的：*"Memory of Silence": Report of the Commission for Historical Clarification*（結論），第一頁，見於 http: hrdata.aaas.org/ceh/report/English/conc.1.html. 參考：*Report of the Truth and Reconciliation Commission*（內容概論與簡介），第九至十一頁，見於 http://www.truth.org.za/final/execsum.htm. 澄清歷史真相委員會乃根據一九九七年六月二十三日的：*Accord of Oslo* 而設立的。
58.參考：*El Salvador Truth Commission Report*，第六至七頁。亦可參考 Mark Danner 的文章〈The Truth of El Mozote〉，刊載於：*New Yorker*，一九九三年十二月六日，第六至七頁。
59.參考：*Promotion of National Unity and Reconciliation Act 34 of 1995*（提到了目標以「盡量建立完整真相……有關大規模的危害人權事件……包括受害者的觀點，以及從事暴行的加害者的觀點」），第八〇一頁。參考 Alex Boraine 及其他所共同編輯的：*Dealing with the Past: Truth and Reconciliation in South Africa*，Cape Town: Idasa 出版，一九九四年。亦可參考 Emily H. McCarthy 的文章〈South Africa's Amnesty Process: A Viable Route toward Truth and Reconciliation〉，刊載於：*Michigan Journal of Race and Law*，第三期，一九九七年秋，第一八三頁。
60.參考：*Azanian Peoples Organisation (AZAPO) and Others v. President of the Republic of South Africa* 一案，1996 (4) SALR 671, 683-84(CC)。
61.參考 Arendt 的著作：*Eichmann in Jerusalem*。
62.參考瓜地馬拉的：*"Memory of Silence": Report of the Commission for Historical Clarification*（結論與建議）。
63.參考：*AZAPO and others*，1996 (4) SA 671 (CC)。參考〈Quien está contra la Nación?〉一文，出自：*Madres de la Plaza de Majo*，一九八五年一月，第十一頁。
64.大多數的委員會報告都有機密的附註，但查德的報告則為例外，報告列出了加害人的姓名與照片。
65.比較下列兩篇文章：Naomi Roht-Arriaza 的〈State Responsibility to Investigate and Prosecute Human Rights Violations in International Law〉，出自：*California Law Review* 第七十八期，一九九〇年，第四四九頁；以及 José Zalaquett 的〈Confronting Human Rights Violations Committed by Former Governments: Applicable Principles and Political Constraints〉，出自：*Hamline Law Review*，第十三期，一九九〇年，第六二三頁。
66.參考 Stephen Holmes 的著作：*Passions and Constraint*，Chicago: University of Chicago Press 出版，一九九五年（討論藉由箝制言論所造成的沉默）。

67.有關羞辱（shaming）的重要分析，請參考 James Whitman 的文章〈What Is Wrong with Inflicting Shame Sanctions?〉，刊載於：Yale Law Journal，第一〇七期，一九九八年，第一〇五五頁。

68.參考：*El Salvador Truth Commission Report*，第一七六頁。

69.參考：*CONADEP Report*，第三八六至四二五頁。亦可參考：Rettig Report，第一一七至二九頁。

70.參考人權觀察的：*Commission of Inquiry Investigates Causes of Abuses in Uganda*，New York: Human Rights Watch 出版，一九八九年。

71.參考：*Informe Sobre Calificación de Victimas de Violaciónes de Derechos Humanos y de la Violencia Politica, Corporación Nacional de Reparación y Reconciliación*，智利，一九九六年。

72.參考 Jacobo Timerman 的著作：*Prisoner without a Name, Cell without a Number*，New York: Knopf 出版，一九八一年。

73.參考：*Nunca Más*，序文。

74.參考 Maurice Halbwachs 的著作：*On Collective Memory*，由 Lewis A. Coser 編輯，Chicago: University of Chicago Press 出版，一九九二年。

75.參考哈維爾（Václav Havel）的文章〈The Power of the Powerless〉，出自：*Open Letters: Selected Writings, 1965-1990*，Paul Wilson 編輯，New York: Random House, Vintage Books 出版，一九九二年，第一四七至四八頁。

76.參考馬克斯（Karl Marx）與恩格斯（Friedrich Engels）發表的《共黨宣言》〈Manifesto of the Communist Party〉，出自：*The Marx-Engels Reader*，第二版，Robert C. Tucker 編輯，New York: W.W. Norton 出版，一九七八年。

77.參考：*Webster's New Collegiate Dictionary* 對 archive 一詞的定義。該議題較詳細的解釋，請參考德悉達（Jacques Derrida）的著作：*Archive Fever: A Freudian Impression*，Eric Prenaowitz 翻譯，Chicago: University of Chicago Press 出版，一九九六年。

78.詳細說明請參考 David Remnick 的文章〈The Trial of the Old Regime〉，*New Yorker*，一九九二年十一月三十日，第一〇四至二十一頁。

79.參考 Decrees, Nos. 82, 83 24-08 (1991)。有關俄國的檔案記錄，請參考 Vera Tolz 的文章〈Access to KGB and CPSU Archives in Russia, Politics〉，vol. 1, no. 16，一九九七年四月十七日。參考 N. Ohitin 與 A. Roginsky 合撰的文章〈Remarks on Recent Status of Archives in Russia〉，出自：*Truth and Justice: The Delicate Balance*（The Inst. For Constitutional and Legislative Policy C.E.U. 1993）。

80.參考 Jan Obrman 的著作：*Laying the Ghosts of the Past*（report on Eastern Europe, no. 24，一九九一年六月十四日）。

81.參考 Tadeusz Olszaski 的文章〈Communism's Last Rulers: Fury and Fate〉，出自：Warsaw Voice，一九九二年十一月十八日。

82.參考 Jane Perlez 的文章〈Hungarian Arrests Set Off Debate: Should '56 Oppressors Be Punished?〉，刊載於：*New York Times*，一九九四年四月三日，國際版，A14 頁。

83.參見〈Almost 1,000 killed in Hungarian Uprising: Fact-Finding Committee〉一文，刊載於：*Agence France-Presse*，一九九三年十一月二十二日，存於 Lexis, News Library。但是官方所記載的數字，遠低於失蹤的人數，一般認為有數千人。參考 Julius Strauss 的文章〈Hungary Uprising Killers May Be Tried〉，刊載於：*Daily Telegraph*，布達佩斯，一九九三年十二月二日。參考〈Almost 1,000 Victims in '56 Mass Shootings〉一文，*MTI Hungarian News Agency*，一九九三年十一月二十二日，存於 Lexis, News Library。

84.一九九二年五月十三日，德國國會提出了 Eppelmann Commission 的指令，「調查共產獨裁的結構、策略與工具，以及侵害人權和公民權的責任問題」。參考 Stephen Kinzer 的文章〈German Panel to Scrutinize East's Rule and Repression〉，刊載於：*New York Times*，一九九二年三月三十日，國際版，A7 頁。

85.參考 Timothy Garton Ash 的著作：*In Europe's Name: Germany and the Divided Continent*，New York: Random House 出版，一九九三年。

86.參考〈Czechoslovakia: Former Top Police Officials Jailed〉一文，路透社（*Reuters*），一九九二年十月三十日，Perlez 的〈Hungarian Arrests Set Off Debate〉。參考〈Former Government Officials Sentenced to Prison Terms〉一文，*CTK National News Wire*，一九九二

年十月三十日，可於 Lexis News Library 找到，CTK File。

87. 有關捷克共和國，參考 Helsinki Watch Report，*Czechoslovakia: 'Decommunization' Measures Violate Freedom of Expression and Due Process Standards*，New York: Human Rights Watch 出版，一九九二年。

88. 參考 Jon Elster 的文章〈Political Justice and Transition to the Rule of Law in East-Central Europe〉（於美國芝加哥大學中東歐憲法主義研究中心所贊助的一場研討會中發表，尚未出版的議事記錄，布拉格，一九九一年十二月十三日至十五日）。有關此區域所進行的辯論，請參考〈Truth and Justice, The Delicate Balance: The Documentation of Prior Regimes and Individual Rights〉一文，Working Paper No. 1，中歐大學憲法與法律政策研究所（Central European University, Institute of Constitutional and Legislative Policy），於一九九三年在布達佩斯舉辦的一場有關歷史檔案的研習會。

89. 參考陳隆志（Lung-chu Chen）的著作：*An Introduction to Contemporary International Law*，New Haven: Yale University Press 出版，一九八九年，第四二八至二九頁。

90. 參考 Amos Elon 的文章〈East Germany: Crime and Punishment〉，出自：*New York Review of Books*，一九九二年五月十四日。參考 Stephen Kinzer 的文章〈East Germans Face Their Accusers〉，出自：*New York Times Magazine*，一九九二年四月十二日。參考〈Ex-E. German Security Police Moved Over 100,000 Files Abroad〉，出自：*Reuter Library Report*，一九九一年四月二十九日，Lexis, News Library—Wires。參考 Richard Meares 的文章〈Germany Debates How to Open Pandora's Box of Stasi Files〉，出自：*Reuters North American Wire*，Lexis, News Library—Wires。

91. 參考 Joachim Gauck 的著作：*Die Stasi-Akten*，Reinbeck bei Hamburg: Rowohlt 出版，一九九一年。

92. 參考：Brochure of the Federal Commissioner for the Records of the State Security Service of the Former German Democratic Republic on the Task, Structure, and Work of This Authority。同樣的語言亦出現在 Stasi 記錄的法律序言中。參考：*Act Regarding the Records of the State Security Service of the Former German Democratic Republic*，一九九一年十二月二十日。

93. 這一直是新聞追逐的重點話題。參考 Jane Kramer 的：*Letter from Berlin, New Yorker*，一九九一年十一月二十五日。參考 Jane Kramer*Letter from Europe, New Yorker*，一九九二年十一月二十五日。參考 Timothy Garton Ash 的著作：*The File: A Personal History*，New York: Random House 出版，一九九七年。

94. *Stasi Files Act*, § 1(2)。

95. 同上，§ 1(3)。

96. 因此，舉例來說，在波蘭取得資訊和檔案文件的「權利」，屬於「受害者」，「受害」者的定義為「被秘密警察偷偷地收集其資料」的人。參考：*The Polish Access to Files Act of 1998*。

97. *Screening ("Lustration") Law*，Act No. 451/1991，捷克斯洛伐克聯邦共和國，一九九一年。

98. 同上，第四條與第十一條（賦予聯邦內政部對檔案的控制權，並使聯邦內政部委員會得以尋求證據，兩者分頭進行）。

99. 參考：*Constitutional Court Decision on the Screening Law*，Ref. No. Pl. US1/92，捷克斯洛伐克聯邦共和國，一九九二年。

100. 比較性的分析，請參考 Wallach 的文章〈Executive Powers of Prior Restraint over Publication of National Security Information: The UK and USA Compared〉，刊載於：*International and Comparative Law Quarterly*，第三十二期，一九八三年，第四二四頁。

101. 有關對待前一政權方式的討論，請參考：*Truth and Justice, The Delicate Balance*，第七十五頁、第七十七頁（引用於註釋七十九）。

102. 有關國際法中取得的平衡，請參考：*The Johannesburg Principles on National Security, Freedom of Expression and Access to Information*（一九九五年十月一日通過），第十九條。

103. 參考：*The Freedom of Information Act, U.S. Code*，vol. 5, sec. 552(b) (1993)（把人事、醫療、執法檔案資料視為例外，因為這些牽涉到隱私）。亦可參考 *Privacy Act of 1974, U.S. Code*，vol. 5, sec. 52 (1993)。參考 H. Rpt. 93-1416。參考 Frederick M. Lawrence 的文章〈The First Amendment Right to Gather State-Held Information〉，刊載於：*Yale Law Journal*，第八十九期，一九八〇年，第九

二三頁。對歷史情境下的平衡的相關討論，請參考 Charles Reich 的文章〈The New Property〉，刊載於：*Yale Law Journal*，第七十三期，一九六四年，第七三三頁。

104. 參考：*Roviaro v United States* 一案，353 US 53 (1957)。

105. 參考捷克共和國憲法第十條；斯洛伐克憲法第十九條。

106. 參考斯洛文尼亞（Slovenia）憲法第三十八條。

107. 參考匈牙利共和國憲法第五十九條。

108. 參考克羅埃西亞共和國憲法第三十七條。

109. 參考俄羅斯聯邦憲法第二十四條第一款。

110. 參考愛沙尼亞憲法第四十二條。

111. 參考俄羅斯聯邦憲法第二十四條第二款。

112. 參考斯洛文尼亞憲法第三十八條。

113. 參考愛沙尼亞憲法第四十四條。

114. 參考保加利亞共和國憲法第四十一條第二款。

115. 有關歷史學家的辯論之描述，請參考 Charles S. Maier 的著作：*The Unmasterable Past: History, Holocaust, and German National Identity*，Cambridge: Harvard University Press 出版，一九八八年，第九至三十三頁。亦可參考 Perry Anderson 的文章〈On Emplotment: Two Kinds of Ruin〉，出自：*Probing the Limits of Representation*，由 Saul Friedlander 編輯，Cambridge: Harvard University Press 出版，一九九二年。

116. 參考 Stephane Courtois、Nicholas Werth、Jean-Louis Panné 及其他合著的：*Le Livre Noir de Communisme: Crimes, Terreur, Répression*，Paris: Laffont 出版，一九九八年。

117. 參考 Jürgen Habermas 的著作：*The New Conservatism: Cultural Criticism and the Historians' Debate*，Shierry Weber Nicholsen 編輯與翻譯，Cambridge: MIT Press 出版，一九八九年。

118. 參考 Maier 的著作：*Unmasterable Past*。

119. 參考 Martin Broszat 與 Saul Friedlander 合撰的〈A Controversy about the Historicization of National Socialism〉一文，刊載於：*New German Critique*，第四十四期，一九八八年，第八十一至一二六頁。

120. 參考 Hans Georg Gadamer 的文章〈The Historicity of Understanding〉，出自：*The Hermeneutic Reader: Texts of the German Tradition from the Enlightenment to the Present*，Kurt Mueller-Vollmer 編輯，New York: Continuum Publishing 出版，一九八八年，第二七〇頁。

121. 參考 Calvin Sims 的文章〈Argentine Tells of Dumping Dirty War Captives in the Sea〉，刊載於：*New York Times*，一九九五年三月十三日，國際版。對 Scilingo Effect 的詳細研究，請參考 Marguerite Feitlowitz 的著作：*A Lexicon of Terror: Argentina and the Legacies of Torture*，New York: Oxford University Press 出版，一九九八年。

122. 參考〈Procedure, Practice and Administration〉，出自：*Trials of War Criminals before the Nuremberg Military Tribunals*，vol. 15，Washington, D.C.: Government Printing Office 出版，一九五三年，第五六八至七〇頁。在美國的法庭內，由聯邦證據規則二〇一條（Federal Rule of Evidence 201）來規範程序。

123. 參考：*United States v Kowalchuk* 一案，773 F2d 488 (3d Cir. 1985)（「二次大戰期間，納粹佔領軍在其佔領區所加諸平民的諸多暴政，其程度之恐怖，使得轉述成為多餘」）。參考：*Succession of Steinberg*，76 S2d 744 (La. Ct. App. 1955)（對納粹佔領歐洲時所作出的刑處，在法律上加以注意）。

124. 參考：*German Criminal Codes* §§130, 131 StGB。

125. 同上，第一九四條，於一九八五年六月十三日修正。有關德國法律的分析，請參考 Eric Stein 的文章〈History against Free Speech:

The New German Law Against the 'Auschwitz' and Other 'Lies'〉，刊載於：*Michigan Law Review*，第八十五期，一九八六年，第二七七頁。

126. 參考：*This Week in Germany*，一九九四年四月十九日：reported in NJW（德國，一九八二年）at 1803。亦可參考 S. J. Roth 的文章〈Second Attempt in Germany to Outlaw Denial of the Holocaust〉，刊載於：*Patterns of Prejudice*，第十八期，一九八五年，第四十六頁。

127. 同上。

128. 參見 *Statute of 13 July 1990*，法國。亦可參考：*Licra et autres c. Faurrison* 一案，Tribunal de Grande Instance，一九八一年七月八日（Recueil Dalloz，一九八二年）。參考 Roger Errera 的文章〈In Defense of Civility: Racial Incitement and Group Libel in French Law〉，出自：*Striking a Balance: Hate Speech, Freedom of Expression and Nondiscrimination*，由 Sandra Coliver 編輯（倫敦大學人權中心，第十九條，Int'l Center Against Censorship of Essex，一九九二年）（討論 *Gayssot Law of 13 July 1990* 提出了一項新的侵害，構成了紐倫堡大審所定義之危害人類罪行）。

129. 參考：*Criminal Code of Canada*，§ 181。最著名的案例是 *Zundel v The Queen*，35 DLR (4th) 338, 31 CCC (3d) 97 (Ont. CA.) (1987)。有關加拿大先例的討論，參考〈When Academic Freedom and Freedom of Speech Confront Holocaust Denial and Group Libel: Comparative Perspectives〉，刊載於：*Boston College Third World Law Journal*，第八期，一九八八年，第六十五頁。

130. 參考 Olivier Biffaud 的文章〈M. Le Pen Indesirable Dans Plusieurs Villes〉，刊載於：*Le Monde*，巴黎，一九九〇年五月二十四日，存於 Lexis。參考 Susan Anderson 的文章〈Chronicle〉，刊載於：*New York Times*，一九九〇年五月二十四日，sec. B，第二十四頁。

131. 參考 Ref. No. VI ZR 140/78 *Entscheidungen des Bundesgerichtshofes in Zivilsachen*(B6H2)，160 et seq *Juristenzeitung*，第七十五期，一九七九年，第八一一頁。

132. 參考：*National Institute of Remembrance Act*，波蘭，一九九八年。該法案規定處罰那些公開否認「納粹或共黨罪行，或危害人類罪行」的人士。

133. 《世界人權宣言》，聯合國大會決議案 217 (III) 第二十條，一九四八年十二月十日。

134. 參考《消滅一切種族歧視國際公約》（International Covenant on the Elimination of All Forms of Racial Discrimination），聯合國大會決議案 2106 (xx)，第四條，一九六五年十二月二十一日（一九六九年一月二日生效）。

135. 參考《國際公民與政治權利公約》，聯合國大會決議案 2200A (xxl)，第二十條，一九六六年十二月十六日（一九七六年三月二十三日生效）。

136. 參考德國刑事法（*German Criminal Code*），第一百三十條。

137. 參考丹麥刑事法（*Danish Criminal Code*），§ 266(b)。

138. 參考瑞典刑法（*Swedish Penal Code*），Ch. 16(8)。

139. 參考：*Race Relation Act 1965*，§ 6(1)。

140. 有關這些章程的審查，參考「反中傷聯盟」（Anti-Defamation League）的：*Hate Crimes Laws: A Comprehensive Guide*，New York: Anti-Defamation League 出版，一九九七年。

141. 參考：*Winsconsin v Mitchell* 一案，508 US 476 (1993)（確認 *Wisconsin Penalty Enhancement Statute*，該章程提供了法源，以加重判刑，如果該位人士犯下了「故意挑選特定對象犯案……或破壞特定財產或受到影響……，而其部分或全部犯罪動機，乃基於犯罪者對被害人或財產產權人之種族、宗教、膚色、殘障、性別取向、母國或祖先的信念或觀點，不論犯罪者的信念或觀點是否正確……」。參考：*Wisconsin Statute*，9 39. 645 (1991-1992)。

142. 參考：*R. v Keegstra*，2 WWR 1，加拿大，一九九一年。

143. 德意志聯邦共和國憲法（基本法）第一條、第十八條、第二十一條。

144. 參考：*New York Times v Sullivan* 一案，376 US 254 (1964)（擴充了第一修正案的核心意義，包括了國家對辯論公共議題的深刻承諾，辯論應當「不受限制，有活力並開放」，認為憲法必須有一規則，禁止公職人員就與其公務行為相關的不當中傷要求賠償，除非真的構成了惡意中傷）。參考 F. Siebert 的著作：*Freedom of the Press in England*，Urbana: University of Illinois Press 出版，一九五二年，第一四七六至一七七六頁。參考 Philip Hamburger 的文章〈The Development of the Law of Seditious Libel and Control of the Press〉，刊載於：*Stanford Law Review*，第三十七期，一九八五年，第六六一頁。參考 Zechariah Chafee Jr. 的：*Free Speech in the United States*，第十八期，一九四一年。

145. 參考福山（Francis Fukuyama）的〈歷史的終結?〉（〈The End of History?〉）一文，出自：*National Interest*，第十六期，一九八九年夏，第三至十八頁。

146. 參考 Northrop Frye 的著作：*Anatomy of Criticism: Four Essays*，Princeton: Princeton University Press 出版，一九五七年。

147. 參考亞里斯多德的〈Poetics〉一文，出自：*The Complete Works of Aristotle*，第二卷，Jonathan Barnes 編輯，Princeton: Princeton University Press 出版，一九八四年，第二三一三至二三四頁。參考 Timothy J. Reiss 的著作：*Tragedy and Truth: Studies in the Development of a Renaissance and Neoclassical Discourse*，New Haven and London: Yale University Press 出版，一九八〇年。

148. 參考：*CONADEP Report*，第六頁。

149. 參考 Supreme Decree No. 355〈Creation of the Commission on Truth and Reconciliation〉，一九九〇年四月二十五日，重見於：*Rettig Report*。

150. 參考：*El Salvador Truth Commission Report*，第十一頁。

151. 參考：*Uruguay, Nunca Más*，vii, x-xi。

152. 參考 René Girard 的著作：*The Violence and the Sacred*，Baltimore: John Hopkins University Press 出版，一九七二年。

153. 參考 Saul Friedlander 編輯的：*Probing the Limits of Representation*，Cambridge: Harvard University Press 出版，一九九二年。參考 Elie Wiesel 的著作：*Night*，由 Stella Rodway & Francis Mauriac 翻譯，Bantam Books 於一九八二年重新發行。

154. 參考索忍尼辛（Aleksandr Solzhenitsyn）的著作《古拉格群島》（*The Gulag Archipelago: An Experimentation in Literary Investigation*），New York: Harper and Row 出版，一九七五年。參考 Miguel Bonasso 的著作：*Recuerdo de la Muerte*，Buenos Aires: Plancta 出版，一九八四年。參考 Jacobo Timerman 的著作：*Prisoner Without a Name: Cell without a Number*，New York: Knopf 出版，一九八一年。

155. 參考 Czeslaw Milosz 的著作：*The Witness of Poetry*，Cambridge, Mass: Harvard University Press 出版，一九八三年。

156. 參考哈維爾（Havel）的著作：*Power of the Powerless*。亦可參考 Bernhard Schlink 的著作：*The Reader*，由 Carol Brown Janeway 翻譯，N.Y.: Vintage Int'l 出版，一九九八年。

157. 參考 W. Gunther Plaut 編輯的《創世紀》，出自：*The Torah: A Modern Commentary*, New York: Union of American Hebrew Congregations 出版，一九八一年，第三十二章第四至十七節。

158. 「求你救我脫離我哥哥以掃的手……」，聖經《創世紀》第三十二章第十一節。

159. 參考 Arnold van Gennep 的著作：*The Rites of Passage*，由 Monika B. Vizedom 與 Gabrielle L. Caffee 共同翻譯，Chicago: University of Chicago Press 出版，一九六〇年。

160. 參考莎士比亞名劇《暴風雨》*The Tempest*，5.1.211-14。

161. 同上，3.3.52-77。

162. 同上，4.1。

163. 同上，5.1.27-32。

164. 參考 Stanley Cavell 的著作：*Disowning Knowledge in Six Plays of Shakespeare*，Cambridge: Harvard University Press 出版，一九八七年。

165. 參考 Jürgen Habermas 的著作：*A Berlin Republic: Writings on Germany*，由 Steven Rendall 翻譯，Lincoln: University of Nebraska Press 出版，一九九七年。
166. 參考 Maurice Bloch 的著作：*Rituals, History, and Power: Selected Papers in Anthropology*，London: Athlone Press 出版，一九八九年，第二八二頁，討論建設時期，儀式所扮演的角色。
167. 參考 Gordon 的文章〈Undoing Historical Injustice〉。
168. 參考 Robert Gordon 的文章〈Critical Legal Histories〉，刊載於：*Stanford Law Review*，第三十六期，一九八四年，第五十七頁。

第四章

1. 參考聯合國經濟社會理事會第四十五會期，*Study Concerning the Rights to Restitution, Compensation, and Rehabilitation for Victims of Gross Violations of Human Rights and Fundamental Freedoms: Final Report*，由 Theodor Van Boven 所準備，一九九三年七月二日。U.N. doc. E/CN.4/suh.2/1993/8。另參考 Theodor Meron 著作：*Human Rights and Humanitarian Norms as Customary Law*，Oxford: Clarendon Press 出版，一九八九年，第一七一頁，註釋二十四。亦可參考 Nigel S. Rodley 著作：*The Treatment of Prisoners Under International Law*，Oxford: Clarendon Press 出版，一九九九年。
2. 參考 W. Gunther Plaut 編輯的〈出埃及記〉，出自：*The Torah: A Modern Commentary*，New York: Union of American Hebrew Congregations 出版，一九八一年。第十二章第三十五節。
3. 同上，第十二章第三十五、三十六節。
4. 同上，第三章第二十一、二十二節。
5. 參考 Nehama Leibowitz 著作：*Studies in Shemot: The Book of Exodus*，Aryeh Newman 翻譯，Jerusalem: World Zionist Organization, Department for Torah Education and Culture in the Diaspora 出版，一九七六年，第一八五頁。
6. 有關德國戰爭罪愆的賠償，乃根據一九〇七年的「海牙公約 IV：陸戰法規及慣例條約」(Hague Convention IV Respecting the Laws and Customs of war on Land）所定，其第三條明載：「凡交戰國若違犯前述章程中之各款如有損害則需賠償，及其軍中人等違犯之一切行為該國亦需負責。」「陸戰法規及慣例條約」第三條（於一九一〇年一月二十六日生效），U.S.T.S. 539，規定賠償的義務。參考海牙公約 IV 的第四十一條，規定在受侵害情況下有要求賠償損失的權利。日內瓦公約 IV，一九四九年八月十二日，規定重大侵權情況之責任歸屬。日內瓦公約 IV 第六十八條規定有關處置戰犯事宜，提供戰犯求償的法源。日內瓦公約 IV「戰時保護平民條約」(Geneva Convention IV Relative to the Protection of Civilian Persons in Time of War)，於一九五〇年十月二十一日生效，6 U.S.T.S. 3114。日內瓦公約第一議定書「國際武力紛爭時保護受害者條約」(Protocol Additional to the Geneva Conventions of 12 August 1949 and Relating To The Protection of Victims of International Armed Conflicts)，於一九七八年十二月七日生效，第九十一條規定違反該公約條款「得負責賠償」，參見 *International Law Materials*，第十六期，一九七七年，第一三九二頁。參考 Hugo Grotius 的著作：*Rights of War and Peace: Including the Law of Nature and of Nations*，Winnipeg, Can.: Hyperion Press 出版，一九七九年，第十頁。亦可參考 Percy Bordwell 的著作：*The Law of War between Belligerents: A History and Commentary*，Littleton, Colo.: Fred B. Rothman 出版，一九九四年。
7. 凡爾賽條約，一九一九年六月二十八日，第二百三十一條，第八部分，出自：*Consolidated Treaty Series*，由 Clive Parry 編輯，第二百二十五卷，一九一九年。
8. 第二百三十二條明載：「同盟國與其相關政府認為德國的資源不足，依據本條約其他條款的規定，對所有損失與損害提供完全的補償，此舉將造成這些資源的永久減少。」出處同上。
9. 參考德意志聯邦共和國的：*Restitution*，英文版，Bonn: Press and Information Office of the Federal Government 出版，一九八八年六月。

10. 欲瞭解談判的過程，請參考 Nana Sagi 的著作：*German Reparations: A History of the Negotiations*，Jerusalem: Magnes Press, Hebrew University 出版，一九八〇年。亦可參考 Frederick Honig 的文章〈The Reparations Agreement between Israel and the Federal Republic of Germany〉，出自：*American Journal of International Law*，第四十八期，一九五四年，第五六四頁。
11. 參考德意志聯邦共和國的：*Restitution*，亦可參考 Kurt Schwerin 的文章〈German Compensation for Victims of Nazi Persecution〉，出自：*Northwestern University Law Review*，第六十七期，一九七二年，第四七九頁。以「受害者學」（Victimological）的角度為出發的討論，請參考 Leslie Sebba 的文章〈The Reparations Agreements: A New Perspective〉，出自：*Annals of the American Academy of Political and Social Science*，第四五〇期，一九八〇年，第二〇二頁。批判性的分析，請參考 Christian Pross 著作：*Paying for the Past: The Struggle over Reparations for Surviving Victims of the Nazi Terror*，Baltimore and London: Johns Hopkins University Press 出版，一九九八年。
12. 有關將德國的賠償，擴及到受到納粹迫害的東歐猶太人，請參考 David Binder 的文章〈Jews of Nazi Era Get Claims Details〉，出自：*New York Times*，一九九二年十二月二十二日，國際版。
13. 參考 Ameur Zemmali 的文章〈Reparations for Victims of Violations of International Humanitarian Law〉，出自：*Seminar on the Right to Restitution, Compensation, and Rehabilitation for Victims of Gross Violations of Human Rights and Fundamental Freedoms*，Maastricht: Netherlands Institute of Human Rights 出版，一九九二年，第六十一至七十五頁。
14. 參考 Sagi 的著作：*German Reparations*。
15. *Shilumim* 一字，源自先知的傳統。對於這兩個字的討論，與其在賠償合約中的意涵，請參考由 Axel Frohn 所編輯的：*Holocaust and Shilumim: The Policy of Wiedergutmachung in the Early 1950s*，Washington, D.C.: German Historical Institute 出版，一九九一年，第一至五頁。
16. *Velásquez-Rodríguez Judgment*，Inter-Am. Ct. H.R., Ser. C, No. 4 (1988)。以及 *Gondinez Judgment*，Inter-Am. Ct. H.R., Ser. C, No. 5 (1989)。還有 *Fairen Garbi and Solis Corrales Judgment*，Inter-Am. Ct. H.R., Ser. C, No. 6 (1990)。國家對於「防止、調查與懲罰」危害人權的義務，出現於：*Velásquez-Rodríguez Judgment* 的第一六六段。若欲瞭解這些案子的詳細情形，請參考兩位參與該案律師 Juan E. Mendez 與 José Miguel Vivanco 的文章〈Disappearances and the Inter-American Court: Reflections on a Litigation Experience〉，出自：*Hamline Law Review*，第十三期，一九九〇年，第五〇七頁。
17. 宏都拉斯最後負起了其補償的責任。根據任職於「美洲觀察」（*American Watch*）的 Steve Hermandez 所言（其與作者交談），*Velásquez-Rodríguez Judgment* 一案的賠償判決為美金三十萬元，*Gondinez Judgment* 一案則為二十五萬美元，美國華盛頓特區，一九九七年七月二十三日。
18. *Velásquez-Rodríguez Compensation Judgment*，Inter-Am. Ct. H.R., Ser. C, No. 4 (1989), 46，（參考 39 節有關道德與物質補償的義務）。
19. 參考 J. Irizarry & Puente 的文章〈The Responsibility of the State as a "Juristic Person" in Latin America〉，出自：*Tulane Law Review*，第十八期，一九四四年，第四〇八頁、第四三六頁（區分「物質」與「道德」損害）。亦可參考 H. Street 的著作：*Governmental Liability: A Comparative Study*，Cambridge: Cambridge University Press 出版，一九五三年，第六十二至六十三頁。還有 Linda L. Schlueter 與 Kenneth R. Redden 合著的：*Punitive Damages*，第三版，Charlottesville, Va.: Michie Butterworth 出版，一九九〇年（分析不同的民事法傳統）。
20. *Decision on Full Stop and Due Obedience Laws*，Inter-Am. C.H.R., Report No. 28/92 (Argentina, 1992)；以及 *Decision on the Ley de Caducidad*，Inter-Am. C.H.R., Report No. 29/92 (Uruguay, October 2, 1992)。
21. 該份調查報告名為 *Informe de la Comicion Macopma; de Verdad y Reconciliacion*（英文名稱為 *Report of the Chilean National Commission for Truth and Reconciliation*），2 vols，由 Phillip E. Berryman 翻譯，Notre Dame: University of Notre Dame Press 出版，一九九三年。（書中稱為 *Chilean Truth and Reconciliation Report*，「智利真相與和解報告」）。若欲瞭解艾爾溫（Aylwin）政權所採

取的行動，請參考 José Zalaquett 的文章〈Balancing Ethical Imperatives and Political Constraints: The Dilemma of New Democracies Confronting Past Human Rights Violations〉，出自：*Hastings Law Journal*，第四十三期，一九九二年，第一四二五頁、第一四三二至三八頁。亦可參考 Jorge Correa 的文章〈Dealing with Past Human Rights Violations: The Chilean Case after Dictatorship〉，出自：*Notre Dame Law Review*，第六十七期，一九九二年，第一四五五頁。

22. 艾爾溫總統對智利人民的談話，一九九一年三月五日，由英國國家廣播公司（BBC）於一九九一年三月六日所記錄。智利的 Law No. 19, 123（一九九二年二月八日）提供生還者終身的年金，以及一筆固定金額的賠償，並享有醫療與教育方面的福利。

23. *Indemnification Law*，No. 24.043（阿根廷，一九九一年）。

24. 參考：*Decision on the Ley de Caducidad*（於註釋二十中引用）。

25. *Chilean Truth and Reconciliation Report*，第八三八至四〇頁。

26. 「美洲人權公約」（Inter-American Convention on Human Rights）中的「公平的補償」一詞，乃見於第六十一條第一款，美洲人權法庭解釋為補償損害。參考聯合國的：Study Concerning the Right to Restitution, Compensation, and Rehabilitation for Victims of Gross Violations of Human Rights and Fundamental Freedoms，引用於註釋一，第三十八。

27. 參考：*El Amparo* 一案（有關賠償），Inter-Am. Ct. H.R. (Ser. C.) §34（一九九六年九月十四日），於一九九六年年度報告中重新刊載。

28. 對於懲罰／免除罰責何者較具尊嚴的辯論之相關學術討論，參見 Jaime Malamud Goti 的文章〈Transitional Governments in the Breach: Why Punish State Criminals?〉，出自：*Human Rights Quarterly*，第十二期，第一冊，一九九〇年，第一至十六頁。

29. 參考聯合國的：*El Salvador Agreements: The Path to Peace, Report of the Commission on Truth for El Salvador*，DPI/1208 (1992)。

30. 參考〈Guatemalan Foes Agree to Set up Rights Panel〉一文，出自：*New York Times*，一九九四年六月二十四日，國際版。

31. 南非憲法，結語。

32. 參考：*Azanian Peoples Organisation (AZAPO) and Others v President of the Republic of South Africa and Others*，1996 (4) SA LR 671 (CC)。

33. William Blackstone 的文章〈Of Public Wrongs〉，出自：*Commentaries on the Laws of England*，第四集，Oxford: Clarendon Press 出版，一七六五年，第五至六頁。

34. 參考 Jeffrie G. Murphy 與 Jules L. Coleman 合著的：*Philosophy of Law: An Introduction to Jurisprudence*，Boulder: Westview Press 出版，一九九〇年，第一一四至一一七頁、第一四五頁、第一五七至六〇頁。

35. 參考案例 *Fédération Nationale de Déportés et Internás Résistants et Patriotes v Barbie*，78 ILR 125 (Fr., Cass. Crim., 1985)。

36. 參考由 Mary Ann Glendon、M. W. Gordon 以及 Christopher Osakwe 合著的：*Comparative Legal Traditions: Text, Materials, and Cases on the Civil and Common Law Traditions, with Special Reference to French, German, English, and European Law*，St. Paul: West Publishing 出版，一九九四年，第九五至九六頁。

37. *Decision on Full Stop and Due Obedience Laws*，Report No. 28/92, 32。參考：Decision on the "Led de Caducidad"（引用於註釋二十），35, 39。

38. 這種目的，在康德學派的懲罰理論中詳加闡明。參考康德的著作：*The Metaphysical Elements of Justice: Part I of the Metaphysics of Morals*，由 J. I. Ladd 翻譯，Indianapolis: Bobb-Merrill 出版，一九六五年。

39. 關於各種計畫的學術討論，參考〈A Forum on Restitution〉一文，出自：*East European Constitutional Review*，第二冊，一九九三年，第三十頁。

40. *Law on Extrajudicial Rehabilitation*（*Large Restitution Law*），捷克斯洛伐克聯邦共和國，一九九一年；於：Central and Eastern European Legal Texts 重新刊載，一九九一年三月。

41. *Compensation Laws*，No. 25，匈牙利，一九九一年。

42. 德意志聯邦共和國（前西德）與德意志民主共和國（前東德）的「德國統一協定」（Agreement with Respect to the Unification of Germany），一九九〇年八月三十一日，BGBl.II，翻譯並重新刊載於：*International Legal Materials* 第三十期，一九九一年，第四五七頁。（之後成為「德國統一條約」）。該條約的第四十一條規定了「復原先於補償」的原則。該計畫的細節，詳在於條約的附錄三（Annex III），之前曾經是一九九〇年六月十五日聯合聲明（Joint Declaration of June 15, 1990）的一部分，後來被併入條約中。

43. *Land Reform Decision*，Combined Nos. I BvR 1170/90, 1174/90, 1175/90, Neue Juristische Wochenschrift 1959（德國聯邦憲法法庭 German Federal Constitutional Court，一九九一年）。亦可參考 Keith Highet、George Kahale III、以及 Charles E. Stewart 合撰的文章〈Former German Democratic Republic—Soviet Occupation Expropriations—Constitutionality of German Unification Agreement Clause Providing That Cash Compensation Is Sole Remedy "Land Reform" Decision〉，出自：*American Journal of International Law*，第八十五期，一九九一年，第六九〇頁。

44. *Judgment of July 3, 1991*，No. 28/1991 (IV.3) AB, Magyar Kozlony No. 59/1991（匈牙利的憲法法庭 Alkotmánybíróság），*Michigan Journal of International Law* 有其非官方版的翻譯。該決定也被稱為「補償案例三」（Compensation Case III）。補償法以及憲法法庭所作出的三個判決，結果造成了修正，詳細分析請參考 Ethan Klingsberg 的文章〈Safeguarding the Transition〉，出自：*East European Constitutional Review*，第二期，第二冊，一九九三年春，第四十四頁。

45. 有關該區域的復原之道德考量，請參考 Claus Offe 的著作：*Varieties of Transition— The East European and East Germany Experience*，Cambridge: MIT Press 出版，一九九六年。

46. 參考 Vojtech Cepl 的文章〈A Note on the Restitution of Property in Post-Communist Czechoslovakia〉，出自：*Journal of Communist Studies*，第三冊，一九九一年，第三六八至七五頁。

47. 參考 Alberto M. Aronovitz 與 Miroslaw Wyrzykowski 合撰的〈The Polish Draft Law on Reprivatization: Some Reflections on Domestic and International Law〉，出自：*Swiss Review of International and European Law*，一九九一年，第三三三頁。

48. 有關爭取復原的利益團體如何型塑轉型期的政黨，觀念上的分析請參考 Jonathan Stein 的文章〈The Radical Czechs: Justice as Politics〉，出自於 Venice Conference on Justice and Transition 會議上發表的論文，該會議由 Foundation for a Civil Society 舉辦，一九九三年十一月。

49. 參考哈維爾（Václav Havel）的：*Open Letters: Selected Writings, 1965-1990*，由 Paul Wilson 編輯，New York: Random House, Vintage Books 出版，一九九二年。

50. 參考楊恩．艾斯特（Jon Elster）的文章〈On Doing What One Can: An Argument against Post-Communist Restitution and Retribution〉，出自：*East European Constitutional Review* 第一期，第二冊，一九九二年夏，第十六頁（特別強調的重點）。

51. 若欲有概括性的瞭解，請參考 John Chapman 所編輯的：*Compensatory Justice: Nomos XXXIII*，New York: New York University Press 出版，一九九一年。

52. 參考 Peter Schuck 的文章〈Mass Torts: An Institutional Evolutionist Perspective〉，出自：*Cornell Law Review*，第八十期，一九九五年，第九四一頁。

53. 自由派的觀點，請參考 Randy E. Barnett 的文章〈Compensation and Rights in the Liberal Conception of Justice〉，出自：*Nomos XXXIII: Compensatory Justice*，由 John Chapman 編輯，New York: New York University Press 出版，一九九一年，第三一一至二九頁。

54. 參考 Schlueter 與 Redden 合著的：*Punitive Damages*。亦可參考 B. S. Markesinis 的：*A Comparative Introduction to the Law of German Torts*，New York: Oxford University Press 出版，一九九〇年。

55. 參見 Allen Buchanan 的著作：*Marx and Justice: The Radical Critique of Liberalism*，New York: Rowman and Littlefield 出版，一九八四年，第四十至八十五頁。

56.參考：*Law on Extrajudicial Rehabilitation*，引用國際法作為財產權的基礎（見註釋四十）。
57.參考註釋四十。
58.參考 Steven J. Heyman 的文章〈The First Duty of Government: Protection, Liberty, and the Fourteenth Amendment〉，出自：*Duke Law Journal*，第四時一期，一九九一年，第五〇七頁。
59.參考 Lassa Oppenheim 的文章〈Peace〉，出自：*Oppenheim's International Law* 的引言即第一部分，由 Robert Jennings 與 Arthur Watts 編輯，London: Longman Group 出版，一九九二年，第二三四至二三五頁。
60.參考「德國統一條約」（German Unification Treaty）。
61.*Law on Extrajudicial Rehabilitation*，第一條第一段（見於註釋四十）。
62.參考：*Land Reform Decision*。亦可參考 Offe 的：*Varieties of Transition*。
63.*Decision of the Czech Constitutional Court*，一九九四年七月十二日。
64.*Judgment of July 3, 1991*，paras. 3.3-4（見於註釋四十四）。
65.*Law on Extrajudicial Rehabilitation*，sec. I, para 1。
66.參考美國憲法第十四修正案第四條：「美國或其他任何國家不得負擔、支付任何因協助叛亂或顛覆美國而生之債務或義務……所有此類債務、義務或請求皆視為非法且無效」。
67.參考 Nicolas Tavuchis 的：*Mea Cupla: A Sociology of Apology and Reconciliation*，Stanford: Stanford University Press 出版，一九九一年。
68.參考：*Legal Rehabilitation Law*，No. 119/1990，捷克與斯洛伐克聯邦，一九九一年。參見 *Law on Political and Civil Rehabilitation of Oppressed Persons*，保加利亞，一九九一年。參見 *Law on Former Victims of Persecution*，No. 7748，阿爾巴尼亞，一九九三年。參見 *Legislative Decree No. 118*，羅馬尼亞，一九九〇年。參見 *Law on the Rehabilitation of Victims of Political Repression*，俄國，一九九一年。
69.參考：*Russian Press Digest*，一九九二年八月十九日，第九十一頁。亦可參考：*Current Digest of the Post-Soviet Press*，一九九二年九月二日。
70.參考：*Law on Rehabilitation of Victims of Political Repression*，俄國，一九九一年，第十二條規定：「依據現行法令規定的程序，個人得以恢復其因受壓迫而失去之社會與公民權利、軍事或特殊頭銜，亦歸還其勳章或階級。」第十五條規定：「個人曾受剝奪自由之壓迫，依現行法令恢復其權利……得領受依其刑期長短為數每月一百八十盧布之金錢賠償……。」
71.參考〈Presidential Decree on Rehabilitation of the Cossacks〉，英國國家廣播公司（BBC），一九九二年六月二十九日。〈Crimean Tatar Village Rehabilitated after 48 Years〉，英國國家廣播公司，一九九二年十一月二日。
72.「數以百萬的人民……因其信仰、社會、民族或其他地位之故遭受壓迫……俄國國會向受害者至上最深的追悼之意……這些整肅活動不符合正義觀念，國會有決心執行法律與保障公民權利。」參考註釋七十。
73.詳細分析，請參考傑瑞米．華德隆（Jeremy Waldron）的文章〈Superseding Historic Injustice〉，出自：Ethics，第一〇三期，一九九二年，第四至二十八頁。亦可參考 George Sher 的文章〈Ancient Wrongs and Modern Rights〉，出自：*Philosophy and Public Affairs*，第十期，第一冊，一九八〇年，第三頁、第六至七頁。還可參考 Derek Parfit 的著作：*Reasons and Persons*，New York: Oxford University Press 出版，一九八九年。
74.參考 Waldron 的文章〈Superseding Historic Injustice〉，第四至二十八頁。
75.參考 John Rawls 的著作：*A Theory of Justice*，Cambridge: Harvard University Press, Belknap Press 出版，一九七一年，第二八四頁。
76.有關世代間的正義更廣泛的討論，請參考 Brian Barry 的著作：*Theories of Justice*，Berkeley: University of California Press 出版，一九八九年，第一八九至九四頁。
77.有關對這些計畫的批評，請參考 András Sajó 的文章〈Preferred Generations: A Paradox of Counter Revolutionary Constitutions〉，出

自：*Cardozo Law Review*，第十四期，一九九三年，第八四七頁。
78. 參考 Sagi 的著作：*German Reparations*，第六十二至七十二頁（討論德國總理阿登納爾對於德國賠償義務之合理性的談話，引用 K. Grossman 的書 *Germany's Moral Debt, the German-Israel Agreement*）。
79. 參考 Sagi 的著作：*German Reparations*，第六十六頁。
80. 參考：*Chilean Truth and Reconciliation Report*，第十三頁。
81. 「戰時平民搬遷與拘留委員會」（Commission on Wartime Relocation and Internment of Civilians）的報告：*Personal Justice Denied: Report of the Commission on Wartime Relocation and Internment of Civilians*，Washington, D.C.: Commission on Wartime Relocation and Internment of Civilians 出版，一九八二年，第六至九頁。
82. 參考：*War and National Defense Restitution for World War II Internment of Japanese Americans and Aleuts, U.S. Code*，vol. 50, sec. 1989，建立了「公民自由公眾教育基金」（Civil Liberties Public education Fund），一九八八年。關於賠償運動及其意涵的討論，請參考 Sarah L. Brew 的文章〈Making Amends for History: Legislative Reparations for Japanese Americans and Other Minority Groups〉，出自：*Law and Inequality*，8.I，一九八九年，第一七九頁。亦可參考 Peter Irons 的著作：*Justice at War*，Berkeley: University of California Press 出版，一九九三年。
83. 參考〈First Payments Are Made to Japanese World War II Internees〉一文，出自紐約時報（*New York Times*），一九九〇年十月十日，A21 版（布希總統代表國家發表道歉信，並對支付賠償）。
84. 參考 Tavuchis 的著作：*Mea Culpa*。
85. 有關歷史的記載，參考 Eric Foner 的著作：*Reconstruction: America's Unfinished Revolution, 1863-1877*，New York: Harper Collins 出版，一九八九年。詳細的當代分析，請參考 Jed Rubenfeld 的文章〈Affirmative Action〉，出自：*Yale Law Journal*，第一〇七期，一九九七年，第四二七頁（討論諸多內戰結束後和種族相關的措施，例如 *Act of July 28, 1866*）。參考：*Treaties and Proclamations of the United States of America, U.S. Statutes at Large*，第十四冊，一八六八年，第三一〇頁。亦可參考 William Darity, Jr. 的文章〈Forty Acres and a Mule: Placing a Price Tag on Oppression〉，出自：*The Wealth of Races: The Present Value from Past Injustices*，由 Richard F. America 編輯，New York: Greenwood Publishing Group 出版，一九九〇年，第三至十三頁。
86. 有關對非裔美國人賠償的案例詳細內容，請參考 Boris I. Bittker 的著作：*The Case for Black Reparations*，New York: Random House 出版，一九七三年。有關持續進行的政治辯論，參考 Brent Staples 的文章〈Forty Acres and a Mule〉，刊載於：*New York Times*，一九九七年七月二十一日，社論版。
87. 詳細的分析請參考 Michel Rosenfeld 的著作：*Affirmative Action and Justice: A Philosophical and Constitutional Inquiry*，New Haven: Yale University Press 出版，一九九一年。還可參考 Rubenfeld 的文章〈Affirmative Action〉。
88. 有關此觀點早期的版本，請參考：*Bakke v Regenst of University of California* 一案，438 US 265, 324 (1978)。後來的討論，參見 *Richard v Croson*，488 US 469 (1989)。亦可參考：*Adarand Construction, Inc. v. Pena*，515 US 200 (1995)。
89. 參考 Kathleen M. Sullivan 的文章〈Sins of Discrimination: Last Term's Affirmative Action Cases〉，出自：*Harvard Law Review*，第一百期，一九八六年，第七十八頁（提出如果法庭僅專注於特定的犯罪者，將使法庭無法接受其他確認行為的合理性）。
90. 參考 Nell Jessup Newton 的文章〈Compensation, Reparations, and Restitution: Indian Property Claims in the United States〉，出自：*Georgia Law Review*，第二十八期，一九九四年冬，第四五三頁。
91. 參考 Mari J. Matsuda 的文章〈Looking to the Bottom: Critical Legal Studies and reparations〉，出自：*Harvard Civil Rights- Civil Liberties Law Review*，第二十二期，一九八七年春，第三二三頁。
92. 參考：*Law on Extrajudicial Rehabilitation*，sec.3, para.2。
93. 以色列和訴求會議（Claims Conference）皆具有代表性，並接受支付賠償。參考 Honig 的文章〈Reparations Agreement〉，第五六七頁。

94. 參考：*Judiciary Act of 1789, U.S. Code*，vol. 28, sec. 1350 (1993)。

95. 參考：*Filartiga v Pena-Irala* 一案，630 F2d 876, 890 (2d Cir 1980)，認為官方的虐待違反了「既有的國際人權法律，因此違法了萬國公法」。

96. 同上，884-87。參考 Ian Brownlie 的著作：*Principles of Public International Law*，第四版，New York: Oxford University Press 出版，一九九〇年，第二三八至二三九頁（討論公海國際法）。

97. 參考：*Forti v Suarez-Mason* 一案，672 F Supp 1531 (1987)。參考：*Siderman de Blake v Argentina* 一案，965 F2d 699 (9th Cir 1992)。

98. 參考：*In re Estate of Ferdinand Marcos* 一案，25 F3d 1467 (9th Cir 1994)。

99. 參考：*Kadic v Karadzic* 一案，以及 *Doe v Karadzic* 一案，70 F3d 232 (2d Cir 1995)。

100. 有關本書所謂的「追身侵權」（transitory torts）在國際慣例法的地位，參考 Curtis A. Bradley 與 Jack L. Goldsmith 合撰的文章〈Customary International Law as Federal Common Law: A Critique of the Modern Position〉，出自：*Harvard Law Review*，第一一〇期，一九九七年二月，第八一五頁（指出國際法應該不具有聯邦習慣法的地位）。參考 Harold Hongju Koh 的文章〈Commentary: Is International Law Really State Law?〉，出自：*Harvard Law Review*，第一一一期，一九九八年，第一八二四頁。亦可參考 Ryan Goodman 與 Derek P. Jinks 合撰的文章〈Filartiga's Firm Footing: International Human Rights and Federal Common Law〉，出自：*Fordham Law Review*，第六十六期，一九七七年，第四六三頁。

101. 參考：*Argentine Republic v Amerada Hess Shipping Corp.* 一案，488 US 428 (1989)。參見 *Siderman de Blake* 一案，965 F2d 699。

102. *Filartiga* 案，630 F2d 876。

103. 參考：*The Foreign Sovereign Immunities Act of 1976, U.S. Code*，vol. 28, secs. 1602-1611 (1994)。有的時候司法亦管轄其他的侵權事件，例如失蹤以及擅自延長的拘留。參考：Forti 案，672 F Supp，1541-42。

104. 參考：*Torture Victim Protection Act of 1991, U.S. Code*，vol. 28, sec. 1350 (1993)。

105. 參考：*Siderman de Blake* 案，965 F2d 699。參見 *In re Estate of Ferdinand Marcos* 案，25 F3d 1467。參考 Ralph Steinhardt 的文章〈Fulfilling the Promise of Filartiga: Litigating Human Rights Claims against the Estate of Ferdinand Marcos〉，出自：*Yale Journal of International Law*，第二十期，一九九五年，第六時五頁。

106. 有關補償性正義的理論，參考 Cass Sunstein 的文章〈The Limits of Compensatory Justice〉，出自：*Nomos XXXIII*，由 John W. Chapman 編輯，New York: New York University Press 出版，一九九一年，第二八一頁。

107. 相關問題的討論，請參考 Judith Jarvis Thomson 的著作：*Rights, Restitution and Risk: Essays in Moral Theory*，Cambridge: Harvard University Press 出版，一九八六年，第六十六至七十七頁。

108. 有關現代國家罪行的責任歸屬，參考 Peter H. Schuck 的著作：*Suing Government: Citizen Remedies for Official Wrongs*，New Haven: Yale University Press 出版，一九八三年。

第五章

1. 參考 Arthur Koestler 著作：*The Yogi and the Commissar, and Other Essays*，New York: Macmillan 出版，一九四五年。參見 Maurice Merleau-Ponty 著作：*Humanism and Terror: An Essay on the Communist Problem*，Boston: Beacon Press 出版，一九六九年。

2. 參考 Carl Schmitt 著作：*The Concept of the Political*，George Schwab 翻譯，Chicago: University of Chicago Press 出版，一九六九年。

3. 參考 W. Gunther Plaut 編輯的〈創世紀〉(Genesis)，出自：*The Torah: A Modern Commentary*，New York: Union of Hebrew Congregations 出版，一九八一年，第十八章第十六節至第十九章第三十八節。

4.同上，第十八章第二十三節至三十二節。
5.參考 Nehama Leibowitz 著作：*Studies in the Book of Genesis, in the Context of Ancient and Modern Jewish Bible Commentary*，Aryeh Newman 翻譯，Jerusalem: World Zionist Organization, Department for Torah Education and Culture in the Diaspora 出版，一九七六年。
6.參考 Plaut 編輯的〈創世紀〉，第十八章第二十至二十一節。
7.參考美國憲法第十四修正案第四條第四款，明載「無論聯邦州 (United State) 或任何一州皆不得承擔或償還任何因協助叛變美利堅合眾國而產生的債款或義務……這些債款、義務及要求，皆應視為非法且無效。」
8.參考 *Texas v White* 案件，74 US 700 (1868)。
9.參考 Jonathan Truman Dorris 著作：*Pardon and Amnesty under Lincoln and Johnson: The Restoration of the Confederates to Their Rights and Privileges, 1861-1989*，Westport, Conn: Greenwood Press 出版 [1953]，一九七七年。
10.參考：*White v Hart* 案，80 US 646 (1871)，敘述重建法案要求叛變州遵從國會所訂定的條款，才能回復到叛變前的地位。
11.參考美國憲法修正案第十四條第三款，「但參議院及眾議院得以透過各院三分之二以上的選票，取消剝奪資格」。這一部分於一八六八年七月生效。
12.參考：*Oxford English Dictionary*，第二版 (OED)，s.v.（在該標題以下），「淨化：教會的淨化」（也就是教會法所明載），被告在宗教法庭上宣誓保障其清白，被告的數位友人可以宣誓來肯定其清白。
13.參見美國憲法修正案第十四條。
14.在條款中即註明，一八六八年國會取消了剝奪資格。參考國會司法委員會 (House Committee on the Judiciary) 的：*Removal of Disabilities Imposed by the Fourteenth Article of the Constitution*，第五十五屆，第二次會期，一八九八年。H. Rept. 1407。
15.參考：*Mississippi v Johnson* 案，71 US (4 Wall) 475 (1867)，確認重建法案中的行政機構的角色。另見 *Georgia v Stanton* 案，73 US (6 Wall) 50 (1868)。亦可參考：*Texas v White* 案，74 US 700 (1868)。
16.參考：*Ex parte McCardle* 案，74 US (7 Wall.) 504 (1869)。
17.參考：*Ex parte Milligan* 案，71 US (4 Wall.) 2 (1866)。
18.參考：*Ex parte Garland* 案，71 US (4 Wall.) 333 (1866)。
19.參考：*Cummings v Missouri* 案，71 US (4 Wall.) 277, 279 (1866)。
20.同上，323。
21.關於民事與刑事制裁的不同，參考 George P. Fletcher 的文章〈Punishment and Compensation〉，出自：*Creighton Law Review*，第十四期，一九八一年，第六九一頁。亦可參考 Maria Foscarinis 的文章〈Toward a Constitutional Definition of Punishment〉，出自：*Columbia Law Review*，第八十期，一九八〇年，第一六六七頁。另可參見 *Elfbrandt v Russel* 案，384 US 11 (1966)，以及 *Kennedy v Mendoza-Martinez* 案，372 US 144 (1963)，以及 *Wiemann v Updegraff* 案，344 US 183 (1952)，對過去與共產黨員來往，有驚人的誓言。
22.若欲知道對此普遍看法的批評，請參考 Stanley Kutler 著作：*Judicial Power and Reconstruction Politics*，Chicago: University of Chicago Press 出版，一九六八年。
23.關於這方面的論辯，請參考 Raoul Berger 的著作：*Government by Judiciary: The Transformation of the Fourteenth Amendment*，Indianapolis: Library Fund 出版，一九七七年。以及 Robert J. Kaczorowski 的文章〈Revolutionary Constitutionalism in the Era of the Civil War and Reconstruction〉，出自：*New York University Law Review*，第六十一期，一九八六年，第八六三頁。
24.參考 Norman E. Tutorow 編輯的：*War Crimes, War Criminals, and the War Crimes Trials: An Annotated Bibliography and Source Book*，New York: Greenwood Press 出版，一九八六年。
25.參考「脫離國家社會主義和軍事主義」法案（*Act for Liberation from National Socialism and Militarism*），第一條，德國，一九四六年。

26.參考 Ingo Müller 著作：*Hitler's Justice: The Courts of the Third Reich*，Cambridge: Harvard University Press 出版，一九九一年。
27.欲瞭解這段時期的歷史，請參考 John Herz 編輯的：*From Dictatorship to Democracy: Coping with the Legacies of Authoritarianism and Totalitarianism*，Westport: Greenwood Press 出版，一九八二年，第一至三十八頁。
28.參考 John Herz 的文章〈The Fiasco of Denazification in Germany〉，出自：*Political Science Quarterly*，第十八期，一九四八年，第五六九頁。
29.參考 Müller 的著作：*Hitler's Justice*。
30.參考：*Ordinance Instituting National Indignity*，法國，一九四四年八月二十六日。亦可參考：*Decree of June 27*，法國，一九四四年。參考 Herbert Lottman 的著作：*The Purge: The Purification of French Collaborators after World War II*，New York: William Morrow 出版，一九八六年，第一九四至二一〇頁。
31.參考 Peter Novick 的著作：*The Resistance versus Vichy: The Purge of Collaborators in Liberated France*，New York: Columbia University Press 出版，一九六八年。
32.參考 Henry Lloyd Mason 的著作：*The Purge of the Dutch Quislings*，The Hague: Nijhoff 出版，一九五二年，第九十頁。
33.有關法國，請參考 Novick 的著作：*Resistance versus Vichy*；還可參考 Lottman 的著作：The Purge，第二四九至六三頁；另有 Tony Judt 的著作：*Past Imperfect, French Intellectuals, 1944-1956*，Berkeley: University of California Press 出版，一九九二年。有關荷蘭，請參考 Mason 的著作：*Purge of Dutch Quislings*。
34.參考 Hannah Arendt 的著作：*The Origins of Totalitarianism*，New York: Meridian Books 出版，一九五八年。
35.舉例來說，法國在一九四七年通過了選擇性的特赦法案，一九五一年通過了全面特赦的法案。一九五三年八月五日通過的法案，終止了行政的制裁。參考 Lottman 的著作：*The Purge*。
36.有關阿爾巴尼亞，請參考人權觀察（Human Rights Watch）所出版的：*Human Rights in Post Communist Albania*，New York: Human Rights Watch 出版，一九九六年。有關保加利亞的 Panev 法律，請參考：*Democracy and Decommunization: Disqualification Measures in Eastern and Central Europe and the Former Soviet Union*，一九九三年十一月十四至十五日，第八至九頁。
37.參考《牛津英語辭典》對「lustration」一詞的解釋。
38.參考：*Screening ("Lustration") Law*（捷克斯洛伐克聯邦共和國，一九九一年），由捷克斯洛伐克聯邦的雙年會所制訂。依據第二十二部分，該法案自其頒佈當日起生效，於一九九六年十二月三十一日失效。
39.淨化法的實行，招來許多的批評。請參考的 Stephen Engelberg 的文章〈The Velvet Revolution Gets Rough〉，出自：*New York Times Magazine*，一九九二年五月三十一日，第三十頁。〈Prague Approves Purge of Former Communists〉一文，出自：*New York Times*，一九九一年十月七日。參考 Aryeh Neier 的文章〈Watching Rights〉，刊載於：*The Nation*，一九九二年一月十三日，第九頁。參考的 Jeri Laber 文章〈Witch Hunt in Prague〉，刊載於：*New York Review of Books*，一九九二年四月二十三日，第五頁。參考〈Letters Human Rights in Prague〉一文，刊載於：*New York Review of Books*，一九九二年五月二十八日，第五十六頁。參考 Mary Battiata 的文章〈East Europe, Hunts for Reds〉，刊載於：*Washington Post*，一九九二年十月十九日。參考 Lawrence Weschler 的文章〈The Velvet Purge: The Trials of Jan Kavan〉，刊載於：*New Yorker*，一九九二年十月十九日，第六十六頁。參考 John Tagliabe 的文章〈Prague Turns on Those Who Brought the Spring〉，刊載於：*New York Times*，一九九二年二月二十四日，國際版。參考〈The Perils of Lustration〉一文，刊載於：*New York Times*，一九九二年一月七日，社論版。捷克的英文媒體，請參考 Bill Hungrey Jr. 的文章〈Tempest over Lustration〉，出自：*Prague Post*，一九九二年三月十七至二十三日。
40.參考：*Specifying Some Further Prerequisites for the Discharge of Some Functions in State Organs and Organizations*，Act No. 451/1991（捷克斯洛伐克聯邦共和國，一九九一年），由作者翻譯，並非正式的版本。
41.由 Wolfgang Nowak 所作的一些評論，當時他任職東德薩克森教育部長（State Secretary for Education in the East German Land of Saxony），出自：*Rapporteur's Report*（發表給 Foundation for a Civil Society，義大利威尼斯，一九九三年），第七頁。

42.德國的剝奪資格條款，可以在一九九〇年八月三十一日的統一條約（Unification Treaty）中看到。參考德意志聯邦共和國（舊西德）與德國民主共和國（舊東德）的〈Agreement with Respect to the Unification of Germany〉，一九九〇年八月三十一日，BGBl. II，翻譯並重印於：*International Legal Materials*，第三十期，一九九一年，第四五七頁（之後統稱為《兩德統一條約》）。
43.參考：*Decision No. 1*，Constitutional Case No. 32，匈牙利，一九九三年。去共黨化的行為也基於安全的理由，得到合理化。
44.參考：*Constitutional Court Decision on the Screening Law*，Ref. No. pl. US1/92，捷克斯洛伐克聯邦共和國，一九九二年。
45.參考：*McAuliffe v City of New Bedford* 一案，29 NE 517 (Mass. 1892)。
46.參考：*Elfbrandt v Russell* 一案，384 US 11 (1966)。亦可參考：*Branti v Finkel* 一案，445 US 507 (1980)，依據政黨關係或對政黨支持來解雇，如果參與共產黨則不被政府雇用。
47.參考：*Elrod v Burns* 一案，427 US 347 (1976)。
48.參考：*United States v Robel* 一案，389 US 258, 266 (1967)。參考：*Rutan v Republican Party of Illinois* 一案，497 US 62, 70-71 (1990)。亦可參考：*Konigsberg v State Bar* 一案，366 US 36 (1961)。還可參考：*In re Anastapolo* 一案，366 US 82 (1961)。
49.參考聯合國大會頒佈的《世界人權宣言》，A/RES/217A(III)，一九四八年十二月十日，第二條。
50.參考《國際公民與政治權利公約》第二條第七款，一九六六年十二月六日，*Treaties and International Agreements Registered or Filed or Reported with the Secretariat of the United Nations 999*，no. 14668 (1976): 171。參考《國際經濟社會文化權利公約》第二條第二款，一九六六年十二月十六日，*Treaties and International Agreements Registered or Filed or Reported with the Secretariat of the United Nations 993*，no. 14531 (1976): 3。亦可參考《國際經濟社會文化權利公約》第七條（C）款，保障聘僱時的「平等機會」。
51.參考：*Constitutional Court decision on the Screening Law*，捷克斯洛伐克聯邦共和國，一九九二年十一月二十六日。亦可參考K. 3/98, *Judgment in the Name of the Republic of Poland Constitutional Court on the Incompatibility of Law of 17.12.97 on amendments of the Law on Judicial System and some other statutes with the Constitution of the Republic of Poland of 02.04.87*。法庭在其 3/98 判決中指出：「由獨裁國家轉型至民主國家的過程中，可能必須採用一些特殊的方案，在平常時期並不會使用這些方式。」
52.後來，捷克法律延長至西元二〇〇〇年。參考 Jirina Siklova 的文章〈Lustration or the Czech Way of Screening〉，出自：*East European Constitutional Review*，第五期，第一冊，一九九六年冬，第五十九頁。亦可參考〈Constitution Watch〉一文，刊載於：*East European Constitutional Review*，第四期，一九九五年秋，第八至十頁。有關對德國的解讀，參考《兩德統一條約》。
53.參考：*Constitutional Court Decision on the Screening Law*。
54.參考：*Act Concerning the Records of the State Security Service of the Former German Democratic Republic*，德國，一九九一年（Stasi Records Act）。亦可參考《兩德統一條約》。
55.參考：*Judgments by First Senate of Constitutional Court*，德國，一九九五年，由作者翻譯。
56.參考：*Act of 29 April 1985 on the Constitutional Tribunal amended by the Constitutional Tribunal Act of 1 Aug 1997*。
57.參考〈Peace for Affirmative Action〉一文，刊載於：*New York Times*，一九九八年二月二十一日，A2頁。
58.批判分析請參考 Jon Elster 的文章〈On Doing What One Can〉，出自：*East European Constitutional Review*，第一期，一九九二年，第十五頁。
59.參考：*Constitutional Court Decision on the Screening Law*。
60.參考：*International Labour Organization Decision on the Screening Law*，GB.252/16/19，捷克斯洛伐克聯邦共和國，一九九二年。
61.參考：*Act on the Illegality of the Communist Regime and Resistance to It*，Act No. 198/1993，捷克共和國，一九九三年。
62.參考：*Constitutional Court Decision on the Act on the Illegality of the Communist Regime*，捷克共和國，一九九三年。
63.參考 Dan M. Kahan 的文章〈What Do Alternative Sanctions Mean〉，刊載於：*University of Chicago Law Review*，第六十三期，一九九六年，第五九一頁。
64.參考：*Lustration Act 1997*（一九九八年修正），由 Decisions of Oct. 21, 1998, K24/98, OTK ZV 1998, 507 確認。以及 Nov. 10, 1998,

K39/97, OTK ZV 1998, 542。

65. 參考的 Robert Conquest 的著作：*The Great Terror: Stalin's Purge of the Thirties*，New York: Macmillan 出版，一九六八年。

66. 參考 Victor Turner 的著作：*The Ritual Process: Structure and Anti-Structure*，Ithaca: Cornell University Press 出版，一九六六年。參考 Paul Connerton 的著作：*How Societies Remember: Themes in the Social Sciences*，Boston: Cambridge University Press 出版，一九八九年。

67. 比較日本憲法第九條（限制日本軍隊只能用於自衛）與德國的基本法第一一五條（a）。

68. 參考美洲觀察（Americas Watch）出版的：*Report on Human Rights and U.S. Policy in Latin America, With Friends Like These*，由 Cynthia Brown 編輯，New York: Pantheon Books 出版，一九八五年。

69. 有關這些政權變革的討論，參考：*Transitions from Authoritarian Rule: Latin America*，由 Guillermo O'Donnell 及其他共同編輯，Baltimore: Johns Hopkins University Press 出版，一九八六年。

70. 參考 Leonard Bird 的著作：*Costa Rica: The Unarmed Democracy*，London: Sheppard Press 出版，一九八四年。

71. 參考《牛津英語辭典》有關 expurgate 一詞的解釋。

72. 參考由 Lawyers Committee for Human Rights Report 發表的報告：*El Salvador's Negotiated Revolution: Prospects for Legal Reform*，New York: Lawyers Committee for Human Rights 出版，一九九三年，第五十至五十六頁。

73. 參考《牛津英語辭典》有關 purge 一詞的解釋。

74. 參考美洲觀察所出版的：*El Salvador and Human Rights: The Challenge of Reform*，New York: Human Rights Watch 出版，一九九一年。

75. 有關較早期的論點，參考的：*The Federalist*，第十期，由 Clinton Rossiter 編輯，Middletown, Conn.: Wesleyan University Press 出版，一九六一年。

76. 參考和平協定（Peace Agreement），Annex United Nations Letter dated 27 Jan 1992 from the Permanent Representative of El Salvador to the United Nations addressed to the Secretary General A/46/864 S/23501，一九九二年一月三十日，第二至三頁。

77. 參考人權觀察與 Americas National Coalition for Haitian Refugees 所出版的：*Security Compromised: Recycled Haitian Soldiers on the Front Line*，第七卷，第三冊，出版，一九九五年。

78. 同上，第一至二頁，第六十七頁。

79. 甚至得到了人權團體的支持。參考：*Human Right Watch World Report 1996*，New York: Human Rights Watch 出版，一九九七年，第九十一至九十三頁。

80. 參考：*Korematsu v United States* 一案，323 US 214 (1944)。

81. 參考：*Dennis v United States* 一案，314 US 494 (1951)，承認引用 Smith Act 迫害美國共產黨的國家級領導人士。

82. 參考 Hans Mommsen 的著作：*From Weimar to Auschwitz*，Princeton, N.J.: Princeton University Press 出版，一九九一年。亦可參考 Robert Moss 的著作：*The Collapse of Democracy*，London: Abacus 出版，一九七七年。

83. 有關政治理論中的「軍事民主」（militant democracy）觀念的源由，請參考的 Karl Lowenstein 文章〈Militant Democracy and Fundamental Rights〉，刊載於：*American Political Science Review*，第三十一期，一九三七年，第四一七頁。有關界定憲法民主的憲法條款，參考基本法的第二十一條第二款：「政黨的目標或行為若損害或顛覆了自由民主的基本秩序，或危害了德意志聯邦共和國的存在，政黨將被視為違憲。」

84. 參考：*Socialist Reich Party Case* 一案，2 BverfGE 1，德國，一九五二年。參考：*Communist Party Case* 一案，5 BverfGE 85，德國，一九五六年。

85. 同上。

86. 參考土耳其共和國憲法第六十九條（一九九五年修正）。參考葡萄牙憲法第四十六條（一九九二年）。

87.參考保加利亞一九九一年七月十二日頒佈的憲法。參考匈牙利憲法第三條第三款，由 Act No. 31 of 1989 修訂。

88.參考由 Gordon Wightman 編輯的：*Party Formation in East-Central Europe: Post-Communist Politics in Czechoslovakia, Hungary, Poland, and Bulgaria*，Aldershot, England: Edward Elgar 出版，一九九五年，第二〇五頁。

89.摘錄自俄國總統於一九九一年八月二十三日所頒佈的法令，第二十五號，〈On Banning the Activity of the Communist Party of the RSFSR〉，存於美國芝加哥大學東歐憲法主義中心。

90.參考 David Remnick 的文章〈The Trial of the Old Regime〉，刊載於：*New Yorker*，一九九二年十一月三十日，第一〇四頁。

91.參考俄國憲法第一六五條之一，指出：「俄國憲法法庭將決定……政黨和其他政治團體的合憲性。」

92.*Communist Party Decision*，存於美國芝加哥大學東歐憲法主義中心。

93.參考 L. Aleksandrova 的文章〈Decree of the RSFSR President on the Activities of the CPU and CP RSFSR〉，刊載於：*Rossiiskaya Gazeta*，一九九一年十一月九日，第二頁，可於 Lexis, World Library SPD file 找到。

94.參考 Kelley Couturier 的文章〈Turkey Bans Islam-Based Political Party〉，刊載於：*Washington Poast*，一九九八年一月十七日，A20 頁。有關「福利」黨的關閉，參考 http://www.turkey.org/turkey/politics/p-party.htm.

95.參考 Michael Walzer 的著作：*On Toleration*，New Haven: Yale University Press 出版，一九九七年。有關信仰的相關討論，參考本書作者璐蒂．狄托的文章〈A Critique of Religion as Politics in the Public Sphere〉，刊載於：*Cornell Law Review*，第七十八期，一九九三年，第七四七頁。

96.參考 John Rawls 的文章〈The Law of Peoples〉，刊載於：*On Human Rights: The Oxford Amnesty Lectures, 1993*，由 Stephen Shute 與 Susan Hurley 編輯，New York: Basic Books 出版，一九九三年。亦可參考 Yael Tamir 的著作：Liberal Nationalism，Princeton: Princeton University Press 出版，一九九三年。

97.參考 Plaut 編輯的〈出埃及記〉，*The Torah*，第十八章第二十二至二十三節。

98.參考 Moses Maimonides 的著作：*The Guide of the Perplexed*，由 Shlomo Pines 翻譯，Chicago: University of Chicago Press 出版，一九六九年，第五十四頁。

99.參考 Plaut 編輯的〈出埃及記〉，*The Torah*，第十八章第二十二至二十三節。

100. 參考美國憲法第二條。亦可參考 Alexander Hamilton 的：*The Federalist no. 69*，由 Jacob E. Cooke 編輯，Middletown, Conn.: Wesleyan University Press 出版，一九六一年（闡明了所提議的行政體和英國王朝之間的不同）。

101. 參考 Philippa Fletcher 的文章〈Bulgaria: Ex-Communists Win Control over Bulgarian Judiciary〉，出自：*Reuter News Service*，一九九四年七月十五日，Lexis, Bulgaria Country Files。

102.實際上，歷史上的淨化儀式通常與普查相關。這些儀式包括巡視在內，都是檢驗普查結果的一部分。參考《牛津英語辭典》有關 lustration 一詞的第三及第四項解釋。亦可參考《牛津英語辭典》有關 lustrum 一詞的解釋。

103.參考 John Rawls 的著作：*A Theory of Justice*，Cambridge: Harvard University Press, Belknap Press 出版，一九七一年，第二八四至九三頁。

104.參考《牛津英語辭典》有關 ban 一詞的解釋。

105.有關此一問題的探討，請參考 Charles Reich 的文章〈The New Property〉，刊載於：*Yale Law Journal*，第七三一期，一九六四年，第七三三頁。

106.關於提倡組織性回應的論點，請參考 Robert Gordon 的文章〈Undoing Historical Injustice〉，出自：*Justice and Injustice in Law and Legal Theory*，由 Austin Sarat 與 Thomas R. Kearns 編輯，Ann Arbor: University of Michigan Press 出版，一九九六年。

第六章

1. 有關當代遽增的憲法制訂情形，參見 Julio Faundez 的文章〈Constitutionalism: A Timely Revival〉，出自：*Constitutionalism and Democracy: Transitions in the Contemporary World*，由 Douglas Greenberg 及其他編輯，New York: Oxford University Press 出版，一九九三年，第三五四、三五六頁。參考 Jon Elster 及 Rune Slagstad 合寫的著作：*Constitutionalism and Democracy: Studies in Rationality and Social Change*，New York: Cambridge University Press 出版，一九八八年（收錄了有關憲法主義與民主的關係的論文）。
2. 有關政治理論中現實派的關係，參考 Arend Lijphart 的著作：*Democracies: Patterns of Majoritarian and Consensus Government in Twenty-one Countries*，New Haven: Yale University Press 出版，一九八四年。有關當代的案例研究，參考 Courtney Jung 及 Ian Shapiro 合撰的文章〈South Africa's Negotiated Transition: Democracy, Opposition, and the New Constitutional Order〉，出自：*Policy and Society*，第二十三期，一九九五年，第二六九頁。有關現實派對美國憲法的看法，參考 Charles A. Beard 的著作：*An Economic Interpretation of the Constitution of the United States*，New York: Macmillan 出版，一九五六年。
3. 亞里斯多德，*The Politics*，由 T. A. Sinclair 翻譯，New York: Penguin Books 出版，一九八六年。亦可參考 Charles H. McIlwain 的著作：*Constitutionalism: Ancient and Modern*，Ithaca: Cornell University Press 出版，一九四七年（描述古代的憲法觀念）。參考 Peter G. Stillman 的文章〈Hegel's Idea of Constitutionalism〉，出自：*Constitutionalism: The Philosophical Dimension*，由 Alan S. Rosenbaum 編輯，New York: Greenwood Press 出版，一九八八年。
4. 亞里斯多德，*The Politics*，第一九八頁。
5. 同上，第一七六頁。
6. 參考 Hannah Arendt 的著作：*On Revolution*，New York: Viking Press 出版，一九六五年，第一四二頁。有關英國內戰與二十世紀開始時的憲法主義的發展歷史，參考 M.J.C. Vile 的著作：*Constitutionalism and the Separation of Powers*，Oxford: Clarendon Press 出版，一九六七年。
7. 參考 Arendt 的著作：*On Revolution*，第一四三頁。
8. 同上，第二三二至三四頁。
9. 同上，第一五七頁。
10. 參考 Bruce A. Ackerman 的著作：*The Future of Liberal Revolution*，New Haven: Yale University Press 出版，一九九二年，第五十七頁。參考 Michel Rosenfeld 編輯的：*Constitutionalism, Identity, Difference, and Legitimacy: Theoretical Perspectives*，Durham: Duke University Press 出版，一九九四年（分析憲法主義與群體認同的關係）。
11. 參考 Bruce A. Ackerman 的文章〈Constitutional Politics/Constitutional Laws〉，出自：*Yale Law Journal*，第九十九期，一九八九年，第四五三至五四七頁。
12. 同上，第五十五頁。
13. 同上，第十四頁。
14. 參考 Peter Berkowitz 的文章〈Book Review〉，出自：*Eighteenth Century Studies*，第二十六期，一九九三年，第六九五頁（評論 Bruce A. Ackerman 的著作：*We the People: Foundations*，Cambridge: Harvard University Press, Belknap Press 出版，一九九一年）（認為批准憲法的選舉，投票率很低）。
15. 參考 Bruce A. Ackerman 的著作：*The Future of Liberal Revolution*，第一九三頁。相關的歐陸討論，參考 Ulrich Preuss 的著作：*Constitutional Revolution: The Link between constitutionalism and Progress*， 由 Deborah Lucas Schneider 翻 譯，Atlantic Highlands: Humanities Press 出版，一九九五年。
16. 與 John Rawls 的著作：*Political Liberalism* 比較，New York: Columbia University Press 出版，一九九三年，第九十至九十九頁

（為 political constructivism 下定義）。

17. 參考亞里斯多德的著作：*the Athenian Constitution*，由 P. J. Rhodes 翻譯，New York: Penguin Books 出版，一九八四年，第二十九至三十三章。

18. 參考 Juan J. Linz 與 Alfred Stepan 合撰的：*Problems of Democratic Transition and Consolidation: Southern Europe, South America, and Post-Communist Europe*，Baltimore: Johns Hopkins University Press 出版，一九九六年（基於轉型道路的記錄），第十頁。亦可參考 Guillermo O'Donnell 與 Philippe C. Schmitter 合著的：*Transitions from Authoritarian Rule: Tentative Conclusions about Uncertain Democracies*，Baltimore: Johns Hopkins University Press 出版，一九八六年。

19. 南非憲法，第十七章，第二五一條（「國家團結與和解」）。其他反映出此種政治妥協的憲法措施，乃是有關行政權的延續之條款，由轉型期的行政委員會來監督。

20. 南非憲法，緒言，指出：「為了達成此種目的，必須設立這些條款，以提倡國家的團結以及南非的重組和統治的延續，其間由選舉出一憲法大會，以制訂最終極的憲法……」（有特別強調的重點）。

21. 頒佈第二部憲法的意圖，被南非的憲法法庭判定為無效，其判決乃依據轉型期憲法的動態原則。參考：*In re Certification of the Constitution of the Republic of South Africa*，1996, (4) SALR 744 (CC) (S. Afr.)。最後一部憲法，在本書出版前不久通過。比較德國的基本法第七十九條第三款（所謂的「永久條款」perpetuity clause）。

22. Schedule 4 設定了「憲法原則」不得改變或與後來的憲法相矛盾，例如：「憲法應禁止種族、性別或其他形式之歧視，並應提倡種族與性別之平等，以及國家的團結。」另外，「法律系統應確保法律之前皆平等以及平等的法律程序。法律前平等包括目的為改善弱勢團體（含那些因種族、膚色或性別而成為弱勢者）的情況之法律、計畫或活動。」南非的過渡憲法（Interim Const.）Act 209 of 1993, sched. 4, pts. III and V，重印於 Dion Basson 的：*South Africa's Interim Constitution: Text and Notes*，Kenwyn, S. Afr.: Juta and Company 出版，一九九四年。強化憲法的預期過程，由憲法法庭判決接下來所提議的憲法無效，而得到澄清。參考註二十一。

23. 參考 Andrea Bonime-Blanc 的著作：*Spain's Transition to Democracy: The Politics of Constitution-Making*，Boulder: Westview Press 出版，一九八七年，第三十一頁。參考 Jordi Solé Tura 的文章〈Iberian Case Study: The Constitutionalism of Democratization〉，出自：*Constitutionalism and Democracy: Transitions in the Contemporary World*，由 Douglas Greenberg 及其他共同編輯，New York: Oxford University Press 出版，一九九三年，第二九二至九四頁。參考 O'Donnell 與 Schmitter 合著的：*Transitions: Tentative Conclusions*，第三十七至七十二頁。雖然軍隊臣屬於平民的統治，並不完整，因為憲法提到了軍隊的力量，以保障憲法的秩序。根據西班牙憲法的第一〇四條指出：「安全部隊和特種部隊作為政府的工具，具有保障自由行使權利與自由、並保護人民安全的任務……一有機法應訂定安全部隊與特種部隊的功能、基本行動原則和憲章。」

24. 有關轉型期的描寫，請參考 Kenneth Maxwell 的文章〈Regime Overthrow and the Prospects for Democratic Transition in Portugal〉，出自：*Transitions from Authoritarian Rule: Southern Europe*，由 Guillermo O'Donnell 及其他共同編輯，Baltimore: Johns Hopkins University Press 出版，一九八六年，第一〇八至一三七頁。參考 Tura 的文章〈Iberian Case Study〉，第二九一至九二頁。

25. 有關轉型的概況以及一九八八年憲法的分析，參考 Keith S. Rosenn 的文章〈Brazil's New Constitution: An Exercise in Transient Constitutionalism for a Transitional Society〉，出自：*American Journal of Comparative Law*，第三十八期，一九九〇年，第七七三頁。

26. 行使戒嚴狀態（states of siege）的新限制的例子，參考第一三六條與第一三七條，以及總統所制訂有關緊急狀態（states of emergency）的法律。巴西的憲法指出：「立法權由國會行使……」，載於巴西憲法第四十四條。第六十二條規定：「在重大且僅極的情況下，共和國的總統得行使具有法律效益之暫時性措施；但總統必須立即將暫時性措施交予國會，若國會正逢休會，則於五日內召開特別會期……。暫時性的措施從頒佈起三十日內，若未被制訂為法律，則失去其效用，國會得制訂臨時條款，以規範任何引源自暫時性措施的法律關係。」

27. 有關此論點的例證，參考 Rosenn 的文章〈Brazil's New Constitution〉，第七八三頁。
28. 有關此協商的概況，請參考〈Chiles: Chronology 1988-1991〉一文，出自：*Constitutions of the Countries of the World*，第四卷，由 Albert P. Blaustein 與 Gilbert H. Flanz 編輯，Dobbs Ferry, N.Y.: Oceana Publications 出版，一九九四年，第三十三至三十六頁。有關政黨的第九條得到修正，第九十五條與九十六條具有削弱國家安全會議（National Security Council）的功能，也得到修正。
29. 參考 Daniel T. Fox 與 Anne Stetson 合撰的文章〈The 1991 Constitutional Reform: Prospects for Democracy and the Rule of Law in Colombia〉，出自：*Case Western Reserve Journal of International Law*，第二十四期，一九九二年，第一四三至四四頁。
30. 參考 William C. Banks 與 Edgar Alvarez 合撰的文章〈The New Colombian Constitution: Democratic Victory or Popular Surrender?〉，出自：*University of Miami Inter-American Law Review*，第二十三期，一九九一年，第五十五至五十七頁。參考 Fox 與 Stetson 的文章〈The 1991 Constitutional Reform〉，第一四二頁，第一四五頁。
31. 參考哥倫比亞憲法，暫時條款第六條，記載了有關國民代表大會的規定；暫時條款第三十九條賦予總統「非常權力」，以「頒佈具法律效力之命令」，限期三個月；暫時條款第三十條有關特赦。
32. 參考 Rawls 的著作：*Political Liberalism*，第一三三至七二頁。
33. 有關日本憲法制訂歷史的綜合性概況，參考 Kyoko Inoue 的著作：*MacArthur's Japanese Constitution: A Linguistic and Cultural Study of Its Making*，Chicago: University of Chicago Press 出版，一九九一年。
34. 有關所謂的「專家」憲法無法建立權威與穩定的指控，參考 Arendt 的著作：On Revolution，第一四四至四五頁。
35. 參考日本憲法第三章第九條。日本憲法的第一章有關日本天皇。依據第一條的規定，日本天皇為「國家的象徵」。第三條規定：「天皇對有關國家事務之任何行為，需得到內閣的首肯與建議。」第四條規定：「天皇……對政府沒有相關權力。」
36. 舉例來說，第一章的第十四條規定：「所有人在法律之前皆平等，不得在政治、經濟或社會關係方面，因種族、信仰、性別、社會地位或家庭背景而受歧視……。爵位與貴族階級不應被認可……。獎章或榮譽的主不應有享有特權……。」
37. 參考 Ian Buruma 的著作：*The Wages of Guilt: Memories of War in Germany and Japan*，New York: Farrar, Straus, Giroux 出版，一九九四年，第一五三至七六頁。
38. 參考 Norman E. Tutorow 編輯的：*War Crimes, War Criminals, and War Crimes Trials: An Annotated Bibliography and Source Book*，New York: Greenwood Press 出版，一九八六年，第二五七至八二頁（列出有關在亞洲所發生的戰爭罪行）。
39. 參考：*Basic Law for the Federal Republic of Germany*，一九四九年，翻譯見於 Peter H. Merkl 的著作：*The Origin of the West German Republic*，New York: Oxford University Press 出版，一九六三年，大約在第二一三頁，以及三一九頁。亦可參考 Klaus H. Goetz 與 Peter J. Cullen 共同編輯的：*Constitutional Policy in Unified Germany*，Portland, Ore.: Frank Cass 出版，一九九五年（收錄了有關德國憲法主義的文章）。
40. 參考 Merkl 的著作：*Origin of the West German Republic*，第二十二至二十四頁，第八十至八十九頁。
41. 第五章，章名為「聯邦總統」，共有八篇文章。第六十一條和彈劾有關。《德意志聯邦共和國基本法》（*Basic Law of the Federal Republic of Germany*）由國會理事會（Parliamentary Council）於一九四九年五月二十三日頒佈，重新刊印於 Flanz 的著作：*Constitutions of the World*，第七卷，Dobby Ferry, N.Y.: Oceana Publications 出版，一九九六年。
42. 有關歷史的記載，參考 Frank M. Buscher 的著作：*The War Crimes Trial Program in Germany, 1946-1955*，New York: Greenwood Press 出版，一九八九年，第一六一頁。
43. 《德意志聯邦共和國基本法》，第三條第三款。第四條第一款規定：「信仰與良心自由，以及宗教信念與生命哲學的自由，不可侵犯。」
44. 參考 Donald P. Kommers 的著作：*The Constitutional Jurisprudence of the Federal Republic of Germany*，第二版，Durham: Duke University Press 出版，一九九七年。此一憲法原則的例證，見於德國的聯邦憲法法庭的一個判決，參考：*Socialist Reich Party Case*，2 BverfGE 1 (Germany 1952)，翻譯見於 Kommers 的：*Constitutional Jurisprudence of the Federal Republic of Germany*, 第二

一八頁。亦可參考 Donald P. Kommers 的文章〈German Constitutionalism: A Prolegomenon〉，出自：*Emory Law Journal*，第四十期，一九九一年，第八五四頁。

45. 如此，政黨「因其目標或其黨員的行為，意圖損害或摒棄自由民主的基本秩序，或威脅德意志聯邦共和國的存在時，乃屬違憲」，出自《德意志聯邦共和國基本法》第二十一條第二款。再者，個人如果濫用了言論、新聞、教學與集會權，「以顛覆自由民主的基本秩序」（第十八條）時，將喪失其憲法所保障的言論權。參考本書〈第五章：行政正義〉。

46. 參考《德意志聯邦共和國基本法》第七十四條第三款，規定了依據第一條與第二十條有關「基本原則」的不可修訂性之「永恆」或「永久」條款。

47. 參考杭亭頓的著作《第三波》（*The Third Wave: Democratization in the Late Twentieth Century*），Norman: University of Oklahoma Press 出版，一九七九年，第二十三至二十四頁。有關東歐的轉型，參考 Timothy Garton Ash 的著作：*The Magic Lantern: The Revolution of '89 Witnessed in Warsaw, Budapest, Berlin, and Prague*，New York: Random House 出版，一九九〇年。參考 Ivo Banac 編輯的：*Eastern Europe in Revolution*，Ithaca: Cornell University Press 出版，一九九二年。參考 John Feffer 的著作：*Shock Waves: Eastern Europe after the Revolutions*，Boston: South End Press 出版，一九九二年。還有 Ken Jowitt 的著作：*New World Disorder: The Leninist Distinction*，Berkeley: University of California Press 出版，一九九二年。

48. 舉例來說，匈牙利仍然依據一再修改的蘇聯時期憲法運作。參考 Andrew Arato 的文章〈The Constitution-Making Endgame in Hungary〉，出自：*East European Constitutional Review*，第五期，一九九六年秋，第三十一頁。參考 Péter Paczolay 的文章〈The New Hungarian Constitutional State: Challenges and Perspectives〉，出自：*Constitution Making in Eastern Europe*，由 A. E. Dick Howard 編輯，Washington, D.C.: Woodrow Wilson Center Press 出版，一九九三年，第二十一頁。參考 Edith Oltay 的文章〈Toward the Rule of Law-- Hungary〉，出自：*Radio Free Europe and Radio Liberty Research Report*，一九九二年，第十六頁。波蘭的轉型期依據所謂的小憲法（Little Constitution）運行，小憲法乃是過渡時期的憲法，只限於澄清當時的政治系統的結構，參考 Andrzej Rapaczynski 的文章〈Constitutional Politics in Poland: A Report on the Constitutional Committee of the Polish Parliament〉，刊載於：*University of Chicago Law Review*，第五十八期，一九九一年，第五九五頁。一直到一九九七年的四月才取得新憲法的共識。參考 Andrzej Rzeplinski 的文章〈The Polish Bill of Rights and Freedoms: A Case Study of Constitution-Making in Poland〉，刊載於：*East European Constitutional Review*，第二期，一九九三年夏，第二十六頁。亦可參考 Wiktor Osiatynski 的文章〈A Bill of Rights for Poland〉，刊載於：*East European Constitutional Review*，第一期，一九九二年秋，第二十九頁。在俄國，對於蘇維埃時代的國會與憲法的合法性之爭議，造成了危機，最後以暴力、違憲的方式處理。參考 Dwight Semler 的文章〈The End of the First Russian Republic〉，出自：East European Constitutional Review，第三期，一九九四年冬，第一〇七頁。參考 Vera Tolz 的文章〈The Moscow Crisis and the Future of Democracy in Russia〉，出自：*Radio Free Europe and Radio Liberty Research Report*，一九九三年，第一頁。在愛沙尼亞，一九九二年所舉行的選舉，乃依照一九三八年的共產憲法。一九九二年九月二十日的總統與國會大選，乃依照一九三八年的憲法而實行。參考〈Constitution Watch〉一文，出自：*East European Constitutional Review*，第一期，一九九二年秋，第二頁、第五頁。在阿爾巴尼亞，一直到一九九四年的秋天，新憲法都還未制訂。參考〈Constitutional Watch〉一文，出自：*East European Constitutional Review*，第三期，一九九四年春，第二頁。轉型期的「主要憲法條款」法律，仍然有效。

49. 參考 Paczolay 的文章〈New Hungarian Constitutional State〉，第二十一頁。參考 Jon Elster 的文章〈Constitutionalism in Eastern Europe: An Introduction〉，刊載於：*University of Chicago Law Review*，第五十八期，一九九一年，第四四七頁（討論並分析東歐轉型至憲法民主的情況）。前蘇聯集團的多數國家在轉型至民主政體時，乃透過共產黨與反對黨的談判而成。參考 Jon Elster 編輯的：*The Round-table talks and the Breakdown of Communism*，Chicago: University of Chicago Press 出版，一九九六年（描述了邁向轉型期的談判過程）。在匈牙利，談判起草憲法的過程，不斷受到政治共識崩解的威脅。因此，修正憲法的過程，缺乏時間慎重行之，而在國會內迅速地被通過。參考 Arato 的著作：Constitution-Making Endgame in Hungary，第六八五頁。

50. 參考András Sajó的文章〈Preferred Generations: A Paradox of Restoration Constitutions〉，刊載於：*Cardozo Law Review*，第十四期，一九九三年，第八五三至五七頁。有關中東歐憲法延續性的現象，請參考Preuss的著作：*Constitutional Revolution*，以及Andrew Arato的文章〈Dilemmas Arising from the Power to Create Constitutions in Eastern Europe〉，刊載於：Constitutionalism, Identity, Difference, and Legitimacy，Michel Rosenfeld編輯，Durham: Duke University Press出版，一九九四年，第一六五頁。

51. 有關匈牙利的情況，請參考〈Constitution Watch: Hungary〉一文，刊載於：*East European Constitutional Review*，第五期，一九九六年冬，第十頁。有關波蘭的情況，請參考〈Constitution Watch: Poland〉一文，刊載於：*East European Constitutional Review*，第五期，一九九六年冬，第十六至十七頁。

52. 重建和「復古的」改變的觀念，有某些共同點。參考Albert O. Hirschman的著作：*The Rhetoric of Reaction: Perversity, Futility, Jeopardy*，Cambridge: of the Harvard University Press, Belknap Press出版，一九九一年，第一至十頁（討論「復古的」改變）。

53. 參考Lloyd Cutler與Herman Schwartz的合撰的文章〈Constitutional Reform in Czechoslovakia: E Duobus Unumó〉，刊載於：*University of Chicago Law Review*，第五十八期，一九九一年，第五三一至三六頁。參考〈Constitution Watch: Latvia〉一文，出自：*East European Constitutional Review*，第二期，一九九三年春，第八至九頁。參考〈Constitution Watch: Estonia〉一文，出自：*East European Constitutional Review*，第一期，一九九二年春，第五頁。喬治亞的憲法草案（在美國芝加哥大學的中東歐憲法主義研究中心檔案室中）。

54. 詳細的論述，請參考Paul W. Kahn的著作：*Legitimacy and History: Self-Government in Constitutional Theory*，New Haven: Yale University Press出版，一九九二年，第五十八至五十九頁（認為憲法主義的過程由革命轉向維護保存）。

55. 參考Richard B. Bernstein的著作：*Are We to Be a Nation? The Making of the Constitution*，Cambridge: Harvard University Press出版，一九八七年，第一〇六頁。有關美國革命與美國憲法之間的延續性，乃屬單一的政治經驗的一部分，此論述請參考David A.J. Richards的文章〈Revolution and Constitutionalism in America〉，出自：*Cardozo Law Review*，第十四期，一九九三年，第五七七至七八頁。

56. 舉例來說，美國內戰後，北方聯邦負起南方邦聯的債務，參考美國憲法第六條第一款。

57. 有關一共存在有三個憲法階段的論述，參考Ackerman的著作：*We the People: Foundations*，Cambridge: Harvard University Press, Belknap Press出版，一九九一年，第四十頁、第五十八頁。

58. 比較以下兩篇文章：〈James Madison to Thomas Jefferson, 4 February 1790〉一文，出自：*The Mind of the Founder: Sources of the Political Thought of James Madison*，由Marvin Meyers編輯與校定，Hanover, N.H.: University Press of New England, 1981 for Brandeis University Press出版，第一七五至七九頁（對憲法的經常修改與更動，表示懷疑）；以及〈Thomas Jefferson to James Madison 30 January, 1787〉一文，出自：*The Portable Thomas Jefferson*，由Merrill D. Peterson編輯，Harmondsworth, Eng., and New York: Penguin Books, Viking Portable Library出版，一九七七年，第四一五、四一七頁（認為「有時候一點小小的叛亂是件好事」）。

59. 參考美國憲法第五條：「國會之參眾兩院若有超過三分之二以上議員認為有修憲的必要，得以施行之……」。有關修憲的過程，參考Sanford Levinson編輯的：*Responding to Imperfection: The Theory and Practice of Constitutional Amendment*，Princeton: Princeton University Press出版，一九九五年。

60. 參考Akhil Reed Amar的文章〈Philadelphia Revisited: Amending the Constitution Outside Article V〉，刊載於：*University of Chicago Law Review*，第五十五期，一九八八年，第一〇四三頁（檢視第五條是否該被視為憲法變更的唯一法源）。

61. 參考美國憲法第一條第九款第一項：「各州對這類人士的移民或進口，必須審慎考慮並承認……一八〇八年以前不應受國會限制……」。憲法對捕捉或引渡逃亡的奴隸，亦有規定，參考美國憲法第四條第二款第三項。

62. 參考美國憲法第五條。

63. 參考Gordon S. Wood的著作：*The Creation of the American Republic, 1776-1787*，Chapel Hill: University of North Carolina Press出

版，一九六九年（討論多年的殖民統治，對北方聯邦的影響）。

64. 參考 James Madison 的著作：*The Federalist No. 47*，由 Clinton Rossiter 編輯，Middletown, Conn.: Wesleyan University Press 出版，一九六一年，第三〇一頁（「立法、行政及司法權力的累積，不論在一人、少數人或許多人的手中，無論是繼承、自行任命或選舉產生，都可以被稱為暴政」）。

65. 在一七九一年的美國聯合政府條款（Articles of Confederation），對中央集權的極度不信任，造成了大陸會議（Continental Congress）無法徵稅也無法規範商業。第八條規定：「為了共同的防禦或福利，經由美國國會的同意，得以由共同的財庫支出，財源由諸多州依其所有土地價值比例提供……」。第九條規定：「美國國會具有唯一且排他的權利與權力……參與條約或結盟，只要商業條約未受各州立法的限制……禁止進出口任何種類的貨物或物品……」。有關從聯合政府條款的歷史來解讀美國憲法的建議，雖然聯合政府條款並沒有轉型期的特徵，參考 Akhil Reed Amar 的文章〈The Bill of Rights as a Constitution〉，出自：*Yale Law Journal*，第一百期，一九九一年，第一一三一頁。

66. 參考 Daniel A. Faber 與 Suzanna Sherry 合寫的著作：*A History of the American Constitution*，New York: West Publishing 出版，一九九〇年，第八十至八十一頁。

67. 參考 Karl Loewenstein 的文章〈The Presidency Outside the United States: A Study in Comparative Political Institutions〉，刊載於：*Journal of Politics*，第十一期，一九四九年，第四六二頁。

68. 參考 Alexander Hamilton 的：*The Federalist No. 69*，由 Clinton Rossiter 編輯，Middletown, Conn.: Wesleyan University Press 出版，一九六一年，第四一五至二〇頁。

69. 參考美國憲法第一條第九款第八項：「美國不頒發任何貴族頭銜；任何擔任公職或領有利益或負責基金者，未經國會同意，不得領受由任何國王、王子或外國頒發的任何禮物、報酬、公職或頭銜。」第一條第十款第一項規定：「任何一州不得……頒發任何貴族頭銜。」參考 Alexander Hamilton 的：*The Federalist No. 84*，由 Clinton Rossiter 編輯，Middletown, Conn.: Wesleyan University Press 出版，一九六一年，第三一七至三一頁。

70. 參考美國憲法第一條第八款第十一至十六項，賦予國會可觀的軍事權力。第二修正案：「規範良好的民兵部隊，就算對一自由州的安全有必要，人民擁有並攜帶槍械的權利，應被視為違法」。第三修正案：「未經屋主的同意，任何士兵在和平時期或戰爭期間，不得紮營於任何房屋內，一切都必須符合法律規定。」

71. 參考美國憲法第二修正案。參考 Sanford Levinson 的文章〈Comment: The Embarrassing Second Amendment〉，刊載於：*Yale Law Journal*，第九十九期，一九八九年：第六四八頁（指出第二修正案的其中一個基礎，乃是「對政治腐敗及可能隨之而生的政府暴政的合理憂慮」）。

72. 參考美國憲法第十四修正案第四款：「美國或任何州不得負擔或支付任何因援助叛亂或顛覆美國而生的債務或義務……所有此類債務、義務或請求，皆視為違法且無效」。

73. 美國憲法第十四修正案第一至三款。

74. 美國憲法第十四修正案規定：「任何人若曾發誓效忠任擁護美國憲法，而擔任國會議員、或美國政府官員、州議員、或州司法官員，但又曾經參與任何違憲的活動、叛亂，或因此提供敵人援助或安慰，不得擔任參議員、眾議員、總統和副總統競選人，亦不得在美國政府或任何州政府中擔任任何公職或軍職。但參議院及眾議院得以透過各院三分之二以上的選票，取消剝奪資格。」美國憲法第十四修正案的第三款，該部分於一八六八年七月起生效。

75. 參考 Kenneth M. Stampp 的著作：*The Era of Reconstruction*，New York: Knopf 出版，一九七〇年，第一七〇頁。

76. 比較下列觀點：Raoul Berger 的著作：*Government by Judiciary: The Transformation of the Fourteenth Amendment*，Cambridge: Harvard University Press 出版，一九七七年，第一六七頁（認為「制訂者意圖排除歧視，但只針對某些特權而言」，而且制訂者並不想「開啟超越公民權利法案以及憲法修正案規定以外的目標」；以及 Robert J. Kaczorowski 的文章〈revolutionary Constitutionalism in the Era of the Civil War and Reconstruction〉，出自：New York University Law Review，第六十一期，一九八六

年，第八八一至九〇三頁、第九一〇至三五頁（以有關聯邦的公民資格與基本權利的本質方面之共和理論，來解釋修正案）。

77. 參考的 Berger 著作：*Government by Judiciary*，定義原創主義（originalism）。參考 Robert H. Bork 的著作：*The Tempting of America: The Political Seduction of the Law*，New York: Free Press 出版，一九九〇年。參考 Robert H. Bork 的文章〈The Constitution, Original Intent, and Economic Rights〉，出自：*San Diego Law Review*，第二十三期，一九八六年，第八二三頁。亦可參考 Paul Brest 的文章〈The Misconceived Quest for the Original Understanding〉，出自：*Boston University Law Review*，第六十期，一九八〇年，第二〇四頁（批評原創主義）。參考 Henry Monaghan 的文章〈Our Perfect Constitution〉，出自：*New York University Law Review*，第五十六期，一九八一年，第三七四至八七頁（批評 Brest）。參考 H. Jefferson Powell 的文章〈Rules for Originalists〉，出自：*Virginia Law Review*，第七十三期，一九八七年，第六五九頁（提供原創主義解釋原則）。參考 Mark V. Tushnet 的文章〈Following the Rules Laid Down: A Critique of Interpretivism and Neutral Principles〉，出自：*Harvard Law Review*，第九十六期，一九八三年，第七八六至八〇四頁（否認原創主義的可能性，如果原創主義未能以社群支持的話）。關於原創主義的詳細探究，討論有關其作為基礎的相關性，參考 Jed Rubenfeld 的文章〈Reading the Constitution as Spoken〉，出自：*Yale Law Journal*，第一〇四期，一九九五年，第一一一九頁，將原創主義納入「承諾主義」（commitmentarian）的解釋模式。有關對憲法的「忠誠」，參考 Larry Lessig 的文章〈Fidelity in Translation〉，出自：*Texas Law Review*，第七十一期，一九九三年，第一一六五頁。

第七章

1. 比較杭廷頓的《第三波》（*The Third Wave, Democratization in the Late Twentieth Century*），Norman: University of Oklahoma Press 出版，一九九一年，第二一五頁；以及 Bruce A. Ackerman 的：*The Future of Liberal Revolution*，New Haven: Yale University Press 出版，一九九二年；還有 Hannah Arendt 的：*On Revolution*，Westport, Conn.; Greenwood Press 出版，一九六三年。
2. 同上。
3. 關於政治學對轉型期的定義，請參考 Guillermo O'Donnell 與 Phillippe C. Schmitter 合著的：*Transitions From Authoritarian Rule: Tentative Conclusions About Uncertain Democracies*，Baltimore: John Hopkins University Press 出版，一九八六年，第六頁。
4. 參考 Thomas S. Kuhn 的著作：*The Structure of Scientific Revolution*，Chicago: University of Chicago Press 出版，一九七〇年，第五十二至七十六頁，第一一一至一三四頁。有關反對規範性的概念化論述，請參考 Albert Hirschman 的文章〈The Search for Paradigms as a Hindrance to Understanding〉，出自：*Interpretive Social Science: A Second Look*，由 Paul Rabinow 與 William M. Sullivan 編輯，Berkeley: University of California Press 出版，一九八七年。
5. 參考 Lon L. Fuller 的著作：*the Morality of Law*，New Haven: Yale University Press 出版，一九六四年。
6. 參考 H.L.A. Hart 的著作：*Punishment and Responsibility: Essays in the Philosophy of Law*，Oxford: Clarendon Press 出版，一九六八年。亦可參考 George Fletcher 的著作：*Rethinking Criminal Law*，Boston: Little, Brown 出版，一九七八年。
7. 有關南非的資料，請參考 Kader Asmal、Louise Asmal 與 Ronald Suresh Roberts 合著的：*Reconciliation Through Truth: A Reckoning of Apartheid's Criminal Governance*，Cape Town, S. Africa: David Philip Publishers in association with Mayibue Books 出版，一九九六年。
8. 有關此點更詳細的討論，請參考本書第三章《歷史正義》。
9. 參考：*Nunca Más: Report of the Argentine National Commission on the Disappeared*，英文版，New York: Farrar, Straus, Giroux 出版，一九八六年。此後簡稱為 *Nunca Más*。
10. 有關理想性的理論之主要論述，請參考 John Rawls 的著作：*Political Liberalism*，New York: Columbia University Press 出版，一九九三年。

11. 較廣泛的討論，請參考本書第四章《補償正義》。
12. 參考本書第五章《行政正義》。
13. 參考 Ackerman 的著作：*Future of Liberal Revolution*。
14. 參考：*Basic Law for the Federal Republic of Germany*，第七十九條，穩固了基本的民主特徵，雖然該法具有臨時性。
15. 參考 Carl Schmitt 的著作：*The Concept of the Political*，由 George Schwab 翻譯，Chicago and London: University of Chicago Press 出版，一九九六年，第三十一頁，註釋十二。
16. 參考 Peter L. Berger 與 Thomas Luckmann 合著的：*The Social Construction of Reality: A Treatise in the Sociology of Knowledge*，New York: Anchor Books 出版，一九六六年，第八十六頁。亦可參考 Paul Connerton 的著作：*How Societies Remember*，New York: Cambridge University Press 出版，一九八九年。關於法律的建構，參考 Pierre Bourdieu 的文章〈The Force of Law: Towards a Sociology of the Juridical Field〉，出自：*Hastings Law Journal*，一九八七年，第八〇五、八一四至四〇頁。
17. 參考 Otto Kirchheimer 的著作：*Political Justice: The Use of Legal Procedure for Political Ends*，Westport, Conn.: Greenwood Press 出版，一九八〇年。
18. 因此，「告發」（prosecution）乃是歷史上一種「調查」的形式。參考《牛津英文辭典》（*Oxford English Dictionary*）第二版有關「告發」的定義第三條。而根據《牛津英文辭典》對「淨化」（lustration）的定義來看，也是在歷史上被視為「檢視」或「調查」，參考《牛津英文辭典》第二版。
19. 有關轉變的儀式，請參考 Arnold van Gennep 的著作：The Rites of Passage，Chicago: University of Chicago Press 出版，一九六〇年，原本以 *Les rites des passage* 為名出版，Paris: E. Nourry 出版，一九〇九年（有關此過程在個人發展的描述）。參考的 Victor W. Turner 的著作：*The Ritual Process: Structure and Anti-Structure*，London: Routledge 出版，一九六九年（討論侷限性的觀念，以及其與個人變化的關係）。參考 Nicholas Dirks 的文章〈Ritual and Resistance: Subversion as a Social Fact〉，出自：*Culture/Power/History: A Reader in Contemporary Theory*，由 Nicholas Dirks、Geoff Eleyn 與 Sherry B. Ortner 共同編輯，Princeton University Press 出版，一九四四年，第四八八頁。有關於儀式的一般論述，請參考 Catherine M. Bell 的著作：*Ritual Theory, Ritual Practice*，New York: Oxford University Press 出版，一九九二年。
20. 相關的討論，請參考 Murray J. Edelman 的著作：*The Symbolic Uses of Politics*，Urbana: University of Illinois Press 出版，一九六四年。參考 John Skorupski 的著作：*Symbol and Theory: A Philosophical Study of Theories of Religion in Social Anthropology*，Cambridge and New York: Cambridge University Press 出版，一九七六年。亦可參考 Dan Sperber 的著作：*Rethinking Symbolism*，Cambridge: Cambridge University Press 出版，一九七四年。
21. 參考 Jürgen Habermas 的著作：*The Structural Transformation of the Public Sphere*，Thomas Burger 翻譯，Cambridge: MIT Press 出版，一九八九年。
22. 參考 David I. Kertzer 的著作：*Ritual, Politics and Power*，New Haven: Yale university Press 出版，一九八八年。亦可參考：*Rites of Power: Symbolism, Ritual, and Politics Since the Middle Ages*，由 Sean Wilentz 編輯，Philadelphia: University of Pennsylvania Press 出版，一九八五年。
23. 有關「召喚」（evocation）的象徵過程，請參考 Sperber 的著作：*Rethinking Symbolism*，第一四三至四八頁。
24. 參考 Edelman 的著作：*Symbolic Uses of Politics*。
25. 有關此種「制度」（institution）儀式的討論，請參考 Pierre Bourdieu 的著作：*Language and Symbolic Power*，Cambridge: Harvard University Press 出版，一九九一年。
26. 有關「認知的層面」（cognitive dimension），請參考 Steven Lukes 的文章〈Political Ritual and Social Integration〉，出自：Sociology，第九期，一九七五年，第二八九頁。參考 Skorupski 的著作：*Symbol and Theory*。亦可參考 Kertzer 的著作：*Ritual, Politics, and Power*。還有 Sperber 的著作：*Rethinking Symbolism*。

27.參考 Judith Shklar 的著作：Legalism: Law, Morals, and Political Trials，出版，一九八六年（由政治理論的觀點來看）。參考 Mary Douglas 的著作：*Purity and Danger: An Analysis of The Concepts of Pollution and Taboo*，London and New York: Ark Paperbacks 出版，一九八四年，第九十六頁（由人類學的觀點來看）。

28.參考 Pierre Bourdieu 的文章〈Symbolic Power〉，出自：*Identity and Structure: Issues in the Sociology of Education*，由 Dennis Gleeson 編輯，Driffeld, Eng. Nafferton Books 出版，一九七七年，第一一二至一九頁。並參考 Lukes 的文章〈Political Ritual〉，第三〇二至三〇五頁。

29.參考 Kirchheimer 的著作：*Political Justice*，第四三〇頁，認為如果沒有法律，政治正義會比較「沒有秩序」。

30.參考 Gunther 的著作：*Law as an Autopoietic System*，Cambridge, Mass. And Oxford: Blackwell 出版，一九九三年。亦可參考 Niklas Luhmann 的文章〈Law as a Social System〉，出自：Northwestern Law Review，第八十三期，一九八九年。還有 Niklas Luhmann 的著作：*Essays on Self-Reference*，New York: Columbia University Press 出版，一九九〇年。

31.參考 H.L.A. Hart 的著作：*The Concept of Law*，第二版，Oxford-Clarendon Press 出版，一九九四年。

32.參考 Ackerman 的著作：*Future of Liberal Revolution*。有關轉型範疇之外的討論，參考 Jeremy Waldron 的文章〈Dirty Little Secret〉，出自：*Columbia Law Review*，第九十八期，一九九八年，第五一〇頁、第五一八至二二頁。參考 John Ely 的著作：*Democracy and Distrust, A Theory of Judicial Review*，Cambridge and London: Harvard University Press 出版，一九八〇年。

33.此種外部的規範的持續來源為國際人權法。參考：*Germany Constitutional Court Decision*，一九九六年十月二十四日，BVerfGE, A2.2 BVR 1851/94; 2BvR 1853/94, 2BvR 1875/94, 2BvR 1852/94，重印於：*Juristenzeitung*，一九九七年，第一四二頁。

34.有關「修改」（alteration）的相關議題，請參考德悉達（Jacques Derrida）的文章〈Force of Law: The Mystical Foundation of Authority〉，出自：*Cardozo Law Review*，第十一期，一九九〇年，第九一九頁。有關儀式的「去區別化」（de-differentiation），請參考 Réne Girard 的著作：*Violence and the Sacred*，Baltimore: Johns Hopkins University Press 出版，一九七七年，第三〇〇至三〇一頁、第三一〇至三四一頁。

35.參考 Timothy Garton Ash 的文章〈The Truth about Dictatorship〉，出自：*New York Review of Books*，一九九八年二月十九日，第三十五頁。參考 Priscilla Hayner 的文章〈Fifteen Truth Commissions 1974-1994: A Comparative Study〉，出自：*Human Rights Quarterly*，第十六期，一九九四年，第六百頁。

36.有關真相與政治權力之間的關係的深入討論，請參考傅柯（Michel Foucault）的著作：*Power/Knowledge: Selected Interviews and Other Writings, 1972-1977*，翻譯本，由 Colin Gordon 及其他人共同編輯，New York: Pantheon Books 出版，一九八〇年，第一〇九至一三三頁。另可參考 Charles Taylor 的文章〈Foucault on Freedom and Truth〉，出自：*Political Theory*，第十二期，第二冊，一九八四年，第一五二至八三頁。

37.參考：*Nunca Más*。

38.參考 Roberto Mangabeira Unger 的著作：*Social Theory: Its Situation and Its Task, A Critical Introduction to Politics, a Work in Constructivist Social Theory*，Cambridge: Cambridge University Press 出版，一九八七年。

39.參考 Rawls 的著作：*Political Liberalism*，有關非轉型期（non-transitional）狀況的理論化。

40.同上。

41.參考 Ackerman 的著作：*Future of Liberal Revolution*。

42.參考本書第六章《憲法正義》。亦可參考璐蒂．狄托（Ruti Teitel）的文章〈Post-Communist Constitutionalism: A Transitional Perspective〉，出自：*Columbia Human Rights Law*，第二十六期，一九九四年，第一六七頁。

43.參考璐蒂．狄托（Ruti Teitel）的文章〈Human Rights Genealogy〉，出自：*Fordham Law Review*，第六十六期，一九九七年，第三〇一頁。

44.有關古典的觀點，請參考 Leo Strauss 的著作：*On Tyranny*，由 Victor Gourevitch 與 Michael S. Roth 編輯，Michael S. Roth 審訂，

New York: Free Press 出版，一九九一年。

45.參考 Schmitt 的著作：*The Concept of the Political*，第二十六至二十九頁。

46.此觀點和 Jürgen Habermas、Sheldon Wolin、Edmond Cahn、Judith Shklar 及其他同情面臨恐懼與不正義的歷史遺留物時的自由主義政治理論有某些共同點。參考 Jürgen Habermas 的文章〈On the Public Use of History〉，出自：*New Conservatism: Cultural Criticism and the Historians' Debate*，由 Shierry Weber Nicholsen 編輯與翻譯，Cambridge: MIT Press 出版，一九八九年，第二三九至四〇頁。參考 Judith Shklar 的文章〈The Liberalism of Fear〉，出自：*Liberalism and The Moral Life*，由 Nancy L. Rosenblum 編輯，Cambridge: Harvard University Press 出版，一九八九年，第二十一頁。參考 Edmond N. Cahn 的著作：*The Sense of Injustice: An Anthropocentric View of Law*，New York: New York University Press 出版，一九四九年。

47.參考 Michael Walzer 的著作：*Regicide and Revolution*，由 Marian Rothstein 翻譯，New York: Columbia University Press 出版，一九七四年（討論法國路易十六的審判）。

48.參考 Louis Henkin 的著作：*The Age of Rights*，New York: Columbia University Press 出版，一九九〇年。

49.參考：*Prosecutor v Tadic* 一案，Case No. IT-94-1-AR72，為 Decision on the Defense Motion for Interlocutory Appeal on Jurisdiction（Appeals Chambers, *International Criminal Tribunal for the Former Yugoslavia*）。

50.有關全球化對因果關係（causation）與機關（agency）的影響，請參考 Samuel Sheffler 的文章〈Individual Responsibility in a Global Age〉，出自：*Contemporary Political and Social Philosophy*，由 Ellen Frankel Paul、Fred D. Miller 與 Jeffrey Paul 共同編輯，Cambridge: Cambridge University Press 出版，一九九五年。

51.參考：*Velásquez-Rodríquez Compensation Judgment* 一案，Inter-Am. Ct. H.R., Ser. C, No. 4 (1989)。

52.有關時間的跳躍性，請參考 Jeremy Waldron 的文章〈Superseding Historic Injustice〉，出自：*Ethics*，第一〇三期，一九九二年，第四頁。

53.參考 Ronald Dworkin 的著作：*Law's Empire*，Cambridge: Belknap Press 出版，一九八六年，第一六八至六九頁。

54.亦可參考 Jürgen Habermas 的文章〈Kant's Idea of Perpetual Peace with the Benefit of Two Hundred Years' Hindsight〉，出自：*Perpetual Peace, Essays on Kant's Cosmopolitan Ideal*，由 James Bohman 與 Matthias Lutz-Bachmann 編輯，Cambridge and London: MIT Press 出版，一九九七年。

55.參考 Theodor Meron 的文章〈War Crimes Law Comes of Age〉，出自：*American Journal of International Law*，第九十二期，一九九八年，第四六二頁。參考 Theodor Meron 的著作：*Human Rights and Humanitarian Norms as Customary Law*，Oxford: Clarendon Press; New York: Oxford University Press 出版，一九八九年，第十至二十五頁（討論規範性的定義之趨於一致）。參考：*1998 Yearbook of International Humanitarian Law*，The Hague: T.M.C. Asser Press 出版，1998-1958。

國家圖書館出版品預行編目資料

轉型正義：邁向民主時代的法律典範轉移
璐蒂．泰鐸 Ruti G. Teitel 著　鄭純宜 譯
初版．-- 臺北市：商周出版：家庭傳媒城邦分公司發行
2017.01　面；　公分（人與法律；77）

譯自：Transitional Justice

ISBN 978-986-477-150-9（平裝）

1. 民主政治 2. 政治轉型 3. 法治

571.6　105021699

人與法律 77

轉型正義：邁向民主時代的法律典範轉移

原著書名／Transitional Justice
作　　者／璐蒂．泰鐸 Ruti G. Teitel
譯　　者／鄭純宜
責任編輯／陳玳妮、林宏濤

版　　權／林心紅
行銷業務／李衍逸、黃崇華
總 編 輯／楊如玉
事業群總經理／黃淑貞
總 經 理／彭之琬
發 行 人／何飛鵬
法律顧問／台英國際商務法律事務所 羅明通律師
出　　版／商周出版
台北市104民生東路二段141號9樓
電話：(02) 25007008　傳真：(02)25007759
E-mail：bwp.service@cite.com.tw
Blog：http://bwp25007008.pixnet.net/blog
發　　行／英屬蓋曼群島商家庭傳媒股份有限公司城邦分公司
台北市中山區民生東路二段141號2樓
書虫客服服務專線：(02)25007718；(02)25007719
服務時間：週一至週五上午09:30-12:00；下午13:30-17:00
24小時傳真專線：(02)25001990；(02)25001991
劃撥帳號：19863813；戶名：書虫股份有限公司
讀者服務信箱：service@readingclub.com.tw
城邦讀書花園：www.cite.com.tw
香港發行所／城邦(香港)出版集團有限公司
香港灣仔駱克道193號東超商業中心1樓
E-mail：hkcite@biznetvigator.com
電話：(852) 25086231 傳真：(852) 25789337
馬新發行所／城邦(馬新)出版集團【Cite (M) Sdn. Bhd.】
41, Jalan Radin Anum, Bandar Baru Sri Petaling,
57000 Kuala Lumpur, Malaysia.
Tel: (603) 90578822　Fax: (603) 90576622
Email: cite@cite.com.my

封面設計／李東記
排　　版／極翔企業有限公司
印　　刷／韋懋印刷事業有限公司
經 銷 商／聯合發行股份有限公司
電話：(02) 2917-8022　Fax: (02) 2911-0053
地址：新北市231新店區寶橋路235巷6弄6號2樓

■2001年10月02日初版
■2020年06月30日二版2刷
定價420元

Printed in Taiwan

商周出版

廣　告　回　函
北區郵政管理登記證
北臺字第000791號
郵資已付，免貼郵票

104　台北市民生東路二段141號2樓

英屬蓋曼群島商家庭傳媒股份有限公司城邦分公司　收

請沿虛線對摺，謝謝！

商周出版

書號：BJ0077　書名：轉型正義　編碼：

請於此處用膠水黏貼

商周出版

讀者回函卡

感謝您購買我們出版的書籍！請費心填寫此回函卡，我們將不定期寄上城邦集團最新的出版訊息。

不定期好禮相贈！
立即加入：商周出版
Facebook 粉絲團

姓名：＿＿＿＿＿＿＿＿＿＿＿＿＿＿＿＿ 性別：☐男 ☐女

生日：西元＿＿＿＿＿＿年＿＿＿＿＿＿月＿＿＿＿＿＿日

地址：＿＿＿＿＿＿＿＿＿＿＿＿＿＿＿＿＿＿＿＿＿＿＿＿

聯絡電話：＿＿＿＿＿＿＿＿＿＿ 傳真：＿＿＿＿＿＿＿＿＿＿

E-mail ：

學歷：☐ 1. 小學 ☐ 2. 國中 ☐ 3. 高中 ☐ 4. 大學 ☐ 5. 研究所以上

職業：☐ 1. 學生 ☐ 2. 軍公教 ☐ 3. 服務 ☐ 4. 金融 ☐ 5. 製造 ☐ 6. 資訊
☐ 7. 傳播 ☐ 8. 自由業 ☐ 9. 農漁牧 ☐ 10. 家管 ☐ 11. 退休
☐ 12. 其他＿＿＿＿＿＿＿＿＿＿＿＿＿＿＿＿＿＿＿＿

您從何種方式得知本書消息？

☐ 1. 書店 ☐ 2. 網路 ☐ 3. 報紙 ☐ 4. 雜誌 ☐ 5. 廣播 ☐ 6. 電視
☐ 7. 親友推薦 ☐ 8. 其他＿＿＿＿＿＿＿＿＿＿＿＿＿＿

您通常以何種方式購書？

☐ 1. 書店 ☐ 2. 網路 ☐ 3. 傳真訂購 ☐ 4. 郵局劃撥 ☐ 5. 其他＿＿＿＿

您喜歡閱讀那些類別的書籍？

☐ 1. 財經商業 ☐ 2. 自然科學 ☐ 3. 歷史 ☐ 4. 法律 ☐ 5. 文學
☐ 6. 休閒旅遊 ☐ 7. 小說 ☐ 8. 人物傳記 ☐ 9. 生活、勵志 ☐ 10. 其他

對我們的建議：＿＿＿＿＿＿＿＿＿＿＿＿＿＿＿＿＿＿＿＿＿＿＿＿

【為提供訂購、行銷、客戶管理或其他合於營業登記項目或章程所定業務之目的，城邦出版人集團（即英屬蓋曼群島商家庭傳媒（股）公司城邦分公司、城邦文化事業（股）公司），於本集團之營運期間及地區內，將以電郵、傳真、電話、簡訊、郵寄或其他公告方式利用您提供之資料（資料類別：C001、C002、C003、C011 等）。利用對象除本集團外，亦可能包括相關服務的協力機構。如您有依個資法第三條或其他需服務之處，得致電本公司客服中心電話 02-25007718 請求協助。相關資料如為非必要項目，不提供亦不影響您的權益。】

1.C001 辨識個人者：如消費者之姓名、地址、電話、電子郵件等資訊。
2.C002 辨識財務者：如信用卡或轉帳帳戶資訊。
3.C003 政府資料中之辨識者：如身分證字號或護照號碼（外國人）。
4.C011 個人描述：如性別、國籍、出生年月日。

請於此處用膠水黏貼